中国人看泰戈尔

佟加蒙 编

人民出版社

目　　录

第三部分　近现代评论

第四部分　当代评论

序

东 方 的 希 望①

张西平

  2011 年是泰戈尔诞辰 150 周年，今天，我们重温上个世纪泰戈尔来中国时文化界对泰戈尔的研究和评价的文字，感触良多。泰戈尔是东方国家的知识分子中最早获得诺贝尔文学奖的人，也是东方国家的文人中较早批评西方文化，并对东方文化寄予厚望的人。当年泰戈尔来到中国时，中国正处在风雨飘摇之中，西方思想与文化仍是中国知识界的希望之星，而泰戈尔却说："余此次来华，旨在提倡东洋思想亚细亚固有文化之复活，亚洲一部分青年，有抹煞亚洲古来之文明而追随于泰西文化之思想，努力吸收之者，是实大误。泰西文化单趋于物质，而于心灵一方缺陷殊多，此观于西洋文化在欧战而破产一事，已甚明显，彼辈自夸为文化渊薮，而日以相杀反目为事，导人类于此残破之局面，而非赋与人类平和永远之光明者，反之东洋文明则最为健全。"②

  这样的看法必然在中国引起激烈的争论，反对者说："好了！抨击西方文化，表扬东方文化的大师到了！他一定会替我们指出迷途；中华民族有了出路了！这是玄学家和东方文化者底欢迎词。我们以为中国当此内忧外患交迫，处在两重压迫——国外的帝国主义和国内的军阀专政之下的时候，唯一的出路是中华民族底国民革命；而要达到这目的的方法，亦唯有如吴稚晖先生所说，'人家用机关枪打来，我们也赶铸了机关枪打

---

  ① 2008－2010 年我担任外国语大学亚非学院院长，这三年的经历对我的学术思想产生了较大的影响。因为长期以来我主要研究西方文化，研究中国文化和西方文化的交流历史，很少接触过东方国家的其他文化。在这三年期间，我去过韩国、去过日本、去过越南、去过柬埔寨、去过马来西亚、去过印度，亚洲的山山水水吸引了我、感染了我。现在加蒙让我为此书写个序言，我答应下来，作为自己这三年的一个学习笔记吧。

  ② 陈独秀：《泰戈尔与东方文化》。

1

中国人看泰戈尔

回去'，高谈东方文化实等于'诵五经退贼兵'！而且东方文化这个名词是否能成立，我们正怀疑得很。这便是我们不欢迎高唱东方文化之泰戈尔的理由。"①

赞同者则认为："现在的世界，正如一个狭小而黑暗的小室，什么人都受物质主义的黑雾笼罩着，什么人都被这"现实"的小室紧紧地幽闭着。这小室里面是可怖的沉闷、干枯与无聊。在里面的人，除了费他的时力，费他的生命在计算着金钱，在筹思着互相剥夺之策，在喧扰的暗中互相争辩着嘲骂着如盲目者似的以外，便什么东西都不知道，什么生的幸福都没有享到了。泰戈尔则如一个最伟大的发现者一样，为这些人类发现了灵的亚美利亚，指示他们以更好的美丽的人的生活；他如一线绚烂而纯白的曙光，从这暗室里的天窗里射进来，使他们得互相看见他们自己，看见他们的周围情境，看见一切事物的内在的真相。虽然有许多人，久在园中生活，见了这光，便不能忍受地紧闭了两眼，甚且诅咒着，然而大多数肯睁了眼四顾的，却已惊喜得欲狂起来。这光把室内四周的美画和宏丽的陈设都照出来，把人类的内在的心都照出来。"②

他们认为，西方文化给世界带来了灾难。"西方乃至全个世界，都被卷在血红的云与嫉妒的旋风里。每个民族、每个国家、每个党派，都以愤怒的眼互视着，都在粗声高唱着报仇的歌，都在发狂似的随了铁的声、枪的声而跳舞着。他们贪婪无厌，如毒龙之张大了嘴，互相吞咬，他们似乎要吞尽了人类，吞尽了世界。许多壮美的人为此而死，许多爱和平的人被其牺牲，许多宏丽的房宇为之崩毁，许多珠玉似的喷泉为之干竭，许多绿的草染了血而变色，许多荫蔽千亩的森林被枪火烧得枯焦。泰戈尔则如一个伟人似的，立在喜马拉雅山之巅，立在阿尔卑斯山之巅，在静谧绚烂的旭光中，以他的迅雷似的语声，为他们宣传和平的福音、爱的福音"。他的生命如"一线镇定而纯洁之光，到他们当中去，使他们愉悦而沉默"。他立他们黑漆漆的心中，把他的"和善的眼光坠在他们上面，如那黄昏的善爱的和平，覆盖着日间的骚扰"。③

从这些话语和文字中，可以看出当时的知识界对泰戈尔的东方观看法是分歧的，而且这种分歧还相当大。对他思想的理解南辕北辙。

---

① 茅盾：《对于泰戈尔的希望》。
② 郑振铎：《欢迎泰戈尔》。
③ 郑振铎：《欢迎泰戈尔》。

2

　　或许在上个世纪 20 年代的时候，我们尚看不清这场由泰戈尔来到中国后所引起的文化争论的实质和意义，但今天当中国走出了它的苦难与黑暗，迎来了自己新的世纪的时候，当全球化的风暴席卷全球，西方的金融危机将世界带入动荡之时，一切问题开始渐渐明朗起来。

　　2011 年是辛亥百年，百年来的中国是在向西方学习中发展与变迁的，百年欧风美雨给了我们哪些东西呢？当代经济学家温铁军先生从经济学的角度总结了百年辛亥以来的基本经验，他认为"在经济基础的洋务运动和上层建筑的戊戌维新之后，中国已在教育、军事乃至政治体制上采取西制……后来我们知道，引进西制及人才没能救活被内外战争搞得财政崩溃、地方弄权的清王朝。"而民国之亡，很少人注意从整个世界经济和西方的危机的角度加以考察，他认为 1929－1933 年西方大危机所导致的中国白银大量外流已经埋下了国民党失败的种子，"所以说，民国先亡于无储备之西制财政金融崩溃，后亡于无军饷之西制军事失败。天可怜见的，西制也没能救民国。"对今天来说，温铁军认为"有个现实需要承认：辛亥逾百年，中国至今仍是不得不承担西方国家转嫁过来的制度成本的后发国家。如果没有另辟蹊径的创新能力，则难逃玉石俱毁之宿命。"他的结论是："告别百年西制崇拜。"[①]

　　尽管对温铁军的观点也有争论，但一些人没有看到，他并不是否认百年来向西方的学习，而是以一个经济学家的视角，从长时段的百年世界经济发展的角度，说明今天的世界经济仍在西制之中，在这样的体制中的中国的发展面临着一个根本性的问题，即如何对待这个四百年来已经统治全球的西方制度，如何超越这个制度的不足，中国发展的真正困局在此。这是中国百年来的一个结：我们以西为师，但老师总是在欺负学生。正是这样的结，使新中国走上一条独特的想超越老师的道路。中国的超大的国土，超长的历史文化，超多的人口，使我们这种"一万年太久，只争朝夕"的梦想屡屡受挫，只好耐下心来向这个"总是欺负学生的老师"学习，但心中不爽。而今天，当我们在奋斗中走到了中心时，这样的念头自然在心中涌动。

　　其实，不仅仅是在经济上，在文化上亦是如此。现代化源于西方，对欧美来说，现代化与文化意识的解放、自我的实现是同步的，但当欧

_____

　　① 温铁军：《告别百年西制崇拜》，2011 年 9 月 16 日《环球时报》。

美的现代化向全球扩展时，西方在全球的发展给殖民地国家带来的是灾难。在黑格尔所说的"历史的狡计"中，后发现代化国家被带上西方所开辟的的现代化轨道，在灾难中并非没有进步。历史在恶中进步，精神也得到释放。或许像王船山所说的"秦以私天下之心而罢侯置守，而天假其私以行其大公，存乎神道。"但必须看到作为后发现代化的国家，其文化上的内在矛盾，一直内存于我们的精神之中。在我们追求现代化的过程中，其文化在接受西方优秀文化的同时，也同时已经受制于"文化帝国主义"的控制。或许对那些历史短暂的小国来说，西方文化这些洋玩意还能完全被接受。但对于历史文化比西方文化还要久远的中国来说，这几乎是不可能的，环看今日中国的文化，本土的文化已经面目全非，但它在，它仍在我们的生活中，隐隐地在我们精神世界的深处。而在表层的生活中，我们的确已经完全西化了，甚至在如何表达自己文化上都已经有了困难，因为言语已经完全辞不达意。崛起的中国在自身文化和已经进入自己骨髓的西方文化之间痛苦地徘徊和挣扎。

或许我们像中国古代文化吸收佛教文化的历史那样，当下的混乱和苦恼只是因为"张载"未出，"二程"显世还有待时日，总有一天中国会像消化佛教那样把一百年来的西方文化彻底消化，让新的"宋明理学"再生，新的"朱熹"横空出世，把中国文化提升到新的世界的高度。但西方文化和东汉后进入中国的佛教文化有着根本性的区别，这或许只是白日做梦。目前的现实是，走向世界强国，中国已经是指日可待；走向文化强国，结束百年来中西混杂，重建一个立足自身文化之根而又有强烈时代感，将其西方文化化解于其中的新的中国文化形态尚未出现。

应该清醒地认识到，虽然地理大发现后西方文化渐成强势文化，但东方有着比西方文化还要悠久的文化历史，有着自己完全独立于西方的一整套的价值体系和精神世界。

吊诡的是，在全球化的初期，当西方在南北美洲烧杀抢掠，摧毁玛雅文明和印第安文明时，在东方却遇到了真正的对手。葡萄牙人、西班牙人、荷兰人都无法用枪炮打开中国的大门。于是，东西方之间开始了近两个世纪的平等的文化交流，乃至催生了18世纪欧洲的中国热。按照西方历史学家的话是，"在北美，西方发现了土地；在东亚，西方发现了文明。"其实，西方文化的神话是他们的思想家编造出来的，西方有着向阿拉伯文化学习的长期历史，文艺复兴的第一步就是从阿拉伯文化译经，美国历史学家拉克认为没有亚洲就没有今日之西方文化，只是在西方掌握了这个世界后，他们编造出了"东方与西方"、"现代与传统"这样二元对峙的模式，真实的历史不是这样。冷静的西方史学家早就看出了这一点，例如汤因比。

在中国影响了西方近一百年后，晚清的败局将一切都改变了！中国成了西方新的殖民地。国之破落，使 19 世纪的东方文化也随之走向了下坡路。其实正像没有当年英国对印度的统治，哪有伦敦的繁华，19 世纪到 20 世纪上半叶没有西方与日本联合对中国的压榨，哪有日本的崛起和西方的繁荣？文化变局之背后的这些财富的转移与掠夺才是文化兴衰的根本原因，没有什么离开经济利益和政治利益的纯文化。胜者为王，败者寇，政治是如此，经济是如此，文化也是如此。观察世界文化发展的格局中必须从这里入手。

如果按照布罗代尔的史学理论，一百年是一个太短的时段，三四百年也未必看出历史的真相。今天，当全球化进入深层之时，资本与生产快速在世界转移，西方遇到了他们从未想到的问题，遇到了他们从未遇到过的对手。中国、印度、巴西、南非、俄罗斯这些国家快速崛起，世界重心转向东方，经济发展重心转向亚洲已经成为定局。这次的美国金融危机，绝非是西方的小病，而是西制长期积累下来的大病，或许这次危机西方仍可以渡过去，但并不可根治，而世界大势已经开始变化，中国和印度的崛起具有全球性重大意义。中国、印度这样的东方大国绝不是像一些小国那样可以让西方势力随意地蹂躏。中国和印度在文化上有着西方所不及的悠远的历史和丰厚的内涵，作为民族深层结构的文化基因不会因短时期的政治走向而发生根本变化。此时，在中国、印度重新回到世界政治和经济中心的当代，政治和经济大格局变化的当代，必然引起世界文化格局的重新洗牌，这才是世界文化发展史上"三千年未有之大变局"。在这样的时刻，文化自觉和文化自信是一个大国在精神建设上之必须。我们必须看到，尽管目前在全球政治、经济乃至文化上西方文化仍是全球性主导文化，但伟大的变革已经慢慢开始，对中国来说，对西方的崇拜可以退场了。东方文化和西方文化之间再不是"臣属关系"，而是"平等关系"。如何在吸取百年西学的基础上重建自己的文化，恢复自己的文化肌理是我们当下中国文化上的最紧迫、最重大问题。

泰戈尔的价值正在这里！季羡林先生晚年对泰戈尔的肯定，对印度文化的肯定也多是从这个角度讲的，他认为在全球环境恶化，全球问题日益严重的今天，东方的智慧是有价值的。他说"我个人认为，我们东方的思想是一个很好的出路，中国和印度都有一个'天人合一'（Unification of the nature and mankind）的思想，印度叫 Bragman Atman—ail-ryam（梵我一如）……西方主张征服自然，把自然作为对立面甚至敌人进行征服。征服的结果产生的是上述我所说的那些弊病……我们东方与西方不一样，西方的方式是：你不给我，我就征服你。我们东方的主张是，向自然索取的同时，把自然当做朋友、兄弟。"因此，季老晚年对东方文化寄予极大的希望，正如泰戈尔晚年所写的《文明的危机》中对东方充满希望一样，"在西方几百年文化的基础上，发扬东方文明，使整个人类文明更上一层楼。"①

季羡林先生说泰戈尔"对整个东方的胜利，也有所期望，有所预见。在他晚年，他再三发出曙光将自东方升起，一个新时代就要到来的预言。"②

这真是一个伟大的预言！今天，中国和印度开始崛起，整个亚洲将开始成为世界的中心舞台。此时，我们再读上个世纪泰戈尔来到中国时，中国文化人受其影响而写下的文字，心灵会再一次受到冲击，或许对当时的争论会有新的认识。实际上，今天我们对泰戈尔所提出的问题的解答在中国引起的争论并未结束，而是以新的形式进行着。

也正因为如此，佟加蒙编辑这样一本书是很有意义的，它不仅仅是我们对泰戈尔 150 周年的纪念，更是对中国近代文化思想的一个回顾，使我们站在新的起点上回答泰戈尔所提出的问题，思考中国文化的重建，思考在 21 世纪东方的崛起和世界文化版图的重新改写。

在这里，我用泰戈尔论中国的一段话作为这篇序言的结语：

"我有个信念，当你们的国家站立起来，能够表现自己风貌时，乃至整个亚洲将会有一个远大的前景，一个会使我们共同欢欣鼓舞的前景。"③

2011 年 12 月 27 日

于北京海淀区枣林路 4 号游心书屋

---

① 季羡林：《东方文化要重现辉煌》，载《季羡林论中印文化交流》，新世界出版社 2006 年版，第 362 页。

② 季羡林：《泰戈尔的生平、思想及创作》。

③ 转引自郁龙余：《梵典与华章》，宁夏人民出版社 2004 年版，第 330 页。

前　　言

　　印度诗圣泰戈尔于 1861 年出生，1941 年辞世，至 2011 年恰逢其诞辰 150 周年和去世 70 周年。在这样一个特殊的年份，中国的学术界自然不会忘怀这位与中国有颇多渊源的印度诗人。中国的主流印度研究学者几乎都参与了在各地举行的各种类型的纪念活动。这些活动既是对泰戈尔怀念心情的表达和流露，也提供了很好的机会对相关学术研究成果进行探讨和总结。这也是这本文集的一个初衷。

　　这本文集的创意始于 2009 年。当时，我随西平教授访问印度泰戈尔大学，商讨联合举办纪念泰戈尔诞辰 150 周年活动等事宜。其间，他鼓励我编一本集子，"将上世纪 20 年代起到现在为止，中国人对泰戈尔的重要观感编纂成集。"之后，在为泰戈尔纪念活动做筹备工作的过程中，我便开始收集整理相关的文章和资料。这些文章中，有些是耳熟能详的经典，这便是愉快的重温；也会遇到曾经被忽略的重要作品，这便是大获释然的学习体验。这个历时两年的编纂过程真可以说是一个明神静志的心灵旅行。阅读那些经典的泰戈尔评论，从冰心到季羡林，使人对泰戈尔的理解和感悟不断升华。

　　当然，编纂过程中也会遇到难题，比如由于历史原因而造成的对泰戈尔观感的偏差在文集中如何取舍等。在这方面，中央党校的董友忱教授和深圳大学郁龙余教授给了我诸多指教。董友忱教授将自己珍藏的书带给我阅读，那些泛黄的纸页是在图书馆或书店很难找到的"善本"。郁龙余教授从深圳带来厚厚的复印件，其中全是弥足宝贵的泰戈尔评论，其出处之复杂让我感慨自己亲为的话恐怕力所不及。在整个编纂过程中，我还征询了一些文章作者的意见和建议。他们亲自撰写过泰戈尔的研究文章，也是对泰戈尔有发言权的专家。他们的建议也对文集形成了很好的指导。这本文集的编纂还参考了多本泰戈尔评论文集，包括《中国名家论泰戈尔》（张光璘编）、《印度文学研究集刊》第六辑（姜景奎编）和《不欢而散的文化聚会》（孙宜学编）。这里对这些文集的编者表示诚挚的感谢。

需要说明的一点是，在不同的历史阶段，中国人对泰戈尔的名字有过不同的译法，例如"泰谷尔"、"太戈尔"等。本文集中为方便今天的读者阅读，将文章中各种译名全部统一为"泰戈尔"。

最后，要特别感谢张西平教授为这本文集作序。感谢北京外国语大学世界亚洲信息研究中心对文集的出版提供资助。

佟加蒙
2011 年 6 月

泰戈尔在中国的形象建立

——纪念泰戈尔诞辰 150 周年

佟加蒙

谁是最具有代表性的印度人？大多数印度人的答案应该是在印度各民族中都享有崇高威望的圣雄甘地。但是这个问题如果让中国人来回答，也许更多时候泰戈尔会成为受青睐的对象。为数不少的中国人可能还分不太清楚圣雄甘地和著名的甘地家族之间到底是什么关系。但是提到泰戈尔，那样一个充满诗人情怀，饱含艺术气质和哲学深度，鹤鬓长须、飘飘若仙的鲜明形象则会立刻映入很多中国人的脑海。西学东渐以来，中国人在不断地拥抱西学并且反思自身传统文化的过程中，连带淡漠了和我们衣水相邻的东方国家的文明和文化。这个现象至今仍然在继续。近现代乃至当代，能够用作品对中国的学术和民众产生重大影响的外国人中，基本上还是西方面孔。在这种情形之下，来自我们邻国印度的泰戈尔，从 20 世纪初开始就用他的诗歌、思想和态度触动和感染了无以计数的中国人，并且在随后的将近百年之间也没有淡出中国学术研究的视野之外，其成就和影响十分令人怀念和记忆。

一、泰戈尔访问中国的影响及争论

当泰戈尔及其作品最早被介绍到中国的时候，他已经在世界范围内荣华在身。1913 年，泰戈尔以诗集《吉檀迦利》获得诺贝尔文学奖。之后很多西方国家及日本都掀起了颇为壮观的 "泰戈尔热"。1915 年，英女王更加封泰戈尔为 "爵士"。此后，活跃在当时中国文坛的文学家、诗人和学者，其中就包括陈独秀和冰心等，开始陆续将泰戈尔的作品翻译介绍给中国读者。这段历史时期，中国正值 "三千年未有之大变局" 发展到顶峰。在政治上，推翻旧制的革命已经取得重大成功，而历经百年外寇侵辱之后在国力积弱之时经历第一次世界大战又侥幸成为战胜国；在文化上，新文化运动早已经酝酿萌发，正在以狂风暴雨之势荡涤所有中国人的思想和观念，摒弃旧俗和追求新知成为社会的主体意识。到1924年，泰戈尔终于在万千瞩目和期待之中开始了访问中国的行程。他作为一个东方人并身携国际殊荣来到中国，其得到的反响之热烈和造成的影响之深远，在文学和文化交流层面实可以说后无来者。

"五四"前后的中国，人们对传统文化充满了失望和犹疑，将之与腐朽僵死的清朝统治之间画上了等号；而对外来文化，尤其是铺天盖地而来的西方文化又备感陌生、隔膜和无所适从。泰戈尔在这样一个时刻来到中国，恰好契合了很多中国人内心深处既压抑又躁动、既彷徨又希望的矛盾情绪。这样一来，他一下子成为万众瞩目的焦点，甚至引起立场鲜明的对立情绪就丝毫不足为怪。泰戈尔来自印度，其国家早已经沦为彻底的殖民地，从"反帝反封"的角度而言，状况比中国还要凄凉。但同时，泰戈尔又能够从容优雅地融入西方主流社会，并且受到如此大范围的认可和追捧。这种身份的错位正是困扰当时很大一批中国人的自我认同感问题。泰戈尔身着印度长衫、蓄着带有种姓特征的婆罗门式大胡子能够周游并风靡世界，带着瓜皮小帽、留着马尾巴小辫的辜鸿铭虽然也在西方名声鹊起，但在中国的大学校园里却常常被认为外形古怪，而遭到围观和嘲笑。仅从衣着装扮看，我们也能些略感觉五四前后时期思想争锋所达到的激烈程度。

在这一时期的中国，泰戈尔实际上成了一个符号，作品反倒被放到了第二位。主张"中学"和"玄学"的人，便强调泰戈尔有着东方的心灵和哲学气质，而赞成西学的人就把他的英文诗拿出来朗读并陶醉。除了热闹的旅行和演讲，泰戈尔实难与当时的中国人进行精神上的交流，最终竟是"大为懊伤"而去。在这样争鸣的喧闹气氛中，泰戈尔完成了他的中国之旅。他本觉得自己是个诗人，只需把最好的诗篇传播开来就可以了，就像音乐家只需要默默地演奏，但是没想到却成为了一个文化论战的焦点，被各取所需的人从头到脚都断章取义地拿走利用了。这实在是他始料未及的结果。

时至今天，我们回过身去观察20世纪20年代泰戈尔对中国的访问，所有的争论都显得那么苍白和徒劳。为了寻找代言人而对泰戈尔趋之若鹜的人终于发现找错了对象，相比之下，杜威和罗素更加洋腔洋调讨人喜欢；借题发挥者也没抓到什么顺手的把柄，泰戈尔只是个匆匆的过客，对中国的问题除了旁观以外最多发几声援助的呐喊。有失偏颇的议论随着泰戈尔离开中国很快就失去了被关注的气氛和环境。我们能够保留下来的，只有当时翻译传播开来的精美诗篇值得去吟赏，只有他作品中反映出来的深邃思想值得去回味，也只有这种思想才具有永远生生不息的精神和力量。关于此，瞿世英在《泰戈尔的人生观与世界观》中说："泰戈尔是以伟大的人格濡浸在印度精神里面，尽力地表现东方思想；同时却受了西方的基督教的精神的感力。于是印度文明之火炬，加了时代精神之油，照耀起来，便成就了他的思想。"张闻天在《泰戈尔之"诗与哲学"观》中说："泰戈尔是大诗人，也是大哲学家；他的诗就含有他的哲学，他的哲学也就是他的诗。"融汇东方和西方精神的思想者，带有哲学家气质的伟大诗人。这实在是对泰戈尔很好的总结。

二、当代中国学者对泰戈尔的评论

泰戈尔于1941年辞世。斯人在，评论总难免受到各种因素左右和影响，不能专注于作品本身。诗人驾鹤西去，于人情于事理都没有原因对他再进行极端主观的"捧杀"与"棒打"，判断也就变得相对冷静和中肯，评价也就显得更加入题和更有意义。

1961年，值泰戈尔诞辰一百周年，中国举行了大规模的纪念活动。诸多学者也发表纪念文章，表达对诗人的追思和怀念。季羡林教授在《纪念泰戈尔诞辰一百周年》的文章中，对泰戈尔的评价是"（他的）才能是多方面的，他是诗人，小说家，戏剧家和散文家，又是教育家，画家和音乐家……他给印度人民留下了极其丰富的文学艺术财产"。谈到泰戈尔对中国的态度，季羡林教授在《泰戈尔与中国》一文中表示，"（泰戈尔）从几千年的历史上看到两国人民友谊之源远流长，两国文化交流之硕果累累……因而对中国寄予无限同情，甚至有所偏爱；他在中国文化中发现了极为宝贵的东西，因而给了它最高的评价。"（摘自《哲学研究》1979年第1期）。这里，季先生用平和的笔触将泰戈尔总结为"才能是多方面的"以及对中国是"有所偏爱的"。一国之诗人，得到另一国一个日后将成长为学术泰斗的人的这样评价，应该是会感到非常欣慰。更为难得的是，这种评价毫无文辞堆砌，在朴实中饱含着真情实意。

在新中国成立后的相关评论文章中表现出来的另一个特点，就是更加关注泰戈尔所创作的作品本身所蕴涵的价值。20 世纪 20 年代在中国围绕泰戈尔而起的种种论调，在很多时候其出发点并没有完全建立在作品之上，其中的喧嚣也就注定了很快尘埃落定。实际上，我们评判一个作家的最主要标准，某种程度上甚至应该是唯一的标准，这就是其作品。至于作家本人出身如何、曾经得到何种荣誉、对某些具体事件持了怎样的态度，都显得有些无关紧要。从这个意义上讲，泰戈尔在新中国的形象也基本上围绕其作品而确立，他是作为可以和莎士比亚这样的文豪比肩而立的一个大家而出现的。例如在金克木留下的有关泰戈尔的文字中，就只限于对其作品所展开的论述。在《泰戈尔的〈什么是艺术〉和〈吉檀迦利〉试解》一文中，金克木先生甚至宣布"只作解说，不作评价"。这样的态度，不但表示出对诗人的另一种尊敬，也给读者留下了充裕的余地，从中得出自己的思考结论。

这样的思路也在随后为更多的评论家所接受和认可。我们可以看到在随后有关泰戈尔的文章中，对作品的评论越来越成为主流。董友忱教授在《一篇激动人心的佳作》中，阐述《莫哈玛娅》的艺术特色；通过《俄国书简》来探讨泰戈尔思想的先进性和超前性。郁龙余教授把泰戈尔的自然观和自然诗与中国的山水诗两相比较，指出中国和印度都有"诗歌和哲学水乳交融，浑然一体"的传统。其他如刘建教授所作《泰戈尔短篇小说中的抒情风格》；白开元教授所作《泰戈尔诗歌格律浅谈》以及《泰戈尔给中国文化名人的三首赠诗》；唐仁虎教授所作《泰戈尔中篇小说的特点》；姜景奎教授所作《论泰戈尔》，等等。在这些主流的泰戈尔评论中，大部分的着眼点都在于作家的作品本身，让泰戈尔用自己的作品发出最可靠、最贴切的声音。这样的文字所塑造出来的泰戈尔形象，自然也就最为客观和真实。

在 20 世纪 20 年代之后一段时间内，如果说泰戈尔在中国的形象建立主要是围绕他凭藉《吉檀迦利》获得诺贝尔文学奖而产生，那么这样的形象中难免存在有被荣誉的光环照映出来的幻影；如果说这一时期泰戈尔的形象构成中，"哲学家"占到很大一部分，那么他的印度身份以及中国人对古代印度哲学一贯的顶礼膜拜也一定会把一些人为想象的因素添加到他身上。而当时间到了当代，我们看到的是一个依托在作品的文本分析基础上构筑起来的创作了大量优秀文学作品的"文学家"泰戈尔。

其他如社会活动家、教育家和艺术家，等等，都不过是种种次要的特长，较之于"伟大的文学家"而言要放在第二位。

三、泰戈尔作品的中译

如果说文学批评仍然难以避免带有主观性，那么将原著呈现在读者面前，就是唯一、也是最好的选择了。而从 20 世纪 20 年代开始，泰戈尔作品的翻译和介绍就从来没有停止过。关于泰戈尔作品在中国的推介，郁龙余教授将之划分为三个高潮期。"第一个高潮期是二十年代，主要翻译介绍其诗歌、短篇小说和戏剧。第二个高潮期是五六十年代，……其主要成果为 1961 年由人民文学出版社出版的十卷本《泰戈尔作品集》。以 1981 年泰戈尔诞辰 120 周年为契机，中国进入介绍泰戈尔的第三个高潮期……其中一项代表性的成果是 2000 年由河北教育出版社出版的《泰戈尔全集》。"

上述两套书的出版，使中国的读者有机会通过作品集合这样一个比较全面的客观视角去了解和认识泰戈尔。十卷本《泰戈尔作品集》推出的时候，由于意识形态斗争的需要，正值在大力弘扬亚非文学，不能否定在著作遴选过程中会出现文学之外的影响因素。在谈到这套文集出版时，参加了这项工作的季羡林先生曾经在书中回忆："为什么叫《泰戈尔作品集》这个名字呢？为什么不顺理成章地称之为《泰戈尔作品选集》呢？主其事者的一位不大不小的分管意识形态工作的官员认真地说："'选'字不能用！一讲'选'就会有人选。谁敢选、肯选泰戈尔的作品呢？"① 有了这样的因素，不得不说是十卷本作品集的一件憾事。而当时间到了 1981 年，二十四卷本《泰戈尔全集》推出之时，思想解放、求真务实已经成为社会的集体共识。反映在泰戈尔作品的出版上面，就是种种妨碍读者用自己的眼睛去感知这样一个伟大作家的伟大作品的因素终于被抛开，我们终于可以自由任意地徜徉在他的字里行间。

2011 年是泰戈尔辞世 70 周年和诞辰 150 周年纪念。从 20 世纪 20 年代诗人访问中国至今，将近百年时间倏忽已经流逝。历史在远去，争论早已经淹没，伟大的作品却正在历久弥新，焕发出新的生命力。在这样

---

① 季羡林：《学海泛槎——季羡林自述》，华艺出版社 2005 年，第 197 页。

一个时刻，汇集全国最优秀的孟加拉语专业团队，推出完全遵守孟加拉文版《泰戈尔全集》内容和编排的新版《泰戈尔作品全集》，无疑是对诗人最好的纪念，也是对所有泰戈尔读者最好的交待。这也是为建立一个更加接近真实和自然的泰戈尔形象所能够作出的最好的贡献。

早期泰戈尔介绍

第一部分

遥寄印度哲人泰戈尔

冰　心

泰戈尔！美丽庄严的泰戈尔！当我越过"无限之生"的一条界线——生——的时候，你也已经超过了这条界线，为人类放了无限的光明了。

只是我竟不知道世界上有你——

在去年秋风萧瑟、月明星稀的一个晚上，一本书无意中将你介绍给我，我读完了你的传略和诗文——心中不作别想，只深深地觉得澄澈……凄美。

你的极端信仰——你的"宇宙和个人的灵中间有一大调和"的信仰，你的存蓄"天然的美感"，发挥"天然的美感"的诗词；都渗入我的脑海中，和我原来的"不能言说"的思想，一缕缕地合成琴弦，奏出缥缈神奇、无调无声的音乐。

泰戈尔！谢谢你以快美的诗情，救治我天赋的悲感；谢谢你以超卓的哲理，慰藉我心灵的寂寞。

这时我把笔深宵，追写了这篇叹感谢的文字，只不过倾吐我的心思，何尝求你知道！

然而我们既在"梵"中合一了，我也写了，你看见了。

一九二零年八月三十夜

（原载 1920 年 9 月《燕大季刊》第 1 卷第 3 期，署名：阙名）

《在加尔各答途中》译者跋

许地山

　　这篇故事本登在亚细亚（Asia）本年（一九二一年）二月号上头，是泰戈尔最近的著作。里面虽是记载从加尔各答至大吉岭道上一件奇异，然而他底背景却是描写一八五七至一八五八年间底革命。泰戈尔故意把六七十年前底事情提出来底缘故，是因那次的革命是印度归英统治以后最大的革命。凡住在印度斯坦底，无论是英人，印人，回教人，婆罗门人，对于这事都有很深刻印象存在脑里。

　　那次的变乱首先是从士兵发难，领头底是奥德废王底太子那沙赫依卜。当时，全印度底人民都想着英国底统治权快要失掉，因是藉着等等宗教的，人种的，和阶级的冲突来鼓吹革命。一时德列、留克奴和印度斯坦境内各地都起了残杀英人底事。可惜不久还被英军荡平，余党多流为盗贼，从此英国底势力就更巩固啦。

　　泰戈尔这篇在鼓吹印度文化之中夹着激动人民自立的精神。看文内说："这婆罗门人是不要人帮助底，他就是他自己底主人。"就可以瞧出里面所含底意思。他又极力鼓吹宗教的容忍。因为印度底宗教太过复杂，思想纷歧，自己攻击还忙不过来，自然没有工夫去抵抗外人了。他写这位究兰姆夸地（Ghulan Qadir Khan）底女儿如何由回教徒而变为婆罗门教徒，就是这个意思。至于写客沙弗拉勒娶信外道人为妻，也是惊醒印度人不要多受外人同化底意思。那位公主说他已经得着第二种习惯，正是提醒本国人不要忘了从前所做那回事业。篇内点出"杀害母牛底白人""禅那河""德列""婆罗那斯"等，都是与印度底宗教和思想很有关系的。

　　这篇不能当做静隋小说看，实在是泰戈尔提倡独立底说帖。细玩几遍，就可以知道了。

一九二一年三月三日

泰戈尔与东西文化之批判

胡愈之

自从上次世界大战之后，欧洲人对于自己的文化，很有些怀疑，醉心于东方文化的，着实不少。而印度哲学的研究，更是盛极一时。几个月前，印度大诗人、大哲学家泰戈尔氏（Rabindranath Tagore）到瑞士、德意志去游历讲演，到处都受盛大的欢迎，听讲的人盈千累万（前期撮录中转载《时事新报》愈颂华君通讯，及前月《申报》王光祈君的通讯，都有详细的记事）。战后欧洲人的渴慕东方文化，就此便不难想见了。

这一次泰戈尔到了欧洲之后，欧洲思想界生出一个重要问题：东西文化能相互调和吗？东方文化能补救西方文化的缺点不能？这个问题成为现时中欧学术界辩论的中心。有许多学者都加以肯定的回答，相信欧洲文化已陷于灭亡，非灌输东方文化思想——印度、中国的思想——不足以资救济。但我们现在所要介绍的，是一个反对派的主张，他相信东西文化的调和为不可能，而且东方文化在根本上无存在的价值。

抱这一种见解的，是瑞士伯讷大学（Berne University）哲学教授赫尔褒兹（Richard Herbertz）。赫尔褒兹是欧洲著名学者之一，他在《新苏黎世日报》（Neue Zuricher Zeitung）发表一篇批判泰戈尔哲学的论文，下面摘述的，就是这一篇的大意。

一位宽衣博袖岸然道貌的印度哲人，降临于中欧兵劫以后的瓦砾场，使一群丧乱流离惊魂未定的众生，得领略东方恬静和平的福音，以减杀其生命的悲哀。这在赫尔褒兹看来也觉得是一个难得的盛会，但是他对于泰戈尔的东西方文化调和论，却不敢随众附和。第一，泰戈尔以为把欧洲的推理科学，和印度的玄秘哲学联合起来，便会产生文明的佳果。要是这话是含有真理的，那么从前欧洲学者对于印度哲学的种种批判，都不免要推翻了。所以在这里赫尔褒兹教授先抬出几个著名的东方学者来，先讲阿尔登堡（Herman Oldenberg）的批评。他说："印度的哲学者，所讲述的不外空想、梦幻的种种，实在和我们相去太远。他们的哲学和严格的遵守现实法则而不能利用现实法则的实证科学比较起来，真是幼稚得很。这些玄想的思想家缺乏严格的科学者所用精严的推理方法……这一种思想，在西方人看来自然是一种奇观，但是可惜除了'奇观'之外，再也没有什么价值了。"

狄森氏（Paul Deussen）是一个精通印度哲学的大学者，他也说印度思想和我们隔得太远，正和别的星球里的生物从半空掉下来一般。他和西方的思想惯例，全然不同，绝对的不能调和。拉森氏（Lassen）在他的《印度考古学》里也说，印度是一个孤立的世界，和别的世界不会发生影响，只看在地理上印度也是离群独立的，这就可以证明。还有佳尔氏（Karl Joel），他以为印度的哲人并不能带一个新世界给我们，他们不能汲取恒河里边的水，却只能对着恒河照他们自己的面容。

假如这一位东方诗人的话是真的，那么从前许多学者的话都是假的了。泰戈尔的讲演和他的著书里，屡次说西方文化的衰颓和灭落，唯有输入东方文化，才可以挽回过来。但照赫尔褒兹说来，这一种理论不但不能折服西方学者，而且欧洲人要是采用东方文化，势必是非常危险。因为从欧洲的文化历史看来，一切进步的根源，大半是出于希腊思想。西方文明有今日之盛，大都出于希腊人之赐，便是将来的进步，也不外希腊思想的继续发展。所以佳尔尝说："回返于希腊，这才是前进。"希腊思想和印度思想是根本不相容的。希腊人主张自己造成人格造成命运；而印度人则主张自我扩大以消灭于宇宙之中。希腊人相信人格是从"地球母亲"里跳出来的，是从我们自己创造的宇宙观里生长起来的；而印度思想却教我们放大思想感觉之范围以与自然一致。两者如冰炭之不相容。所以西方人要采用印度文化，则必须放弃希腊精神。总之非雅典则孟买，二者实不可得而兼。

泰戈尔自己也深知希腊文化与印度文化的根本不同。他在他的著书《萨达那——到完成的路》（Sadhana，The Way to Fulfillment）里，开首便攻击古代的希腊文化。他说希腊文化是"发展于城墙之中的"，所以一切欧洲的文化，"都是生长于砖石和坚壁所造的摇床之内。"这一种"墙壁"，印人于人类的精神界，已是根深蒂固。所以欧洲人有句话，叫做"分裂而征服之"（divide and conquer）。意思就是说，要保障各人的利益，须各自筑起壁垒而守卫之。所以西方文明的要素，是"占有的权利"（Power to possess）。我们必须滴了额上的汗，以征服自然，以满足我们的生活。我们更必须胜过我们的同类，把他们排除，以达较高的地位。泰戈尔以为这种文化是残忍而无人道的。他反对"占有的权力"，而主张"联合的权力"（Power of union）。这一种理想是基于人和宇宙全体的联合的。印度哲学认为：人与自然中之神联合一致，是人类最后的目标，最高的完成。而西洋文化则不然，"他们把行动和取得看得非常之重，所以西方人只知崇拜势力。恍惚人是立定主见，什么东西都要用强力去夺来的。他们总是喜欢用力去干，而不愿意听之自然"。

这一类的话，西方人早就听得不少了。中国学者辜鸿铭也是这样说，他以为欧洲文明，在根本上，是只承认暴力，而不承认和谐的。英国文学家嘉莱尔（Carlyle）有句话："近世的欧罗巴是抗乱加宪兵。"这一句话最足以道破西方文化的内幕。泰戈尔所称为"权利崇拜"的，辜鸿铭则称之为"侵略主义"（Jingoism）——就是虚伪而有毒的战争主义。在政治外交上，固然不用说，便是欧洲人的文化生活，也几乎完全为这一种侵略主义所占领。所以教育不过是操演战争，而一切人类的心灵活动，也都变成了倾轧和陵轹。

这一种极端非难西方文明的论调，在欧洲流行颇广，而大战后则尤甚。但据赫尔褒兹说，西方文明的本身上，诚然是有缺点的，但这一种缺点，不见得是东方文化所能补救。泰戈尔所提出挽救西方文化的灵药，就是所谓"纯粹认识"（Pure recognition）。纯粹认识是什么东西呢？

据叔本华（Schcpenhauer）说，所谓纯粹认识就是自我放大与宇宙合为一体的意思，就是把个人意识，扩大使没入于宇宙意识之内。所以不必为了个人权利去占有，却只要去和万物合成一体。不必向现象界去要求什么，只要使心和明镜一般，把眼前经过的一切，都层层地映在心上。这一种纯粹意识，便是东方文化的基础了。赫尔褒兹说，这一种理论的谬点，是在于把心的境界、一切客观物体的存在地点、一切文化的根源，没有弄清楚。所谓文化是从自然、心、经验三个圈子里生长出来的。西方人过重经验，自然是一个缺陷，但照印度哲人的主张，全然蔑弃经验，而使"心"与自然同化，泯灭而成一体，那也未必是对的。因为你尽管去沉思冥想，尽管逍遥于山林之间，与自然化成一体，但是于文化有什么影响呢？这样绝不会生出文化的佳果来。文化是要仗着经验，仗着自然的克服——不是自然的同化。纯粹认识实与文化的根本意义完全矛盾。

末后赫尔褒兹又说："泰戈尔自己也承认，人类的主我，是宇宙大王所不能管领的唯一的东西，这是完全自由的……"上帝放弃人的心的支配权。他的武装军队，严密守卫着人类的前敌。人所以能成为主人，能高出于"自然"与"经验"之上而不受他们的支配，就是在于这一点，文化的起源也是在于这一点。在这里认识已不成为"纯粹认识"了。人——思想者、文化占有者——已从天真的亚当更进了一步。他已偷尝了智识之果，他已从"消极经验的无意识的降服自然的"乐园里，被撵了出来。所以他已不能安安稳稳地依靠自然，他只好流了额汗自己去赚自己的面包——智慧的面包也包括其内，所以只能用"占有的权利"以代"联合的权利"。因为"联合的权利"只在乐园里边才有用处，而乐园里是没有文化的。反过来说，在文化的领域内，也不会有乐园。现在乐园里的东方之鸟，向欧洲人唱着神秘之歌，用了玄想，用了纯粹的认识去诱惑我们，可怜我们竟信以为真！其实，这一班玄想家，都是骗人的呢！

（原载《东方杂志》第 18 卷第 17 号，署名：愈之）

与印度泰戈尔谈话

——东西文明之比较

冯友兰

我自从到美国以来，看见一个外国事物，总好拿它同中国的比较一下。起头不过是拿具体的、个体的事物比较，后来渐及于抽象的、普通的事物。最后这些比较结晶为一大问题，就是东西洋文明的比较。这个大问题，现在世上也不知有能解答它的人没有。前两天到的《北京大学日刊》上面登有梁漱溟先生的《东西洋文明及其哲学》的讲演，可惜只登出绪论，尚未见正文。幸喜印度泰戈尔先生到纽约来了，他在现在总算是东方的一个第一流人物，对于这个问题，总有可以代表一大部分东方人的意见。所以我于 11 月 30 日到栈房去见他，问他这个问题。现在将当日问答情形，写在下面。

泰戈尔：中国是几千年的文明国家，为我素所敬爱。我从前到日本，没到中国，至今以为遗憾。后有一日本朋友，请我再到日本。我想我要再到日本，可要往中国去，而不幸那位朋友现在死了。然而我终究必要到中国去一次的。我自到纽约，还没有看见一个中国人，你前天来信说要来见我，我很觉得喜欢。

冯友兰：现在中国人民的知识欲望非常发达，你要能到中国一行，自然要大受欢迎。中国古代文明固然很有可观，但现在很不适时。自近年以来，我们有一种新运动，想把中国的旧东西，哲学、文学、美术以及一切社会组织，都重新改造以适应现在的世界……

泰戈尔：适应吗？那自然是不可缓的。我现在先说我这次来美国的用意。我们亚洲文明，可分两派，东亚洲中国、印度、日本为一派，西亚洲波斯、阿拉伯等为一派，今但说东亚洲。中国、印度的哲学虽不无小异，而大同之处很多。西洋文明所以盛者，因为它的势力，是集中的。试到伦敦、巴黎一看，西洋文明全体可以一目了然，即美国哈佛大学，也有此气象。我们东方诸国，却如一盘散沙，不互相研究，不互相团结，所以东方文明一天衰败一天了。我此次来美就是想募款，建一大学，把东方文明聚在一起来研究。什么该存，什么该废，我们要用我们自己的眼光来研究，来决定，不可听西人模糊影响的话。我们的文明，也许错了，但是不研究怎么知道呢？

冯友兰：我近来心中常有一问题，就是东西洋文明的差异，是等级的差异（difference of degree），还是种类的差异（difference of kind）？

泰戈尔：此问题我能答之：它是种类的差异。西方的人生目的是"活动"（activity），东方的人生目的是"实现"（realization）。西方讲活动进步，而其前无一定目标，所以活动渐渐失其均衡。现只讲增加富力，各事但求"量"之增进，所以各国自私自利，互相冲突。依东方之说，人人都已自己有真理了，不过现有所蔽，去其蔽而真自实现。

冯友兰：中国老子有句话是："为学日益，为道日损。"西方文明是"日益"，东方文明是"日损"，是不是？

泰戈尔：是。但是东方人生，失于太静（passive），是吃"日损"的亏不是？太静固然，但是也是真理（truth）。真理有动（active）、静（passive）两方面，譬如声音是静，歌唱是动；足力是静，走路是动。动常变而静不变，譬如我自小孩以至现在，变的很多，而我泰戈尔仍是泰戈尔，这是不变的。东方文明譬如声音，西方文明譬如歌唱，两样都不能偏废。有静无动，则成为"惰性"（inertia）；有动无静，则如建楼阁于沙上。现在东方所能济西方的是"智慧"（wisdom），西方所能济东方的是"活动"（activity）。

冯友兰：那么静就是所谓体（capacity），动就是所谓用（action）了？

泰戈尔：是。

冯友兰：如你所说，吾人仍应于现在之世界上讨生活。何以佛说"现在世界，是无明所现，所以不要现在世界"？

泰戈尔：这是你误信西洋人所讲的佛教了。西人不懂佛教，即英之达维思夫人（Mrs. Rhys Davids）尚须到印度学几年才行。佛说不要现在世界者，是说人为物质的身体束缚，所以一切不真；若要一切皆真，则须先消极地将内欲去尽，然后真心现其大用，而真正完全之爱出，爱就是真。佛教有二派：一小乘（hina-yana），专从消极一方面说；一大乘（maha-yana），专从积极一方面说。佛教以爱为主，试问若不积极，怎样能施其爱？古来许多僧徒，牺牲一切以传教，试问他们不积极能如此吗？没有爱能如此吗？

冯友兰：依你所说：东方以为真正完全之爱，非俟人欲净尽不能出，所以先"日损"而后"日益"。西方却想于人欲中求爱，起首就"日益"了，是不是？

泰戈尔：是。

冯友兰：然则现在之世界，是好是坏？

泰戈尔：也好也坏。我说它好者，因为它能助心创造（creation）；我说它坏者，因为它能为心之阻碍（obstruction）。如一块顽石，足为人之阻碍；若制成器具，则足为人用。又如学一语言，未学会时，见许多生字，足为阻碍，而一学会时，就可利用之以做文章了。

冯友兰：依你所说，则物为心创造之材料，是不是？

泰戈尔：是，心物二者，缺一不能创造。

冯友兰：我尚有一疑问，佛教既不弃现世，则废除男女之关系，是何用意？

泰戈尔：此点我未研究，不能答。或者是一种学者习气，亦未可知。

冯友兰：依你所说，则东西文明，将来固可调和，但现在两相冲突之际，我们东方，应该怎样改变，以求适应？从前中国初变法之时，托尔斯泰曾给我们一信，劝我们不可变法。现在你怎样指教我们？

泰戈尔：现在西方对我们是取攻势（aggressive），我们也该取攻势。我只有一句话劝中国，就是："快学科学！"东方所缺而急需的，就是科学。现在中国派许多留学生到西洋，应该好好地学科学。这事并不甚难。中国历来出过许多发明家，这种伟大民族，我十分相信，它能学科学，并且发明科学。东方民族决不会灭亡，不必害怕。只看日本，它只学了几十年的科学，也就强了；不过它太自私，行侵略主义，把东方的好处失了，这是它的错处。

冯友兰：你所筹办的大学现在我们能怎样帮忙？

泰戈尔：这层我不能说，这要人人各尽其力的。中国随便什么事——捐款、捐书、送教员、送学生——都可帮助这个大学的。现在我们最要紧的，是大家联络起来，互相友爱，要知道我们大家都是兄弟！

谈到这里，已经是一个钟头过去。我就起身告辞了。泰戈尔先生的意见对不对，是另一问题，不过现在东方第一流人物对于东西文明的见解是如此，这是我们应该知道的。我还要预先警告大家一句，就是：泰戈尔的话，初看似乎同从前中国中学为体，西学为用之说，有点相像，其实不同。中国旧说，是把中学当个桌子，西学当个椅子。要想以桌子为体，椅子为用，这自然是不但行不通，而且说不通了。泰戈尔先生的意思，是说真理只有一个，不过他有两方面，东方讲静的方面多一点，西方讲动的方面多一点就是了。换句话说，泰戈尔讲的是一元论，中国旧说是二元论。

我现在觉得东方文明无论怎样，总该研究。为什么？因为它是事实。无论什么科学，只能根据事实，不能变更事实。我们把事实研究之后，用系统的方法去记述它，想道理去解说它。这记述和解说，就是科学。记述和解说自然事实的，就是自然科学；记述和解说社会事实的，就是社会科学。我们的记述解说会错，事实不会错。譬如孔学，要把它当成一种道理看，它会错会不错；要把它当成事实看——中国从前看这个道理，并且得大多数人的信仰，这是个事实。它也不会错，也不会不错。它只是"是"如此，谁也没法子想。去年同刘叔和谈，他问我："中国对于世界的贡献是什么？"我说：别的我不敢说，但是我们四千年的历史——哲学、文学、美术、制度……都在内——无论怎样，总可做社会科学、社会哲学的研究资料。所以东方文明不但东方人要研究，西方人也要研究，因为它是宇宙间的事实的一部分。说个譬喻，假使中国要有一块石头，不受地的吸力，牛顿的吸力律就会打破，牛顿会错，中国的石头不会错！本志2卷4号所载熊子真先生的信上面的话，我都很佩服，但是不许所谓新人物研究旧学问，我却不敢赞成。因为空谈理论，不管事实，正是东方的病根，为科学精神所不许的。中国现在空讲些西方道理，德摩克拉西、布尔什维克，说得天花乱坠。至于怎样叫中国变成那两样东西，却谈的人很少。这和八股策论有何区别？我们要研究事实，而发明道理去控制它，这正是西洋的近代精神！

民国九年十二月六日作于纽约。

（原载《新潮》第3卷第1号，1921年10月1日）

泰戈尔氏之人生观

钱智修

　　吾人之处世也，每因苦痛与缺陷之刺激，而不胜其愤悱，有以此等境遇为不应有者。且有竭力克制，使之不得存在者。唯据泰戈尔（Rabindranath Tagore）之说，则无痛苦与缺陷之世界。直出想象之外。泰戈尔者，印度之诗人，而以预言家著称者也。近在希巴德杂志（The Hibbert Journal）著论曰："如何而有缺陷之问题，与如何而有不完全之问题相等，易词言之，则与如何而有，创造物之问题相等。吾人之所以必须忍受者，以非如是，则别无他道耳。既称创造物，则必为不完全者。且必为渐进者，而欲询吾人果何为而如是，亦非愚则罔而已。"

　　据泰氏之意，吾人之重要问题，在此种不完全，果为最终之真理否，在人生之缺陷，果积极而不可移动否。河流之有堤岸也，所以为之河流之限域者也。然此非其最终之事实也。虽一面为河流之阻碍，而一面则又能使河流前进。纤缆者，所以维系船舶者也，然维系船舶，亦不能尽纤缆之功用也。同时又能曳船舶前进。试引泰氏之言曰：

　　　"世界之潮流，必有其限域，以非如是，则潮流不能存在也。然其真谛，则不在固定之限域，而在趋于完全之运动。世界之有阻碍与祸患，此无足怪者，唯其有法律秩序美感快乐善良恋爱之种种，乃足怪耳。而神之意思所以使吾人得有生活者，尤为怪事中之怪事。吾人于生活之深渊中，常能窥见表面上之不完全，实为完全之启示。此犹知音乐者仅聆音节之连续，而知何者为完全之音乐也。凡所谓有限者，非执缚拘束于限制之内，实时时运动而时时蝉蜕其限制。质言之，则不完全者，非完全之反对，而为完全之部分表示；有限者，亦非无限之反对，而为无限在其限制内之表示也。"

13

苦痛者，照泰氏之界说，为与吾人有限性相关之感情，非生活中之固定物，亦非如快乐之有自身目的也。然则吾人之遭遇苦痛，亦唯知其不能为创造物之永久原则而已，此与吾人智识上之谬误，正复相同。探究科学进步之历史，除其他各事以外，必须探究各时代所发表之谬误，然绝无有人，谓科学之功用，在发表谬误者。科学之功用，固在确定何者之为真理也。

智识上之谬误如是，其他各种形式之缺陷，亦复如是。其性质终非永久，不论何事，断未有以缺陷灌注其全部者，如泰氏之言曰：

"缺陷之为物，时时由事物全体改正之，而变更其状态，吾人以缺陷为固定，遂不免视之过重，使能将大地每一瞬间死亡与腐败之数，为精确之调查，必有使吾人惊惧不置者。然缺陷实时时流动，虽其数量之巨，为巧历所不能计，而于生活之潮流，绝无影响。大地山河，流泉空气，凡所以供给一般生物者，其清新洁净自若也。凡各种调查，均以流动之事物为固定，因之执妄成真，致为所眩惑，或由职业之原因，或由其他之原因，往往对于生活之特种现象，关心慕切。庸讵知所关心者，实不合于真理乎。侦探者，于犯罪之情形，得为详细之研究者也，然于此种犯罪对于全社会之关系，每有所未谛。科学者，采集事实，以解明自然界中之生存竞争者也。吾人心目中所愚，自然之图画，其磨牙吮血之相，至可震惧，然因此遂以变动不居之颜色与形式为固定。此与计算空气每方寸之重量，而谓吾人不胜其压抑者，又何以异。空气虽重，然以配置之得当，吾人实不觉其疲倦。自然界中，固有生存竞争，然又有其交互之作用，以爱情为根源，而爱儿心、爱友心、牺牲心，皆由是而发出。盖爱情者，实生活中之积极原则也。"

泰氏更谓吾人处世，每不以死亡一念。执著于心中，此非因对于死亡之现象，不甚明了故，实由死亡即生活之消极现象故。吾人每一秒间，一闭其眼睑，而其所计算者，则为眼睑开启之次数，以闭眼实开眼之消极现象也。生活之抗拒死亡也，盖甚为强烈。嬉笑也，跳舞也，游戏也，构造也，贮蓄也，恋爱也，凡所以积成生活之现象者也。直至吾人身经死亡之事实，而后不胜其惊讶。盖生命之全体，其一部分为死亡，吾人实不能觉察之。其仅能觉察之者，则如在显微镜中看布，而惊怖其空隙之巨耳。然死亡究非最终之实体，看似黑暗，而世上之生物，不因之而黑暗，犹之天体看似青色，而飞鸟之羽翮，不因之而着青色也。泰氏更进而论之曰：

> "小儿之学步也，其失败时常多，而成功时常少，若吾人之观摩，限于狭隘之时间，必有深感其不适者。然小儿纵常常失败，实有一种快乐之动力，策励其进行。每一时间，其重视失败之事实，必不敌其与相抵抗之能力也。"

吾人一生，每日所遇各种形式之苦难，与小儿学步时正同，皆所以表示吾人智识能力及意志之不足也。然使所表示者专为吾人之弱点，则吾人且以侘傺无聊死。盖当吾人观察特定范围之活动时，实有足伤心短气者。然吾人之生活，绝不如是其狭隘，其完全之观点，常能驱策之使超过现在之限制。吾人心目中，常有一种希望，行于现在狭隘的经验之前，此为吾人对于无限之信心，而决不认吾人之无能力为固定之事实。其范围广漠无涯，能使人意上通于神明，其寥廓之迷梦，每于伦常日用间遇其真境也。

由斯以观，吾人之见及真理，在吾人驰心于无限之时矣。真理之观念，不实现于狭隘之现在，不实现于瞬间之感情，而实现于使吾人从所有之境，玩味 其应有之境之自觉心矣。缺陷者，暂时者也。日夜飞越夫当前，而渐即于善者也。既不能为固定之点，亦不能永与吾人相抗。人之始习琴瑟也，必有音节不谐之苦，然决无有人，以琴瑟之功用，在发生不谐之音节者。人之对于缺陷，亦复如是。完全之可能性，常能克制实际上之不完全而胜之。泰氏有言曰："谓生活为绝对之缺陷者，世固不乏其人。然绝无有人重视之者。盖厌世主义者，不过吾人智识上或感情上之迷惑。吾人之生活，固为乐天的而欲向前以进行也。厌世主义，为一种精神上之酒病，能摈斥有益之营养物，而使人沉湎于剧烈之狂饮，因以发生人为的忧郁，而愈欲借酒以自遣。其害人也甚矣。且生活而果为缺陷，又何待哲学家之证明者。譬如其人明明生存侍立于前，而子乃责彼以自杀，不亦真乎？"试更引泰氏之言曰：

> "所谓不完全者，非终为不完全而已，实含有完全之观念，而经永久实现之途径以进行。故吾人智力之功用，在由非真理

而实现真理。所谓智识，不过继续毁灭其谬误，而使真理之光，得自由发出。吾人之意志，在继续克制其缺陷，而达完全之鹄的，其为内部之缺陷、外部之缺陷或内外相合缺陷勿论也。吾人体魄上之生活，常燃烧身上之材料，以保存生活之光；而道德上之生活，亦有其供给燃烧之材料。此种生活，继续进行，吾人盖知之甚审，而奉为信心，而非相反之个别事实所能摇动。质言之，则人类之趋向，由恶而驯至于善而已。"

人之献身于理想，献身于国家，献身于人类之福利者，其生活盖有广博之意思。而所遇之苦痛，则相形之下，不过剑头之一尖。泰氏所谓善之生活，即人类全体之生活者，此物此志也。快乐者，为个人之自身计者也，而善则为人类全体亘古不磨之快乐。所谓快乐与痛苦，自善之方面观之，其意思全异。有明知快乐而避之者，有明知苦痛而求之者，而死亡之一途，因欲使生活有较高之价值，有时亦往往欢迎之。此等情形，可各之曰善之立足点，亦即人类最高之立足点。凡快乐与苦痛，一以善之立足点为衡量，固无何等之价值矣。

泰氏之结论，谓吾人从生活中所得之教训，不在知世界之有苦痛，而在知转苦为乐、转忧为喜。端赖夫自身，其言曰：

"此种教训，吾人未尝全然失却。不论何人，断未有愿剥夺其受苦之权利者。以此实人之所以为人之权利也。一日，有一苦工之妻访余，因其长子将往有钱之戚串家度日，而不胜其忧愤。夫遣子依人，正所以节减其母之劳苦，其立意岂不甚善。庸讵知反以伤其心乎？盖为母之劳苦，实由其爱子之权利而生，无论有何种之便利，彼此不愿放弃之也。人之自由，不在脱离苦痛，而在利用苦痛，使成为快乐之要素；而唯知吾人之小己，非吾人宅世最高之意思，且知吾身之内，有一不畏死不避苦之世界的人格时，始能利用之。自世界的人格之眼光观之，则苦痛者实为吾侪不完全之人类真正之财产。其所以接近于完全而得为有价值之人者，凡以此耳。吾人非乞丐也，凡人世间有价值之事物，若权利、若智识、若爱情，非以痛苦为代价，决不能购得之。苦痛者，快乐之永久的发展也。完全之可能性，其表记即存于苦痛之中，人而失其对于受苦之快乐，亦唯沦于卑鄙穷乏之深渊而已。唯吾人若借助于苦痛，以求自身之满足，则苦痛亦足为祸于吾人。苦痛者，洁净之处女，而献身于永久之完全者也。其在无限之祭桌前，对于吾人，固色相毕露，而与快乐之现实无异矣。"

　　　　　　　　　　　　　　（原载《东方杂志》第 10 卷第 4 号）

泰戈尔之"诗与哲学"观

张闻天

人类渐渐要发现，我们要请"诗"来替我们解释人生，来
安慰我们，来支持我们。没有诗，我们的科学不会完全，并且
现在许多关于宗教的与哲学的，也要被诗所替代……

——Matthew Amold

一

泰戈尔是大诗人，也是大哲学家，他的诗就含有他的哲学，他的哲
学也就是他的诗。如《生之实现》是他的哲学而又是一首散文诗，如
《园丁集》如《新月集》如《采果集》如《迷途之鸟》等是他的诗而又包
含他的哲学。中国介绍他的人很多，我现在不必多说别的，只说他对于
诗和哲学之关系的见解。

什么是艺术的目的，更进一步，什么是诗的艺术的目的？在《春之
循环》中泰戈尔说："我们（诗人）把人类从他们的欲望束缚上解放出
来。"真正艺术的功用是达到自由的大路。艺术家帮助我们忘了我们和世
界的约束，并且显示那把我们联结到永久上去的不可见的连接。真正的
艺术使我们的思想，离开单纯的机械生活，把我们的灵魂举到天上。它
把"自我"从忙碌的世界的种种活动里释放出来。它打破那关闭心灵的
牢狱，破除那遮蔽光明的障碍。

一切艺术的秘密是在"自我的遗忘"，诗人或艺术家使我们心里的诗
人或艺术家得到自由，但是只有那艺术的创造是从自我遗忘的快乐上生
出来的，那才能做这类事业。真正的艺术家把他们自己举在一切热情、
欲望之上，放到那等待光明的精神状况里。他离开一切别的东西，把自

己相合于他情愿解释的特别对象，把他的意识完全沉没在这对象里，并且失了他的自我。当自我与非自我，内在的生命和外在的生命，和合一致的时候，艺术就会产生。因为艺术是在这类快乐里产生，它还产生快乐。

但是当我们说艺术的功用或目的是在产生快乐，我们并不是说艺术家专门拿产生快乐为目的，并不是说那专门想法去娱乐的那一类颓废派的艺术。艺术的创造和娱乐都是自然而然的，并且是无意识的。凡艺术家的衷心所感到的，在艺术品中找到他的外形，从洋溢的心里流出来，口就说了。威廉·勃来克（William Blake）说"过余的路引到睿智之宫"。照泰戈尔的意思，艺术的起源是"在过多的境界里"[①]。过多的能力，在艺术里找他的出路。艺术是快乐的产儿，是人类过多的能力的表现。一个人要得到一件东西，他就用他的音调发言，但是如果他没有这种目的，他就唱。一个人要达到他的目的地，他就用他的脚走路，但是如果他没有这种地方走，他就跳舞。一个人要记载一件什么事情，他就用一支笔写，但是如果没有呢，他就画图。假如我们的时间，我们的精力，都为了战争与商业、科学与实业，那么我们就不能费掉宝贵的光阴和精力在歌唱、跳舞、画图，我们社会里就没有艺术家容身的余地。艺术是休养里产生的，在近代西洋那种生活忙的社会里绝不会产生。在艺术里，我们并不追求肉体与精神的满足，却不过感觉与欢乐，而非分析与度量。事实的重复可以转成用途与利益，至于那"太阳是圆的，水是液体，火是热的"就要不能容忍，但是日出的美的描写，完全没有经济的功利的价值，就有"永久的兴趣——因为在那里，这不是日出的事实，只有我们自己是永久的兴趣的目的"[②]。艺术所相关的世界是人格的世界，艺术是人格的表现。固然，一切活动都是自我的表现，但是别的活动是有目的的，是达到目的的一种方法，但在"美"的里面，我们没有别的目的。

我们要晓得一件东西，因为晓得了，我们就可以用它。但是在艺术里，自我的表现没有别的目的，它自己就是它的目的物。它不是要满足肉体和精神的需要，它是发其所不能不发。它的表现是自然的，是不知

---

① 《人格》，第 10 页。

② 《人格》，第 15 页。

不觉的，不是人为的有意如此的。"当我们的心，完全在爱里，或者在别的大情绪里觉醒的时候，我们的人格是在他的潮流里了。"① 诗不是做的，是冲出来的。它是过多的表现，在那里，全人格完全出现了。

艺术不是教训的，它是去快乐不是去劝导。它是无意识的，在鼓励我们达到尊贵的目的，不是把功课教给我们。哲学可以劝导，可以辩论；宗教可以劝告，可以命令，但是艺术只使我快乐。劝导和教训也许是艺术的结果，但是他的目的只在快乐。他用自己的光明照耀，但是这种光明也许产生别的结果。艺术的一种诗的目的也是在生趣，不在利益。

但是这快乐不是肉体的快乐，肉体的快乐是印度人所极力反对的。他们出世就是对于这种快乐表示反对。他们所谓的快乐是精神的快乐，那美的情绪是精神的经验，不单是主观的感觉。艺术如失了得到精神自由的方法，单成了下等人的娱乐品，它就不是真正的艺术了。

二

虽则诗的目的不是把哲学告诉我们，但是如其一首诗不包有哲学的幻想便不能完成它的目的。诗一定要贡献一种人生观，使我们对于实在有更完全的见解。黑格尔说诗的目的在"把谐和的宇宙的究竟理想的形状，放进想象的形式里"。亚里斯多德也谓诗是一切文学中之最有哲学思想的，它的目的就是真理。真正的诗人，在每一部分里能够看到全体，并且使他的诗表现他的全幻想。歌林（Chunon Collins）在《诗的真功用》（The True Function of Poetry）里曾经说："诗的真使命不单在供给快乐，不单在表现有利或有害于人的感情，不单在增进我们人性的与人生的知识，它的使命是在理想的真理的默示……"这作品是不是诗，我们只消看它是否给我们以幻想的全体呢，或者只不过说一点表面上的现象。所以与其说诗与哲学是不相容的，不如说诗之所以为诗只因为它是哲学的。

因此，如其心灵不在和平状态，绝不能产生好的诗。混乱的心灵绝不能做好的诗家。生命的节奏，表现在他自己的诗的节奏中间，只有心中有音律的，舌头才有音律。我们一定要把我们的灵魂和灵魂外的东西和

---

① 《人格》，第17页。

谐，把内我外我和合一致，才可以得到诗的欢喜。诗是宇宙的音律在人心中的反响。

所以遁世的人、悲观的人，都见不到宇宙真义的所在，均没有诗人的资格。诗人一定要在现世里找到快乐，一定要有"自然"的与"创造"的热爱。泰戈尔描写艺术家的灵魂和宇宙魂的关系，说："世界问艺术家道——'朋友，你曾经看见我吗？你爱我吗？——不是因为它供给你衣食而爱，也不是因为你找出了它的定律而爱，却以为它是个人的而爱吗？'艺术家回答道：'是的，我已经看见你了，我已经爱你并且知道你了——不是因为我对你有什么需要，也不是因为我为了我自己的权利的目的拿了你并且用了你的定律。我知道我能够行动，能够驱动，并能够引导到权力的势力，但这不是那个。我看见你在，你就是我的地方。'"① 对于宇宙的纯爱，是世界上真正艺术家的态度。一个诗家要在无论什么地方看到美，一定要爱地球。他的心灵在世界上像在家里一样，一点没有奇异的感觉。他一定要叫出来："这地球也是属于创造天的他吗？"② 固然，世界上也有喧哗的声音，也有罪恶，但是真正的诗家在喧哗里可以找出和谐，在罪恶里看出善。在流转不居的时间里见有永久；在有限的空间里看出无限。自然，他也感到丑与罪恶像感到痛苦一样，但是在真正的诗里像在一切真正的艺术里一样，究竟是调和的。

诗家也许可以表现他的艺术在描写世界的悲剧的背景，但是他相信一切的究竟只有和平与和解，不是不和与失望。这并不是说戏剧的了了一幕一定要团圆，小说的末了一回一定要荣封，也并不是说他一定要把世界当为一点冲突、一点相反也没有的清净的天堂。诗人应该面向"丑恶"与悲惨，可怕与不完全，但是在究竟，让我们觉得我们所居住的世界是再好没有的罢。他也许可以描写心灵的扰乱，但是结论只能说在这扰乱的下面有和平伏着。凡一种艺术的结果只有厌恶和不满意的印象留在他人的心上，我们不能称为真正的艺术品。真艺术品最后的感觉，应该是胜利与满意。

蠢笨的世界也许包含不和与矛盾，但是诗的世界，这是纯化了的自然，不能有这些东西。大概言之，只有片面的见解，那是科学与散文的

---

① 《人格》，第 22 页。

② 《采果集》，第 55 页。

专利品，能够把矛盾作为一切的究竟。在他们看来，世界也许显示出疑问，但是在哲学家与诗人都不能如此。他们的工作是在显出冲突与混乱不是最后的东西。世界的美与秩序，在诗人的幻想里，哲学家的心里，同样的重复创造出来。哲学家说一切的不和谐由于不了解和谐；诗家在恶东西里指示好的心灵给我们。世界永恒的和谐在诗人的歌里可以听到。"我的诗人，从我的眼睛里去看你的创造，立在我耳朵的大门口去静听你自己的永久的和谐，是不是你的快乐。"[①]

三

所以自然派对于诗的概念，不能成立。因为艺术和自然有分别，所以自然派的诗也和真正的诗有区别。前者只消观察，而后者对于观察的材料须要默想；前者我们的心是在相对的被动状态，而后者则在活动状态，对于观察的对象反省。哲学不是常识，是批评，所以诗不是生命，是他的批评；哲学不在搁置事实，是在把事实化成定律与秩序；所以诗不在抄袭事实，是在解释事实。哲学启示事物的真义，批判肤浅的表面现象，所以诗人反过事物的丑状显出它们内在的精神美。照唯心派所说，哲学是经验的结构。那组成哲学探讨的初步的世界上直接感到的事实，把来综合一下破除他的直接性与外表性。就是诗人的想象力，也把世界上的事实去表现全体的精神。所以诗不是没有想象力的抄袭生命与物质。诗人的目的是在启示事物内包含的生命，物体内藏着的灵魂。哲学家告诉我们，机械作用不是宇宙的究竟范畴，诗人在我们以为死的事物中看出生命。真理不是单在适合事实，诗也不单是模仿自然的事实或心体的流动。他们俩都是"创造的再造"。他们俩都是生命的明镜，不是表面上的生命，是最深最好的生命。假使像自然主义的作家一般单把看见的事实一点不加组织地直写下来，这不是真正的诗。美是真理不是自然主义，诗是创造不是抄袭，是幻想不是仿效，是图画不是照片。印度的思想对于没有精神的自然，素来不注意的。艺术是人心要捉到自然界事实内在的美和精神的意义的努力。世界上的事物其本身是不美的；但是它所暗示到的事物是美的。对于自然里所包含的精灵的中心是真艺术所必要的。

---

① 《吉檀迦利》，第65页。

诗是宇宙心的歌唱、诗人全经验的发扬。

　　但是真的诗是明省与情感的化合物。单有情感不能歌唱，没有思想去规律它，就不能实现，就不能有诗。"诗不单是情绪或表现的事情，它是形式的创造，思想被潜在诗人内心工作的精巧的熟练变成形状。这创造的能力是诗的起源。感觉，情感或言语不过是它的原料罢了。"(Letters, Mordern Review，August. 1917) 作一首的诗总须有一番努力，一番明省，不是随便可以写得来的。诗人的生活是浓厚的生活，因为只在浓厚的生活，明察才会产生。

　　其次再看极端的理想派，对于诗的见解如何。这派以为诗完全是理想的，对于人生实际，一点关系也没有。批评古典主义的诗人，靠了他的想象力和一时的热情，去自造梦想乡、极乐界，提倡什么为艺术而艺术，抹杀一切深在于人世间的苦痛和深愁，其不切实，其抽象，也是大谬的。真正的哲学告诉我们，现实与理想、自然与艺术、人生和批评与观察、与明省的分别是相对的。这两方面都是相互而成的，不能有什么分明的线可以把它们剖开，现在自然派和理想派强把它割开来了，所以似乎这两方面是相反的，是不能调和的。其实"艺术本身是自然"。真实的就是理想的。诗应该包含实际经验的元素，而再把他们放在理想的光明之下。

　　所以在泰戈尔看来，唯实唯心各走极端，都是错误的。唯实主义要艺术照那种粗糙的表面的现实，原模原样地重表出来，其错误正和唯心主义不走现实的街道而空望海市蜃楼相同。他采用真正的见解，就是二者更高的结合，限制二者而又充实二者。艺术不是单管现实的与不完全的，也不是单管理想的与模糊的，都是在自然之下含有理想。"我相信在理想的生活里，我相信一朵小花里，有一种活力潜伏在美里，这活力比最大的破坏还有力量。我相信在鸟的声音里，自然用大于雷霆的力量表现它自己。我相信有一种理想飞翔于地球之上———一种天堂的理想，这不单是想象力的结果，是究竟的实在，一切东西都向了它行动。我相信这天堂的幻想，在日光、碧草、泉流、美满的春光里和冬天早晨的安详里都可以看到。在这地球的无论什么地方，天堂的精神是觉醒的并且发出它的洪声。"(W. W. Pearson 所著 Shantiniketau 和泰戈尔的跋语)

　　泰戈尔对于自然有这样的热爱，自然的各方面都是美的表现。他并不是为爱自然而爱自然，他因为把它当为神的附带品；他不因为它可以把无穷的快乐放到人生里，是因为那亲热可以得到更高的精神生活。在泰戈尔看来，一片草叶、一个原子也从不可知那里带来了消息。一切花草虫鱼都是崇敬的记号，一切森林都是庙，一切山之巅、海之涯都是上帝的住宅。总之，他对于宇宙魂抱有确信。没有这确信，他就不是诗人。所以神的内在的哲学应该为真实而又伟大的诗的基础。为精神力所笼罩了的诗人之心可以直透人自然的表面，捉到生命的跳动。

在泰戈尔看来，美是主观的。一切东西可以为美的车子，就是奇异的也不是没有用的。"在艺术里人显示他自己不是他的对象"①，只消我们有了精神的和谐，于是全世界就会在音乐里涌出来。一切东西都靠我们自己。"像我们弹弦子一样：假使弹的太弱了，那么我们只察觉到弹；假使强了，那么我们的弹有一种音调回转来并且我们的意识也加强了。"②一切东西都靠我们的弹。反言之，我们的心是一张琴，一切东西触上去都可以发成声音。

总之，真正的诗是现实理想化了的，是理想现实化了的；并且我们还是有极其实在的东西，不过这东西比现实的东西有更高的性质。田纳孙（Tennyson）也有诗比事实更真实的话。所以最伟大的诗一定要包含幻想真实的哲学。没有哲学的幻想，就不是伟大的诗。

四

诗是创造的，而散文是叙述的；诗的究竟是在本身，而散文是达到目的的一种方法。真实的诗家有创造的幻想造成美。灵魂的和平可以拿可见的美的名词编制出来，那诗人可以用灵敏的意象和尊贵的词句表出他的理想。假设有创造的存在，那么不问是韵文或不是韵文总是诗。韵律的规则是为了诗人，并不是诗人为了韵律。韵律是他的奴仆，不是他的主人。专门方法不过是达到目的的一种手段。那般专攻音律而没有创造观念或精神的幻觉的人，只能称为韵律家，不能称为诗家。他们的作品是韵文不是诗，单讲声调格律不问内容，是没有生命的，是没有美的。像宗教没有信仰，道德没有义侠气一样。在泰戈尔看来，形式与幻想是

---

① 《人格》，第 12 页。
② 《人格》，第 15 页。

一个东西，不能分离的；灵魂与物质是一个东西，外形是内在的表现。外形而适合于内容，则我们称之为真；不适，则称之为不真。S. T. Coleridge 说："在某种质料上我们给他一个预定的形式，这种形式不一定是从质料的性质上产生的，那么这是机械的形式——像把湿的泥土给它一个我们所情愿给它的样子，使它就是干了还是保存。而有机的形式是天生的；它从内部发展出来就形成一种样子，发达的充分就是外形的完成。这是生命，这是形式。"

有许多人说泰戈尔不是大诗人，因为他不拘形式。其实形式不过是幻想的运转车，自我的实现的一种方法。艺术的究竟不是形式的实现，是精神的实现。印度人绝不是为了形式而崇拜形式。他们的艺术论和黑格尔有同样的见解："用外形来显示内容是单为了心的与精神的原故。"[①]艺术家是要把他的理想物质化了，拿灵魂显示给我们。

艺术的目的是在自我实现。美凑巧为这个表现的重要元素，所以有人想美的产生是艺术的目的。其实"艺术中的美也不过是一种器具，并不是它的完全的，究竟的要点"[②]。因为有许多人以美为艺术的目的，所以就把形式当做重于内容。诗人的天才像泰戈尔决不受种种形式的拘束，他打破一切旧习惯，创立他自己的规划。我们翻开他的诗一读，我们就可以觉到甜蜜与光明之外，其中还有音乐和音节。

总之，只有精神去创造形式，没有形式去产生精神。拘于形式的人，一定失掉了他的创造的精神，就失了艺术的真目的。

五

我们上边已然说诗和哲学是不能分开的，那么为什么大家都把它们当为相反的呢？这自然是由于大家对于哲学的误解了。他们以为哲学家不过拿他的全身体供给理智去受用罢了。他的心、他的道德性却让他饿死。近代的哲学家就是这一类人，他们是物质主义者，是功利主义者，在他们看来：

If bamboos were made only into flutes,

---

① 《美学》第一章，第 91 页。
② 《人格》，第 19 页。

They would droop and die with very shame.

They hold their heads high in the sky,

Because they are variously useful.

译大意：假使竹头只能制成笛，它就要羞愧而死。它们高昂它们的头在空中，因为它们是有用的。

——《春之循环》，第 47 页。

理智所拿到的，是很肤浅的。哲学的理想决不能单用智慧的范畴达到。要捉到哲学的理想，我们须要冥想与神秘的透视。要洞见宇宙的真理，用逻辑和分析是不会得到的，一定需要直觉。那批智慧主义者天天和几个空洞的字眼、概念和范畴玩弄，就失了他的真理和实在。神秘主义开启上帝所居住的房门的秘钥。泰戈尔在《迷途之鸟》第 147 页里说："死字的尘埃附着在你的身上，快用沉寂洗涤你的灵魂。"所以假使哲学家不过是智慧的形而上学者，只对于逻辑的智慧崇敬而不是直觉的透视者，当然哲学对于诗没有什么关系了。所以泰戈尔以为"智慧的诗"这名词是自相矛盾的。

一个直觉的哲学家，他已经升到小自我之上，已经得到意识的真自由，那么，他和听到灵魂的密语而发为音节的诗人就没有什么分别。这就是古印度的哲人，他们打开束缚，启示他们的灵魂在《大经典》的里面。这就是泰戈尔！

还有许多人以为诗与哲学所以相反，因为诗所取的是生命、变动、流转的方面；而哲学所取的是静寂、不动、不变的方面。以哲学为浅薄的、无生命的和无实体的，而以诗如富厚的、热烈的和生长的。但是我们已经看见这是不正常的，并且是单方面的。哲学所取得的是流转不居的，而又是静寂不动的全体。诗和哲学决不徒见其表而不见其里。哲学和诗是一眼看见人生的批评或解释，它们都反对贫穷的满足。所以有人谓哲学见其抽象而诗见其生命，是极不对的。

六

诗人崇敬上帝为美的精神，而哲学家崇敬上帝为真理的理想。诗是美的神座，哲学是真理的庙宇。二者不是相反的，真理是美，美是真理。

实际是绝对的，虽是实现的方法有种种。哲学告诉我们，福音的幻想怎样束合种种名词与关系，在实在的精神的全体内是"实际"。诗个性化是这种哲学的幻想。

泰戈尔是明省的思想家，但是他的理知和明省是隶属于想象力和情绪的。哲学观捉在他精神的幻想里，安放在他诗的创造里。他的诗的精神是他的生命的精神。那抽象的和智慧的范畴充满了看见了的和实现了的事物的光明和温暖。

可见"神秘主义不合为好的诗"这句话，根本上是不通的。我们可以说真诗一定是神秘的。《大经典》的作者都是诗人和哲学家。波斯大部分的诗人也都是神秘的哲学家，他们拿精神完全的状态的得到为目的，在这状态里，灵魂完全吸收在神的沉思里了，并且达到了世界上肉体的快乐的排除。永久是在这辈诗人的眼睛里。哲学与宗教的创造力在亚洲的艺术与诗的创造里是极其重要的。哈维耳（Havell）说："印度的艺术是不问有意识的美的追求，像找求一件有价值的东西是为了这东西的原故；他的大努力常常倾向于一种观念的实现，从有限达到无限。并且他们还常常相信只消不变的努力去表现地上的美之精神的源流，人心就会逐渐得到神的全美。"①。皮亚（Laurence Binyon）也说："不是裸体人形的荣耀，在西洋的艺术这是最珍贵，并且最能表现的记号了；不是人格之骄傲并且有意识的直说，却是一切思想能引我们出于我们自己，人到宇宙生命之中的，却是'无限'的指示，从秘密之源头上来的密语，这源头是山、水、草、木，和一切能告诉我们更强的权利和态度；这就是他们安居的，受到安慰和亲爱的题旨。"② 经过想象而连给看见的和看不见的，物质和精神的是印度人艺术的目的。那"人类的真世界的建筑……是艺术的功用。在他感到他的无限的地方，在他是神的地方并且这神是在他内在的创造者。他是真正的。"③ 所以我们不能说因为泰戈尔的诗是神秘的，所以他的诗不是好诗。他诗的神秘固然是无疑的，但是因此他在诗人之林所以占有永久的位置啊！

---

① 《印度艺术的理想》*Ideas of Indian art*，p32.

② 《远东的图画》*Paintings in the Far East*，p22.

③ 《人格》，第 31 页。

七

　　哲学与诗虽走向同一目的，而它们的起点却不同。它们从不同的方面达到实际。哲学的目的是在拿到集合宇宙的各方面的总和，而诗的目的是在投到通观世界一切东西的美的幻想。哲学是用思想去思考全世界的浑一。它的目的是在宇宙的原理；但是假使这原理是带有某种深沉的、浓厚的情感，假使它捉到全意识而不单是智慧所应许的，那么，哲学的幻想就变成创造的和诗的。思想灌满了情感与其他意识的要素就会高举到"沉思"的界限里。在这种状态的灵魂，就得到带有自意性与创造性的想象的幻想。这就是所谓神秘了的。但是假使那种宇宙论不过是智慧的条规，那么诗与哲学间之不同还是不会结合的。哲学家硬放其手于"分别"之上，而再在思想的总和里调和，这种调和总之是抽象的并且概念的。诗人不用理智，只用直觉。他对于真理全不去推度，他很深沉地感到这真理是真实的，并且充满了意义。他生活人生，并且从人生上蒸发去他的信条。这人生的活的一体在一切诗的直接性和实在性都有的，而在哲学的议论里只能论到他。哲学的强分别，在诗的流动里就融成甜蜜的和谐。创造的幻觉和诗的冲动，冲出来像火山的爆裂一样。柏拉图对于诗人的描写，说诗人是剥去了理智而充满了神的人，在哲学家也是可用的。我们的结论是诗人如不是哲学家就没有诗人。真诗人一定是真哲学家，真哲学家一定是真诗人。

八

　　哲学告诉我们世界是合理的，诗告诉我们它是美的。哲学把世界和我们的理智调和；诗把它和我们的情感调和。无秩序与不合理，哲学是不能容忍的；自然与社会的丑恶，是诗所不能接受的。最大的悲剧起初看上去似乎是悲哀的，诗人在它的里面找到善的世界。他显示我们忧愁"不是忧愁却是快乐"（Wordsworth 语），世界的究竟总之是可爱的。是把我们的灵魂和合世界的音调，并且使得我们感到世界是值得生活的地方。他的这样做，不是用种种概念和议论，是用音乐和幻想。诗是直接触到你的想象力使你欢喜，它不是要使智慧信服，却是要使灵魂信服。

哲学家所见到的幻想，诗人把它重新创造出来。他在他的作品里把那幻想实现出来。哲学是生活在诗里。诗拿血和肉给它。但它不是把哲学观念给我们，却是那观念的生活。哲学和真知识的传布没有一件中间物比诗再好的了。真理溜进人的心里是无意识的，不用努力的，很容易的。华滋渥斯（Wordsworth）说："从心上发出来的走到心里。"诗并不要做真理的陈说，它不过是经验的表现，它表现它心中所蕴藏的。用情绪洋溢到灵魂里，把精神浸到快乐的浴盆里，诗能够使读者表同情于诗人之心，呼吸诗人的空气。诗是可以嗅的花儿，可以品味的甜蜜，而不是教的。它不是用事实与原理塞到心里，它不过给一种方向。它不是教导，是触到心上。如作为传布知识的器具，它比哲学要好；因为哲学的结论常常要运到智慧里，它不一定能够满足人生的别一方面，虽是真哲学的结论不但单满足智慧并且满足人生的全体。"世界不过在人的知觉的模型上取到形式，尚不过是它的感官和它的心的片面的世界。像客人一样，还不是自家人。只是它走进我们情绪的里面，它就完全是我们的了。"①"诗带给我们已用情感变为有生命了的种种观念，容易去变成我们的天性的生活资料。"② 我们有一种保证，就是诗人是生活在他的诗的中间，因为他所说的是从他生命上来的。泰戈尔说："有意识地或无意识地，也许我做了许多不真实的事物，但是在我的诗里，我从没有说过假话——我的诗是我生命的最深的真理显示的神圣之处。"诗人的作品，带有他的生命和个性的印记，而凡是一人生命的一部，一定能够走进别人的生命里。诗人是以人的资格对别人说话。诗激励人的全心，因为这是人心的自由和无束缚动作的表现。并且真正的诗强迫别人接受诗人的信仰，因为他是用热情与努力去表现的，读了它就是信了他。艺术家可以强迫那批不能捉到哲学的推理者默从，假使世界上的真理不能用证明和辩论的锤子敲到一个人的脑子里，那么诗人的韵文的美尚可以赢得达到心的路途并且成功那推理力所失败的地方。在那有幻想和香味、音乐和声音的地方，人就可以觉到反抗的无力，并且他的能力也消沉到静寂里去了，诗引起想象力并且让逻辑沉迷，理智安息。在诗里，我们并不要证明，因为诗是他自己的证明。如其泰戈尔激动过印度人的心，那就因为他是诗人，

---

① 《人格》，第 14 页。

② 《人格》，第 15 页。

不因为他是哲学家。但是在他的作品里就包含着古印度艺术的理想，就是"使印度宗教和哲学的中心观念合乎一切的印度主义，去满足那一般不文的而又不是不学的印度农人和有知识的婆罗孟人"①。泰戈尔完全是印度哲人的承继者。他的著作，觉醒了许多精神生活的可能性。他的歌已经变成了印度人的国歌，他的歌充满了有生气的字眼和燃烧的思想。他的字眼，快乐我们的耳，他的思想渗灌到我们的心里。他的诗同时是充满心中的光明，是激动人的血的歌，是鼓动人心的圣歌。泰戈尔，印度人的泰戈尔，世界上人类全体的泰戈尔，他发挥他的天才，发展他的生命，来贡献给印度人，来贡献给世界！

（原载 1923 年《小说月报》第 13 卷第 2 号）

---

① 《印度艺术的理想》引言。

东西方文化及其哲学（节录）

梁漱溟

印度文化的略说

印度人的出世人生态度甚为显明实在不容否认的。而中国康长素、谭嗣同、梁任公一班人都只发挥佛教慈悲勇猛的精神而不谈出世，这实在不对。因为印度的人生态度既明明是出世一途，我们现在就不能替古人隐讳，因为自己不愿意，就不承认它！此外还有现在谈印度文明的人，因为西洋人很崇拜印度的诗人泰戈尔（Tagore），推他为印度文明的代表，于是也随声附和起来；其实泰戈尔的态度虽不能说他无所本，而他实与印度人本来的面目不同，实在不能做印度文明之代表。

泰戈尔的态度

还有，印度的泰戈尔非常受西洋人的欢迎崇拜，也是现代风气之一例。仿佛记得某杂志说泰戈尔到英国去，英国的高官贵族开会欢迎他，都行一种印度礼，抱他的脚，——佛经上所谓阿难顶礼佛足。他的本领就在恰好投合现在西洋人的要求。西洋人精神上受理智的创伤痛苦真不得了，他能拿直觉来拯救他们。若照他的哲学原本于婆罗门，和西洋人往时的斯宾诺莎相护，很不配在西洋现时出风头。他的妙处，就在不形之于理智的文字而拿直觉的表达出来；所以他不讲论什么哲学而只是作诗。他拿他那种特别精神的人格将其哲学观念都充满精神，注入情感，表在艺术；使人读了之后，非常有趣味，觉得世界真是好的，满宇宙高尚、优美、温和的空气；随着他而变了自己的心理，如同听了音乐一般。

这样，人都从直觉上受了他的感动，将直觉提了上来，理智沉了下去；其哲学在知识上的错误也就不及批评，而反倒佩仰他思想的伟大了。他唯一无二的只是个"爱"；这自然恰好是西洋人的对症药。西洋人的病苦原在生机断丧得太不堪，而"爱"是引逗生机的、培养生机的圣药。西洋人的宇宙和人生断裂隔阂、矛盾冲突、无情无趣、疲殆垂绝，他实在有把他融合昭苏的力量。原来的婆罗门教似并没有这样子，他大约受些西洋生命派哲学的影响；所以他这种路子，不是印度人从来所有的，不是西洋人从来所有的；虽其形迹上与中国哲学无关联，然而我们却要说他是属于中国的，是隶属于孔家路子之下的。

（节自《东西方文化及其哲学》，
上海商务印书馆 1922 年 1 月初版）

泰戈尔的人生观与世界观

瞿世英

无限之生——创造的爱……

吾人生存于宇宙间，生之所自来不可知，生之意义与价值亦不容易了解。数千年来经过许多思想家的研究，费了许多精神，然而仍旧不能解决这人生之谜。若将它归纳起来无非就是根本的人生问题及人与其环境之关系的问题。这篇短文里所要说的便是印度诗人泰戈尔对于上列两个问题的见解。换句话就是他的人生观和世界观。

泰戈尔不是个想建设什么系统的哲学家，他是文学家。他的作品种类很多，有小说、戏剧、论文和诗，却不曾系统地说什么关于哲学本身的话。所以要研究他的人生观与世界观时须要从他的诗文里去找，再以我们自己的话为之解释。

泰戈尔是以伟大的人格濡浸在印度精神里面，尽力地表现东方思想，同时却受了西方的基督教的精神的威力。于是印度文明之火炬，加了时代精神的油，照耀起来，便成就了他的思想。

他是绝对承认生活的，不是厌弃生活的。所以他在《春之循环》上说宇宙中全是生命，全是改变，全是运动。又说我们爱生命所以工作，而生命之起源与价值与意义就是爱。他说世界是从爱生的，是靠爱维系的，是向爱运动的，是进入爱里的。宇宙之创造是爱，而人生之目的亦是爱。他虽然竭力说精神生活之重要，同时却亦不否认物质方面。他在物质界中仍旧主张奋斗做去[1]。他说："不，我绝不关闭我感官的门。听觉、视觉、触觉的欢喜快乐要生出你的欢喜快乐来。"可见他的意思正是以物界为生命得到最高理想的一个地方，正是使有限的个人实现其无限

———————————————

[1] 《春之循环》，第55页。

的地方。但世界上种种事情都是为达到理想的精神的，若只顾目前物质的快乐便不好了，灯也灭了，花也谢了，水亦涸了，琴弦亦断了。

他以宇宙为不断地创新，他说"旧的永久是新的"。他以宇宙是统一的、接续不断的。宇宙个人亦是统一的、调和的，都是唯一生命之运行。日夜在我血脉中运行的生命之流亦运行在宇宙中和谐地跳舞着……在生死之海波中亦是这唯一生命在那里摇动。四肢为此生命世界所感触便觉着十分荣耀。这无限的精神充满了宇宙，亦潜伏在个人精神里。个人与宇宙不是相反的，是好好的朋友。早起凝视着晨光，便立刻觉着我在这世界上不是外人。人与世界的分别，不是最终的。若个人与宇宙永久相对立，怎样能得着真理，怎样能希望得着清洁的心？相反的永久相反，怎样能得着调和的生活？生活之所以有价值、有意义，便因为宇宙与个人是个大调和。人生目的便是要打破这相反处而入于精神生活。"一切纷纭扰乱都融成一个甜蜜的调和。"

宇宙的创造是爱的实现，是绝对的实现，是神的实现。爱就是宇宙，就是绝对，就是神（从这方面看他是泛神论者）。这创造的快乐——爱——是宇宙的母亲，神是宇宙的基础。用两方面来表现它，这两方面就是自我与非我。歌者唱歌便另外有个自我在他里面，情人在他的情人中可以寻着他的另外的一个自我。两方面相互扶助填补着，促进了宇宙的进化。这便是宇宙的历程，绝对的实现。但绝对怎样实现呢？只有靠着分离与联合才可以实现他自己。小孩子生出来了，才认识他母亲。要离开了"他"，从"他"家里赶了出来，才可以自由地看"他"的脸面[①]。但分离并不是宇宙历程的终点。宇宙的目的地也是无限的实现，宇宙是到"无限"的转化地进行。

这一层说，宇宙便是神的表现，神的变形。所以他说"你便是天，你也是巢"[②]。这便是他宇宙观的大概。从他这个宇宙观便引申出他的人生观来。他承认宇宙的大生命，而人的精神又是本来与宇宙的大生命合一的，所以自然是承认人生的。他并且承认人的精神是最高的。他说有限中无限之显现是一切创造的动力，而这种显现的完成不是在布满星辰的天空，亦不是在花的美里，实在是在人的精神里[③]。人生的目的就是要

---

① 见《采果集》。

② 见《吉檀迦利》。

③ 见《生之实现》。

求"无限"以得不朽之生。我们只要仍要回到小孩子的境界去。

他竭力主张生之不朽与无限。早晨起来灯虽然灭了，旭日却依旧高悬着。他说："死也和生一般隶属于生命。"[①] 在未达到最终理想以前，人的精神或灵魂必要经过许多死，或者说要经过这些阶段。"你使我生无穷，这是你所喜欢的。这个脆弱之器，你把他空了又空，永久将新生命注了进去。"[②] 人要进取，必要重新，重新即吾人所谓死。其实正是为进步预测。人生是不朽的，是无限的。

但这种目的怎样便能达到呢？人生达于无限并不是要脱离或躲开感官世界的纷乱，是要"精神化"了这世界而自身不沉沦于物质生活。人生的目的，便是快乐，但"人的快乐不在为他自己得着什么好处，是要将他自己贡献给大于他的，大于他个人的观念，如人类，如国家，如神均是"[③] 这便是不朽的途径。换句话说，以爱的精神牺牲自己去服务人的，便是人生的正路。工作不过是游戏，小孩要游戏才快乐，我们是要回到小孩子的地位去的，便应当工作。

泰戈尔是个神秘主义者，说的话只可于言外去领会。这上面说的，我以为便是他的世界观和人生观。在未完篇以前我要特地向读者说，泰戈尔不是谈玄说虚的"诗家"。他的思想和柏格森、倭铿都很相像，是表现时代精神的。读了他的作品，便令人觉得宇宙的活动和人生的变化是有意义的，是快乐的，便给人以无穷的勇气。且看他下面几句话，便看得出他的爱人类的热诚了。

　　这里是你的脚凳，那里放着你的脚，最穷的，最低下的，
迷失了的（人）都在那里。[④]

此文限于篇幅，未能多说，且待以后有机会再细说罢。

（原载 1922 年《小说月报》第 13 卷）

---

① 见《采果集》。

② 见《吉檀迦利》。

③ 见《生之实现》。

④ 见《吉檀迦利》。

泰戈尔的艺术观

郑振铎

　　我们问了许多人，什么是艺术？在最古的书上，他们的议论已经是纷纭莫定了；到了现在，仍然是如此。百人中总有九十几个人的回答是不相同的。关于艺术的功能，尤为争论最烈：有的主张艺术须要切合于人生的要求的，有的以为艺术只是应艺术的冲动而发生，不受什么功利主义的支配的。

　　泰戈尔却是超乎这一切争论以外，转而"搜求艺术存在之理由，想找出艺术到底是因某种社会的目的而发生，或是应我们的美术之快乐的需要，或是因什么表现的冲动而发生的"①。

　　泰戈尔以为我们对于这个伟大的世界的关系是非常繁复的。饥而食，渴而饮，我们则因一切物质上的需要，而与大地相接触。知一切事实，则求而纳之于简单的法则以内；见了某种已然的事变，必欲发见其所以然的缘故。我们又因一种精神上的要求，一种人格的人（personal man）的要求。人格的人与物质的人恰立在相反的地位；他也有他的喜欢与不喜欢，他也想寻找些东西以满足他的爱的要求。这个人格的人唯有在我们脱出一切需要——身体的与知识的——的时候，才找得出来。

　　科学的世界不是一个真实的世界，而是一个力的抽象世界。我们能够借着智慧的帮助来利用它，却不能借着我们人格的帮助去实现它。艺术的世界则不然，我们能够看见它，感觉得到它；我们能以我们所有的情绪来对付它。这个艺术的世界就是人格的世界。

　　这个艺术的世界——人格的世界——与我们有什么必要的关系呢？艺术的发生的原因何在呢？艺术何以有存在的理由呢？

---

　　① 《人格》第 16 页。

　　泰戈尔对这些问题回答得很详细。他认为人与禽兽所以不同的地方，就在于禽兽是束缚于需要的范围以内的，它们的活动不是为了自己保存的需要，就是为了种族保存的需要。换一句话，就是它们的一切能力都消磨于生存竞争的战场中。但是人类则不然，他在生命的商界中，好像一个大商人。他所得的钱比他所消费的钱多。所以在人类生活中，有许多过剩的财富，供他自由挥霍。禽兽也有知识，也能用它们的知识来保存养护它们自己的生命。但是它们止于此了。它们知道它们所处的环境，以求住求食，并且知道四时寒暖。人类对于这些事情，也必须知道，因为人类也是必须生活的。但是人类的知识，除了用在这种地方以外，还有许多余剩。这个余剩的知识，他可以自由享用，可以为知识而求知识；因此他的科学与哲学得以形成。同样的，艺术发生的根源，也是如此。人类与各种动物，都要把他们的快乐或不快乐，恐怖、愤怒，或是爱情的感觉表现出来。在动物的世界里，这种情绪的表现到了"应用"的范围，即停止不进。但是，人类则不然。虽然他的情绪的表现仍旧有"应用"的原意在内，而他的情绪的枝叶却长成发达，四布在蔚蓝色的天空中。换一句话说，就是：人类的情绪的力量，除了应用在自己的保存的目的以外，尚有许多余剩着。这个余剩的情绪，遂发泄而成为艺术的创作品。

　　当我们的心里起了一种感觉，除了对付引起我们感觉的对象外，尚有余绪不能全为对象所吸收，遂回到我们心上；因它的回波，我们感觉到我们自己。我们穷的时候，所有我们的注意力全注在身外的衣食住。如果我们是一个富人，那么财富的光线，一定会反射到我们心上，使我们觉得我们是一个富人。这就是在一切生物中，只有人能自省，能知道他自己的原因了。换言之，就是他所以比别的生物更密切地感觉到他自己的人格的原因，就因为他的感情的力量除给他对象所消耗的而外，尚多出许多。所以在艺术中，人类所表现的是他自己，并不是他的对象——他的对象完全表现在科学中。

　　总之，人类是一个有余剩知识的动物，他的余剩知识所表现的是他所见的对象，所搜集的报告的本身，并不是他自己；但是同时，他又是一个有余剩感情的动物，他的余剩的感情所表现的才是他自己，而不是与自己无干的外物。凡在艺术中表现出的对象，都是经过人的感情的洗礼，已与他的人格融成一片的了。

本来这个世界同我们是不相干的——除了求衣食、求知识以外——有了我们的感情，无论是爱、是憎、是喜、是悲，或是惧怕与惊奇，继续地对它起了感觉，这个世界才成了我们人格的一部分。我们生长，它同我们一起生长；我们变迁，它同我们一起变迁。我们的情绪正像溶液一样，把这个外象的世界，融化成一个亲切的有知觉的世界。

所以，赤裸裸的事实的报告不是文学，因为事实是独立于我们情绪以外的。我们说，日是圆的，水是流的，火是热的，谁会引起什么感觉？但是，朝阳的初升是美景的描写却是有永久的趣味与美感在我们的心里。这就是因为所描写的不是朝阳的本身，乃是我们自己心目中所感觉到的朝阳的景色；换一句话，就是我们自己的人格的表现。

艺术的主要目的是人格的表现，我们都已坚确地相信。但是，还有许多人却以为艺术的目的是"美的产生"（the production of beauty）的。在泰戈尔看来，艺术的美不过是工具而不是艺术的完全的最著的特征。它不过用来为更有力地表现我们的人格的工具而已。

艺术的描写，不必详细而应得其精神。不是一个艺术家而去描写一棵树，他必定要详详细细地把这棵树的一切特征都写出来，但这却不是艺术的描写。真实艺术家的描写是忽视不重要的详细的部分，而注重于主要的特性的。他把所描写的对象的全部的个性精神，从宇宙之心中表现出来，经过作者的人格化，而使之和谐，使之有情感。

在文学作品中，也有含哲学的抽象思想的——印度文学中此例最多——也有报告历史上的事实的，但是无论如何，这种文学的丝布中，总是织上了作者的如火的情绪与活泼的人格的丝线在内的。凡是艺术，如有不经过作者的人格化——感情化——的就不能称为艺术；因艺术就是发生于人类剩余的感情的，并且就是人类的人格的表现。

以上是把泰戈尔对于"艺术者何？"这个问题的答案，略略地叙述一下，但是泰戈尔却始终不肯把"艺术"两字，下一个定义。他以为定义这个东西，只不过是使人限制他自己所见的范围并且使他自己看不清楚所见的东西而已。

以下再略说他对于艺术的功用的意见。

他以为在我们生命里，我们有"有限"的方面，我们每走一步，都要消耗我们自己，譬如我们喜欢吃饭，吃完了饭，我们这个欲望立刻就消失了；又有"无限"的方面，就是我们的灵感，我们的快乐，我们的牺牲，这是无限的。人类这个无限的方面，必须表现他自己在某种含不朽的元素的象征里面。他用了超越世俗的材料，建筑了一所乐园给他自己住。"因为人类是光明的儿子，无论什么时候，他们如完完全全实现他们自己，他们必感觉得他们的不朽。当他们感觉到这一层，他们立刻伸展他们不朽的范围到人间生活的任何部分，建筑他的这个真实世界——真与美的生存世界——就是艺术的功用。"唯有在艺术方面，人类才显出不朽。所以"艺术就是称我们为'不朽世界之子'的，就是宣告我们有居住在天国的权利的"。

所以，在表面上看来，艺术似无用，其实却是人类高尚的精神与情绪方面、不朽方面的主宰。"如果你把所有的诗人和所有他们的诗，摈出世界以外，只要一会儿，你就立刻可以发见——因他们的不在——活动的人的能力究竟是从什么地方来的，实在供给生命汁给你们的收获地的究竟是谁了。"

泰戈尔说："做事的人常把他们的事务弄得出了音韵和谐的地步，这就是我们诗人所急要把他弄和谐的了。"

现在世界做事的人，哪一个不"把他们的事物弄得出了音韵和谐的地步"？这正是艺术家所急要出来"把他弄和谐的了"。

（原载 1922 年月日《小说月报》第 13 卷）

泰戈尔学说概观

王希和

印度哲人泰戈尔将于 10 月 1 号来华讲学，东方杂志社记者嘱作一篇介绍泰氏的文章。炎暑逼人，不能旁征博引，只就泰氏学说的要点，略为介绍，以当国内研究者的导言。至于文学方面，闻《小说月报》将出专号，故本文不赘。

1923 年 7 月 20 日

一、引 论

If seems to me that I have gazed at your beauty from the beginning of my existence, that I have kept you in my arms for countless ages, yet it has not been enough for me.

印度的哲学现时已由冥想的幻梦，觉醒过来，急起直追所谓生命的力，以入于复兴的时代了。泰戈尔即此时代东方精神运动的前驱者。泰氏是崇拜自然，获得精神解放的人，并能彻底了解人生的价值，确是超过世界一切物质的效能，是生活在充满的爱力中；所以他所做的诗歌全是慕"真"和爱"美"的情思的表现。他所竭力提倡的精神生活，可于他的作品中见之。但他并不否认物质方面，在物质中仍能得到"无限"（下文详言）。他是绝对赞美人生，不是厌恶人生的，以为人生得了"爱"才有意义。所以泰戈尔的哲学，可说是以"爱"，因他以"爱"为全体的，以知识为部分的。爱是全体，所以经过"爱"即达到真理。此意与法国柏格森的直觉哲学颇相仿佛；柏格森把直觉放在理智上面，为智慧只能见到时常不变的事物表征，永远不能贯彻一个单独与不可分割的生命活动。直觉算是我们对于生命实际的一种心灵的欣赏，并且与生命是同体的,因直觉能了解生命的真谛。由直觉才可以懂得生命的意义,而且达到真理。

泰戈尔的哲学有系统的莫过于《人生的实现》(Sadhana)一书。书中多阐述《大经典》(Upanishad)的思想,词意深切,且富有诗情。本篇所述多采取是书,先略述泰氏的哲学要点,再进而论他的艺术与教育思想。我们当知泰戈尔的文学作品,大半是发挥他的哲学,倘若不了解泰氏的哲学,即无从欣赏他的文学的佳妙。兹请先述泰戈尔的哲学,庶几所谓印度的新精神可由此窥见一斑。

二、泰戈尔的哲学思想

(一)个人与宇宙的调和

《人生的实现》第一章,泰戈尔论印度文明的来源,并主张个人与宇宙宜相调和,以培养精神生活,才不至于做物质的奴隶。他说,欧洲的文明与印度的文明所不同之处,在于欧洲文明发源于希腊;而古希腊的文明是孕育于城市墙壁之间,所以近代所称文明各国都带有石灰泥土的臭味。人人心中都有分界,以区分与支配为原理,故欧洲文明可称之为"区分与支配"(divide and rule)的文明。"……故我们以国与国相区别,知识与知识相区别,把人和自然也区别起来。遂使我们对于自己所建筑的障碍以外的事物,心内发生一种强固的猜疑,且各物要达我们的认识,必经很厉害的奋斗。"印度的文明则反是。当亚利安人(Aryan)初入印度时,印度只是一个森林的旷地。新来者即借森林获得很多利益:森林可以庇日光的炎灼,避风雨的飘零;草场可供牧畜,木料又宜于建筑。凡此种种都是自然界所赐的。所以印度的文明,完全发育于森林;由其来源与环境遂带有极显明的色彩,恰与欧洲的文明居相反的地位。当时印度人的生活是被自然界的广大生命(vast life of nature)所环绕,得自然的好处既多,由是与自然有极密切的关系;故人与自然互相调和,互相沟通。而人我之间,也没有城府,也没有支配他人的欲望。泰戈尔说:"古印度森林生活的状况并不征服人的心灵,也不屏弱个人能力的活动,只给这活动以特殊的方向。因为时常同自然的活泼生长相接触,个人的心灵便没有借设立界墙去扩张领土的欲望。其目的不在去获得,而在去实现,并借与环境相同生长,且深入于环境之中,而从事扩充个人的意识。且觉得真理是包罗万象的，在生存中（in existence）没有绝对孤独的东西，至达到真理的唯一方法，是由我们与万物相调和相融洽而来。"泰戈尔承认人类与宇宙的灵其间有大调和的可能。这大调和的实现，就是我们的志向。他说："我们应与自然和谐；人的思想与事物和谐，才能思虑；人能为自己目的利用自然力，只因人的能力是与宇宙普遍的能力相和谐；其目的永远不与运行于自然之目的冲突。凡此种种都是印度人所努力的大事。"印度哲人向来这样努力，认为信仰的目标。印度人不只把"创造的根本和一"（fundamental unity of creation）看做哲学上的空论；在情感与行为里去实现这大和谐是印度的人生目的。印度以为个人孤立不与宇宙联合必然会灭亡，所以奉行"人与自然和谐"的信条至深。"地球不是单容人之身体，且愉快其心灵；因为人与自然相接触，不只是物质的接触——自然是一个灵活的实体。当一个人不能使他同世的亲谊实现时，这人简直像被拘在牢狱里，被牢狱里的高墙所隔绝。当人遇万物里的永久精神时，他便解放了，因为那时他发现他所生存的世界的完全意义；他觉得自身是在完满的真理之中，同万物的和谐也成立了。"所以我们必然实现自己于自然之中。我们不能于城壁之间，得到生命的粮食，就好像蜜蜂不能于自己的蜂房中采出蜜来，必然求于无限的自然。人若自拘于人类，夸耀他的富有：这不是真正的富有；因只求物质上的富有，把生命——精神方面——抹杀，必然导致物质愈富有，生命愈饥荒，倘物质一消失，生命也随之而亡。好像"对于生命放火，在火的惨白光焰里弹琴，这快乐是可暂不可久的。"

"近代西方的文明，以其所有的组织能力，正在人民的智、德、体三育的效能上完全发达。且用国家极大的能力，去扩张人的权利，使超越于环境，而又联络人民各种的机能，去占有他们所能染指的东西，克服他们战胜路上的各种障碍物。他们永远训练自身与自然抗抵，并征掠别的种族；他们的军备日新月异；他们的机械、器具、组织而且加增到可惊人的度率。"印度所谓文明，与此大相径庭。印度于军备上、政治上虽是劣败，不足与西方并驾齐驱，然印度参与真实的神秘（mysteries of reality）里，为人类所求的一种大道，是历万世而常新的。这大道就是人类热望的最高宣示（a supreme manifestation of human aspiration）。换言之，就是宇宙的灵在个人中实现，个人的生命在宇宙中实现。简单说，就是人类与自然的大和谐。

　　印度人所崇拜的，唯有"感灵者"。何为"感灵者"？"有些人已经在知识上达到了最高的灵魂，一身被智慧所充溢，而且觉得和这最高的灵魂联合，而与内部的自我也完全和谐；他们实现这神秘于心中，就解放了一切的欲念，且于各种世界的活动中，都经验着神的存在而达到静寂的境地。所谓'感灵者'就是这些人由各方面达于最高之神，找见永久的平和，与万物合为一体，人融于宇宙的生命。"这"感灵者"是印度人的理想，奉为人类最后目的与满足。泰戈尔就是实现理想的一个"感灵者"，这理想可说是泰氏哲学的真髓。西方哲学家往往以为印度的梵是抽象的，不容易实现。只看印度的祷语："我再三祈祷在水火中的，透过全世界的，在每年收获中的，同时也在多年的森林中的上帝。"就可知印度人所谓的神，绝非抽象的了。印度人以为一切事物，在于有神，神虽然居于万有之中，然而我们心中也有神存在的。《大经典》里面说："凡人在他的本质（essence）里，具有万物的光明和生命，而又能意识全世界的，就是婆罗门的'梵'了。"这梵是存在万有之中，也居于我们的灵魂里。我们所有的完全意识与世界的完全意识，其实都是一样的东西。所以欲达世界意识的梵，必须我们的感情，与此普通无限的感情，互相联络；因此我们应当解脱自我的束缚。《大经典》云："你要得，必先弃，你不可强求。"就是这个意思。故"真能以知识和情爱及为众人服役，互相联合，去实现个人自身于万物之中，就是善的精义，而且就是《大经典》教训的本旨：'生命是伟大的。'"

（二）解脱灵魂意识的蒙昧

　　我们已知印度人的热望是要个人与宇宙相调和，且推广意识于全世界，希望达到婆罗门的快乐，而生存游泳于其间。然则意识如何推广呢？自我的束缚与蒙昧如何解脱呢？泰戈尔说："每个人天天必须解决那些扩大他的界限，与调整他的负担的问题。一个人负担太多，多至不可能胜任，但他晓得采取一种方法，使他的负担减轻。无论何时，他觉得太混杂笨重，他就知道这是因为他不能依照安置万物于适当地位和平均一切重量的方法。求这个方法，实在是探求和一（unity）与会通；我们的企图是以内部的调整（inner adjustment）使得外部物质的各种繁杂能够相和谐。在探求时，我们渐渐地明白只要寻出一个，就可以得到全体；这实在是我们最后而且最高的特权。这是根据于和一的定律，这定律，倘若我一晓得，就是我们内存的力。其活动的原理是在真理内的权利；就是包含多数的那种和一的真理。""事实虽多，真理只是一个。动物的知识知道事实，人的心灵有权利了解真理。譬如苹果从树上落下，雨降落于地……你只能记得这些事实，永远不能得到结果。倘若你已经知道摄力的定律，就不必去搜集事实了。因为你已经得到一种能够管理无数事实的真理了。"我们晓得世界万物罗列所呈现的事都是茫无涯矣，若一一去记忆，必至劳精疲神且还是不知道万物的秩序究竟是怎样。然我们一一寻出统一的万物定律，无论事实如何繁杂，都可以加以归纳，而尽有一切。"因为单纯的事实，好像一条绝路，只能引导自身——没有前途。但真理能展开全部的地平线，引我们到无限。"故真理含，并非单纯事实的集合。真理于任何方面都超越于事实之上，到无限的事实。譬如"达尔文发现关于生物学的普遍真理之时，真理不停在那里，却像是一盏明灯发射光线越过于所照的物，照耀到人生和思想的全部且超越其原来的目的。"

"在意识的范围里，犹之在知识界的范围里，凡人必须明明白白地实现中心真理（central truth），这真理能给他一种广阔的眼界。"这就是统一意识界的事实之真理。《大经典》云"认识你自己的灵魂"，就是这个意思。人能知自己的灵魂，就寻得中心了。

所以人必须先知自己的灵魂，而后才能解脱自我的束缚，与神合而为一。"我们所有一切自私的冲动和私欲，都能蒙蔽我们灵魂的真视觉。当我们自觉我们的灵魂时，我们就看见那超越我们的个我和与万物有较深和合的内存在（inner being）。"

灵魂深闭于自我中间，好像是分散的字母，没有什么意义。如果将字母连成字、成文，用以传达思想；这原始无意义的字母，此时就有深切的意义了。我们的灵魂亦如此。倘若把灵魂禁锢在自身狭隘的界限里，便是失去重要的意义。唯有把灵魂为中心与别的相联合——与神相结合——才能寻出灵魂的真理和快乐。

我们欲抛弃自我的束缚，有当以"爱"来表现灵魂的真意义。人是灵的存在者，虽然肉体消灭，物质损失，都不足以影响灵魂的本体。所以我们必须先除去意识的蒙昧，复返于灵。这蒙昧能使灵魂沉睡不醒，不能洞察四周的最高实在。譬如：小鸡啄破蛋壳，才知道深闭不许它外出的硬壳，实在不是它生命的一部分。这硬壳不过是一种死物，不再生长，不能由此透视在壳外的广大前途的任何事物。物质的蒙昧也像是蛋壳一样，无论眼前如何快活圆满，都必须要打破，才可以取得外界的日光和空气。我们人类的历史，无非求解脱这蒙昧罢了。因此，我们必须抑制物质的种种欲望，求得灵魂的中心。譬如："地球起始的不过是星云，其中的碎片，热力膨胀，四处飞去。这是地球还未成固定的形体，无所谓美，也无目的，只有热与运动而已。以后渐渐将这纠纷争乱的物质，都一一支配于唯一的中心，成为一个圆满的形体，就在太阳系中占有一个适宜的位置，像是绿翡翠悬在金刚钻的颈环中一样。"人的灵魂亦如是。当灵魂困惑于肉体的热和盲目的冲动时，我们不能有所予，也不能有所受。以后借自制的力，发现灵魂的中心；就把各种相争夺的要素，成为调和，一切孤立的意见也成为智慧。《大经典》云："你们认识唯一——就是灵魂。这是引人不朽的桥梁。"

"寻得在人里的唯一，是人的最后目的；这唯一是人的'真'也是人的灵魂，可用做钥匙，以开精神生活——天国的门。人的欲望是众多的，且这些欲望狂追世界上的各种物质，因为在那里这些欲望有生命与满足。但是在人心中的唯一是永远去探求和一——在知识里的和一，在爱里和在意志的目的里的和一；其最高欢乐是当这唯一在永久的和一里达到无限之时。"所以《大经典》中说："除了那心灵沉静的人，并没有别人能够在他们的灵魂中，去实现那显示一种本质于众生相里的神，因而获得常存的欢乐。"

总之，自我近于物质，常被物质困诱。欲求解脱蒙昧，使得自我逃出狭隘的界限，只有认识自己的灵魂，把灵魂的幕揭开，才能仰观天日。《大经典》云："在宇宙活动中显示它自身的神圣，是常住在人的心中，常做至高灵魂。那些由心的直接知觉去实现这灵魂的人可以达到不灭。"由此可知，我们探求自然的真理，是由分析和科学的方法得来的，而我们理会灵魂的真理，是由直觉来的。泰戈尔所谓直觉是"爱力"，他以为知识是部分的，不能由之达到最高的灵魂，唯意识的爱是全体的，可以借为求真理的渡船。

印度祈祷之词有云："啊，你自身是一个显示者，显示你自身于我。"其意谓：神的意志可于人的意志中求其表现，使人的意志服从于神的意志；同时我们的爱，也与无限的爱相联合。虽然神是不强人服从的，只等我们开门，他如宾客一样，从容入内。所以我们唯借爱始能发挥自我的真意义，亦唯有"爱力"始能脱去灵魂意识的蒙昧，以后物我可以两忘，与梵合一，达到人生的最高目的。

（三）恶是假象

个人欲与宇宙相和谐，必须解脱灵魂意识的蒙昧，必须打破种种障碍。恶自然是障碍之一。但恶是什么？何以有恶的存在？泰戈尔说得极明彻。泰氏以为何以有恶存在的问题，与宇宙何以有缺点是一样的。换句话说，何以在宇宙里有创造。创造有缺点，是不能不这样的；那么，恶的存在也是不可避免的。恶就好像一条河的两岸。岸能障流，也可以使水有前进的动力。恶又好像是一条缚船的索，同时也可以使船顺流前驶。由此可知世间有恶的存在，无非驱人于为善。恶是假象，善是真相；死为假象，生是真象；必然是假象，而自由是真相。以此类推，即知自我也是假象，而与宇宙相融合之我，才是真象。假象是有限的，而真相是无限的。所以我们应努力抛弃假象，求真相的实现，舍有限，要达到无限的圆满。世界里有障碍与痛苦，都不足以为异，所可异者，在那里有规律与秩序、美与欢乐、善与爱。人类有神的观念，是尤可异的。因此，在人类生活的深处，已经觉得凡显露出来似有缺点的，都是圆满的显示。犹如倾听音乐，虽然仅听一节，立即领悟其完全的曲调。其实缺点，不是圆满的负面，有限不是反对无限，因为缺点只是显于一部分的完全，显现于有限的无限。明白这个道理，所谓生与死、必然与自由的关系，都可以由此而知。

泰戈尔不承认"死"是一种障碍，因为死也是生活的负面景象。譬如，我们的眼睛，虽然每秒每分都要开闭眼帘，终算眼睛是睁开的。倘若我们使观察的探海灯，不住地照到死的事实上去，那么，世界就要像是藏尸所了。但是在生活世界里，死的观察，是不能占据我们心中的。因为生活的全体不以死为意。虽死是时刻不可避免的，当生活时，仍然在死的表面上笑、跳舞、游戏、建造、积蓄并爱人。我们只看到一个死的单独事实时，那时就垂头丧气，以为死是最可怕的了。岂知生活的全体中，死不过是一部分的。譬如从显微镜中来看一块布，这块布就好像是一张网，我们只是注视这布的大孔，不见布的全体，自然由想象中生出恐惧来了。但是无论如何，死不是最后的事实。死看起来似黑的，像天空似青的一样。死并不玷污生活，也像是天空不使其污点染着鸟翼一样。这是证明死是生活全体的一部分，恶也是善的全体的一部分。

所以我们应该取较宽的眼界，看到生活的全体与善的全体。于是才能抛弃假象而就真相，从恶到善，以善当做人类积极的要素。

但是我们要问善是什么？我们道德的性质是什么意思？泰戈尔以为当人们晓得有更大于现在的自我时，才了解到道德的性质。人既自觉有较大于现在的自我，就必定希望实现其较大之我；要实现这较大之我，必须抑制供媚于现在小我的种种物质的欲望，并要对于未来的生活，较现在的生活，尤为倾心；更要牺牲现在的种种不良的嗜好，以求尚未实现的未来，有实现之一日。于是才能实现真理，成为伟大。这种真理，纵是作恶的人，也不能不承认、不服从；因为不稍顾真理的不会强的。譬如，一队盗贼必须赖有道德，才能结团体。他们可以掠夺全世界，但不能彼此相掠夺。所以世间所称为不道德都不是绝对的。恶亦如是，因恶之中有不恶的。不过我不可自限于狭小的范围罢了。故我们于时间既晓得为未来而牺牲，于时间更当晓得我们常为自己所限制，难得真的我，必须把自我以外的较大的我，现在以外尚有未来的我，时刻求其实现。总之，所谓善的生活，必破除时间与空间的范围，而生活于全体。过善的生活，就是过普通的生活——过道德的生活。快乐是为一个人自我的，但善是关系于全人类的幸福而始终的。从善的观察点来看，快乐和痛苦有不同的意义。一般为了要使他们的生命得较高的价值，常避乐寻苦以达他们的目的。这样，苦乐就不成为绝对的了。这好像我们从海里汲一桶水，便会觉得水的重量，若使我们置身于海中时，虽然有千万倍的水，由头上流过，也并不觉得。由此就晓得在自私的平面上，快乐与痛苦都有全重量，若在道德的平面上，就没有了。所以释迦的教训是要培养这道德的势利到最高度，并使我们生活的范围不限于浅狭自我的平面上。果能如此，我们便解脱了快乐和痛苦的束缚，自我所空虚的地方，也充满着从无量爱里跳出来的一种不可言状的愉快。

但是我们的个性要强，因越强越久越普遍。在个性里有所谓普遍，应实现这普遍才是。倘我们只注意自我的范围里，不管把我们关在牢狱里面；因为人类最深的欢乐，是在渐渐地同万物愈联合愈长大。否则，我们单独的欲望与普遍定律——宇宙法则相冲突，我们就要受苦了。泰戈尔的意思，以为到处所惹起的冲突与纷扰、倾覆社会的均衡与各种的不幸，无非我们的自我生活——单独欲望在那里作祟。遂至我们为维持秩序起见，必须创造阻压，组织专制的形式和暴戾的制度，人道到此就被遏抑了。所以我们必须顺应宇宙普遍的法则，使这法则实现于我们自身。我们要幸福，必须使单独的意志，顺从普遍意志的主权，而且在真理中我们觉得这是我们自己的意志。当我们达到这种地步时，我们里面的有限与无限的调和是圆满的。佛说"皆大欢喜"就是这个意思。

（四）尊重自我

泰戈尔虽然主张自我应当解脱，然非否定自我；故他极为尊重个性。"我是绝对的单一。我是我，我是不能比较的。这宇宙的全部重量也不能压碎我的个性。从外表看，个性是渺小的，但是在实际上，个性却是伟大的。因为个性能够坚持他所固有的去抵抗外力的引诱和侵略。"由此看来，可知印度的思想，并不是以自己寂灭、自己否定，为人类最高的目的。印度所否定的自我，并非真的自我，自由的自我。印度所以尊重个性，因为个性是根据宇宙之生命。"若是这个性毁坏了，就是形体上的物质没有丧失一点，一个原子也没有散乱，那种结晶在个性里的创造乐（creative joy）是已经消灭无余了。如其我们抛弃这种特性——个性——便是绝对的真破产。因为只有这一点东西，我们可以成为固有的，倘若失落了，就如丢弃了全世界一般！个性是最有价值的，因为这是非常普遍的，所以只有经过这个个性，我们方能够明白这宇宙，比较昏沉沉睡在那愚昧的境遇里，要真确得多了。"

去保存自我的分别相（separateness of this self）是我们一种恒久的奋斗和痛苦。在事实上看来，就是这种痛苦，能够衡量自我的价值。价值的一方面是牺牲，牺牲所以表示已经耗费的多少；价值的另一方面是达到，达到所以表示已经收入的多少。若是自我对于我们毫无意义，不过是痛苦与牺牲；那么，自我对我们有什么价值，我们也用不着，而且也不情愿去从事这种牺牲。在这种状态之中，人类的最高目的便是自我的消灭，那是无可疑了。

观此，可知泰戈尔所谓自我即是无我！因要自我有价值，应尝痛苦与牺牲，形体消灭，而真自我方能显露。这无我的思想，不但佛教，基督教亦如此。基督教以死为脱离于不真的生活，与佛教所谓涅槃是无差异的。印度以为人类真的解放，在人自脱于愚昧，能遮断人的真观，使人类以自我为真实，以为自我中存有许多意义。这便把自我看错了。所以泰戈尔说："自我譬如线，生命譬如织机，线必定要在机里穿过，才能成为布。若是粘住这根线不肯放，哪里有做成衣服的布呢？如其一个人苦心孤诣安排自我的娱乐，他好像在炉里生很大的火，却又不预备面去烤面包；火烧着，喷出许多火星来，一会儿又慢慢自熄了。又好像那种无情的兽，吃了它自己的子孙，以后自己也死了。"

我们唯有揭去愚昧的幕，方能认识真自我。所谓真自我，就是超乎自我界限的理想，使我们不至桎梏在自我的狭小范围内，认自我本身做最后的目的。自我譬如油灯，以火燃之，就有光辉射出来；没有光辉，便失去灯的真正意义了。"灯里盛满油，高高放在灯台上，却不去燃烧，这是很鄙吝的，并且这灯与四周的事物也隔离了。"灯牺牲它的油，放出光辉，以全灯之目的，犹之佛陀之舍弃假自我，以求真自我。灯之牺牲并非徒然的，为要放光才去牺牲。光好比我们的真自我，非备尝痛苦是求之不得的。这种牺牲名曰"爱"，"当我们寻出佛陀所讲的涅槃情形是由于'爱'，我们便道涅槃是爱的最高点（highest culmination of love）。因为爱的本身是目的。无论何物常在我的心灵中提出一个'为什么'的问题，我们必须举出一种理由来答复。但是当我们说'我爱'，便没有地位可以容得下这个'为什么'的问题了；因为'我爱'本身便是最后的答复。"故为爱牺牲假相的自我，以死为终的牺牲，是要求无限的生。并且这种牺牲必然自足。生于真的自我，是无异生于广大的爱；而且爱是我们真正的使命。"我们在圆满的爱中，就找到了自我的真自由。天下只有为爱而做的事情，才是愿意很自由地去做，虽然引起了很多痛苦，也不为意。"我们之生，由于神的爱；抛弃小我不过将爱还于神罢了。我们既知为神所创，那么，我们的不死也和神的不死一样。死是假象，不过是无限的生一个界限。佛以死救人，所谓死并非寂灭，乃是永生。所以我们欲得真自由，应脱种种物质的束缚，以广大的爱做我们的引线。"自由只能在爱的工作里可以得到。""创造是从真欢乐的充满量里推演出来的，创造是他的爱；爱便创造了宇宙万象。"我们倘若没有真牺牲——没有真爱，就无从发现真自我；真自我既幽闭，而灵魂的蒙昧也不能去，此时恶就成为我们的阻碍物了，所谓个人与宇宙的大和谐——从有限中实现无限，都不可能了。

（五）由爱与动作而实现人生

要发现真自我必由于爱，因爱可以参透一切，借之以实现人生的真价。知识和理性是假象，立于宇宙因果律支配之下，居于有限和必然的世界。爱则仅是，爱是究极的，能融合万物。爱又称做乐，乐有自由之意；又可说爱就是自由，也就是乐。《大经典》说："凡一切生物都是由欢乐而生，被欢乐所维持，向欢乐前进，而人可欢乐。"可知此间一切都由神的爱和乐而生；神乐充满，由是赋万物以一切形态，犹如诗人兴趣充满，发为诗词。形态就是限制的，也就是法则。一切事物都有法则，不过这种种法则是假象罢了。法则是我们所应顺从的，所应当知道的，但是我们徒知法则，终没有什么益处，我们应该超越这种种法则，因为法则不是究极的东西，也像是文字不算是文学，韵律不算是音乐一样。自然界的万物，存在都为法则所支配，然而我们心中都贮满自由与欢乐。譬如一朵花在自然界中，因为受了因果律的支配，所以旦夕以开花结果尽其职务；花的忙碌，非我们所能详细知道的。但是如果这花映入我们的心里就变成美与和平的表现，生出自由与欢乐。由此可知自然界里的一切都有反正两面——二元性，一面拘于自然法则，做自然的奴隶；他方面乃生于欢乐与自由之中。我们若观察自然的表面；只见事物一概是受束缚的；一到内部去观察，就明白原来内部尚有自由和快乐。在此二元相中间，法则与必然是假象的，自由与欢乐是真相的。真相生出假象，是由爱的分离。我们的自由是由神之爱而生；固神之爱洋溢，乃取别一形式，而生我们的自我——这就是神的另一种自我。神以爱造人，好像诗人以兴趣作诗。诗人以所作的诗，必须用法则表现出来，神以另一自我所造我们的自我，也不能没有法则。宇宙万物都以神之爱，与神相分离；所以我们以这爱的分离，返之于神的自我之中。换言之，即返于梵，这是人生的目的。我们所谓超越法则，并不是抛弃法则；法则固然应当承受，但是承受之后，应脱于法则之外。

泰戈尔是极主张爱的，他以为没有爱，就没有同情，因此做人的根本消失了。"我们忙得似发狂的，用宇宙的势力取得更多的权利。我们从宇宙的储藏室中得到衣食，又去掠夺其财富，由是宇宙就变成我们极剧烈的竞争场了。试问我们只为这物质而生活吗？我们只扩张我们的所有权，使世界成为一件容易流过的商品吗？若我们完全的心灵专注于利用世界物质时，世界就会失去对于我们的价值。我们以鄙陋的欲望，使世界变成低贱；到了末日我们不过鼷鼠似的，在世界上果了腹，失去世界的真理，这好像贪心的小孩从珍贵的书籍里撕去数页而吞下一样。"

泰戈尔极反对把人生看成是机械，无论何种国家，不尊重人生的较高价值，文明永远不会发达。人有最高的灵魂，这灵魂只有爱能真实了解的。所以我们应由爱实现人生，没有爱，无论何种文明都是假的。不但对人应以爱，即对宇宙万物亦如是；不然，就是看不出万物生存的真理了。

泰戈尔说："有一天我坐一只船，客于恒河中流。这时正是秋天美丽的晚上，太阳刚刚下山去；天空的静穆中，装满了不可描写的和平与美丽。广阔的河流，微波不兴，反映着天空斜阳变化的红光，格外好看。数里荒旷的沙滩，被光线射着，像大洪水前一个硕大无比的两栖爬虫类的鳞甲在那里闪闪发光。当我们的小舟很舒徐地荡过险阻的岸边，这岸边便是鸟类繁殖的巢穴，那时一只大鱼跳出水面，立刻下沉，秋晚的天色衬着，愈觉得动人。这鱼好像暂时揭开许多彩色的屏风，在屏风的后面显出一个充满生命快乐的静寂世界。这鱼是由神秘的深处出来，做了一种跳舞的动作，且使它自身的音乐加添于垂晚光景的寂静和音中。我仿佛觉得从别的世界来了一个友谊的欢迎，使我心中触着一闪的快乐。那时把舵的人突然用一种清晰而带叹息的声音喊道：'呵，好大的一条鱼！'他的幻想立时实现，好像这一条鱼已经捉得，预备做他晚膳的肴品了。他只能从欲望里看到这鱼，所以消失去这鱼的生存的全部真理了。"

泰戈尔这一段说得极透彻动人，我们可以从此领悟到爱的重要，与人的真价值了。

爱能调和一切，所谓自由与必然、欢乐与法则、有限与无限，凡此种种矛盾，都可以在爱里消灭；爱与乐之间，因为爱也可以得到平衡。譬如情人要得自己于爱之中，乃时时投身于爱而不顾。所以爱可算为自己的，也可说非为自己的。泰戈尔一面主张自我的存在，一面又主张无我。无自我固无所谓爱，然仅仅有自我也不足以行爱。这是泰氏哲学的精义。

爱当与动作相结合，因人生的真义，非由动作便无从实现。观此可知印度所谓涅槃思想，不是不活动的。《大经典》说："你唯有在动作中，可以生活一百岁。"动作实为欢乐的表示；欢乐与自由，必借动作而始显。神的快乐，乃生万象，可见神是为生而动作；宇宙万象就是深之动作的结果。所以"经典"上称做婆罗门信徒中的领袖，是"一个活动的人"。"凡深信婆罗门的人，他的欢乐在婆罗门里的人，必定在婆罗门里也有他的完全活动——他的饮食、生活和善行。正像诗人的欢乐在诗里，艺术家的欢乐在艺术里，勇者的欢乐在勇气的运用里，智者的欢乐在真理的认识里，永久地在他们的活动里求表现。可见婆罗门信徒的欢乐是在每天的大小工作的全体中，在真理中，在美中，在秩序中，在善行中，对于无限求有所表现。"

我们已知人必然自觉有较大于现在的，方能自知道德的性质。要求这较大于现在者的实现，除了动作之外，没有别的方法。人必须借动作才能觉到较高较大的自我，才能发挥真性，而脱于无识的愚昧。倘若我们的心灵只严闭于中，必至窒息到死。故心灵唯有自破范围，在动作以及行为上尽量发展，才能得到自由。于此可知动作是破除无识与发展真自我的唯一好方法。

（六）美由爱而实现

泰戈尔说："凡我们不能于事物中取得欢乐，这事物就是我们心灵的一个负累，无论如何是应当除去的。或者是有用的，但是暂时或者一部分对于我们有关系，等到效用一失，便成为烦恼了；抑或这事物像流浪人一样，在我们的认识界边徘徊片时，就飘然去了。所以无论何物必须对我们是一种欢乐，这才是完全属于我们的。"

这样看来，使我们能够生出愉快的事物，必定是美的。美就是和谐，若使我们强为区别什么是美，什么是丑，无异滥用美识，去寻烦恼。但是当我们的实现（Our realization）未圆满之前，我们必定有所区别于其间。"……人生科学（science of life）便在有生与无生之间，创出一种严密的区别而开始。待到科学进步，这有生与无生的界限，就愈来愈模糊了。在我们觉悟的开始，这种相反的界限未尝没有帮助，但是到觉悟渐深之时，那些痕迹，便渐渐消灭。"我们与美第一次认识的时候，只觉得光怪陆离，看不出她本来的面目；但是到了姻缘成熟，彼此的冲突都没在和谐中了。譬如，不和的音调，都被合拍的节奏纠正了。我们认识美可以分为三期：起始将美离开其四周。接着便仅仅得到其全部里的一部分，最后我们才在各方面实现其和谐。到了此时我们的美识已经扩充到无限了；我们也有力量解脱自乐和欲念的要求。无论观察何种事物都存在着一种"无所不在"的美观；所以能由那不能使我们生出愉快的事物，看出美来，因为美是在真里面。"我们能够多了解一分这物质世界里的和谐，我们的生活便可多享受一分创造的喜悦（gladness of creation），而且我们的美的表现在艺术里也愈普遍。因此我们在灵魂内有了和谐的觉悟，世界精神幸福的了解也成为普通的，那在我们生活中的美的表现，也在善和爱里直向无限而趋。""我们应晓'美即是真，真即是美'；我们应在爱里实现这世界，因为爱产生世界，维持世界，并且呵护世界。"人唯有借爱，才可以找出万物的美；能在爱里实现人生，同时美也到我们的眼前来。我们心灵若被私欲蒙蔽，就很难看到真理，也就不能爱，不肯爱，美就立刻远离我们了。万物都是和谐的，唯有能用爱，才懂得什么是真，同时就会觉得这和谐的乐趣。我们感到美的欢乐是不言而喻的，泰戈尔说："昨天晚上，黑暗中万籁俱寂，我独自一个人站在空地里，听见一种令人意远的歌声。我回去睡觉，闭上眼睛的时候，那最后的思想，尚留在心里。我想就是我酣睡的时候，生命的舞蹈仍旧在我睡着的身子上，和那一闪一闪的星光合着节拍跳动。我的心也要冲动，血也要在经脉中微跳；我身体内无量数的活原子，也要和造物者所鼓弄的弦声合着拍微颤咧。"我们能感着这样美的欢乐，我们的灵便与宇宙的灵相和谐了。

（七）无限的实现

印度人的目的是求与梵——婆罗门合为一体。所谓梵，就是神，神是无限的，且为万物之母。我们必先解脱物质，弃自我，投身于爱，才能达到婆罗门。爱必须牺牲，必受痛苦；没有牺牲和痛苦，不足以显示爱的深浅，也不足以言爱的普通。故实现无限，必是牺牲。所谓梵是普遍于宇宙之间的。泰戈尔说："我们寻求婆罗门，不可像我们寻求别的物体一样；无论何时何地我们都可以寻求他，这是无可疑的。我们不必跑到杂货店去买晨光，我们睁开眼睛，晨光就在眼前；我们只须放弃自身，去寻到处皆有的婆罗门。"但我们虽能达到无限，然而不能超过无限，也不能因此不求无限的实现。譬如，"鸟在空中飞翔，振动两翼，即觉得天空是无涯的，但是它的两翼永远不能使它超于无涯之外。鸟的欢乐，就在这里。在鸟笼里的天空是有限的；虽然鸟所需要的无不必多，然而要有十分足够的天空以供鸟类生活的全目的。因为鸟不能在必需的限制里得到快乐。鸟必要觉得它所有的无限量地比过它所需要的、所知道的更多，然后才觉得欢悦。"泰戈尔的这一段话语透彻，我们观此即知无限的实现是为人所不可免的。

人是不完全的，他可以等待完全。他在他的所"有"（is）里，是微小的，在"将有"（to be）里，是无限的。"将有"实开我们的前程。我们不可以现在所"有"而自足，否则，即永远拘于现在的状态，人生的真正意义也就消失了。所以我有"将有"才有无限与自由的希望。所谓梵，一方面是进化，一方面是安全。我们一方面为创造与进化，一方面就是无限的实现。换言之，"将有"或进化向无限前进，无限即在进化和"将有"之中。所以泰戈尔举出"本在"（being）与"转化"（becoming）二义，其实"转化"也有不变的"本在"意义。这"本在"和"转化"虽然一起出现，却先转化而存在。犹如河流将成为海，其流时虽可以说是海之实现，然而海实已先存在。又如唱歌，人未唱之前，其实歌早已存在，但唱时亦是歌之实现，可知这歌并非作歌者的歌，也非唱歌者所唱的歌，而是由两者相合，歌乃成立。所以仅仅有"本在"不能成为宇宙，仅有"转化"也不能成为宇宙，两者合一，宇宙乃成。

"渡人呵！你渡我到彼岸吧！"我们于事物纷扰之中，往往听到这呼声。我们的心，像小孩一样，每到不满足的时候，都有"非此"的感想；但是"非此"必有"彼"，所谓"彼"是什么呢？所谓彼岸又在何处呢？在我们的"is"之外吗？不对，就在我们活动的真理中，就在欢乐的海洋中，并没有此岸彼岸之分。我们在有限中一方面走"转化"的路途，一方面已达于完全无限之地。这好像川流将成为海，其存在的一端就是海，又如歌的一字一句都含有歌的全体活气。所以我将人于梵，就在梵之中，我们于梵中得到"is"的信念，却应当存着"to be"的想象。换言之，即常住于神，求无限的新生命。

三、泰戈尔的教育思想

泰戈尔的教育思想，一言以蔽之，曰"精神教育"或者"爱的教育"。泰氏将近四十岁的时候，于孟买城设立一个学校，叫做 Shantiniketan。他说："教育之目的就是以真理的和一灌输于人（The object of education is to give man the unity of truth.）。"小孩子们坠地的时候，母亲给他们以乳，同时他们由食乳中知道了他们的母亲。因此灵肉的两个方面，同时得到全备的供养。我们含生人世，与大真理相接触，是在人与世界的真联属，是直接的爱，不是因果律的关系。所以在儿童的心灵中应灌输以个人与世界是和谐的思想。使他们的心灵与万有的心灵相感接，才不至困于物质，与自然相分离。可惜"我们的学校都用一种高傲、藐视的态度，弃置这个理想。强要把儿童由充满着上帝创造的神秘，充满着人格的暗示之世界劫出来。"不顾到儿童的个性，只用一个模型，使得不同的儿童生出同一的结果。因此纯真的儿童无形中都受害了。"我们人世，是来接受这世界，并不只是知道这世界。我们得了学问，也许可以成为强有力，但我们要达到圆满是用同情。最高的教育并不是只供给我们以知识，是使我们的生活和万有生存相和谐。但是我们所遇见的，不但同情的教育在各学校里完全受藐视，而且极受压抑。在我们的童年，习惯这样染成了，学问也这样灌输了，卒至我们的生活和自然相隔绝，且我们的心灵和世界自始至终也就居于相反的地位。由是我们所冀望的教育的最伟大遂忽略了，我们不得不弃去我们的世界只得些无用的知识。我们教儿童地理，把他的土地夺了；教他文法，把他的语言也泪没了。儿童想念叙事诗，但是他只得了编年纪事的历史……"儿童本爱好自然，教育者偏要使他们离开，由是他们与宇宙的接近就被阻了。又因为社会的需要，社会的因袭，每个人都要专治一业，遂至心灵受了窒塞。然而儿童的时期，最为重要的莫过于自由——就是不受社会职业习惯的束缚，不受专门知识的必要之自由。不幸这样教育也无人领会！

泰戈尔极主张淡泊的生活。他的学生都不穿鞋子，他以为人类之有两足是供人践履土地之用。自我们发明了穿鞋子以来，两足的原来功用就废了。双足与土地的接触，也是与自然接触的一种方法，土地绝不肯加以损伤，且像是情人一样极希望爱人的接吻。他说："我毫不踌躇地说，儿童的足不可不受教育……"泰戈尔不是反对穿鞋子，他曾说："我晓得在实际的世界里，鞋子固然应穿，马路应修设，车马应用。但是当儿童在受教育的时期应不应教他们知道世界并不全是客室，自然界的事物，我们的四肢都宜于接触吗？"

淡泊的生活就是清贫，有人疑泰氏提倡中世纪的清贫主义。但是泰氏说："……就教育这方面，我们应当否认清贫是人类所受到的最先的教训，而且是最好的训练吗？"纵然是富家子弟，坠地时都是不带一物而来，且学习做人也是从初步起点。清贫能够使我们和人生以及世界有完全的接触，因为富侈的生活是物质的生活，肤浅的生活，只能游荡于世界的表面。虽富侈对于肉体先有快乐与骄傲，但于人的教育则是毫无益处的。泰戈尔的学校，器具简单，陈设朴素，就是要扫除这富侈的恶习。

精神生活是泰戈尔教育的中心思想。他说："起初，当生活是简单的时候，人的所有不同的元素都是完全和谐的。但是一到了智力和精神分开，学校的教育就是注重智力和体育方面。我们奋力将知识灌输给儿童，不知道这样注意，就把精神和智力两方面分散了"。我们生于这充满无限神秘（mystery of the infinite）的大世界，我们不能随着物质的潮流而漂移，于飘荡中接受我们的生存；也不能看人生像梦境一样，应当时时清醒。"我们的教育目的，就是人之最高目的——灵魂的充量成长和自由。只使我们达到超越死和束缚的生活，只让我们遇见神，能为最后的真理而生活，这真理能释放我们……而且给我们富有，不是物质的富有，而是内部光明的富有，不是权力，是爱……愿我们这教育的目的能达到这样的地步，给我们一种力量，使我们在生命中，这种精神解放有正当的用途，而且贡献这精神智慧于全世界。"所以儿童早年的教育不在读书，全在于精神的发展，他们的功课应当是自然的——直接与自然界的人物相接近，使他们和自然的精神相调剂。泰戈尔说："我相信教育的目的是心灵的自由（freedom of mind），这自由只有经自由的路径，方有成效——虽然自由有危险和责任如生命本身一样。我晓得——虽然他人忘却了——儿童是活泼的，所以为他们心灵的健康和发展起见，他们不宜只有学校，而应该有一个世界，世界的引导精神就是直接的爱。"印度古感灵者有言："倘若天空里不被爱充满着，谁能活动、奋斗，而且生存在这个世界上呢？"

四、泰戈尔的艺术论

泰氏艺术的发生是由人类知识和情感的余剩以及内部心灵的需求。故他说："我们有心灵，心灵要寻求粮食。心灵亦有其必需品，对于事物必求出理解。当心灵不能寻着一种和一的原理，使事物的繁杂化为单纯时，就遇到了事实的繁复，因而困扰。人不但须知一切事实，且当知能够减轻一切事实数量的重负之法则。在我们的心中另有一个人，不是物质的，是人格的人。他有所爱憎，且要寻找能满足他爱的需要。""科学的世界不是真实的世界，乃是一个势力的抽象世界。我们能得智力的帮助去利用他，但不能借助人格来实现他。""另有一个真实的世界。我们能看见它，感觉它，我们可以用所有的情绪和它交涉。这世界的神秘是无限的，我们不能分析或者衡量它。"我们只能说："你在这里。这世界是科学所不过问的。然而艺术寄居于此。所以倘若我们能答'何谓艺术'的问题，就知道与艺术有关的世界是何物了。这个世界就是人格的世界，因为我们感觉这世界，无异感觉自身，艺术产生于此，应该适应心灵的要求——所谓要求即人格的表现；换言之，即人类的心灵向'无限'前进，以求不朽。但是倘若人类谋衣食之不暇，因于物质需要的范围之内，艺术又从何产生，人格又何以表现呢？"

泰戈尔说："人与禽兽最显著的差别，是禽兽全部被拘在物质需要的范围之内，其大部分的活动都在为保存自己与保存种族。像做买卖的小贩，从他自己的生活商业中，没有余利；他所得的大部分应付给银行的利息。他的资财，仅能维持自己的生活。但是人类则像是经营大商业的巨商，他所得的利益超于他的需要而有余。""禽兽须有知识，他们的知识都用在了生活的目的上，不能再前进了。禽兽必须要知道环境，因而才能求得庇荫身体的地方和充饥的食物，而且必须知道四时的寒暖。人类对于此种种事情，自然也必须知道，因人类是免不了生活的。但是人类的知识，除去消费在衣、食、住、行的范围外，尚有剩余。这剩余的知识可以自己享用，所以才能很骄傲地说，为知识而求知识。"

于是各种科学就由此剩余的知识来了。不但人类的知识有剩余，人类的情感也是，将盈余的知识和情感发泄出来，就是艺术。但是情感表现于艺术多于知识。因为艺术的对象必须经过情感的洗礼，与人格融为一体，而后艺术的创作品才有价值。我们的生命有无限和有限两方面，我们的心灵的粮食越丰富，就越向无限的方面发展；艺术即人类心灵向无限的方面进行而达到不朽的象征。我们于是才能在世界建筑一个乐园，不但给自己居住，而且引他人也来同住，同时"美"与"真"的问题就接踵而至了。

五、结 论

上述各节全是泰戈尔学说的中心思想，由此可知他的哲学特点是在于人与宇宙的和谐，换言之，是求精神生活。所以他在教育和艺术两方面都主张人类的精神应由物质里解放出来，以达到无限。其次就在他提倡爱与牺牲，以及活动，以此三者是人生之正路，人于无限所必经的。

此文虽然归纳了泰氏大部分的思想，然不精确之处，在所不免；读者若发现有谬误，实愿承教。将来泰氏来华倘能聆其言论，且研究有得时，当再作一文以补本篇的缺点。

（原载 1923 年《东方杂志》第 20 卷）

泰戈尔的思想与其诗歌的表象

王统照

本文以论列便利分为六段，兹先将每段题目列下：

（1）何为印度思想？

（2）古文明国思想的结晶——泰戈尔的哲学

（3）哲学家乎？诗人乎？

（4）泰戈尔的思想与其诗歌的链锁

（5）虚空世界里一个黎明的高歌者

（6）"爱"之光的普照

何为印度思想？

我作此文，未入本题之先，就先碰到这个累千万言所不能尽的大问题。如果我们不想对于泰戈尔作更深澈的了解与研究，这个第一必须先解决的问题，可以置诸不论，但我们要将泰戈尔思想与其作品的表象作一个整体而加以研索时，则不能不勉力去探讨他的思想发源。一个文学的作家，并不只是现代的产儿，在纵的一方他是受有特殊历史、遗传，而尤为重要的是思想的渊源；而横的一方，乃与时代精神相合一。我们很明白所谓思想原是变化流传，不能恒在一种的范畴之内，但任其千变万化，总有其植根所在，譬如爱尔兰在高尔斯密司以前的文学与近代夏芝山音基以后的文学，其中的风格、趣味、主张以及艺术的表白，变化得不可指计。然而其结果适成其为爱尔兰的文学，不但与他国他民族的文学全不相类，即与其地理、历史、人种，尤相接近的苏格兰的文学，已经显然相异。更说到我们中国的文学，以前还可说是闭关自守，少与他国的文学相触接，所以虽则有诗、词、曲形式上的改变，桐城派、南北调以及风韵、气势等风格上的纷争，然而究竟是中华民族思想的结晶。其间虽有几次国外或异族的文化之输入，也有影响到文学上面的，实则微之又微，而且后来终被自己的文学所同化，这是治中国文学史的所俱知的。就近时说，西洋文学的介绍与提倡，已可谓极迅剧而进步，但我们并不是愿意使中国的文学全无条件地去模仿西洋文学，或者全为西洋文学所同化。只不过因材料、风格与艺术的方法，在此时代有必须与西洋文学相沟通之处，所以才作此提倡。固然近几年来，我们的新文坛上，也没有许多新鲜的收获，但多数人以为我们完全去仿效西洋文学，有将失却中国文学之本质的忧虑，这是浅薄而且是神经过敏的惶恐。须知介绍、提倡，原是借鉴他人、互相观摩的意思，就让一步说，竭力去模仿西洋文学，然究竟是一种痴人的虚望。因为风格可以模仿，描写的方法可以模仿，独有数千年的民族，其植根甚深入人心甚固的思想的来源，却如何能以模仿？我以为中国近来的文坛，受了西洋文学的影响，我们绝不反对，若说完全成了西洋化，没有一点真纯的中国文学的骨子在内，那简直是呓语。但是在文学上面、思想上面，都有很清楚地受西洋文学影响的表示，是不可讳言的。

明白上面这一段的泛论，便知一种文学，绝不是偶然或突发而无根株的。著作者在文学作品中所寄托的生命的活动，完全在历史的界限之内，形式虽不一律，表现也非同等，而由历史上层层递嬗，源源集叠所赋予一个文学家内部或外部的变迁，总是有极大的潜在支配力。犹太的宗教思想源自纪元前，"根深蒂固"，所以古代近代的作家，多数对于神之爱，仰慕以及讨论生死的文学作品居多。如俄罗斯，黑暗的历史书页上，时时发青惨的幽光；憔悴的面貌中，人人有"与日偕亡"的痛想。而屠格涅夫的农奴解放，托尔斯泰的人道主义，阿米巴希甫的肉的慰足的伟大文学，全出于一个民族、一个国家之内。由此可见，历史上遗传的思想与包围住作家的环境之势力，在文学上是不可掩藏的事实。莫尔顿分文学为外部的研究及内部的研究，其分别以文学的历史（literary history）为外部的研究，以文学的进化（literary evolution）为内部的研究。而他以各国家的文学为各国的历史之反映，这实是有极坚确的证据的。

我们对于这段文的"楔子"，极然了然，然后可以来讨论印度的思想——何为印度思想？

　　印度思想，渊源既久而派别亦歧。以我这样对于哲学的研究既浅，对于佛乘又少有所得的去探求其本源，未免不自量而多错迕。但就大体上论去，以我平日的读书及思索所得论此问题，虽不敢说是能完全无误，但其思想的总源或不至大相背谬。我们知道印度的思想经近世东西洋学者的研究，方略有条理；佛法后出，而与佛法以前之诸宗却有连接、互相明发的痕迹。印度最古的思想，不能不推尊吠陀其《优盘尼塞》（Upanishad）一书，为古时印度思想之结晶，且为近代研索印度哲学的唯一的秘籍。叔本华（Schopenhauer）一生服膺印度的古哲学，推称此书至于极顶。其后又是许多支派，由吠陀中分出，有许多支派与之并立，在此不必详列。然派别虽多，皆属于出世论，且皆主张泛神论，盖以其主旨，在否认世间生活，而另觅解决之途术，其归根则注重于废灭。至佛（Buddha）则统合诸说，而别创义谛，处处以方便、解脱的方法而为人世间寻求一专执，去烦恼，去一切业，而用"真如"的功夫，深入于"常乐我净"的地位，将人生的五蕴——色、受、想、行、识，全数破却，在无漏界中与天地同参。以慧、勇的精神，而人世间，以实证其众生菩提之义谛。此其说与上古印度诸宗已显有差别，其广大浩博，诚可谓集世界形而上学的大成。印度人以其特有的天性——宗教性，复受有诸大师学说的风靡，于是此与宇宙合一，生之不朽的意念，恒为他们唯一的思潮。然而于此反问一句，印度为什么含有这等思想的产生，与这等思想的根本所在？我的意见，以为全是由于"爱"字上来的，因爱己力（广义的），便爱人类，爱一切众生。而我、人类、众生，都是宇宙的个体，都是与宇宙相融合而不可分割的，于是便以个体与宇宙是一是二，人类、众生，便是神的变体。宇宙无限，自我亦无限；宇宙恒存，个人亦恒存。花自常好，月自常圆，一切有情无情的东西，凡是存在于宇宙中的，都是自我之"爱"的象征物。印度的高尚思想，其微细处在此，其广大处亦在此。既以宇宙与自我相合，无差别相，无别分相，所以能圆成自相，能圆成实性，能实证真如。佛的经论曾说：

　　"若诸如来大念即是无分别智，由念安住真如理故。大慧即是后所得智，分别诸法真俗相故，或大念行，是自利行，内摄记故。大慧行是利他行，外分别故。

　　必能非分别相，无分别智，而后方能得大慧行，换句时代的话，就是能实现自我与宇宙相合，抛去一切分别相，乃得真如理。"

　　以上这些话，未免过于沉闷，陷入于抽象论，但须知泰戈尔的人格的表现以及其作品的骨髓，全根发于其哲学的思想——他的人生观。而他的人生观，又受了印度思想的感化，乃能光大发挥，用艺术在文学中表现出，那么，我们便不能不破点工夫来根究印度思想到底是一种什么东西。

　　如上所述，简略已极，一因限于篇幅，二因题目及学力的关系，只好如此地略叙梗概。但我们有此一星的观念在胸，对于泰戈尔的了解，或可容易得多了。

古文明国思想的结晶——泰戈尔的哲学

　　伟大的哲学家不出世，伟大的文学家也不出世，在同一国家同一民族之中，同是受了自历史上递嬗来的思想的培化，同是受了一样环境的包围，性情或未必相差甚远，而能有所表现者，则稀如晨星。这是天才缺少的关系。但设若在这一个国度，一个民族里能以有此不出世之天才出现，则必能将其历史递嬗而来的思想融化光大，使著闻于世界，为人类传导福音。

　　泰戈尔的思想，为印度思想之结晶，这是世界异口同声所认可的。印度的宗教，不与其他宗教的性质相同。向来我们所下的宗教的定义，虽人各不同，但认为宗教带神秘性，同一宗教之下，不许有二种信仰，其归根则抑压个人之情感与其个性，而绝对做主宰者（神）的服从。如穆罕默德，如耶稣，与其他宗教主而倡导的宗教，都含有此等重要的成分。独于印度的宗教，乃有异点。印度诸宗在最古时不信仰有全能全力之主宰者，又以信仰泛神论的缘故，在对方并未曾承认有神的人格存在，更无所谓强纳人的情感、想象，必屈抑一尊之神的座下。至于佛教，博大精深，用方不一，随处破执。出世非出世，在大乘教义中固不成问题，而其辟"妄计最胜"，辟"妄计清净"，其所教化，任个人或一切众生思想至于何处，却只是在其中游行自在，对于屈压情感与其信仰者，更非佛教所许。由此等处看来，在印度所有的思想的大流中，绝没有如其他宗教所特具的泡沫，所以印度的思想系统，与其谓之为宗教的，毋宁谓之为哲学的。但哲学尚不能尽含其义，宗教的哲学庶乎相近。他们所信为"神"的，并非全能的主宰者，统于一尊而不容有个人情感与思想之发越的想象中的偶像，"神"即最高人格之表现，无仪式，无束缚，是大快乐大自在的对象，这是佛法的最高义谛。泰戈尔独能见得真到，说得确切，而且能导流出自古迄今全印度思想之总源，以在普遍性的精神之光明中，而去完成个性，以自觉觉人。

泰戈尔对于无限之生的崇拜，对于人生的了解，对于宗教的表现，以其诗中所给示的最多，如在《吉檀迦利》（Gitanjoli）：

> 我在这里唱你的歌曲，在你的客厅内我坐在一隅。
>
> 在这个世界里我无工可做；我无用的生命只能在调子中无目的地破出。
>
> 当时刻在夜半的黑森寺宇中鸣击，因为你的沉寂，命令我，我的主人，去立在你的前面唱出。
>
> 在清晨的空气中金色的竖琴调谐了，尊敬我，命我的出现。

我们在此世界中，一切皆由心造，斯歌、斯咏、斯陶、斯舞；以及颠倒妄想、贪、嗔、痴、慧，皆是以自我为出发点，但宇宙终古是含有普遍性的。我们真能了解此意，则人的人格终是活跃，而人的情感终是永流不息，如火之燃，如泉之导。世界既建造于"爱"的基础之上，即须用此一点的简单概念，扩充至于无限，去激动每个人原存储在心中的热情，去创造出宇宙中永久的普遍性。所以印度宗教的哲学原有此谛，而泰戈尔却不仅是印度正统之宗教的实行者，并且为"爱"的哲学的创导者，"爱"的伟大的讴歌者。人生设使永久只是冷冷清清的，则苦闷而无趣味，精神发扬的生活不曾充实活跃，则人与人的灵魂、人与人的心意，便不能互相以同情的血液相灌注，而实现生之冲动。生命之跃动，诚然是没有目的，但需要诗歌般的柔软、音乐般的调谐、冰雪般的纯洁。人生诚然常是在黑黢黢的夜里，但须有破此不堪的沉寂，而唱出愉快的歌声。在大自然的一隅，其中坐着上一个我，诚然是微渺至不足比数，然少却一个星星，则星空或失其美丽；少却一个音符，则全曲调或不能入耳移听，使人忘倦。自我是一个渺小的宇宙，宇宙是自我的展拓，我的一呼一吸与冥远的帝座或者相通；我的一颦一笑，与一滴清露、一片枯叶，或者有相联合的关系，由此可知有我乃有世界，无我则世界或即至于毁灭消亡。印度佛法，按哲学上的解析说来，在人生观上为无我论，在本体论上亦为无我论。然我在上面所说的自我的拓展，非主有我，亦非主无我，有我而我与宇宙为一，无我而我性长存。其实在佛法上，即退一步，让其所主张者为无我论，然"我"仅不存，而"大我"却不能破掉，有大我则自我自存。此我私见，而窃以为实属颠扑不破的至理。泰戈尔的思想，根本上认为"我"是存在，然"我"又不仅是空空的存在，与宇宙同化而后乃是真存在，在《迷途之鸟》中，泰戈尔有两句诗是：

> 谁逐出我向前去如命运一般呢？
> 这是我自己在我的背后走着。
> 但他又有两句诗：
> 可能问于不可能道："哪里是你的住处？"
> 即随着答道："在无能的梦里。"

我常臆断泰戈尔是有光明之智而且有前进之勇的快乐的人格的人。证以前一诗，则可知他的自我的主张是如何的强烈；证以后面的两句，他又是如何去否定无能是为人生之卑屈。不过这等态度与思想，若据为西洋，或者中国的文学家，同一意念，或不是这种写法，但我们须记明印度宗教、哲学的思想的渊源。最先在吠陀时之颂扬梵天（即婆罗门，Bramna），处处与梵天相合而为一体，而期证无明，然梵天为名，色之所显依，欲证明无明之误认，必先求得此名，色所在之本体，是以必须与梵天合为整体。然此等说法，并非不认自我的存在，有自我而后能感各色的熏习。泰戈尔以宇宙与自我为一个，又常以健行不忽，求得"生如夏花之绚烂，死若秋叶之静美"。这种思想的根源，我想印度人古时对于梵是有影响的。不过我们须要认清泰戈尔是一个创造者，而不是一个因袭者。他固然是印度思想的结晶体，然而由他的作品上看来，却是新光四射，另有一个熔化、混合的更鲜丽的经过他个人化的生命在内。因为他既合文学与哲学为一炉，更添上印度古宗教之思想的燃料，而后乃成熟了他的人格的表现。这绝非我们仅可用他是"印度的一个哲学家"，或"他是印度的一个宗教讴歌者"所能包括的。

东亚的文明古国，在历史上的光辉，足以使我们为之赞叹惊奇，为艺术上的发现、思想上的精博，以其悠久的岁月，自最早时代，已创造出无穷尽的文明，以降福后人。印度为古文明国之一，他们的思想史，实是世界上无尽的宝藏，其对于世界之哲学的贡献，当然不下于孔子、柏拉图诸圣哲的遗泽。然而在从前所贡献的尚不出宗教的思想之特别一方面，自 1861 年诗哲泰戈尔生于彭加尔（Bengal）之后，不但印度思想的结晶为世界学者所了解，即印度人天赋的奇才，亦足以使西欧的人士为之钦佩！这固然是泰戈尔自身的荣誉，而也是古印度文明所产生的结晶。记得有一次我同几位友人谈起，有一位友人说假使泰戈尔不是生在印度，他只不过是一个天才的诗人而已。这句话确有至理。文学与文学家能以创造出他自己特别的生命，必有其深远的背景，如研究文学史的所谓风俗，神话，相传的故事，民族的气质，先哲的思想、书籍，对于此一国度一民族的文学家，皆有重大的暗示，我在前面已经说过。那么，如印度以地理、历史，及民族的气质关系，向来多产生宗教家。而泰戈尔以天禀奇才，乃能认识印度哲学的根本观念，又扩充光大，适成就他自己伟大的人生观，又能用美妙的文字表达出，脱去哲学家只知冥想的态度，为世人散布永远的使命，这是怎样不可及的工作呀！夏芝曾说：

"泰戈尔如乔散尔（Chaucer）的先进一样，以他的文字写出音乐来，而且一个人能明了他在每一刹那，便知他是极丰饶，极自然，在他的热情中是极勇敢，是极可惊叹，因为他做过一些事而却曾不奇异，非自然，或者是在防御的行为之内。"

这几句话可见出泰戈尔的人格，并且可以见出他那种醇化于自然的态度。我想这种态度，至少有一部分，不是仅仅从修养中得来的，从个人的觉悟中获得的，其受有古印度的思想的影响。于此可见，所以泰戈尔的伟大的成就，我们不能不推尊他，尤不能不推尊印度思想所赐予他的许多的助力。

哲学家乎？诗人乎？

文学与哲学，都是表现人生的，但方术不同，而其目的亦异。盖以文学的发源，由于人类情绪的挥发，用有韵或无韵的文字，用种种易于感动人的文字排列的形式，去抒发自己的情感，使他人由此可以得到安慰与了解。哲学者却是要用理智的分析，剖解开人生的内面，去获求世界的真理，给人生一种理智上的明解。虽然这两方面对于人生的贡献，似乎各不相谋，其实是一件东西而用两种方术去寻求而已。所以希腊古哲亚里士多德既为哲士，而又为大文学家。盖在古时学问界限，分类不如后来的详且多，且那时的哲学研究，取材既少，又没有许多的限制，所以以用思的关系，同时合哲学文学作一件事物而研究，同是代表思想，同是为人类内心所向的热望的挥发。这等例证，如中国的老庄以及印度的古诗歌者，皆有此同一倾向。本来人类之最高的热望，其表现出的文学，合灵感及智慧，感诸心者而笔于书，像这样的著作，我们又何从去分判它是哲学还是文学呢？哲学如同抒情诗是一样，是反映（reflection）的，不过其同于散文之处，因为哲学反映在一些事物上如事物之本体一般，这是其最重要的区别。我们可以说近代的唯物哲学中，不能有诗的成分在内，其他稍偏于推尊理想与默思的哲学，则多少要含有诗意。这话似有点过当，其实这是近代学问分科的界限太清，学者太为机械的观念所束缚，遂致无此天才，能在宇宙间复杂的现象里，以诗人的讴歌，去引导出世界的真理。于此我们读过泰戈尔的作品，对于这一点怀疑，便冰解云散。泰戈尔自己也曾说道："一件事物对于我们是能欢愉的，它方完全属于我们自己所有。"我们参透了这微如爝火的真理，我们便可用多量的热情，心上光明的火焰，去挥发赞叹、传布，我自己得到无上的快慰，同时使他人也能由言语中、文字中将他们欢慰的灵魂与自我相合。

在他的诗歌、小说中，每一行里都有他对于人生之真实了解、说明与主张；而又绝没有教训主义与陈腐道德使人厌闻的，都是满浮了音乐化的声调、娇花明星般的丽句。尤其是诗歌——使人听过、看过，只知其美，而又能将他所感的，嵌在其心灵深处的念头、意识、企求、欲望，都渗化在无数读者的心里。我们不必强为分判它是属于哲学，或属于文学的文字，其实能真正认识在思想全体中的真实的观念，此灵才称之为伟大的哲学家，与伟大的诗人是一样的。想象（imagination）与灵感（inspiration），二者皆为世界之内性的一个清明的反射镜。诗人缺此元素，不能成为诗人；而超绝的哲学，也须经过此两重阶段，了解"物"与"我"的真相的关系，然后能与外象（appearances）作真诚的接触。"想象是天才中的重要元素，而且想象须经过一种异常阶段那是必须限制的。想象展延到超过真实的人类经验之限域，所以艺术家能结构全梦境（whole dream）——完全的幻象——此全部梦境少少地倾出，乃在他自己的真实自觉（Apperception）之中。"诗人的想象至于此境，也是如同全部梦境的少少倾出，而哲学家能在众醉独醒之中，以强烈的信仰、敏锐的观察，去发现真理真智，也何尝不是梦境的少少倾出？不过有哲学上的强烈的信仰、敏锐的观察，再加上文学的高永隽美的趣味，能将哲学之对象后面的"真的本体"，用使人歌舞回诵、百读不厌的文字写出，则其所成就，比起枯干说理的哲学、浅薄无有生命力的作品，是易于深入人心的。

泰戈尔的伟大成就即在此点，诚令我们用公平的分判，绝对地去区别，去说他的作品，只是哲学的表现，或只是以愉乐为目的的文学作品，这不是不可能，而且也失却他的著作的精义。

诗的本来目的，绝不是将哲学来教导我们，然诗的灵魂，却是人生观的艺术化。一切的艺术，所以有永存的价值的，全在于在美的表现中，含有真理的启示的全体，实则哲学上各种抽象的问题，在诗中几尽数含括，不过不是用有条件与完全依据理智作系统的讨论罢了。哲学使人知，诗使人感，然其发源则相同。

Sneath 说："在诗的历史的兴趣之中，在此地位上去作心理学与哲学的讨究，绝非不重要的。"但我以为诗的兴趣，可以作心理学与哲学的探讨的，不止是在历史的方面。亚里士多德以为诗是一切文学中富有哲学的理想的。因为由诗人的幻想中，去创造出美的世界、理想的世界，使之永久相和谐，而哲学家的目的，亦正为此。所以真正伟大的诗歌，与伟大的哲学是不可分离的，其所以有可分判处，只不过形式不同而已。

泰戈尔的《吉檀迦利》诗集所表现的哲学思想——他的人生观与宇宙观的思想，每首皆有。即其他如《园丁集》、《新月集》中虽是描绘自然，叙儿童之心情，然亦都有哲学观念在内充满着。他用艺术的文字，记述下他那热情的欲望，将其对于宇宙瞭澈的心灵，写下使人读了有无量的感动，无量的欢欣、赞叹，且可增益上无量的"真知"。

由以上种种的论列之中，我们极难下武断的批评，说泰戈尔只是一个诗人，或为一哲学家，但我们称之为诗哲，他总是可以受之无愧。

泰戈尔的思想与其诗歌的链锁

思想与个人的行为有关，而对于个人在精神的与物质的各种表现中，无不融合为一，而受其思力的支配。泰戈尔在印度的哲学家中，他是信仰于个人的渐次完全之中，直至这种理想可以达到，而灵魂在能得到这个决胜标之前，已经过许多的生命。而欲经过这种境界，必须向无限而前趋，方可获得心灵中所企求盼祷的真理。我们的意志、欲望、品性，都由此得到一种观念的慰安。将现实世界，都赋予一种精神化，而在善与爱之中推广我们自己对于宇宙的意识，所以当我们感觉到自然与社会的真实兴趣，我们能引导我们去达到无限（to reach the infinite）能将他们找到。这种理想所以能得到，却非由感发世界的烦扰中逃出，而是将他们来精神化了。而《优盘尼塞》经亦说："你将由放弃中而获得，你不要贪求。"（thou shalt gain by giving away, Thou shalt not cover.）因为我们在此富有兴趣及生命的世界之中，欲求获得更高的安慰与快乐，必有所毁弃，而后得完成。泰戈尔的诗中阐明此义谛者极多，如《迷途之鸟》中说：

> "那些终止于枯竭之途的是'死亡'，但是完全的终止，却在无止境的地方。"（第 111 首）
> 世界以它的痛苦同我接吻，而要求歌声做报酬。（第 167 首）（以上二首从郑振铎的译文）

又如《吉檀迦利》中的诗：

> "在白日里莲花开了，呵，我心迷惝，而我知它不是的。
> 我的花篮，不是空虚了，而是花所遗留的轻忽。
> 仅仅现在又一次，我充满了狂愉，而且由我的梦中跃起，觉得一种奇芬的甜蜜的香痕在南风里。
> 这种空闲的甜蜜使我心为欲望而痛楚，而它对于我似是夏日寻求的热望的呼吸因为它的完成。
> 我不知它是这样的近我——它是我的，——而且这样完全甜蜜的已在我自己中心深处开放了。"

如要详为引证起来，可谓指不胜计。但由上几首诗中，我们可以窥察出泰戈尔的赞美"无限"，知世界是烦苦，然必须用"爱"去作慰藉、作报酬。如此，"生"之兴趣，乃能亘古恒存在永久不朽的宇宙之中。甜蜜的事物，在此世界中到处可见，一切由意识而造起，我们如能发现它，感觉得它，于是光明的星在我前面做引路者，芬芳的花，也在我心中开放。我在世界上轻如飘絮，小如飞尘，在这一方面说诚然是一个陌生的旅客。

> 游行过全世界,
> 我来到你的国土,
> 我是个生客在你的门前呵! 你的旅客。
>
> ——《园丁集》

但同时我们又从他的诗中知道:

> 因为我们有一次已同"死亡"少休,而仅仅由极少的芳香
> 的时间中我们俩已成了不朽了。
>
> ——《园丁集》

只要求"生"之慰安,只要求"生"之兴趣的满足,虽是一个孤零零的旅客,在此世界中仍然自有其不朽的存在。

人类受情感的支配,于是烦恼、快乐,互为乘除,而以人类的欲望,多缺陷而少满足。于是人人多感到烦恼的数量,比快乐的数量为多,于是人生的行程上乃感到障碍重重,而坦途窄狭,黑暗充满而光明藏匿,而泰戈尔一方去认取自我的确认(Self assertive),一方却又赞美创造的联合(Creative unity),盖他是要用自我的强烈,去发掘到一种势力的约束——在喜悦中是一种精力(energy)与自然合一。泰戈尔以为一个人不能使他与世界的关联实现,他乃是居于囹圄之中,有囹圄的墙为之障隔。所以悲观厌世,一切没有真澈见到世界的内性的人,只是凭了主观的感觉,去批评森罗万有,而不曾将其主观与精神上最高伟的经验相合,在有限的空间去寻求无限;在有涯之生里去企向无涯,只看到人生的一面:以为人生如飘风,如朝露,永久不曾有一点根蒂,但如果拓展胸襟放开眼光,向此短促的人生中求久远的大调谐,则其信仰在生命的快悦之中,表现出浓烈与醇厚,悠久的"生"力,知道"生"是最伟大的;知道我与宇宙是一个本体;知道自身的神,是常在各个人的心里,如是生命的原来与其价值、意义,都可豁然瞭澈,不待外求,只是用强烈的意识,在大自然中努力地去扩大自我去与天地合其大,与日月合其明,则其人的成就,与对于此世界的施与,已不可胜言了。

泰戈尔的思想大流,大致如上所说。他的颂神的诗——《吉檀迦利》,抒情的诗——《园丁集》以及《新月集》、《迷途之鸟》等,无论他去狂歌男女之恋的秘密、儿童之欲望的欢欣以及短句、零感,都是去挥

抒他自己的人生观的。即如他的短篇小说及其名剧《春之循环》、《暗室之王》、《齐德拉》等，其《回忆录》（My reminiscences 及《人格论》（Personality）也都由同一根源上发射出的火星，不过形式的表现不同而已。

我们如断定泰戈尔的思想及其诗歌的链锁，就其论文及其诗歌中所考究得者，可以三句话来作归结，就是"自我的实现与宇宙相调和"、"精神的不朽与'生'之赞美"、"创造的'爱'与人生之'动'的价值"。后一句是前两句的手段，前两句是后一句证实的目的。《春之循环》中一首诗道：

> 我们是动啊，动啊，运动不息。
> 游客们的星照耀天空而消没的时候，我们运动不息。
> ……
> 我们不太好亦不太聪明，
> 那就是我们有的价值。
> 智慧之星最黑暗的时候，
> 不幸的一瞬中间我们出世了。
> 我们此生不敢希望什么利益，
> 只往前运动，因为我们必要运动。

在《吉檀迦利》中一诗：

> 是呵，我知道什么没有只有你的爱。哦！我的被爱的心呵——这金黄色的光在树叶上跳动，这些嫩嫩的云，在天上泛行，这过去的冷风遗留下她的凉爽在我的额上。
> 晨光已汪溢于我的目——这是你的使命到我的心里。你的面从上下俯，你的目下视于我的目，而我的心已触于你的足。

（第 59 首）

观于上二诗，则"爱"的赞美，与"动"的主张，不能不说是泰戈尔的人生观洋溢于他那美丽的诗句里呵。

> 空虚世界里一个黎明的高歌者
> 我白发苍苍，既非因年龄，
> 又非变成白色在一夜里，

> 如人们由不意之恐怖中长成；
>
> 我手足已拳曲，虽非由于辛苦，
>
> 只是为邪恶损伤而失却灵机，
>
> 因为他们已有了牢窟的损腐，
>
> ——拜伦《锡隆的囚徒》中一节 Dungeon'spoil

诗人悲苦的思想，同情于被损害者，如拜伦的热血磅礴，此等作品，尤不一见。人生的悲苦，触目尽是，我们在 Dungeon 中的苦生活，只感到到处是刀箭的伤痕、虎狼咆哮的声音，热火的灼炙在我们的身边，冷风的狂吹在我们的室外，人生是否为求幸福而来的，我们正自难解决，然在如此层层网缚、种种"矛盾"的现象中，不但时时来刺激、伤害我们的神经，而且直接来压迫我们的呼吸。我们的知识只有卑伏在意志的奴役中，而没有解脱的可能。微明的曙光，不曾将其明丽的色彩，照在我们惨淡的目光前面。世界究竟是虚空呵！人生之真价值究竟何在？"吁嗟此转蓬，居世何独然！长去本根逝，夙夜无休闲……宕宕当何依，忽亡而复存！飘飖周八泽，连翩历五山。流转无恒处，谁知吾苦艰！"（曹植的《吁嗟篇》）诗人的灵感，比常人为锐敏，然欢乐苦少忧患多，此进一步的观察，乃愈深一重郁郁的心绪！流转流转这样飘忽的人生，谁能超绝一切，独立遗世，不在生命中有内向的欲望与满足的冲突？所以古今东西的诗人，多半是 Sentimentalist；多半是不能忍受情感的支配，而对世界绝望，而怨诅人生。这是见之于作品，见之于行传中，诗人很普遍的现象。

不过我们不能以此来规度泰戈尔。他是诗人，但他不是对于现世界绝望的诗人，更不是用其郁勃悲伤的情绪，来怨诅人生的诗人。他的诗人的资格，却另有所在，并不曾建在此二重基石之上，而且他还很真诚很快乐地去唱反对的诗谛来破此"二执"。他也同叔本华讲人生的价值论一样，处处用广义的"爱"与"同情"来做他的诗的哲学。他的高歌，在此混扰、烦苦的无趣味的世界里，是有生命的节奏的，是与自然相调谐的，他向往世界终是满浮有快乐与光明的。良好的心灵，究竟可以使自我与一切的无限联为一体。他是向世界中寻求嘉果于荆棘丛中的旅客，而到终极却是要用广大的"爱"来笼罩住全世界。《齐德拉》的剧中，齐德拉说：

……不，不，你不能忍受它呵。最好我还是保留着散布在我周围所

有的青年精美的玩具，而且耐着性等待你。如果你极快乐地回来，我将
为你微笑着斟出欢乐的酒在我的娇美的身体的杯中……

阿居那说：

……忘记了我所说的。在现在我是很足意的。可使美丽的一刹那来
到，对于我如同一个神秘的鸟，从它的看不见的在黑暗的巢中出来，而
负有音乐的使命……

青年的精美，是世界最可宝贵的珍物，"美"与"音乐的使命"是安
慰人生、调谐宇宙的工具，那么，只要有此，我们便觉得世界上满浮有
生命、光与爱了。我前曾同几位朋友，谈到人生的问题上，我的主张很
简单，我说我们在此虚空的世界之中，本来是清冷而烦闷的，但只要找
到一点真实的兴趣——无论何等兴趣，我去信仰它，时时在心中保存着
它，以我最大的爱力去爱它，且可以我弱小的生命寄托于此有一点兴趣
的对象的全体，那么，"我"便可不算虚生了。我已经对于无限有真实的
获得了，我的生命已赋有丰富的活力了。泰戈尔说：

> 我不休息，我渴望在这方的事物。
> 我的灵魂在欲望之中去接触着朦胧远隔的裙裾。
> 哦！伟大的那个地方呵！哦！你的笛声的唤出呵！
> 我忘了，我永远忘了，我无翼去奋飞，我乃束缚于此一点
> 之中。
>
> ——《园丁集》

因欲望的无尽，又不愿徒在欲望的空虚中度过，则不能不向渴慕的
地方去企求着，远处的音乐在吹着；远处的幻光在闪烁着；远处的裙裾，
发出神秘的芳香待我去接触嗅得。自来诗人对于此点，多对世界的虚空
而怨诅、失望，少有兴奋的热情去企望光明的到来。然人生的生活，究
竟是我们——人类自己创造出的，所以我们虽日日在悲哀之网中过活，
我们却不能只是低首下心做柔茬的屈服者。我们要从心灵的歌声中，唱
出自我实现与宇宙调谐的曲调，扩张我们中心的蕲求，达到神——宇宙
的全体的完全意识的境界，将宇宙的无限、伟大、快乐充塞了我们的心
腔，实现万物与我为真正的实体，不可分剖，不可析解的精神，其结果
虽说牺牲自我，然自我已扩大与奇伟的无限联合了。泰戈尔的哲学立脚
点在此，其诗歌与其他作品的最大表现亦在此，这便是他与其他诗人所

以区别之处。

因我们的理想，与我们实地的经验不相符合，而且时时相反，所以许多天才的诗人，都因此失望、怀疑，陷入于苦闷之境，其又一派则流于"人生忽如寄，寿无金石固……不如饮美酒，被服纨与素"的物质上的享乐主义。总之就泰戈尔的思想上看来，此等过犹不及的诗人的情感之畸形的发达，都没有寻求到人生的真谛，他的诗歌的表象，既在企求将自我与无限的生相联合，而又用"爱"与"动"的方法，去实现他的理想。诗的真功用不止是使人快乐，而且由其韵律及有节奏的文字，将理想的真理启示于读者。理想的光明，固然是虚幻的，然人类的创造力，究竟可以再搏再造，无所不可。诗歌并不只以将其美点贡献于人为满足，更必须将其美点中所含有真实的内性——真实——传布到人人的心里。泰戈尔的作品，关于此方面的成功，可谓开古今诗人未有的创例，从前也有这样概念的诗人，但其注意力与对此主张上热情的信仰，不如泰戈尔那么明显与伟大。我们读过泰戈尔的作品，不仅有词句美丽、趣味深沉的感动，而且更给予我们对于生命，对于宇宙的许多新知，许多了解。由他的字句里，使我们对于冥想与神秘的观察，更有深澈的感受。虽说世界是虚无，是无兴趣，但我们在此沉寂黑暗的土牢中，自然用我们自己的精神，创造出一个更清新的生命，与宇宙相合一，这都是泰戈尔的作品中给予我们的愉慰。泰戈尔实是不愧为一个虚空世界里的高歌者，且是黎明高歌者。因为自他的歌声在高处传出，不但使屈服于机械主义之下的欧洲人为之惊叹，即他所努力呼出的东方哲学的吼音，其反响也足以使我们反省。"他的歌曲，是这样与候鸟（birds of passage）相似。你读时，你在它们中是惊奇，就是原始之流——如日之升起——是预定的流过全世界；而真诚的诗人能够以他们的发愿的歌声，去使他们自己，以及他们的著作的指示者到清澄的水流里。"① 必如此，方不愧为有发愿的歌曲的诗人，而在黎明时，能唱出生之无限的歌声，去拯得在此虚空中饥饿与干枯的灵魂，正如阴沉的天空中忽见到美丽的朝阳，溽暑如灼的日午中，忽觅得清泉的慰渴。高歌者呵！在云霞中奏着的仙音，已足使我们的聋耳暂明了，况且乐歌中的企求，也深深植在我们烦苦的心里！

---

① 见 Rabindranth Tagore by E. Rhys，第 153 页。

"爱"之光的普照

泰戈尔虽不是一个主张什么主义的哲学家，但他企求精神的生活，努力于创造的动力，与欧根·柏格森的哲学上的主张，有几许的相同之处。我们知道印度的哲学思想，经过泰戈尔加以时代化的融合，已多少有些变更，然其发源之处，则仍然是由印度的本身而非由外炼。这是我在前几段中所再三提及的。

我在收束本文的末段里，想用一个简单的字义，将泰戈尔思想及其作品的全体表出，使我们易于去记忆，但是筹思好久，终未曾找到。后来想还是一个"爱"字，还可能表示泰戈尔的思想。诗人固然有一部分是主张爱的，但范围多狭，而少有对于无限的生命也因此字所敷陈出的意念，所宣布出的势力去弥纶万有。泰戈尔的个人与宇宙的观察、自我的实现，无限的赞美，其基本点所在只是爱"。世界的主要联合（Essential unity of world）就是我们的全人格的实现，而与宇宙统一，不过心灵和大自然，其关系密接而神奇。我们如实去沟通、化合，使我们的内性，与大自然的内性相调谐而绝无阻隔，则必须用"爱"——无限的爱力，去联合宇宙的灵魂——神，去创造出自我久远活跃的青春的生而与神相合。如此则不唯人与人，人与物相了解，相合一，即无限的自然，以有我们之自我的完全意识的拓比附，则一切颠倒、悲苦、烦恼，俱同时烟消云散，于是我们方能达到大欢乐的沉醉之境，方可使我的灵魂、自由消歇于大宇宙之中，而人类及一切乃有真正解脱之可言。

但这一切都是"爱"的主动。

在泰戈尔眼光看来，凡在世间的东西莫非有"生"，即莫非有善知识的器根，即莫不含有神的意义在，但我们如去完全觉悟过来，使世界内纤尘草芥的隔障都没有，只存最大欢乐、最大调谐时，在内的方面须经过默思感化的工夫，在外须有创造的冲动之健行不息，然合此两方面之总功力，又须以"爱"作根本，而后可将理想化为现实。他说："当我们明了两者之中的关系，我们乃看明两个在原质中如合而为一，我们乃感觉与真实现象相接近。"他所谓两者，是世界的二元，他根本上不曾承认世界上会有二元的生存，无论什么，都是在宇宙的合和之下，没有相反的事实的。无论什么事物，以调谐的力量，终能达于无差别相，而使其伟大的内在生命，可以扩充至于无限的地位，那么，这便是"爱"的实现的终极目的。

泰戈尔以诗人、以哲学家的资格，作"爱"的宣传、思想的发扬、文字的贡献，其唯一的希望，就是此等"爱"的光普照到全世界，而且照彻在人人的心中，则有生之物，都可携手飞行于欢乐的自由之中，而世界遂成为如韵律般光明，色泽般的美丽与调谐了。

现在我们企望的"爱"的光，已由泰戈尔从他那森林之印度，自己带到死气沉沉的我们的地方中来了。我们不要只是用应酬式的礼仪，去对待这位世界的诗哲，我们须切实了解他的人生观——生之无限与爱的创造，须知道他的伟大人格的表现的所在；须明白其思想的来源；须知他这次到我们这个扰乱冷酷的国度来，是带有什么使命。我们应该怎样用清白的热诚去承领他的"爱"的光的来临呀！

在结束这篇文字之末，我还是引证他的一段诗歌作一个欢迎他的收场：

> 我不知你是怎样的一个歌者，我的主人呵！我常常听见在沉寂的欢乐里。
>
> 你的音乐的光明辉耀在世界上。你的音乐的生之呼吸从诸天中流出。你的音乐的圣洁之流破裂一切有石的阻障而向前冲去。
>
> 我的心愿联合在你的歌中，但是虚空的奋力因为一个声音。我能说——但是言语没在歌声中破裂出——而且呼出阻恼的音来。你已使得我的心囚缚在你的音乐之无尽的纲目里。我的主人呵！

——《吉檀迦利》

1923 年 7 月 10 日完稿

附言：因泰戈尔来华，已引起许多人的泰戈尔研究的兴味，所以《月报》在此时要出一《泰戈尔专号》。我近来身体极瘦弱，又因他务纷集，不能作长篇的文字，但振铎兄火速的催促，我自己也想对于此诗哲之来中国要说几句关于他的思想的见解的话，因此在烦热的窗前，用了一天半的工夫，草草作成。因《月报》急待付印，也不及详加修正。其中引证的诗歌，多半是我在此短促的时间中匆匆译出的。泰戈尔的诗本来难译，况且急促从事，必有不合之处，这是我很不惬意的，并望阅者原谅！

（原载《小说月报》第 14 卷第 9 号，1923 年 9 月 10 日）

争锋1924

第二部分

印度与中国文化之亲属的关系

——为欢迎泰戈尔先生而讲

梁启超

　　我们北京人士，此次欢迎泰戈尔，当他初下车站之时，感情何以如此热烈，难道是随声附和的欢迎吗？不然不然，泰戈尔无论到何国，无不受人欢迎，但是我觉得我们中国人欢迎泰戈尔，实有一种特别的感想，也许今日在座诸君，都有和我同样的感想。我们中国文化，在两千年以前，本是一种单独的文化，不似地中海沿岸诸国，彼此接触交通，常得文化上的互助。中国东南皆是大海洋，比较接近的，是南洋群岛，但她为未开化之民族，北部和匈奴接壤，完全只有武力，西部虽和文化最早的印度接近，但被大山和沙漠隔断，交通极不便，故中国简单的文化，起初固为单独创造，后来亦为单独发展。至唐代中国与印度才交通，于是文化上，遂起一大变化，得益实是不少。就世界来说，中印两国，同为文化的母国，就中印两国说，印度文化，实为中国的老哥，中国转为老弟，但我国给她的利益极少，她给我国的利益极多，我们不要说现在文化思想如何，只说历史上受她文化思想之变化，便应表示二十分的欢迎。自汉至唐，学者极多，汉代时中国文化，亦稍有从西域输入者，此为中印间接之交通；东晋时，中国始直接与印度接触，其在西域三十七国中，与中国交通最早者为罽宾（汉代名称，唐名西什弥罗，即今克什米尔）。东晋以后，中国人去印度者渐多，其最初往印度发现经典者为玄奘。从东汉至中唐，先后往印者，计一百八十七人，其中有百零五人，可考其名姓。东晋以前，印度释典由西域传入中国，故中国人足迹至西域为止；东晋以后，因印度有两异人来中国，传播学说，中国因其来者太少，即有多数人去印度，讲求真谛与龙树之学说。在三论之中，以无着（唯识）、天亲（法相）为主宗，彼此往来，其结果，遂认印度为文化的哥哥，承她以重要礼物相赠者有二种，一为绝对自由；二为绝对的爱。何

79

以叫绝对自由，不受历史遗传性支配，不被声色迷惑，不为名利奔走，完全不做人之奴隶，只做己之奴隶，以求真正之自由。何以叫绝对的爱？人类多半互相猜忌，互相怨尤，有很多事情，常人觉得可恨，在有绝对爱的人视之，只觉可怜，只求救度，绝无怨恨可言。佛经中有句常语，叫"悲智双修"。求如何能得自由，即出于智也；求如何能得爱，即出于悲也。八千卷藏经，只此四字，可以包括。故其时彼此往还，仆仆道途，为此四字，为研究学问，并非为名利也。在 15 世纪以后，印人来中国者愈多，不似今世西洋人来中国，为争利权，为伸张势力，亦不似中国人往西洋，为学枪炮之精，或工商之发达。其来也，全为求人类幸福而来也。刚才说悲智两字，固印度奉中国之主要礼物，犹有其他许多副产品赠我者，则为文学美术科学是也。至副产品输入中国之路径，一、从西域传来；二、印度人自行带来（如雕刻绘画等）；三、中国人留学带回（如玄奘等，唐贞观十九年，印度有金石玉刻各种佛像传入中国）；四、翻译梵经之结果。副产品重要者，约可分十二项：**子、音乐**。六代之时，甘伊梁凉各州及龟兹，皆为古音乐发源地。但中亚细亚各国，音乐亦都杂在其中，南渡时亦然。隋唐以前，中国乐全采自西域，唐以后始有参合以创造之部分，但唐乐又出于日本，日本乐又自西域输入加以变化者。**丑、建筑**。《洛阳迦蓝记》所记北魏永平寺及唐慈恩寺，叙述其建筑之规模，非常壮丽。唐代诗人如李杜高适等，记述浮图亦多，此皆本诸印度者。印度由于古代多修庙宇，现尤存在者为宰堵坡（即塔），旁的建筑物多毁坏，唯此物以极坚固，独得保全。再证以杭州西湖之雷峰、保叔两塔。雷峰苍古，知为印度式的建筑；保叔秀丽，知为中国式的建筑。再证以北京北海各塔，亦有印度式者；**寅、绘画**。中国最古的画我们看不见了。从石刻上——嘉祥县之武梁祠堂等留下几十张汉画，大概可想象当时素朴的画风。历史上最有名的画家，首推顾采微、顾虎头，他们却都以画佛像得名。又如慧远在庐山的佛影画壁，我猜是中国最初的油画。但这些名迹都已失传，且不论它。至如唐代的王维、吴道子所画佛像，人间许尚有存留……**卯、雕刻**。汉以前雕刻难明，现在所存者为碑帖，刻字简单。西晋以前，只有平面雕刻，无立体雕刻，发现立体雕刻者，为西晋戴安道（即王子猷所访之戴）高士传，戴兄弟二人合刻一像，刻成，不甚满意，经其妻指示修改，始完成。此外高士传中，关于雕刻者亦多，愚曾做有笔记，大抵中国各地雕刻画，见诸简编记载者，约记万余。其精者在三千上下，各有各的派别，其源皆出乎印度。泰山旁边，有灵楼寺，中有罗汉十七尊，雕刻之精，或者可称为全球之最。又如团河玉佛，亦极有价值者。**辰、戏曲**。从前只有歌舞剧或变把戏等，最初歌舞剧为拨头。北魏时，出于大同府，亦传自一万二千里之南印度，后来兰陵王踏摇娘，亦以歌舞剧著。但若无印度传入之拨头剧，我中国遂不发明戏曲耶，则亦非也，不过其时间较迟而已。**巳、诗歌小说**。此亦与印度有关系者。《诗经》及汉之五言，皆话简而意淡，后来《孔雀东南飞》及《木兰歌》等，才演为长篇，并带有小说意味。东晋时，文学发达，其时佛本行赞，大乘庄严经，满弥图达，即以诗表写佛理。日本人所翻译各佛经，其最古者为《四阿含》、《庄严经》，亦为小说体，颇似中国之《今古奇观》。此两经翻译之后，影响于中国者甚大，因晋代文学家作品，皆带有佛家气味。唐代丛书中之小说，亦似《四阿含》，《搜神记》亦然。大抵中国最初之小说，皆不出神话范围，其后数百年，《华严经》出现，离开事实，虚托理想，已文学家意味，而治佛经，遂启《水浒传》、《红楼梦》之途径，故小说亦可说是受佛经之影响。**午、历法**。此项学术，中国本早发达者，不过印人在条文历数学中，极精九执术。唐时有名一行者，曾以其术传入中国，故对于中国历数学上，当亦不无小补。**未、医术**。此亦中国早发达者，但婆罗门医书，传入中国者不少，此二门影响程度，比较低微。**申、字母**。此亦为中国所素有者，但为单音字。后来印度有僧神拱守者，发明三十六字母，传至现在，还未大改革。当时中国见印人有此，即仿行之。**酉、著作体裁**。凡印度学者，皆学过因明，因明注重科判，大纲与子目并列，章节段落皆分明，以图辩论。周秦诸子，多带有因明性质。以至于清代诸大儒，于不知不觉间，受因明影响者，更为不少。**戌、教育方法**。比如孔孟郑康成一流，皆号称门弟子最多者，但后人并不能指定他在某处讲学的情形，及佛家设庙宇，始登坛聚众讲道，儒家始模仿设书院焉。**亥、团体组织**。中国向来除家族以外，并无所谓社会团体。僧人在庙宇群众而居，少则数十人，多者数百人，或数千人。例如普陀山僧众，其组织颇似共产社会，其历史，有一千几百年之久。但其中也有多少坏处，即一切僧众在社会上，只有不利益的行为。我不过取它那种团体的意义，却是可以为法的。

　　总而言之，我国受了印度人多少贡献，其中当然有瑕瑜互见的，不过好处总多，坏处总少。我们自己这小兄弟，本来也有许多发明，但如雕刻建筑、小说文学等，自印度开其端，经过一番消化，然后由自己去发展。这是说副产品方面的。至于佛学宗派，如华严、如天亲十大论文，皆经融化而自己创作，遂开玄奘门下士窥基圆测两大派别。泰戈尔此次来中国，本欲调查佛典，如印度所著者，彼当搜买归国翻译，故关于这一点，我们中国对印度，也可以补助老哥哥……

我们用一千多年前洛阳人士欢迎摄摩腾的情绪来欢迎泰戈尔哥哥，用长安人士欢迎鸠摩罗什的情绪来欢迎泰戈尔哥哥，用庐山人士欢迎真谛的情绪来欢迎泰戈尔哥哥。

泰戈尔对我们说：他并不是什么宗教家、教育家、哲学家……他只是一个诗人。这话是我们绝对承认的。他又说：他万不敢比千年前来过的印度人，因为那时是印度全盛时代，能产出许多伟大人物，现在是过渡时代，不会产很伟大人物。这话我们也相对的承认。但我们以为：凡成就一位大诗人，不但在乎有优美的技术，而尤在乎有崇高的理想。泰戈尔这个人和泰戈尔的诗，都是"绝对自由"与"绝对爱"的权化。我们不能知道印度从前的诗人如何，不敢妄下比较，但我想泰戈尔最少也可比二千年前做佛本行赞的马鸣菩萨。我盼望他这回访问中国所发生的好影响，不在鸠摩罗什和真谛之下。

泰戈尔又说：他这回不能有什么礼物送给我们，只是代表印度人向我们中国致十二分的亲爱。我说，就只这一点，已经比什么礼物都隆重了。我们打开胸臆欢喜、承受老哥哥的亲爱。我们还有加倍的亲爱奉献给老哥哥，请他带回家去。

我最后还有几句话很郑重地告诉青年诸君们：老哥哥这回是先施的访问我们。记得从前老哥哥家里来过三十七个人，我们也有一百八十七个人往哥哥家里去。我盼望咱们两家久断复续的爱情，并不是泰戈尔一两个月游历昙花一现便了。咱们老弟兄对于全人类的责任大着哩，咱们应该合作互助的日子长着哩。泰戈尔这次来游，不过替我们起了一个头。倘若因此能认真恢复中印从前的甜蜜交谊和有价值的共同工作，那么，泰戈尔此游才真有意义啊；那么，我们欢迎泰戈尔才真有意义啊！

（原载《晨报副镌》1924 年 5 月 3 日）

欢迎泰戈尔

郑振铎

　　我在梦中见到一座城，全地球上的一切其他城市，都不能攻胜它；

　　我梦见这城是一座新的朋友的城。

　　没有东西比健全的爱更伟大，它引导着一切。

　　它无时无刻不在这座城的人民的动作上、容貌上及言语上表现出来。

——惠特曼（Whitman）

　　泰戈尔快要东来了。在这本杂志放在读者手中或书桌上时，他也许已经到了中国。

　　我可以预想到，当泰戈尔穿了他的印度的朴质的长袍，由经了远航而疲惫的船上，登到中国的岸上时，我们一定会热烈地崇拜地张开爱恋的双臂，跑去欢迎他；当他由挂满了青翠的松枝的门口，走到铺满了新从枝头上撷下的美丽的花的讲坛上，当他振着他的沉着而美丽的语声，作恳挚的演讲时，我们一定会狂拍着两掌，坐着、立着，甚至于站到窗台上，或立在窗外，带着热忱与敬意，在那里倾听，心里注满了新的愉快与新的激动。

　　诚然的，我们应该如此地欢迎他，然而我们的这种欢迎，似乎还不能表达我们对于他的崇敬、恋慕与感激之心的百一。

　　我们不欢迎残民以逞，以红血白骨筑凯旋门的凯萨，这是应该让愚妄的人去欢迎的；我们不欢迎终日以计算金钱为游戏的富豪，不欢迎食祖先的余赐的帝王或皇子，这是应该让卑鄙的人去欢迎的；我们不欢迎庸碌的趁机会而获享大名的外交家、政治家及其他的人，这是应该让无知的或狡猾而有作用的人去欢迎的。

中国人看泰戈尔

我们所欢迎的乃是给爱与光与安慰与幸福于我们的人，乃是我们的亲爱的兄弟，我们的知识上与灵魂上的同路的旅伴。

世界上使我们值得去欢迎的恐怕还不到几十个人，泰戈尔便是这值得欢迎的最少数的人中的最应该使我们带着热烈的心情去欢迎的一个人。

他是给我们以爱与光与安慰与幸福的，是提了灯指导我们在黑暗的旅路中向前走的，是我们一个最友爱的兄弟，一个灵魂上的最密切的同路的伴侣。

他在荆棘丛生的地球上，为我们建筑了一座宏丽而静谧的诗的灵的乐园。这座诗的灵的乐园，是如日光一般，无往而不在的；是容纳一切阶级，一切人类的。只要谁是愿意，他便可以自由地受欢迎地进内。在这座灵的乐园里，有许多白衣的诗的天使在住着。我们愉悦时，她们则和着我们歌唱；我们忧郁时，她们则柔和地安慰着我们；爱者被他的情人所弃，悲泣如不欲生，她们则向他唱道："你弃了我，自己走去了。我想我应该因你而悲伤，把你的孤寂的影像放在我的心上，织在一首金的歌里。但是，唉，我真不幸，时间不幸，时间是太短促了。青春一年一年地消磨了，春天是逃走了，脆弱的花是无谓地凋谢了。聪明的人警告我说，人生不过是荷叶上的一滴露水。难道我不管这一切，而只注视那以她的背向我的人吗？那是很鲁笨的，因为时间是短促的。"当他听见这个歌声，他的悲思渐渐地如秋云似的融消了，他抹去了他的眼泪，向新的路走去；母亲失了她的孩子，镇日地坐在那里下泪，她们则向她唱出这样的一首歌来：

"当清寂的黎明，你在暗中，伸出双臂，要抱你睡在床上的孩子时，我要说道：'孩子不在那里呀！'——母亲，我走了。我要变成一股清风，抚摸着你，我要变成水中的小波，当你浴时把你吻了又吻。大风之夜，当雨点在树叶中淅沥时，你在床上，会听见我的微语，当电光从开着的窗口闪进你的屋里时，我的笑声也偕了它一同闪进了。如果你醒着躺在床上，想着你的孩子到了深夜，我便要从星里向你唱道：'睡呀母亲，睡呀。'我要坐在照彻各处的月光上，偷到你的床上，乘你睡着时，躺在你的胸上。我要变成一个梦儿，从你眼皮的小孔中，钻到你睡眼的深处；当你醒起来吃惊地四顾时，我便如闪耀的萤火，熠熠地向暗中飞去了。当普耶大祭日，邻家的孩子们来屋里游玩时，我便要融化、在笛声里，镇日在你的心头震荡。亲爱的阿姨带了普耶礼来，问道：'我的孩子在哪里呢，姊姊？'母亲，你要柔声地告诉她道：'他呀，他现在是在我的瞳仁里，他现在是在我的身体里，在我的灵魂里。'她听了这个歌，她的愁怀便可宽解了许多，如被初日所照的晨雾一样，渐渐地收敛起来了；我们怀疑伊们便能为我们指示出一条信仰大路来；我们失望，她们便能重新为我们重燃起希望的火炬来。总之，无论我们怎样的在这世界被损害、被压抑，如一到这诗的灵的乐园里，则无有不受到沁人心底的慰安，无有不从死的灰中再燃着生命的青春的光明来的。"

我们对于这个乐园的伟大创造者，应该怎样地致我们的祝福、我们的崇慕、我们的敬爱之诚呢？

现在的世界，正如一个狭小而黑暗的小室，什么人都受物质主义的黑雾笼罩着，什么人都被这"现实"的小室紧紧地幽闭着。这小室里面是可怖的沉闷、干枯与无聊。在里面的人，除了费他的时力，费他的生命在计算着金钱，在筹思着互相剥夺之策，在喧扰的暗中互相争辩着、嘲骂着如盲目者似的以外，便什么东西都不知道、什么生的幸福都没有享到了。泰戈尔则如一个最伟大的发现者一样，为这些人类发现了灵的亚美利亚，指示他们以更好的美丽的人的生活；他如一线绚烂而纯白的曙光，从这暗室里的天窗里射进来，使他们得互相看见他们自己，看见他们的周围情境，看见一切事物的内在的真相。虽然有许多人，久在园中生活，见了这光，便不能忍受地紧闭了两眼，甚且诅咒着，然而大多数肯睁了眼四顾的，却已惊喜得欲狂起来。这光把室内四周的美画和宏丽的陈设都照出来，把人类的内在的心都照出来。

"光，我的光，充满世界的光，吻于眼帘的光，悦我心曲的光！"

"呵，可爱的光，这光在我生命的中心跳舞；可爱的光，这光击我爱情的弦使鸣，天开朗了，风四远地吹，笑声满于地上了。"

——《吉檀迦利》之五十七

他们现在是明白世界，明白人生了。

　　我们对于这个伟大的发现者，这个能说出世界与人生的真相者，应该怎样地致我们的祝福、我们的崇慕、我们的敬爱之诚呢？

　　西方乃至全个世界，都被卷在血红的云与嫉妒的旋风里。每个民族、每个国家、每个党派，都以愤怒的眼互视着，都在粗声高唱着报仇的歌，都在发狂似地随了铁的声、枪的声而跳舞着。他们贪婪无厌，如毒龙之张大了嘴，互相吞咬，他们似乎要吞尽了人类，吞尽了世界。许多壮美的人为此而死，许多爱和平的人被其牺牲，许多宏丽的房宇为之崩毁，许多珠玉似的喷泉为之干竭，许多绿的草染了血而变色，许多荫蔽千亩的森林被枪火烧得枯焦。泰戈尔则如一个伟人似的，立在喜马拉雅山之巅，立在阿尔卑斯山之巅，在静谧绚烂的旭光中，以他的迅雷似的语声，为他们宣传和平的福音、爱的福音。他的生命如"一线镇定而纯洁之光，到他们当中去，使他们愉悦而沉默"。他立在他们黑漆漆的心中，把他的"和善的眼光坠在他们上面，如那黄昏的善爱的和平，覆盖着日间的骚扰"。

　　世界的清晨，已在黑暗的东方之后等着了。和平之神已将鼓翼飞来了。

　　他在祈祷，他在赞颂，他在等候。他的歌声虽有时沉寂，而他的歌却仍将在未来者的活泼泼的心中唱将出来的，他的使命也终将能完成的。

　　我们对于这个伟大的传道者又应该怎样地致我们的祝福、我们的崇慕、我们的敬爱之诚呢？

　　他现在是来了，是捧了这满握的美丽的赠品来了！他将把他的诗的灵的乐园带来给我们，他将使我们在黑漆漆的室中，得见一线的光明，得见世界与人生的真相，他将为我们宣传和平的福音。

　　我们将如何地喜悦，将如何热烈地欢迎他呢？

　　任我们怎样地欢迎他，似乎都不能表示我们对于他的崇慕与敬爱之心的百一。

　　"我醒起来，在清晨得到他的信。

　　"当夜间渐渐地万籁无声，群星次第出现时，我要把这封信摊放在膝上，沉默地坐着。

　　"萧萧的绿叶会向我高声地读它，潺潺的溪流，会为我吟诵着它，而七个智慧星，也将在天上对我把它歌唱出来。"

　　　　　　　　　　　　　　　　　　　　　——《采果集》之四

这是泰戈尔他自己歌咏上帝的诗章之一，而我们现在也似乎有这种感想。我们表面上的热烈的欢迎，所不能表白的愉快与崇拜与恋慕，在这时是可以充分地表白出来。他的伟大是无所不在的。而他的情思则唯我们在对着熠熠的繁星、潺潺的流水，或偃卧于绿阴下的绿草上，荡舟于群山四围的清溪里，或郁闷地坐在车中，惊骇的中夜静听着窗外奔腾呼号的大风雨时才能完全领会到。

我们应不仅为表面上的热烈欢迎！

（原载 1923 年《小说月报》第 14 卷）

泰戈尔来华

徐志摩

　　泰戈尔在中国，不仅已得普遍的知名，竟是受普遍的景仰。问他爱念谁的英文诗，十余岁的小学生，就自信不疑地答说泰戈尔。在新诗界中，除了几位最有名神形毕肖的泰戈尔的私淑弟子以外，十首作品里至少有八九首是受他直接或间接地影响的。这是可惊的状况，一个外国的诗人，能有这样普及的引力。

　　现在他快到中国来了，在他青年的崇拜者听了，不消说，当然是最可喜的消息。他们不仅天天竖耳企踵地在盼望，就是他们梦里的颜色，我猜想也一定多增了几分妩媚。现世界是个堕落沉寂的世界；我们往常要求一二伟大圣洁的人格，给我们精神的安慰时，每每不得已上溯已往的历史，与神化的学士艺才，结想象的因缘，哲士、诗人与艺术家，代表一民族一时代特具的天才；可怜华族，千年来只在精神穷窘中度活，真生命只是个追忆不全的梦境，真人格亦只似昏夜池水里的花草映影，在有无虚实之间，谁不想念春秋战国才智之盛，谁不永慕屈子之悲歌、司马之大声、李白之仙音，谁不长念庄生之逍遥、东坡之风流、渊明之冲淡？我每想及过去的光荣，不禁疑问现时人荒心死的现象，莫非是噩梦的虚景，否则何以我们民族的灵海中，曾经有过偌大的潮迹，如今何至于沉寂如此？孔陵前子贡手植的楷树，圣庙中孔子手植的桧树，如其传话是可信的，过了两千几百年，经了几度的灾劫，到现在还不时有新枝从旧根上生发，我们华族天才的活力，难道还不如此桧此楷？

　　什么是自由？自由是不绝的心灵活动之表现。斯拉夫民族自开国起直至 19 世纪中期，只是个庞大喑哑在无光的空气中苟活的怪物，但近六七十年来天才累出，突发大声，不但惊醒了自身，并且惊醒了所有迷梦的邻居。斯拉夫伟奥可怖的灵魂之发现，是百年来人类史上最伟大的一件事迹。华族往往以睡狮自比，这又泄露我们想象力之堕落；期望一民族回复或取得吃人噬兽的暴力者，只是最下流"富国强兵教"的信徒，我们希望以后文化的意义与人类的目的明定以后，这类的谬见可以渐渐地消匿。

精神的自由，绝不有待于政治或经济或社会制度之妥协，我们且看印度。印度不是我们所谓已亡之国吗？我们常以印度、朝鲜、波兰并称，以为亡国的前例。我敢说我们见了印度人，不是发心怜悯，是意存鄙蔑。（我想印度是最受一般人误解的民族，虽同在亚洲，大部分人以为印度人与马路上的红头阿三是同样的东西！）就政治看来，说我们比他们比较地有自由，这话勉强还可以说。但要论精神的自由，我们只似从前的俄国，是个庞大暗哑在无光的气圈中苟活的怪物，他们（印度）却有心灵活动的成绩，证明他们表面政治的奴缚非但不会压倒，而且激动了他们潜伏的天才。在这时期他们连出了一个宗教性质的政治领袖——甘地——一个实行的托尔斯泰；两个大诗人，伽利达撒（Kalidasa）与泰戈尔。单是甘地与泰戈尔的名字，就是印度民族不死的铁证。

东方人能以人格与作为，取得普通的崇拜与荣名者，不出在"国富兵强"的日本，不出在政权独立的中国，而出于亡国民族之印度——这不是应发人猛省的事实吗？

泰戈尔在世界文学中，究占如何位置，我们此时还不能定，他的诗是否可算独立的贡献，他的思想是否可以代表印度民族复兴之潜流，他的哲学（如其他有哲学）是否有独到的境界——这些问题，我们没有回答的能力。但有一事我们敢断言肯定的，就是他不朽的人格。他的诗歌、他的思想、他的一切，都有遭遗忘与失时之可能，但他一生热奋的生涯所养成的人格，却是我们不易磨灭的纪念。泰戈尔生平的经过，我总觉得非是东方的，也许印度原不能算东方（陈寅恪君在海外常常大放厥词，辩印度为非东方的）。所以他这回来华，我个人最大的盼望，不在他更推广他诗艺的影响，不在传说他宗教的哲学的乃至于玄学的思想，而在他可爱的人格，给我们见得到他的青年，一个伟大深入的神感。他一生所走的路，正是我们现代努力于文艺的青年不可免的方向。他一生只是个不断的热烈的努力，向内开豁他天赋的才智，自然吸收应有的营养。

他境遇虽则一流顺利，但物质生活的平易，并不反射他精神生活之不艰险。我们知道诗人、艺术家的生活，集中在外人捉摸不到的内心境界。历史上也许有大名人一生不受物质的苦难，但绝没有不经心灵界的狂风暴雨与沉郁黑暗时期者。歌德是一生不愁衣食的显例，但他在七十六岁那年对他的友人说他一生不曾有过四星期的幸福，一生只是在烦恼痛苦劳力中。泰戈尔是东方的一个显例，他的伤痕也都在奥秘的灵府中的。

我们所以加倍地欢迎泰戈尔来华，因为他那高超和谐的人格，可以给我们不可计量的慰安，可以开发我们原来淤塞的心灵泉源，可以指示我们努力的方向与标准，可以纠正现代狂放恣纵的反常行为，可以摩挲我们想见古人的忧心，可以消平我们过渡时期张皇的意义，可以使我们扩大同情与爱心，可以引导我们人完全的梦境。

如其一时期的问题，可以综合成一个现代的问题，就只是"怎样做一个人"。泰戈尔在与我们所处相仿的境地中，已经很高尚地解决了他个人的问题，所以他是我们的导师、榜样。

他是个诗人，尤其是一个男子，一个纯粹的人，他最伟大的作品就是他的人格。这话是极普通的话，我所以要在此重复地说，为的是怕误解。人不怕受人崇拜，但最怕受误解的崇拜。歌德说，最使人难受的是无意识的崇拜。泰戈尔自己也常说及。他最初最后只是个诗人——艺术家如其你愿意——他即使有宗教的或哲理的思想，也只是他诗心偶然的流露，决不为哲学家谈哲学，或为宗教而训宗教的。有人喜欢拿他的思想比这个那个西洋的哲学，以为他是表现东方一部的时代精神与西方合流的；或是研究他究竟有几分的耶稣教、几分的印度教——这类的比较学也许在性质偏爱的人觉得有意思，但于泰戈尔之为泰戈尔，是绝对无所发明的。譬如有人见了他在山氏尼开顿（Santiniketan）学校里所用的晨祷：

"Thou art our Father. Do you help us to know thee as Father. We bow downto Thee. Do Thou never afflict us，O Father，by causing a separation between Thee and us. O thou selfrevealing one，O Thou Parent of the universe，purge away the multitude of our sins，and send unto US whatever is good and noble. To Thee，from whom spring joy and goodness nay，who art all goodness thyself，to thee we bow down now and for ever."

耶教人见了这段祷告一定拉本家，说泰戈尔准是皈依基督的，但回头又听见他们的晚祷：

"The Deity who is in fire and water, nay, who pervades the Universe through and through, and makes His abode in tiny plants and towering forests——to such a deity we bow down for ever and ever."

这不是最明显的泛神论吗？这里也许有 Lucretius 也许有 Spinoza 也许有 Upanishads，但绝不是天父云云的一神教，谁都看得出来。回头在《吉檀迦利》的诗里，又发现什么 Lia，既不是耶教的，又不是泛神论，结果把一般专好拿封条拿题签来支配一切的，绝对地糊涂住了。他们一看这事不易办，就说泰戈尔是诗人，不是宗教家，也不是专门的哲学家。管他神是一个或是两个或是无数或是没有，诗人的标准，只是诗的境界之真；在一般人看来是不相容纳的冲突（因为他们只见字面），他看来只是一体的谐和（因为他能超文字而悟实在）。

同样的在哲理方面，也就有人分别研究，说他的人格论是近于讹的，说他的艺术论是受讹影响的……这也是劳而无功的。自从有了大学教授以来，尤其是美国的教授，学生忙的是：比较哲学、比较宪法学、比较人种学、比较宗教学、比较教育学，比较这样，比较那样，结果他们意想把最高粹的思想艺术，也用比较的方法来研究——我看倒不如来一门比较大学教授学还有趣些！

思想之不是糟粕，艺术之不是凡品，就在他们本身有完全、独立、纯粹不可分析的性质。类不同便没有可比较性，拿西洋现成的宗教哲学的派别去比凑一个创造的艺术家，犹之拿唐采芝或王玉峰去比附真纯创造的音乐家一样的可笑，一样的隔着靴子搔痒。

我们只要能够体会泰戈尔诗话的人格与领略他充满人格的诗文，已经尽够的了，此外的事自有专门的书呆子去愿管，不劳我们费心。

我乘便又想起了一件事，1913 年泰戈尔被选得诺贝尔奖金的电报到印度时，印度人听了立即发疯一般地狂喜，满街上小孩大人一齐呼喊庆祝，但诗人在家里，非但不乐，而且叹道："我从此没有安闲日子过了！"接着下年英国政府又封他为爵士，从此真的，他不曾有过安闲时日。他的山氏尼开顿竟变成了朝拜的中心；他出游欧美时，到处受无上的欢迎，

中国人看泰戈尔

瑞典、丹麦几处学生，好像都为他举行火把会与提灯会，在德国听他讲演的往往累万，美国招待他的盛况，恐怕不在英国皇太子之下。但这是诗人所心愿的幸福吗？固然我不敢说诗人便能完全免除虚荣心，但这类群众的轰动，大部分只是歌德所谓无意识的崇拜，真诗人绝不会艳羡的。最可厌是西洋一般社交太太们，她们的宗教照例是英雄崇拜，英雄愈新奇，她们愈乐意，泰戈尔那样的道貌岸然、宽袍布帽，当然加倍地搔痒了她们的好奇心，大家要来和这远东的诗圣握握手，亲热亲热，说几句照例的肉麻话……这是近代享盛名的一点小报应，我想性爱恬淡的泰戈尔先生，临到这种情形，真也是说不出的苦。据他的英友恩厚之告诉我们说他近来愈发厌烦嘈杂了，又且他身体也不十分能耐劳，但他就使不愿意，却也很少显示于外。所以他这次来华，虽则不至受社交太太们之窘，但我们有机会瞻仰他言论丰采的人，应该格外地体谅他，谈话时不过分去劳乏他，演讲能节省处就节省，使他和我们能如一家人一般的相与，能如在家乡一般地舒服，那才对得起他高年跋涉的一番至意。

（原载 1923 年《小说月报》第 14 卷）

泰戈尔与中国人

辜鸿铭

　　我们远东各民族经常对西方民族提出批评，或者可能提出批评。这些批评不论有如何充分的理由，肯定我们也不能指责他们中的大部分人——在涉及人的功绩时——在各民族之间不加区别。所以我们特别指出，不久前向印度诗人罗宾德拉纳特·泰戈尔博士颁发了诺贝尔奖金。这使我们联想起孔子的一句话："有教无类。"这就是说，一个真正有教养的文明的人，不论他是哪个国家的人，在我们的文明国度里，到处都会得到承认，都会得到同样看待。

　　这位印度著名诗人如今虽已年迈——他已过 60 岁——仍不辞辛劳，跋涉远游。这位哲人离开印度的高山，来到中国的平原，给我们中国人带来美好的话语，带来佳音。虽然各民族都有一条明智的格言：谢领赠物，未可臧否。虽然我贸然对中国的尊贵客人提出批评似有不敬，不过，这对于只是力求了解并指出所说的佳音的底蕴，或许情有可原。

　　首先，我承认，我只读过泰戈尔博士的两本著作。其中一本是在他访问日本之后写的。我在这本书里发现，这位印度诗人的英文文笔确实丰富多彩，才情横溢，令人赞叹。但是，我一方面欣赏这部作品，同时也为作者过分使用形象化语言感到惊异。写作时使用隐喻也要当心。孔子便不赞成使用隐喻，并且主张语言最宜明白易懂。伟大的诗篇，如果不是朴实无华，也会失之偏倚——古代的荷马便是例证。爱默生在谈到浪漫主义诗人时，厉言"英国人已经忘记这条真理，写诗是为了表达思想的规律，任何润色渲染和想象驰骋都不能使人忘记和代替这一点"。我们中国人是这样表达这种看法的："文以载道。"

　　总之，我觉得这位伟大诗人的文笔虽然流畅，但过于华丽多彩，也就是说东方色彩太重了。

中国人看泰戈尔

　　泰戈尔的第二本书我刚刚读过，书名叫《创造性的一个》。这个别致的标题实在令中国人困惑不解。它是什么意思呢？据我个人的理解，它毫无意义。浏览全书，有时遇到某些片断，我竟然不知所云，因为这些段落与标题属于同一风格。这是高深的形而上学，也就是说是儒家学者、真正的中国人所不能理解的。譬如，请听听这一段文字："这个一在我心中知道多的世界。但是，不论它在哪里知道，它都知道一的各个方面。它知道这间房子是房子中之一，尽管房子的许多实际的矛盾都包含在房子单一的实际之中。它对一棵树的认识，是对表现在一棵树的外表上一个个体的认识。"这位印度诗人和哲学家最后说："这个一是创造性的。"我实在不懂。这几个响亮的字眼究竟是什么意思呢？我在爱丁堡大学读书时，有一位讲授形而上学的教授，同学们给他取个外号"信口开河"。他反复地给我们讲笛卡尔的那句名言——我思故我在。而且滔滔不绝地大讲不存在、先存在、后存在、已存在的个体，等等，许多大学生把这叫做"脱离现实的"演说。

　　乔治·艾略特曾在什么地方写道："如果有个人对你谈起加、减、乘、除，那么你就可以知道这是好还是坏。但是，如果有人和你谈什么无限大，那么这次你就无法知道，人家和你说的，究竟是有道理还是胡说八道。"

　　我只不过是个文学爱好者，竟然批评一位像泰戈尔先生这样的著名诗人，何况他曾获得诺贝尔奖金，似乎有些自以为是了。

　　而且我抱怨的只是他给我们中国人带来的音信。

　　所以，我看到泰戈尔博士断言，西方文明丑恶、残酷，中国人应该在受到西方文明影响之前就摒弃它，中国人要想重新体验西方文明，就应该树立他所谓的东方文明。

　　他的话是什么意思呢？

　　说起东方文明，那就意味着神秘和蒙昧的思想，它与其灿烂光辉是同时存在的。印度文明正是如此，波斯文明也正是如此。

　　在中国文明里，既没有神秘、也没有蒙昧可言。在从印度来到中国的罗斯·迪金逊教授就曾强调指出："当我第一次在中国靠岸，并看到蒙古人面型的中国人时，我觉得压在我头上的沉重的盖子被掀起了。印度是非常优美的，但也是可怕的。中国呢，中国是有人情味的。"

　　如果想要看清中国文明和东方文明之间的根本区别，在北京这里就要参观一下孔庙，然后再看看相隔不远的喇嘛庙。

孔庙外形宏伟，具有古典的朴素特点，这是中国的形象，真正的中国的形象。

喇嘛庙具有蒙昧和神秘的特点，加上那里有许多偶像，有的丑陋不堪，色情下流，这是印度的形象。

实际上，中国文明与东方文明的差别，大大超过东方文明与现代西方文明的差别。罗斯·迪金逊教授所说的正好说明我的看法是正确的，他写道：“中国人正是许久以来欧洲民主主义者希望西方人能成为的那种人。”

我曾经指出：东方文明和西方文明之间的冲突，并不是中国和现代欧洲之间的冲突，而是中国和中世纪的欧洲之间的冲突。世界大战、社会斗争、现时的种种苦难，就是中世纪的西方与现代的西方之间斗争的表现。什么时候欧洲能摆脱目前仍存在的中世纪的影响，它就能了解什么是真正的民主，什么是中国的民主。

可能有人反驳我说，中国文明是停滞不前、死气沉沉的文明。从某种意义上说，这是对的。那么其原因何在呢？

这恰恰因为在旧大陆的废墟上创立起基督教时，佛教传入了中国，它几乎摧毁了真正的古老中国文明，在唐朝承认佛教后，它又促成产生宋代的严格制度，由此出现我国文化停滞的现状！

令人感到惊奇的是，泰戈尔先生来到我国，试图使极具东方色彩的印度文明复兴，而这正是我国种种灾难和停滞的原因。人们不应忘记，我们的文明是理性主义与科学相结合的产物，而印度文明则与一切理性主义和一切科学存在着根深蒂固的深刻对立。我们中国人如果真的想要觉醒，然后励精图治，我们就必须与这位诗人，与他的文明截然相反，并且拒绝他带来的音信。

因为这位印度诗人给我们带来的只是谬误和混乱。让我们仍然坚信孔子的学说——坚信恢复青春和适应新情况的孔子的学说——坚信伟大的哲人孔子，他不像泰戈尔博士那样腾云驾雾，谬误百出。

泰戈尔博士肯定是一位天才之士。他是世界性的诗人。他获得过诺贝尔奖金。让他去当诗人吧！让他去歌唱吧！不过让他不要来给我们讲授什么文明课。诗人们，你们去写诗吧；让哲学家、社会学家们去做属于他们的事吧！

（原载法国《辩论报》1924 年 7 月 24 日）

泰戈尔

徐志摩

　　我有几句话想趁这个机会对诸君讲，不知道你们有没有耐心听。泰戈尔先生快走了，在几天内他就离别北京，在一两个星期内他就告辞中国。他这一去大约是不会再来的了。也许他永远不能再到中国。

　　他是六七十岁的老人，他非但身体不强健，他并且是有病的。所以他要到中国来，不但他的家属，他的亲戚朋友、他的医生，都不愿意他冒险；就是他欧洲的朋友，比如法国的罗曼·罗兰，也都有信去劝阻他。他自己也曾经踌躇了好久，他心里常常盘算他如其到中国来，他究竟能不能够给我们好处，他想：中国人自有他们的诗！思想家、教育家，他们有他们的智慧、天才、心智的财富与营养，他们更用不着外来的补助与戟刺，我只是一个诗人，我没有宗教家的福音，没有哲学家的理论，更没有科学家实利的效用，或是工程师建设的才能，他们要我去做什么，我自己又为什么要去，我有什么礼物带去满足他们的盼望。他真的很觉得迟疑，所以他延迟了他的行期。但是他也对我们说道，冬天完了春风劲吹的时候（印度的春风比我们的吹得早），他不由得感觉了一种内迫的冲动，他面对着逐渐滋长的青草与鲜花，不由得抛弃了、忘却了他应尽的职务，不由得解放了他的歌唱的本能，和着新来的鸣雀，在柔软的南风中开怀地讴吟。同时他收到我们催请的信，我们青年盼望他的诚意与热心，唤起了老人的勇气。他立即定夺了他东来的决心。他说，趁我暮年的肢体不曾僵透，趁我衰老的心灵还能感受，绝不可错过这最后唯一的机会，这博大、从容、礼让的民族，我幼年时便发心朝拜，与其将来在黄昏寂静的境界中萎衰地惆怅，毋宁利用这夕阳未暝时的光芒，了却我进香人的心愿。

　　他所以决意的东来，他不顾亲友的劝阻、医生的警告，不顾自身的高年与病体，他也撇开了在本国一切的任务，跋涉了万里的海程，他来到了中国。

自从 4 月 12 日在上海登岸以来，可怜老人不曾有过一半天完整的休息，旅行的劳顿不必说，单就公开的演讲以及较小集会时的谈话，至少也有了三四十次！他的，我们知道，不是教授们的讲义，不是教士们的讲道，他的心府不是堆积货品的栈房，他的辞令不是教科书的喇叭。他是灵活的泉水，一颗颗颤动的圆珠从他心里兢兢地泛登水面，这些都是生命的精液；他是瀑布的吼声，在白云间、青林中、石罅里，不住地啸声；他是百灵的歌声，他的欢欣、愤慨、响亮的谐音，弥漫在无际的晴空。但是他是倦了，终夜的狂歌已经耗尽了子规的精力，东方的曙色亦照出他点点的心血，染红了蔷薇枝上的白露。

老人是疲乏了。这几天他睡眠也不得安宁，他已经透支了他有限的精力。他差不多是靠散拿吐瑾过日的。他不由得不感觉风尘的厌倦，他时常想念他少年时在恒河边沿拍浮的清福，他想望椰树的清荫与曼果的甜瓤。

但他还不仅是身体的惫劳，他也感觉心境的不舒畅。这是很不幸的。我们做主人的只是深深地负歉。他这次来华，不为游历，不为政治，更不为私人的利益，他熬着高年，冒着病体，抛弃自身的事业，备尝行旅的辛苦，他究竟为的是什么？他为的只是一点看不见的情感，说远一点，他的使命是在修补中国与印度两民族间中断千余年的桥梁；说近一点，他只想感召我们青年真挚的同情。因为他是信仰生命的，他是尊崇青年的，他是歌颂青春与清晨的，他永远指点着前途的光明。悲悯是当初释迦牟尼证果的动机，悲悯也是泰戈尔先生不辞艰苦的动机。现代的文明只是骇人的浪费，贪淫与残暴、自私与自大、相猜与相忌，飓风似地倾覆了人道的平衡，产生了巨大的毁灭。芜秽的心田里只是误解的蔓草，毒害同情的种子，更没有收成的希冀。在这个荒惨的境地里，难得有少数的丈夫，不怕阻难，不自馁怯，肩上扛着铲除误解的大锄，口袋里装满着新鲜人道的种子，不问天时是阴是雨是晴，不问是早晨是黄昏是黑夜，他只是努力地工作，清理一方泥土，施殖一方生命，同时口唱着嘹亮的新歌，鼓舞在黑暗中将次透露的萌芽。泰戈尔先生就是这少数中的一个。他是来广布同情的，他是来消除成见的。我们亲眼见过他慈祥的阳春似的表情，亲耳听过他从心灵底里迸裂出的大声。我想只要我们的良心不曾受恶毒的烟煤熏黑，或是被恶浊的偏见污抹，谁不曾感觉他至诚的力量，魔术似的，为我们生命的前途开辟了一个神奇的境界，燃点了理想的光明？所以我们也懂得他的深刻的懊怅与失望，如其他知道部分的青年不但不能容纳他的灵感，并且成心地诬毁他的热忱。我们固然奖励思想的独立，但我们绝不敢附和误解的自由。他生平最满意的成绩就在他永远能得青年的同情，不论在德国、在丹麦、在美国、在日本，青年永远是他最忠心的朋友。他也曾经遭受种种的误解与攻击，政府的猜疑与报纸的诬毁与守旧派的讥评，不论如何的谬妄与剧烈，从不曾扰动他优容的大量，他的希望、他的信仰、他的爱心、他的至诚，完全地托付青年。我的须、我的发是白的，但我的心却永远是年轻的，他常常地对我们说，只要青年是我的知己，我理想的将来就有着落，我乐观的明灯永远不致暗淡。他不能相信纯洁的青年会堕落在怀疑、猜忌、卑琐的泥潭，他更不能相信中国的青年也会沾染不幸的污点。他真不预备在中国遭受意外的待遇。他很不自在，他很感觉异样的怆心。

因此，精神的懊丧更加重他躯体的倦劳。他差不多是病了。我们当然很焦急地期望他的健康，但他再没有心境继续他的讲演。我们恐怕今天就是他在北京公开讲演最后的一个机会。他有休养的必要。我们也绝不忍再使他耗费有限的精力。他不久又有长途的跋涉，他不能不有三四天完全的养息。所以从今天起，所有已经约定的集会，公开与私人的，一概撤销，他今天就出城去静养。

我们关切他的一定可以原谅，就是一小部分不愿意他来做客的诸君也可以自喜战略的成功。他是病了，他在北京不再开口了，他快走了，他从此不再来了。但是同学们，我们也得平心地想想，老人到底有什么罪，他有什么负心，他有什么不可容赦的犯案？公道是死了吗，为什么听不见你的声音？

他们说他是守旧的，说他是顽固的。我们能相信吗？他们说他是"太迟"，说他是"不合时宜"，我们能相信吗？他自己是不能信，真的不能信。他说这一定是滑稽家的反调。他一生所遭逢的批评只是太新、太早、太急进、太激烈、太革命的、太理想的，他六十岁的生涯只是不断地奋斗与冲锋；他现在还只是冲锋与奋斗。但是他们说他是守旧、太迟、太老。他顽固奋斗的对象只是暴烈主义、资本主义、帝国主义、武力主义、杀灭性灵的物质主义；他主张的只是创造的生活、心灵的自由、国际的和平、教育的改造、普爱的实现。但他们说他是帝国主义政策的间谍、资本主义的助力、亡国奴族的流民、提倡裹脚的狂人！肮脏是在我们的政客与暴徒的心里，与我们的诗人又有什么关连？昏乱是在我们冒名的学者与文人的脑里，与我们的诗人又有什么亲属？我们何妨说太阳是黑的，我们何妨说苍蝇是真理？同学们，听信我的话，像他的这样伟大的声音我们也许一辈子再不会听着的了。留神目前的机会，预防将来的惆怅！他的人格我们只能到历史上去搜寻比拟。他的博大的温柔的灵魂我敢说永远是人类记忆里的一次灵迹。他的无边际的想象和辽阔的同情使我们想起惠特曼；他的博爱的福音与宣传的热心使我们想起托尔斯泰；他的坚忍的意志与艺术的天才使我们想起造摩西像的米开朗基罗；他的诙谐与智慧使我们想起当年的苏格拉底与老聃；他的人格的和谐与优美使我们想念暮年的歌德；他的慈祥的纯爱的抚摩、他的为人道不厌的努力、他的磅礴的大声，有时竟使我们唤起救主的心像，他的光彩、他的音乐、他的雄伟，使我们想念奥林匹克山顶的大神。他是不可侵凌的、不可逾越的；他是自然界的一个神秘的现象。他是三春和暖的南风，惊醒树枝上的新芽，增添处女颊上的红晕。他是普照的阳光。他是一派浩瀚的大水，来自不可追寻的渊源，在大地的怀抱中终古地流着，不息地流着，我们只是两岸的居民，凭借这慈恩的天赋，灌溉我们的田稻，苏解我们的消渴，洗净我们的污垢。他是喜马拉雅积雪的山峰，一般的崇高、一般的纯洁、一般的壮丽、一般的高傲，只有无限的青天枕藉他银白的头颅。

　　人格是一个不可错误的实在，荒歉是一件大事，但我们是饿惯了的，只认鸠形与鹄面是人生本来的面目，永远忘却了真健康的颜色与彩泽。标准的降低是一种可耻的堕落，我们只是踞坐在井底的蛙，但我们更没有怀疑的余地。我们也许揣详东方的初白，却不能非议中天的太阳。我们也许见惯了阴霾的天时，不耐这热烈的光焰，消散天空的云雾，暴露地面的荒芜，但同时在我们的心灵的深处，我们岂不也感觉一个新鲜的影响，催促我们生命的跳动，唤醒潜在的想望，仿佛是武士望见了前方烽烟的信号，更不踌躇地奋勇向前？只有接近了这样超逸的纯粹的丈夫，这样不可错误的实在，我们方始相形的自愧我们的口不够阔大，我们的嗓音不够响亮，我们的呼吸不够深长，我们的信仰不够坚定，我们的理想不够滢澈，我们的自由不够磅礴，我们的语言不够明白，我们的情感不够热烈，我们的努力不够勇猛，我们的资本不够充实……

我自信我不是恣滥不切事理的崇拜，我如其曾经应用浓烈的文字，这是因为我不能自制我浓烈的感想。但是我最急切要声明的是，我们的诗人，虽则常常招受神秘的徽号，在事实上却是最清明、最有趣、最诙谐、最不神秘的生灵。他是最通达人情，最近人情的。我盼望有机会追写他日常的生活与谈话。如其我是犯嫌疑的，如其我也是性近神秘的（有好多朋友这样说），你们还有适之先生的见证，他也说他是最可爱、最可亲的个人；我们可以相信适之先生绝对没有"性近神秘"的嫌疑！所以无论他怎样的伟大与深厚，我们的诗人还只是有骨有血的人，不是野人，也不是天神。唯其是人，尤其是最富情感的人，所以他到处要求人道的温暖与安慰，他尤其要我们中国青年的同情与情爱。他已经为我们尽了责任，我们不应，更不忍辜负他的期望。同学们！爱你的爱，崇拜你的崇拜，是人情不是罪孽，是勇敢不是懦怯！

（原载《晨报副镌》第 112 号，1924 年 5 月 19 日）

教育家的泰戈尔

杜元载

概　说

泰戈尔已经度过了他震荡的、摇曳的海洋生活，登到我们五色国旗的土地上面了。他所到的地方如上海、南京、济南等处，都是热烈虔敬地去欢迎他，踏破楼板地去听洪钟般美丽的声音。喔！他现已到了朔风卷地、黄沙扑面的北京来了，我在此杳无生气的沙漠中，过我这干燥无味的教书匠生活，忽然得到了这灵魂安慰的诗人，不禁欢欣鼓舞，生机勃勃起来！世人都知道他是现代印度的一个伟大诗人。可是他同时又是一个伟大的教育家、哲学家、宗教家和社会改革家。泰戈尔之所以为泰戈尔，是合诗人、教育家、哲学家、宗教家和社会改革家而成的。

他的思想是超出现代机器化的范围，而独树一个新的旗帜于东亚。我们现在在思想界上，无论论文、教育、哲学、宗教等，都感得陈腐、溃败不充足的现象，泰氏能给我们这新鲜而丰厚的酒食，我很感谢他！我愿他高树他的旗帜，打着铜鼓，一步一步引我们到那新地的路上去！

泰戈尔教育学说之根本观念

我在未述泰戈尔的教育学说之前，便想及印度是统治于英国帝国主义的政权之下，其教育不过是养成亡国式的奴性罢了。所以泰氏有鉴于此，在 1907 年时，即杜绝政治关系，而以教育为救亡的工具，以运用印度式教育为改造人民的先声。既不慑于英王的威权，实行英国规定的同化教育；又不抄袭任何国家的教育制度，做他们独一无二的法门。泰氏的教育学说，是合印度的教育学说，是真正印度人的教育学说。印度虽灭，她们独立的教育精神，依然如喜马拉雅山之高，与恒河不断的奔流之久！

1902 年，泰氏在鲍尔瀑地方，办了一所学校，校名即为以前他父亲用来静养的和平之院。他的教育家学说之根本观念，是建设在自由与爱的上面，所以他对于教育的实施，都是"自由"与"爱"的表现。他说：我们的小孩子在树下铺了席子，在那里读书。他们的生活，力求其简单。这个学校建立在大平原的大原因，即在于要远远地离开了城市生活，但在这一层以外，我更要看小孩子们与树木一同生长，因此两者的生长之中有了一种和谐。在城市里看不见什么树，他们是为城墙所限禁的，城墙不会生长，石块与砖头的死重压抑了儿童天性里的自然的快乐。

我在学校里，并不会得到最好一类的孩子，社会看这个学校为一个刑罚的所在。大部分的学生都是因父亲不能管束，才能把他们送到这里来。

他们牵牛去到牧场上，采集柴薪，摘取果实，对于禽畜能亲切地培养，并且他们的精神同他们教师的精神，一同地发育和生长。

前面已经把泰氏整个教育学说，用"自由"与"爱"包括了；现在就从这里面研究他对于教育的目的、课程、教学和训育，到底是怎样主张的。

A. 教育的目的

教育最大的目的，务必尊重儿童自发的活动，听他们的自由；若儿童自身不负责任，虽教授法好到十二分，于儿童亦无所裨益！泰氏说："教育的主要目的不在于解释意义，而在于去敲那心的门。如果我们问一个儿童，叫他叙说出在这样的敲门时，他心里所感觉的是什么，他便会说出些非常聪明的话来，因为内部所发生的感觉是比他所能用言语表白的更为伟大。"服务也是泰氏的教育目的。教育的效能，不仅在使人有精深的思想和知识，而尤在使人有明澈的服务观念。有了明澈的服务观念，然后个人得用适宜的手段促进社会的福利。在和平之院里的较大的儿童，受了泰戈尔的影响，常常跑到邻村去，救济穷困的居民。他们为村中的小孩子们创设了日校与夜校。当村人疾病的时候，他们看护他们如一个亲人。在炎热的夏天，他们为村人建筑住屋，好像苦工忙于其职似的。这种精神，就是泰氏苦心孤诣，所极力提倡的"爱"的使命。

B. 课程

课程是什么？课程的功用是什么？知道了课程的意义和功用以后，然后才能了解泰氏对于课程的主张。课程就是学校所选择而欲传递的经验，换一句话说，就是供教育者的参引和运用的。它的功用使教者知道数种经验，择其适于儿童心理和社会需要的，教授给学生。否则所授非所收，所学非所用，何贵乎课程来！所以教育者须用课程而不为课程所用，宜以课程应学生，不宜强学生就课程！泰氏说："我们夺去小孩的大地，去教他地理；夺取他们的语言，去教他们文法。他渴望的是叙事诗，但他被供给的是事实和每日的记录；他生活在人类的世界中，但是罚他到生产留声机的世界，去赎他在无知觉中生产下来的 原始罪过。"泰氏又反对教科书的制度，他说："我们染了用树叶掩闭我们心窗的习惯，并且书中熟语的膏药已贴进我们心里的皮肤，使他不能通过一切真理的直接结合。无论如何当教育的初期，儿童要想求着他们真理的功课，必定要直接经过一切人和物！"

C. 教学

泰氏的教学法，是极端排斥外面的刺激，而诉之人与人心灵的交通。因为教育贵能使教师与学生间的心灵的交通，所以泰氏的教学法，重感情而不重理智。他教授儿童学诗歌，先唱给儿童们听，于是他们自愿地成群地来学。当他们高唱入云的时候，或坐在一处，或在月夜天空下，或在夏天疾雨的阴影中。泰氏说："我用散文或用诗曲著的新东西，不论是什么题目，当我们向教员们读解这些的时候，他们预备在一间房子来听。这个使他们很有裨益，对他们绝没有丝毫强迫，若不招请，他们更觉得烦闷。"泰氏又主张对于儿童，宜用扮演的教学法。因为扮演能增加儿童们的想象和模仿的能力，对于教学上有极大的帮助。他说："儿童们在戏曲扮演中各扮演角，很使人惊讶他们有优伶的天才。因为他们在历史的艺术中并没有直接的训练。他们天然得到扮演戏曲的精神，求得详细的了解和同情。"泰氏的教学法中，一种最惊人的事实，在教育史和教授法的书中，不能摘出一段相似的是什么。这种事实就是泰氏的教育学说中最精彩的部分，也是泰氏对于教学上的一大贡献。他不反对学生攀上树去拣树枝坐在那里读书，他说成人有成人的生命，儿童也有儿童的生命，选择树枝和坐在书斋，乃是成人与儿童生命不同的表现，我们成人不能把儿童的生命特权夺过来！他说："我们学校的生徒很熟悉树木外表的本能的知识。依这最小的接触，他们知道在一个分明无款待的干枝上看出立脚点；他们知道怎么还能够自由拣取树枝，怎么去分配他的体重，恰好使拣选的树枝胜任不败。"

D. 训育

和平之院里面的教师和学生，好像父子兄弟的友爱。泰氏对于训育的目标，是在增进儿童如何解决他自身困难的能力，所以无论事的大小，都由儿童自动的设法经营和建设。

儿童在学校里面，早晨起身很早，有些在天亮以前。行了一会儿运动；他们自己去汲水沐浴，然后做祈祷，唱赞美歌，行简单的朝食，每日的早晚，又有十五分钟的静坐。他们的饮食起居和工作，好像深谷中的清水，一滴一滴地自高坠下，锵然成金石声，不疾不徐，齐若串珠。学生自治又是和平之院认为最完美最高尚的训育方法。

学生中间，有犯事的，他们便互选裁判官开庭审讯，泰氏及其他教师们，不加干涉，听他们自己处理和执行，因此遂能收学生自治的实效。学生自治却能培养儿童的同情及正确的判断力，且能使儿童有社会的观念及处世的才能。但是行得不好，易滋流弊，因为学生和学生间无彻底的服从和真正的领袖之人才。和平之院的儿童，真能恪守和服从，当被告受裁判官审讯的时候，常能认罪，并自愿任扫除，自愿于若干日内，离开众人行孤独的生活，是真能彻底地服从，和极愉快地改过！泰氏是主张自然主义的，观他提倡儿童们的跣足，即足以见之——他说：

> 我们的足踵，是使我们在地面上行动和立定。从我们起头穿靴的那一天，便减少了我们双足的目的。因它们责任减轻，失了它们的尊贵，并且纵容它们借助于短靴、滑靴以及一切价值和形状不同的靴子。

我不是主张人们完全放弃脚的装饰。但是我确信儿童们跣足都不是剥夺他们的教育，是给予天然自由的价值，那是毫无疑义的。在一切肢体中唯有足是最适用于他们的触觉，亲切地知晓那地面。因为大地有极柔和的表面，给她的恋爱者——足——接吻的。

无论有什么思想，什么学说，总有造成此学说和此思想的背景。而这种思想和学说，必与当时的环境互相衔接，然后乃难能可贵。泰氏的教育学说的背景是什么？因为什么原因产生的？我想读者必有这种疑问，现在就假定因自然环境的影响、社会环境的影响和世界潮流的影响，作为泰氏学说之产生的原因，而分述于下。

甲、自然环境的影响

泰氏所处的地方，他学校所在的周围，都是清秀而幽雅的环境，与自然界极密切地接触着。他对于自然界极尽观察、研究、爱恋的能事，所以他的思想和学说，受自然环境的影响很深。

> 我现住在我的家庭里。这里我做了我自己及我时间超绝的主人。那个家庭如我的旧大衫一样，异常地舒服。我在这里，喜欢怎样想便怎样想，且随我的心意去幻想。我坐在椅上，足放在桌上，我的心灵，沉泛在这天色斑丽、光明辉照的暇日里了……实在的，我非常亲爱这个帕德玛河，她的怎样地荒芜，怎样地广袤无垠，我觉得如骑在她的背上，爱恋地在拍着她的头颈。

这个河与她的两岸，安慰这诗人的灵魂，使他的思想起了无垠的变化，沉醉在自然的环境中。他的学校的四周，是个广漠的乡村，田野的平铺，无数的高山和小丘带着红色的沙砾和各种小圆石；向南不远，在乡村的近旁，通过一排棕树的间隙，看见铜青色的水面。他爱恋他所住的地方，不愿来生生活在欧洲受那物质的压迫，和那机械主义、实利主义束缚了他逍遥自在的思想。他说：

> 我来生还能生活在这多星之天的底下吗？我来生还能够这样地躺在一只舢板上吗？在我们金色孟加拉的恒河上吗？——我是最怕我将来生到欧洲去，因为欧洲的人心是坚硬的，在他们坚石所筑的心里，决无丝毫空地以植柔美的藤蔓，或一根无用的绿草。

乙、社会环境的影响

泰氏哀祖国沉沦于万劫不复之地，在少年时代，即常常秘密与他的朋友讨论挽救的方法。他因为要养成勇敢的精神，所以时常出去打猎，做劳苦工作。他因为要他的儿童身体强健，热天叫他们在太阳下面跑了好几里路，冷天也在屋外，除了疾病的时候以外，都不穿鞋袜。有的时候，他们一次能走到二十几英里的路。他为什么要提倡这种斯巴达式的教育呢？不外当时社会环境的影响吧！

他所作的诗歌，含有极柔和的情绪，和一种坦荡的精神，比那火焰一般的热力，瀑布一般的涌涛的语势有力得多！他说：

> 如果没有人响应你的呼声，那么独自走去吧；如果大家都害怕着，没有人愿意和你说话，那么且对你自己去述说你自己的忧愁吧；如果你正在荒野中旅行着，大家都踩蹒你、反对你，不要去理会他们，你尽管踏在荆棘上，以你自己的血，来浴你的足，自己走着去。如果在风雨之夜，你仍旧不能找到一个人为你执灯，而他们仍旧都闭了门不容你，请不要在心，颠沛艰苦的爱国者呀，你且从你的胸取出一根肋骨，用电火把它点亮了，然后跟随着那光明，跟随着光明呀。

丙、世界潮流的影响

血肉横飞的欧战，是人类的羞辱，是崇拜国家主义者的弱点。泰氏登高一呼，想唤醒世人仇视嫉妒的大梦，他相信人类是一体的，人类是超乎于一切国家之上的。国家的、种族的各种分子，以及他们在人类社会里的合作是宇宙和谐发展的要素；正如人体的各类机关，它们的区分与合作，为人类的健康发展的要素一样。他在英国人与爱尔兰人的欢迎席上说道：

> 虽然我们的言语不同，我们的习惯不同，而在根底上我们的心是一个……东是东，西是西，但这二子必相遇于友爱、和平与相互了解之中；他们的遇合且将因他们的不同而更有效果；这必会引导这二子在人类的公共祭坛之前行神圣的结婚礼。

泰氏的思想是起死回生的秘方，是救世界人类的猜疑、嫉妒、欺诈的灵药，那种国家主义和侵略主义是自杀的主义，是飞蛾扑火自烧身的主义，还值得一顾吗？但是这国家和种族的的思想，侵入到人的骨髓里面去了，他们现在正在那里睁他们的怒眼看着呢！我叙述泰氏的学说，我的心灵充满着爱的神，世间什么事都是虚伪的，唯有爱是真的。我很愿一切人类都有这个爱，更愿我们研究教育的人们把这个爱输入后代国民的脑中，变成一个爱的人类。在泰氏所著的《优盘尼塞》中有几句话："世界是从爱中生的，世界是被爱所维系的，世界是向爱而转动的，又是进入于爱之中的。"

（原载《晨报副镌》，1924 年 5 月 7 日、9 日、10 日）

泰戈尔与中国青年

沈泽民

　　泰戈尔在中国青年的心中，不是一个生客了。他这次来华，我知道在中国青年思想界中一定有不少影响。然而，这是怎样一种影响呢？泰戈尔之为一个文学家，是不错的，我们不能否认他的价值。他的诗，如《园丁集》、《飞鸟集》等，含着温柔舒暇的南方情调；他的文，如《人格论》、《生之实现》等，证明他是一个最优美的；他的小说和戏曲，我虽没有仔细读过，可是就我所读过的讲，确是值得介绍给中国青年的一种读物。然而，我们今天不是问这些事情。我们是问，泰戈尔的思想，对于今日的中国青年是否要得？

　　关于艺术上的话，我们不必提它。因为艺术的本身是一个争论未决的题目。至于思想，我们已有一条公认的法则了，就是：思想是跟随时代而有变迁的。这句话的正面的意义是说，某种形式的思想，一定要民众的生活发展到了某种程度时，才能发生出来，否则决不会存在，但还有一个反面的意思，这是说，假如把外面的思想介绍给一国的民众时，这思想一定要和这民众的生活相吻合才有益处，否则，无论这思想的本身是好是歹，对于这民众所生的影响一定是无益或且有害的。泰戈尔的思想是怎样一种思想呢？他合不合今日中国民众的需要呢？这是我今日要提出的一个问题。

　　泰戈尔在印度，已是一个顽固派了。我们用这个词当然不是说泰戈尔就是中国的辜鸿铭或康有为；但至少他是个梁启超或张君劢。玄学与科学之争中，张君劢表示他自己是一个玄学派，主张精神的独立，泰戈尔更过之，他认神的存在。

　　要批评泰戈尔的人生观和宇宙观，须对印度的佛学源流有深长的研究，这不是我的能力所能胜任，不过我们现在总可以这样地断定：泰戈尔虽不是一个佛门弟子，可是他是一个有宗教信仰的人；他的思想有些近于自然神教派。他和佛教的不同处，在于他并不主张涅槃；他与基督教的不同处，在于他并不否定个人的价值；在他看来，自然即神，神是一个大意志，而人之于神，则如八大行星之于太阳，虽然独立，却为一体的。也不仅人是如此，即天地间万物，都无非神之一部分的表现。所以，人生的最高目的，便是去追求自身人格的发展，使自然之神的意志也在他身上显露出来，这便是他所主张的人生之实现。但神这东西，同时又是极美的，人格的高尚化，同时一定就是美化，所以人生之实现同时也就是美之实现。再则，神这东西同时也就是爱，所以人生之实现也就是爱之实现。我们要注意，他所说的神，就是自然，这自然，就是包括人和动物、草木、山川，乃至日月星辰的集合体，这些东西，合起来是一个常存不变的神，分开来则是有生有灭的万物；而因为生灭都不过是万物的重新组织，故灭并非死，生亦非生，世虽有生灭，神之存在并不稍有变迁。这可说是他的人生观和宇宙观。

然则怎样使人修养到能实现神的意志呢？他说是从冥想。冥想的时候，便是人与世界（即宇宙，即自然，即神）相交通的时候。惟冥想能实现人生，故欲修养人格（即内在的自我）者必须过冥想的生活。世界的民族中，他以为唯有印度民族是懂得冥想的生活的。西洋文明的根本精神是力（engery），力的表现是征服，所以西洋人征服自然界而发明科学，开伟大的工业时代；又征服同类，开现在的帝国主义时代。印度人则不然，他处于森林中间，过了几千年的冥想生活，印度人所要求的不是怎样去征服，把外物据为己有，是舍去一切外物，怎样谋与宇宙之真体的神相接近相融合。印度人的生活路向显然是向正路走去的，外面看看是超于寂灭，实是在生之路上猛进；所以西洋人的生活反是后退的了，因为他们的获得欲念亢进，则离神愈远，即离生命之路愈远。

他的思想，大体上看来是成为一个系统，也很圆满的。换一句话说，他把宇宙间万物融合得像一个糯米团子一般，也是很好玩的。然而有两个根本弱点：

第一，他根本肯定神的存在是错了。据我们想，宇宙这东西完全是一团盲目的势力，并不见所谓和谐者何在。宇宙中间，一星被吞吸于他星，一物摄取它的营养资料于别物。此生则彼灭，完全依靠着物理学上质量的法则。人是不能无所劳役而生存的，生存之后，又须时时整理以保清洁，定制度、立组织以保内部的和平团结。人假如能在这世界上享受一些有生之乐，与其说是顺着神的意志的缘故，不如说由于人善用他的智慧，于同类中实行互助，用集合的方法去劫掠非类的结果。一族的人要生存，则去劫掠他族；这种方法现在已经知道不适用了，于是改为一国的人去侵掠他国，一民族的人去劫掠他民族。但同类自残的结果，每致大家不适于生存，所以现在开明一点的人又都反对侵掠。然而人类即不自相侵掠，也不免向禽兽侵掠呵，即使主张蔬食，也不免向植物界侵掠呵，即使一天人类竟能用矿物代粮食，也终不免向无机物侵掠呵。泰戈尔曾说，"恶是善的堤岸"，如此说来，泰戈尔原不至于主张这样婆婆妈妈的慈悲主义。但是依泰戈尔的说法，宇宙万物，无非神之表现而又互相谐和。依我们所见的批发式的侵掠看来，则正不知他的所谓谐和者何在。神这观念，对于宇宙一方讲，是一个概括的公式。把宇宙间一切事象看做有一个一贯的原则将它束缚着的，仿佛由一个意志安排好了的一般，而这原则，不但要适合于解释宇宙间一切客观的事物，并且要适合于个人内心的欲求。所以，野蛮时代的神，是单为保护一种族而存在的，同时主管着宇宙万物。如多神的希腊，奥林匹斯山上的诸神单只照顾希腊人，在希腊人与异族战争时，便加异族以惩创；古代的耶和华只是犹太人的上帝，别族人抢了神像去便罹了大疫，甚至于像中国，一家有一家的主神，两家争斗时，主神都出来替本家出力——这些事都明白写在各国的神话和历史上。人类脱离了野蛮时代，所知道的范围比较的广了，于是基督教的耶和华起初不但做犹太的神，渐渐变为白种人的神、全人类的神，然而犹未被认为宇宙万物的神。因为人类的同情心扩张得很慢，非等到他认识全人类的利益与一己有关时，他决不认他心中的上帝是全类的保护者。再进而到泰戈尔式的宗教观，同情的范围扩张到无可再扩张了，于是生了自然即神的观念。其实，那要素还是不变的，即客观的认世界有一个总意志在那里安排，主观的这意志是与人类内心的欲求相合。所以凡是神，总是人格化的，"他有意志，有感情"，依"他"的主见，把世界安排得极妙，这世界正是人所梦想的世界。然而，有这回事么？据我们看，就不知道所谓谐和所谓最高意志者何在。若是存在，不过是在陶醉了的宗教家的心里罢了；因为原来不是神造人，却是人造神。根本假定了神然后说话，这是泰戈尔思想的弱点之一。

第二，他不曾晓得思想与生活方法的关系。据他想，仿佛一种民族自有一种文明，这文明的永远不变等于黄之为黄、白之为白。他从这根本点上立论，所以以为西洋的文明和印度的文明是发展的两极，而不是一线发展中的两阶段。犯这种错误的人不止泰戈尔一个。

此等有玄学气味的人比比皆是。梁漱溟虽不自认是一个玄学派，他也犯这个错误。关于这问题，论的人很多了都没有什么结果。其实，这并不算一个问题，只要看事实。我们知道，一个民族的思想态度是被他的生活方法所决定的。思想自由和意志自由一样，并没有这回事。我介绍一本书给读者。中华书局出版的《唯物史观解释》把这一点说得十分明白。现在不讲这些理论，单拿印度做例。印度位置在热带，物产丰富，人民受热气熏蒸，十分好懒。这正是笑话中所说的人睡在地上，用一根带子系住上面的树枝，只要拉几拉便可过了中餐的地方。这样一种自然的环境对于印度民族的生活上所生的结果是工业不进化，人民不勤劳，居处不清洁，耽于冥想。泰戈尔所赞扬而欲保存的印度文化，正就是这个东西。他还有一句话说得好笑（见《国家主义》），原文怎样说忘了，大意是"西洋文明挟其征服之力现在压迫了印度，但印度人在精神上却已战胜了西洋文明"，这简直和鲁迅的《阿Q正传》中所调侃的"阿Q在形式上虽然战败，精神却胜利了"一样口吻了！自然，泰戈尔并不是这么说的，但在实际上正免不了这个讥嘲。试看几千年冥想生活的结果，今朝被统治在英国的暴威之下！是英国的西洋文明压倒了印度么？不是的。所谓西洋文明，本来没有这件东西，我们抱唯物史观的见解的人，只认识一则是已进步了的机器工业生产国，一则是落后的手工业生产国。两两相遇，优胜劣败，正完全是顺着经济学的法则。再不信，试看今日的印度已经在大起变化了。英国压迫的结果，已使全印度的民众中澎湃涌起革命的潮流。现在的印度新人物已不是跌坐在森林之中的冥想家，而是呼号奔走的革命家了。使英国殖民政府恐怖的，毕竟不是称颂印度文明的泰戈尔，而是实行指导群众的甘地。

将来，印度人的思想一定还要继续变化，直到他完全丢去了那笼罩他们脑筋上的迷糊糊的幻梦之网，睁开眼睛来清清楚楚地做一个人，印度民族方能在世界上继续存在。这还有什么印度文明可言么？再不信，我们反过来说西洋，西洋的国家主义据泰戈尔说是西洋文明的代表了。其实这不过是全部历程中的一个阶段。瓦特的蒸汽机未发明以前也不曾有国家主义，而未来的大同主义却正孕育孵化于烂熟的资本帝国主义之中，不久即将借一次空前的大革命而实现。这是顺着经济发展的一种必然路向。这样，还有甚么西洋文明可言？

泰戈尔的错，错在他根本抱定一个神的观念不肯丢开，以致误认精神可以脱离物质的条件而单独发展，他也不看看现在印度正受着一种什么势力的影响，在这影响之下的印度民众，思想上正起着怎样的变迁。假如他长寿百年，他一定有一天会十分惊讶地看到，他的同种竟完全脱离了他赞扬的印度文明，而进步繁昌于一种非东非西的新形式之下。不明白世界文化发展的真途径，这是泰戈尔的根本错误之二。

据以上的看来，我们可说泰戈尔实是一个思想落后的人了。他是印度的一个顽固派。纵不是辜鸿铭、康有为一类老顽固，也必是梁启超、张君劢一类新顽固党的人物。泰戈尔不是没有他的价值，他的诗是我所爱读的，他的小说也有他的魔力，他的散文可以卓然成立一派。他的人格也一定比梁启超、张君劢等辈高出万万。可是他的思想，实在是中国青年前途的一大障碍。

中国的青年现在要有几种起码的觉悟。第一，从浑沌的玄学思想到科学的精神；第二，从昏迷的冥想生活到活动的生活。比较着印度的社会生活状况和中国的社会生活状况来看，两国不是同在经济落后的手工业时代么？印度现在是英国的殖民地，受着英国帝国主义的压迫，中国是半独立国，受着国际帝国主义的压迫。这两种压迫的性质同是经济侵掠，这两国民族获见光明的唯一方法同是急起民族革命以推翻世界的经济组织。这世界是一个噩梦似的世界，我们要推翻这噩梦亦必须要发挥巨量的活动能力，血战，反抗，然后能达到目的。这是丑的，然而是光荣的，必要的。泰戈尔似乎是怕了，他退缩于这一幕话剧之前，去优游于他那神的世界里面，这里面是充满了美爱，谐和？呸！——一个蒙雾也似的虚伪世界！试问问读者，假如现在有一个中国人，出来向你们说泰戈尔所说的那种宗教，你们能不说他是一个顽固党么？张君劢主张玄学，还未公然抬出神像来，现在泰戈尔满脑子装着印度式的神道思想，我们能认他是我们的思想的指导者么？他的思想只有放在他的诗的世界里面是合适的，因为诗歌并不要求真实。月亮可以称它姊妹，群星可以吐息，蝈蝈儿会眨眼睛，黄叶儿会旋舞叹息——假如说"世界来到我的窗前，点头，微笑，去了"，是更其合适。唯其超自然，所以给人的神经

中国人看泰戈尔

一种颤栗。

但是，越出了诗歌的范围以外而来讨论到文明问题，主张什么保存印度文明，这却是错了。诗歌自是诗歌，现实另是现实。构造在玄学思想上的印度文明是决不足与经济界中的法则对抗的，何况所谓印度文明，正是过去印度所因以亡国的症结。泰戈尔在这一点上可谓迷恋骸骨，与中国现在的一般国粹派毫无二致。这种思想若是传播开来，适足以助长今日中国守旧派的气焰，而是中国青年思想上的大敌！

还有，就是泰戈尔的冥想生活。他的提倡冥想生活在人格论上有一个专篇，其余在诗歌中也到处流露。他的《园丁集》，黄仲苏所译的十几首中，第一首恋诗便是一个例子。那个女子，早上起来蓬着她的头发，倚着她的窗坐着，看见了她的恋人；日暮时她还是傍着窗坐着，徐徐掠起她的头发；到了黑夜里，她还是傍窗坐着，经过了那黑夜！我的一个朋友说："这就是印度人懒惰生活的表现！"这种懒惰生活，经过了神秘诗人的美化，便成了冥想。试问：泰戈尔若不是出身贵族，要像他的贫苦同胞们一样用双手赚面包吃，还能在生活中提倡冥想么？假如全印度的人都这样冥想，在这种世界侵掠之下，印度人还有保守种族的希望么？然而他竟办了一个山氏尼开顿学校，加以他的国民一种森林式的训练。那学校的课程是祷告、歌唱、祷告。那学校的精神是宗教式的、艺术化的，山林绿阴之中歌声悠扬，诚美哉！可惜与印度的民众生活完全隔绝！充泰戈尔的作为之所想，一个乐园是造成了，只是这乐园是造在四周森林大火的中央；森林灭，乐园亦灰烬矣！这样一种冥想主义，也是我们中国青年所需要的么？因为中国和印度地位适同，今舍中国而言印度，印度本来确是世界上一个冥想民族的国家，但自隶为英国属地以后，民众的生活状况已使他们不得不改变态度了。他们现在的生活方法是动不是静，是组织不是散漫，是革命不是退让。泰戈尔的思想是闲暇的有产阶级的思想，是守旧的国粹派的思想，是神的思想不是人的思想。但是印度的民众，现在没有产业，不能冥想，他们所问的，是怎样推翻了压迫者，使印度的民族能够存在，他们正跟着他们的领袖甘地向动的路上猛进，而跟不上的泰戈尔只得俄延在后面冥想。现在我问问中国青年，是否需要他的冥想主义呢？

这问题我让中国青年自己去答了。泰戈尔的来华，本是用私人的资格来的，我们本不必当他鼓吹什么来看待。他本只是一个诗人，他在文

112

坛上自有他的地位；他又是一个印度亡国的文坛大家，曾为反对殖民政府，失去了英皇所给他的爵位；这还值得我们重视。不过对于他的思想，我们决不可含糊接受，因为他对于中国青年思想的前途，是有害无益的。

（原载《中国青年》第 27 期，1924 年 4 月，署名：泽民）

泰戈尔来华的我见

郭沫若

国家到了民穷财困的时候，大举外债以作生产的事业，这在经济的原则上原是可以奖励的。但是在我们凡百事情都是羊头狗肉的中国，一切原则都要生出例外。我们中国年年高举外债，抵押又抵押，割让复割让，在当事者亦何尝不是以作生产事业为名，但其实只养肥了一些以国家为商品的民贼，以人民为牛马的匪兵。

学艺本无国族的疆域。在东西诸邦每每交换教授，交换讲演，以枭枭彼此的文化；这在文化的进展与传布上，本也是极可采法的事情。我们中国近年来也采法得唯恐不逮了。杜威去了罗素来，罗素去了杜里舒来，来的时候轰动一时，就好像乡下人办神会，抬起神像走街的一样热闹。但是神像回宫去了，它们留给我们的是些什么呢？——啊，可怜！可怜只有几张诳鬼的符录！然而抬神像的人倒因而得了不少的利益。

借外债和请名人讲演，本是风马牛不相及，但是在我的脑筋里总要生出这样一种联想。我相信，这或许不是病的联想吧？我相信，生出这种联想的或许不仅我一个人吧？

外债问题不是我在这儿所想多说的。聘请名人讲演的一层，我们国内何以不曾得着什么显著的结果，这却是值得深加思索的一个社会现象。我们聘请一位名人来讲演，我们对于他的思想的轮廓，对于他的思想与本国文化应发生若何关系的要求，一般国人究竟有若何明白的概念？以往的事实明教我们，我们所得的一个不幸的观察是：我们历来聘请的要求，只是一种虚荣心的表现。对于一个人的思想本来没有什么精到的研究，对于他的教训也没有什么深切的必需，只是一种慕名的冲动，一种崇拜偶像的冲动，促使我们满足自己的虚荣，热热闹闹地演办一次神会。由这样的动机，我们要希望有什么显著的效果，这是所谓的"缘木而求鱼"。往事俱在，我们并不是要闭着眼睛任意诬人，我们所诚恳地要求于国人的，是在以不忘的前事为后事的师表。

如今印度的诗人泰戈尔先生听说不久又要来华了。欢迎的声浪已如冬冬的社鼓一样震惊我们的耳膜了。昨天有位友人拿了一本《小说月报》最近出的《泰戈尔专号》来给我看，我把内容粗略翻阅了一遍，在我的心中不免生出了一种又要办一次神会的预感。泰戈尔研究！泰戈尔研究！这在我们国内已经宣传了多年，国内以泰戈尔的研究家自任的也颇不乏人，但是这次《小说月报》的内容亦何尝清淡若是呢？除几首诗的零译和几篇东西洋评论家的言论第二次的介绍之外，对于泰戈尔的思想，能作出一个系统的观察，对于以后的听者——国人，能给予一个明白的概念的，我这个逃荒的人可惜还没有听见跫然的脚响。

我们聘请泰戈尔来，当然不能说是因为他是东方的诗人，我们出于一种爱地方的私情；更当然不能说是他得过诺贝尔奖金，是英国爵士，是世界诗人，是近时欧洲所欢迎的说教者，我们是出于一种慕名的冲动。这些浅薄的动机，我不愿以小人之心去度当事者的君子。但是他的思想是怎么样？我们对于他的要求是如何？究竟有人标示过明白的概念给我们没有？（我这说的不是专指《小说月报》，我想有一部分的当事者应该在事前负这番责任。）我们对于他的思想没有明白的概念，对于他的教训没有恳切的要求，只如小儿戏弄木偶一样，蓦然又请一个神像来，可怜的是被戏弄了的木偶的无聊了。

我对于泰戈尔的作品，单是英译的也不曾全部读完，本加儿语我更不懂，我本没有出来谈他的资格。但是我有不能已于言的，就是我上述的几个疑问。

最近有朋友写信来问我，说照我们向来的态度，对于泰戈尔来华当然是反对的，应该有什么表现？我觉得这一层却是朋友们把我们误会了。我在此不妨先把我个人对于泰戈尔的态度说一说吧。

我知道泰戈尔的名字是在民国三年。那年正月我初到日本，泰戈尔的文名正是风行一时的时候。九月我进了一高的预科，我和一位本科三年级的亲戚同住。有一天他从学校里拿了几张英文的油印录回来，他对我说是一位印度诗人的诗。我看那诗题是 Baby's Way、Sleep Stealer、Clouds and Waves，我展开来读了，生出了惊异。第一是诗的容易懂；第二是诗的散文式；第三是诗的清新隽永。从此泰戈尔的名字便深深印在

115

我的脑里。我以后便很想买他的书来读，但是他的书在东京是不容易买的，因为一到便要销完。我到买得了他的一本《新月集》（The Crescent moon）的时候，已经是一年以后的事了。那时候我已经不在东京，我升入了冈山高等学校的本科去了。我得到他的《新月集》，看见那种淡雅的装订和几页静默的插画，我心中的快乐真好像小孩子得着一本画报一样。

宗教意识，我觉得是从人的孤寂和痛苦中生出来的。寄居他乡，同时又蕴涵着失意的结婚悲苦的我，把少年人活泼的心机无形中倾向在玄而又玄的探讨上去了。民国五六年的时候正是我最彷徨不定而且最危险的时候。有时候想去自杀，有时候又想去当和尚。每天只把庄子和王阳明和《新旧约全书》当做日课诵读，清早和晚上又要静坐。我时常问我自己：还是肯定我一切的本能来执著这个世界呢？还是否定我一切的本能去追求那个世界？我得读泰戈尔的《吉檀迦利》、《园丁集》、《暗室王》、《伽吡尔百吟》等书的时候，也就在这个时候了。

我记得大约是民国五年的秋天，我在冈山图书馆中突然寻出了他这几本书时，我真好像探得了我"生命的生命"，探得了我"生命的泉水"一样。每天学校一下课后，便跑到一间很幽暗的阅书室去，坐在室隅，面壁捧书而默诵，时而流着感谢的眼泪而暗记，一种恬静的悲调荡漾在我的身之内外。我享受着涅槃的快乐。像这样的光景从午后二三时起一直绵延到黄色的电灯光发光的时候，才慢慢走回我自己的岑寂的寓所去。

但是毕竟是这个世界的诱力太大了？或者是我自己的根器太薄弱了吧？我自杀没有杀成，和尚没有做成，我在民国六年的年底竟做了一个孩子的父亲了。在孩子降生之前，我为面包问题所迫，也曾向我精神上的先生泰戈尔求过点物质的帮助。我把他的《新月集》、《园丁集》、《吉檀迦利》三部诗集来选了一部《泰戈尔诗选》，想寄回上海来卖点钱。但是那时泰戈尔在我们中国还不吃香，我写信去问商务印书馆，商务不要。我又写信去问中华书局，中华也不要（假使两大书局的来往函件有存根的，我想在民国六年的八九月间，一定还有我和泰戈尔的坟墓存在他们的存根簿里）。啊，我终竟是我自己的堕落，我和泰戈尔的精神的联络从此便遭了打击。我觉得：他是一个贵族的圣人，我是一个平庸的贱子；他住的是一个世界，我住的是另一个世界。以我这样的人要想侵入他的世界里去要算是僭分了。

我和泰戈尔接触的便是他这些初期的英译本。他在民国五年渡日本讲演的时候，我虽然不曾躬聆他的梵音，但是我在印刷物上看见过他《从印度带去的使命》。他的思想我觉得是一种泛神论的思想，他只是把印度的传统精神另外穿了一件西式的衣服。"梵"的现实，"我"的尊严，"爱"的福音，这可以说是泰戈尔的思想的全部，也便是印度人从古代以来，在婆罗门的经典《优婆泥塞图》（Upanishads）与吠檀陀派（Vedanta）的哲学中流贯着的全部。梵天（Brahma）是万汇的一元，宇宙是梵天的实现，因之乎生出一种对于故乡的爱心，而成梵我一如的究竟。这种思想不独印度有，印度的泰戈尔有，便是我们中国周秦之际和宋时的一部分学者，欧西的古代和中世的一部分思想家都有。不同的只是衣裳，只是字面罢了。然而泰戈尔先生却颇有把它独占的倾向。他说欧西文明是城市文明，大有鄙夷不屑的态度。他从印度带给日本的使命就是叫日本恢复东洋的精神文明，以代替西洋的物质文明。其实西洋文明的弊窦只是在用途上错了，在它纯粹的精神上，它的动态与万化无极的梵体现，梵我一如观，并不会发生什么冲突。满足感情冲动与满足智识欲望，是道并行而相悖的，动态与静观只是一片玻璃的两面。在西洋过于趋向动态而迷失本源的时候，泰戈尔先生的森林哲学大可为他们救济的福音。但在我们久沉湎于死寂的东方民族，我们的起死回生之剂却不在此而在彼。

　　一个人的信仰无论他若何偏激，在不与社会发生关系的期间内，我们应得听其自由；但一旦与社会发生价值关系的时候，我们在此社会中人便有评定去取的权利。西洋的动乱，病在制度之不良。我们东洋的死灭，也病在私产制度的束缚。病症虽不同，而病因却是一样。唯物史观的见解，我相信是解决世局的唯一道路。世界不到经济制度改革之后，一切什么梵的现实，我的尊严，爱的福音，只可以作为有产有闲阶级的吗啡、椰子酒；无产阶级的人只好永流一生的血汗。无原则的非暴力的宣传是现时代的最大的毒物。那只是有产阶级的护符，无产阶级的铁锁。泰戈尔如以私人的意志而来华游历，我们由衷欢迎；但他是被邀请来华，我们对招致者便不免要多所饶舌。我不知道这次的当事者聘请泰氏来华，究竟是景仰他哪一部分的思想，要求得他哪一种的教训？这是我们急于想听取的意见了。

　　末了我还申说几句：我对于泰戈尔个人并不反对，我们对于他的作品所不满意的最是他的《迷途之鸟》的一种。他到日本去的时候，他带到日本去的使命，日本人虽不曾奉行，但他从日本带回去的礼物却是这本《迷途之鸟》。《迷途之鸟》里面的诗都是在日本的收获。在日本那种盆栽式的自然中，发生了日本的俳句与和歌，也就发生了他的《迷途之鸟》。他所献呈的那横滨的原某（T. Hara of Yokohama），是他当时的居停主人。他那第十二首的：

> What language is thine, O sea?
> 哦，海，你说的是什么？
> The language of eternal question.
> 说的永远的疑问。
> What language is thy answer, O sky?
> 哦，天空，你说的是什么？
> The language of eternal silence.
> 说的是永远的沉静。

是刻在镰仓（Kamakura）海岸的一座岩石上的。此次日本大地震，镰仓受害最烈，他这首刻在岩石上的诗怕也归了"永远的沉默"了吧？

《迷途之鸟》里面也尽有一些好诗，像这刻石的一首，也可以说是不磨的佳作。但是那里面太平凡的格言太多了，这是拒绝我赞美他的一个主要原因。

泰戈尔到了日本一次，改变了一次他的诗风。他此次来华，我希望他不要久在北京或上海做傀儡。他如能泛大江，游洞庭，经巫峡，以登峨眉、青城诸山，我国雄大的自然在他的作品上或许可以生出一些贡献。这怕可能是我们对于他远远来华的一个唯一的报答吧。

（原载《创造周报》第 23 号，1923 年 10 月 14 日）

泰戈尔批评

闻一多

听说 Sir Rabindranath Tagore 快到中国来了。这样一位客人来光临我们，我们当然是欢迎不暇的了。我对客人来表示了欢迎之后，却有几句话要向我们自己——特别是我们文学界——讲一讲。

无论怎样成功的艺术家，有他的长处，必有他的短处。泰戈尔也逃不出这条公例。所以我们研究他的时候，应该知所取舍。我们要的是明察的鉴赏，不是盲目的崇拜。

哲理本不宜入诗，哲理诗之难于成为上等的文艺正因这个缘故。许多的人都在这上头失败了。泰戈尔也曾拿起 Ulysses 大弓尝试了一番，他也终于没有弯过来。国内最流行的《飞鸟》，作者本来就没有把它当诗作，这一部格言、语录和"寸铁诗"是他游历美国时写下。Philadelphia Public Ledger 底记者只说"从一方面讲这些飞鸟是些微小的散文诗"，因为它们暗示日本诗底短小与轻脆。我们姑且不必论它。便那赢得诺贝尔奖的《吉檀迦利》和那同样著名的《采果》，其中也有一部分是诗人理智中的一些概念，还不曾通过情感的觉识。这里头确乎没有诗。谁能把这些哲言看懂了，他所得的不过是猜中了灯谜底胜利的欢快，绝非审美的愉快。这一类的千锤百炼的哲理的金丹正是诗人自己所谓 Life's harvest mellows into golden wisdomo。然而诗家的主人是情绪，智慧是一位不速之客，无须拒绝，也不必强留。至于喧宾夺主却是万万行不得的！

《吉檀迦利》同《采果》里又有一部分是平凡的祷词。我不怀疑诗人祈祷时候的心境最近于 ecstasy，ecstasy 是情感底最高潮，然我不能承认这些是好诗。推其理由，也极浅显。诗人与万有冥交的时候，已先要摆脱现象，忘弃肉体之存在，而泯没其自我于虚无之中。这种时候，一切都没有了，哪里还有语言，更哪里还有诗呢？诗人在别处已说透了这一层秘密——他说上帝底面前他的心灵 Vainly struggles for a voice。从来赞美诗（hymns）中少有佳作，正因作者要在"人定"期中说话；首先这种态度就不诚实了，讲出的话，怎能感人呢？若择定在准备"人定"之前期或回忆"人定"之后期为诗中之时间，而以现象界为其背景，那便好说话了，因为那样才有说话的余地。

泰戈尔底文艺底最大的缺憾是没有把捉到现实。文学是生命底表现，便是形而上的诗也不外此例。普遍性是文学底要质而生活中的经验是最普遍的东西，所以文学底宫殿必须建在生命底基石上。形而上学唯其离生活远，要它成为好的文学，越发不能不用生活中的经验去表现。形而上的诗人若没有将现实好好地把捉住，他的诗人的资格恐怕要自行剥夺了。

印度的思想本是否定生活的，严格讲来，不宜于艺术的发展。泰戈尔因为受了西方文化底陶染，他的思想已经不是标类的印度思想了。他曾宣言了—— Deliverance is not for me in renunciation，然而西方思想究竟是在浮面粘贴着，印度的根性依然藏伏在里边不曾损坏。他怀慕死亡的时候，究竟比歌讴生命的时候多些。从他的艺术上看来，他在这世界里果然是一个生疏的旅客。他的言语，充满了抽象的字样，是另一个世界的方言，不像我们这地球上的土语。他似乎不大认识我们的环境与风俗，因为他提到这些东西的时候，只是些肤浅的观察，而且他的意义总是难得捉摸。总而言之，他的举止吐属，无一样不现着 outlandish，无怪乎他常感着：

> homesick——for the sweet hour across the sea of time.
> 因为他不曾明白地讲过吗？

I came to your shore as a stranger, I lived in your house as a guest...my earth.

泰戈尔虽然爱好自然，但他爱的是泛神论的自然界。他并不爱自然本身，他所爱的是 the simple meaning of thy whisper in showers and sunshine，是 God's power...in the gentle breeze，是鸟翼、星光同四季的花卉所隐藏着的，the unseen way。人生也不是泰戈尔底文艺的对象，这是他的宗教的象征。穿绛色衣服的行客，在床上寻找花瓣的少女，仆人或新妇在门口伫望主人回家，都是心灵向往上帝底象征；一个老人坐在小船上鼓瑟，不是一个真人，乃是上帝底原身。诗人底"父亲"、"主人"、"爱人"、"弟兄"、"朋友"都不是血肉做的人，实在便是上帝。泰戈尔记载了一些自然的现象，但没有描写它们；他只感到灵性的美，而不赏识官觉的美。泰戈尔摘录了些人生的现象，但没有表现出人生中的戏剧；他不会从人生中看出宗教，只用宗教来训释人生。把这些辨别清楚了，我们便知道泰戈尔何以没有把捉到现实；由此我们又可以断言诗人的泰戈尔定要失败。因为前面已经讲过，文学底宫殿必须建在人生底基石上。果然我们读《吉檀迦利》、《采果》、《园丁》、《新月》等，我们仿佛寄身在一座云雾的宫阙里，那里只有时隐时现，似乎非人的生物。我们初到时，未尝不觉得新奇可喜；然而待久一点，便要感着一种可怕的孤寂，这时我们渴求的只是与我们同类的人，我们要看看人底举动，要听听人底声音，才能安心。我们在泰戈尔底世界里要眷念着我们的家乡，犹之泰戈尔在我们的地球上时时怀想他的故土一样。

多半时候泰戈尔只能诉于我们的脑筋，他常常能指点出一个出人意外人人意中的真理来。但是他并不能激动我们的情绪，使我们感觉到生活底溢流。这也是没有把捉到人生底结果。他若是勉强弹上了情绪之弦，他的音乐不失之于渺茫，便失之于纤弱。渺茫到了玄虚的时候，便等于没有音乐！纤弱的流弊能流于感伤主义。我们知道做《新月》的泰戈尔很能了解儿童，却不料他自己竟变成了一个儿童了，因为感伤主义正是儿童与妇女底情绪。（写到这里，我记起中国最善学泰戈尔的是一个女作家；必是诗人底作品中女性的成分才能引起女人底共鸣）泰戈尔底诗是太清淡，然而太清淡，清淡到空虚了；泰戈尔的诗是秀丽，然而太秀丽，秀丽到纤弱了。Mr. John Macy 批评《园丁》里一首诗讲道：（it）would be faintly impressive if Walt Whitman had never lived。我们也可以讲若是李杜没有生，韦孟也许可以作为中国的第一流诗人了。

在艺术方面泰戈尔更不足引人入胜。他是个诗人，而不是个艺术家。他的诗是没有形式的。我讲这一句话恐怕又要触犯许多人底忌讳。但是我不能相信没有形式的东西怎能存在，我更不能明了若没有形式艺术怎能存在！固定的形式不当存在；但是那和形式的本身有什么关系呢？我们要打破一个固定的形式，目的是要得到许多变异的形式罢了。泰戈尔底诗不但没有形式，而且可以说没有廓线。因为这样，所以单调成了它的特性。我们试读他的全部的诗集，从头到尾，都仿佛不成形体，没有色彩的 amoeba 式的东西。我们还要记好这是些抒情的诗。别种的诗若是可以离形体而独立，抒情诗是万万不能的。Walter Pater 讲了："抒情诗至少从艺术上讲来是最高尚最完美的诗体，因为我们不能使其形式与内容分离而不影响其内容之本身。"

　　泰戈尔底诗之所以伟大是因为他的哲学，论他的艺术实在平庸得很。他在欧洲的声望也是靠他诗中的哲学赢来的。至于他的知音夏芝所以赏识他，有两种潜意识的私人的动机，也不必仔细去讲它。但是我们要估定泰戈尔底真价值，就不当取欧洲人底态度或夏芝底态度，也不当因为作者与自己同是东方人，又同属于倒霉的民族而受一种感伤作用底支配；我们但当保持一种纯客观的，不关心的 disinterested 态度。若真能用这种透视法去观赏泰戈尔底艺术，我想我们对于这位诗人底价值定有一番新见解。于今我们的新诗已够空虚，够纤弱，够偏重理智，够缺乏形式的了，若再加上泰戈尔底影响，变本加厉，将来定有不可救药的一天。希望我们的文学界注意。

　　　　　　　　　（原载《时事新报·文学副刊》，1923 年 12 月 3 日）

"大人之危害" 及其他

周作人

本月 10 日泰戈尔第二次讲演，题云：The Rule of the Giant and the Giantkiller. 据本报第六版说："译意当为管理大人之方法及大人之危害。"我对于泰戈尔完全是门外汉，那一天也不曾去听，所以不能说他的讲演的意思到底是什么，但据常识上看来，这个题目明明是譬喻的，大约是借用童话里的典故；这种"巨人"传说在各国都有，最显著的是英国三岁孩子所熟知的"杀巨人的甲壳"（Jack, the Giant killer）的故事。从报上摘记的讲演大意看来，泰戈尔的意思仿佛是将巨人来比物质主义，而征服巨人的是精神文明。所以这题目似乎应当为"巨人的统治与杀巨人者"。不过，我是一个外行，用了小孩子的"大头天话"来解释"诗哲"的题目，当然不免有点不能自信，要请大家加以指教。

复次，关于反对泰戈尔的问题我也有点小意见。我重复地说过，我是不懂泰戈尔的（说也见笑，虽然买过他的几部书），所以在反对与欢迎两方面都不加入。我觉得地主之谊的欢迎是应该的，如想借了他老先生的招牌来发售玄学便不正当，至于那些拥护科学的人群起反对，虽然其志可嘉，却也不免有点神经过敏了。我们说借招牌卖玄学是不正当，也只是说手段的卑劣，并不相信它真能使中国玄化。思想的力量在群众上面真可怜地微弱，这虽在我们不很懂唯物史观的人也是觉得的。佛教来了两千年，除了化成中国固有的拜物教崇拜以外，还有什么存留，只剩了一位梁漱溟先生还在赞扬向后转的第三条路，然而自己也已过着孔家生活，余下一班佛化的小居士，却又认"外道"的梵志为佛法的"母亲"了。这位梵志泰翁佛法的"母亲"无论什（怎）么样了不得，我想未必能及释迦文佛，要说他的讲演于将来中国的生活会有什么影响，我实在不能附和——我悬揣这个结果，不过送一个名字，刊几篇文章，先农坛真光剧场看几回热闹，蔬菜馆洋书铺多一点生意罢了。随后大家送他上车完事，与杜威、罗素（杜里舒不必提了）走后一样。然而目下那些热心的人急急皇皇奔走呼号，好像是大难临头，不知到底怕的是什么。当时韩文公挥大笔，作《原道》，谏佛骨，其为国为民之心固可钦佩，但在今日看来不过是他感情用事地闹了一阵，实际于国民生活思想上没有什么功过。我的朋友某君说，天下除了白痴与老顽固以外，没有人不是多少受别人的影响，但也没有人会完全地跟了别人走的。现在热心的人似乎怕全国的人会跟了泰翁走去，这未免太理想了。中国人非常自大，却又非常自轻，觉得自己只是感情的，没有一点理智与意志，一遇见外面的风浪，便要站立不住，非随波逐流而去不可。我不是中国的国粹派，但不相信中国人会变得如此不堪，如此可怜地软弱，我只是反对地觉得中国人太顽固，不易受别人的影响。倘若信如大家所说，中国遇见一点异分子便要"阻遏它向上的机会"，那么这种国民便已完全地失了独立的资格，只配去做奴隶，更怨不得别人。中国人到底是哪一种人，请大家自己去定罢。

现在思想界的趋势是排外与复古，这是我三年前的预料，"不幸而吾言中"，竺震旦先生又不幸而适来华，以致受"驱象团"的白眼，更真是无妄之灾了。

（原载《晨报副镌》1924 月 5 年 14 日，署名：陶然）

对于泰戈尔的希望

茅　盾

　　印度诗哲泰戈尔终于到了！当这位大诗人戴着他底红帽子，曳着他底黄长袍，踏上这十里洋场的西方帝国主义人口的上海的埠头时，欢迎声像春雷似的爆起来了！我们细听这一片欢迎声，该觉得那里头至少包含着下列的两种音调：

　　"好了！抨击西方文化，表扬东方文化的大师到了！他一定会替我们指出迷途；中华民族有了出路了！"这是玄学家和东方文化者底欢迎词。

　　而爱好文学的正在烦闷的青年们底话却是："他在荆棘丛生的地球上，为我们建筑了一座宏丽而静谧的诗的灵的乐园。在这座灵的乐园里，有许多白衣的诗的天使在住着。我们愉悦时，他们则和着我们歌唱；我们忧郁时，他们则柔和地安慰我们；我们怀疑，他们便能为我们指示出一条信仰的大路来；我们失望，他们便能为我们重燃起希望的火炬来。"

　　我们也是敬重泰戈尔的：我们敬重他是一个人格洁白的诗人；我们敬重他是一个怜悯弱者、同情被压迫人们的诗人；我们更敬重他是一个实行帮助农民的诗人；我们尤其敬重他是一个鼓励爱国精神，激起印度青年反抗英国帝国主义的诗人。

　　所以我们也相对地欢迎泰戈尔。但是我们决不欢迎高唱东方文化的泰戈尔；也不欢迎创造了诗的灵的乐园，让我们底青年到里面去陶醉去冥想去慰安的泰戈尔；我们所欢迎的，是实行农民运动（虽然他底农民运动的方法是我们所反对的），高唱"跟随着光明"的泰戈尔！

　　我们以为中国当此内忧外患交迫，处在两重压迫——国外的帝国主义和国内的军阀专政之下的时候，唯一的出路是中华民族底国民革命；而要达到这目的的方法，亦唯有如吴稚晖先生所说："人家用机关枪打来，我们也赶铸了机关枪打回去"，高谈东方文化实等于"诵五经退贼

125

兵"！而且东方文化这个名词是否能成立，我们正怀疑得很。

这便是我们不欢迎高唱东方文化之泰戈尔的理由。

我们又以为中国青年底思想本就太蹈空，行为本就太不切实，意志本就太脆弱，他们本就只想闭了眼睛任凭身坐荆棘而专求其所谓灵的乐园，希望躲在里头陶醉一会儿；我们极不赞成再从而变本加厉，把青年思想引到"空灵"一方面，再玩起什么"无所为而为"的把戏。

这便是我们不欢迎专造灵的乐园让我们底青年去陶醉之泰戈尔的理由。

因为我们是这么确信的，所以我们希望于泰戈尔者是下列二事：

一、希望泰戈尔认知中国青年目前的弱点正是倦于注视现实而想逃入虚空，正想身坐涂炭而神游灵境；中国的青年正在这种状态，须得有人给他们力量，拉他们回到现实社会里来，切实地奋斗。

二、希望泰戈尔本其反对西方帝国主义的精神，本其爱国主义的精神，痛砭中国一部分人底"洋奴性"。

我们因为确信诗人底力量是伟大的，因为确信泰戈尔一生奋斗的生涯是可敬佩的，所以乘此一片欢迎声里提出我们所希望于这位大诗人者，如上。我们更要普告全国的青年，我们应该欢迎的泰戈尔是实行农民运动的泰戈尔，鼓励爱国精神激起印度青年反抗英国帝国主义的诗人泰戈尔！我们更要普告全国的青年，我们所望于泰戈尔带来的礼物不是神幻的"生之实现"，不是那空灵的"吉檀迦利"，却是那悲壮的"跟随着光明"！

这位年高的诗人究竟将给我们什么呢？我们拭目以待，洗耳恭听。现在，我们请为全国爱好文艺的青年一歌他底有名的《跟随光明》：

> 如果没有人响应你底呼声，那么你独自地独自地走去罢；如果大家都害怕，没有人愿和你说话，那么你这不幸者呀，且对你自己诉说你底忧愁罢；如果你在荒野中走，而大家都蹂躏你、反对你，且不要去理会他们，你尽管踏在荆棘上，以你自己底血洗你底脚，尽自走呀。如果在风雨之后，你仍旧找不到人替你提灯，而他们仍旧闭了门不容你，请不要在意，颠沛艰苦的爱国呀，你且从你底胸旁取出一根肋骨，用电的火将它点亮了，然后跟随了那光明，跟随着那光明呀。

4 月 12 日夜

（原载《民国日报·觉悟》，1924 年 4 月 14 日，署名：雁冰）

过去的人——泰戈尔

瞿秋白

　　现代的印度，一切社会运动及革命运动的印度，在泰戈尔的思想里决不能有完全的反映。中国早已出了士农工商式的农国，而落后的士大夫还在那里提倡农村立国；印度早已成了英国工业经济的一部分，而过去世界的泰戈尔还在那里梦想"爱与光明"的呼声可以唤回英国资产阶级的心，因此竭力否认政治斗争。印度已经成了现代的印度，而泰戈尔似乎还想返于梵天，难怪分道扬镳——泰戈尔已经向后退走了几百年！

　　印度现在的社会运动和革命情绪奋勇前进，走得非常之快，对于泰戈尔似乎太快了，所以他再也跟不上。他向后转了，向印度古代的历史里去寻印度社会困苦的救星。他虽名为调和"东方"与"西方"，实际上完全立在东方文化的观点上。他说："我们之中，谁是盲目的信仰'政治自由真能使我们自由的'，他（谁）就承受了西方的学说，当他是《圣经》，而对于人类反而失了信仰。"既然如此，他确是怕西方式的革命运动，他唯恐印度人忘了自己的历史（过去），而专用外国的历史经验。虽然如此，泰戈尔并不是完全不谈政治社会的人，他在他的小说《家庭与世界》里很描写些 19 世纪末印度社会的革命情绪。这本小说的艺术上的价值是无可疑义的，可惜后（过）时了，泰戈尔原是一个"后时的圣人"。

　　1856 年全印度不过三百英里的铁道，四十年后已经有二万英里，1888～1893 年石油产额差不多增加了四倍。这种急遽的经济革命使印度社会里发生极大的变动，而印度本国的资产阶级，虽受着英国资产阶级的压榨，却仍在发展。于是印度的政治斗争里就发现了新的力量——资产阶级。当然，印度资产阶级一定要在群众的社会运动里找他们的出路。所以政治斗争乃是客观上不可避免的事实，泰戈尔的思想却尽想死守着印度人的和平心理，如何能不后时呢？因此，也难怪他成一个"玄妙的独夫"，疯疯痴痴地歌咏他的"爱与光明"了。

资产阶级之外，当时还有一种革命分子——"非阶级化的"智识界，虽然有受高等教育的可能，而因为生产过剩的原故，与劳动者同样处于悲惨的境遇。泰戈尔的小说正根据这种社会现象，所以亦有他那自成其为一种的"历史价值"。

《家庭与世界》那部小说里有三位英雄（主人翁）：散地波（Sandip）、尼海尔（Nikhie）和毕马拉（Bimala）。这三个人代表当时抵制英货运动（Swarajist）里的各派思想。散地波是代表"西方文化"的思想的；他在社会斗争里不顾一切仁厚慈祥的原则，他是崇拜权力的偶像的，他说："为要统治别人，决不怕什么不正义的恶名的"……"现实生活的理论使我明白：一切伟大的都是残忍的。所谓正义，让一班无用的人去守好了。"散地波的人生观——勇狠的利己主义，当然不对泰戈尔的胃口。尼海尔的妻毕马拉起先爱上了散地波，后来对他也失望了。泰戈尔当然要在小说里制造出一个东方文化的代表——尼海尔。尼海尔是彭加地方的大地主，半个人生观是古代印度式的。他进过大学得着了哲学博士的学位；他虽受了西方文化的教育，却以为真理只在印度的贤哲，真理是"静"，是"正义和正见"。他办了一个织工学校，开了一个银行……以为如此便能使印度本国的生产发达起来，抵御外侮。散地波所宣传的经济上的公开斗争，他是不赞成的。他宁可牺牲平民阶级的利益，绝不愿积极地反抗英国资产阶级。对于他是：所谓"正义比我的祖国宝贵得多呢"。

散地波的积极反抗，与尼海尔的消极防御并且否认一切有组织的力量，是当时印度资产阶级反对英国工业的经济斗争里的两派。

泰戈尔这篇小说，把他自己的政见——以为"个人的修养"是避免社会冲突里所发生的一切恶相之"大道"，完完全全艺术化地表现出来了。印度当初的社会运动，虽然是半无产阶级化的智识阶级及学生，实际上却是代表印度的农村资产阶级、高利贷的富豪等的利益的；方法虽各有不同，亦是印度旧社会结构变化时所不可避免的社会心理。泰戈尔的小说，虽然他自己要想宣传"爱和光明"，而结果不过是当时一部分落后的印度市侩的"革命"情绪：又要反抗英国，又怕犯了杀戒。

如今的印度，已经有群众劳工运动，国民革命潮势一天一天地高起来，"怕犯杀戒"的情绪也就慢慢地消灭了。泰戈尔在印度也"用不着"了。中国的杀戒现在却还很严呢。

　　亦许因此而泰戈尔欣欣然地到中国来，告诉我们："你们不要起杀虎之心，我已经和老虎说好了，它是不吃人的！"

1924 年 3 月

（原载《中国青年》第 27 期，1924 年 4 月 18 日，署名：秋白）

泰戈尔与东方文化

陈独秀

泰戈尔一到中国，开口便说："余此次来华……大旨在提倡东洋思想亚细亚固有文化之复活……亚洲一部分青年，有抹煞亚洲古来之文明，而追随于泰西文化之思想，努力吸收之者，是实大误……泰西文化单趋于物质，而于心灵一方缺陷殊多，此观于西洋文化在欧战而破产一事，已甚明显，彼辈自夸为文化渊薮，而日以相杀反目为事……导人类于此残破之局面，而非赋与人类平和永远之光明者，反之东洋文明则最为月健全。"[①]

在这一段谈话中，中国新闻社记者倘无误记，我们可以认识泰戈尔不是张之洞、梁启超一流中西文化调和论者，乃是一个极端排斥西方文化，极端崇拜东方文化的人。我们并不迷信西方已有的资产阶级文化已达到人类文化之顶点，所以现在不必为西方文化辩护，也不必比较地讨论相杀残破的西方文化和生焚寡妇（如印度）、殉节阉宦（如中国）的东方文化孰为健全；现在所要讨论的是：泰戈尔所要提倡复活的东洋思想、亚洲文化，其具体的内容究竟是些什么；这些思想文化复活后，社会上将发生什么影响，进步或退步。

（一）尊君抑民，尊男抑女，人人都承认这是东洋固有的思想文化，并且现在还流行着，支配社会，尤其是在中国，有无数军阀官僚和圣人之徒做它的拥护者。它并没有死，用不着泰戈尔来提倡令它复活。若再加以提倡，只有把皇帝再抬出来，把放足的女子再勒令裹起来，不但禁止男女同学，并须禁止男女同桌吃饭，禁止男女同乘一辆火车或电车。

（二）知足常乐，能忍自安，这也是东洋独特的思想。在泰戈尔的意

---

① 见 1924 年 4 月 4 日《申报》泰戈尔与中国新闻社记者谈话。

中，以为正因东洋有这种高妙的思想，所以胜过西洋不知足而竞争，不能忍而不安的社会。殊不知东方民族正因富于退让不争知足能忍的和平思想——奴隶的和平思想，所以印度、马来人还过的是一手拭粪一手唼饭的生活，中国人生活在兵匪交迫中而知足常乐；所以，全亚洲民族久受英、美、荷、法之压制而能忍自安。

（三）轻物质而重心灵，泰戈尔也以为是东洋文化的特色。其实中国此时物质文明的程度简直等于零，反之努力提倡心灵思想文化的人，头等名角如唐焕章、江神童，二等名角如梁漱溟、张君劢，其余若同善社社员、灵学会会员已普遍全国；泰戈尔若再要加紧提倡，只有废去很少的轮船铁路，大家仍旧乘坐独木舟与一轮车；只有废去几处小规模的机器印刷所，改用木板或竹简。

泰戈尔所要提倡复活的东方特有之文化，倘只是抽象的空论，而不能在此外具体地指出几样确为现社会进步所需要，请不必多放荞言乱我思想界！泰戈尔！谢谢你罢，中国老少人妖已经多得不得了呵！

（原载《中国青年》第 27 期，1924 年 4 月 18 日，署名：实庵）

一个研究宗教史的人
对于泰戈尔该怎样想呢

江绍原

一

老实是一种美德。说句老实话，我对于泰戈尔没有很深的研究。可是我不信现在这一般欢迎或反对他的人，对于他的研究会比我的深到哪里去。这也是一句老实话。我的胆子本来很小，不敢乱谈泰戈尔，但是现在大胆欢迎或反对他的人如此之多，叫喊得如此之响，倒叫我的胆子壮起来。所以有这一篇随便讲演的话。

我没见过这座喜马拉雅山，他的银钟不必说也没听过。他的诗歌、戏曲、散文，有英文本的，我只看过很有限的几种，蒙欢迎他的人看得起我，两次送请帖来邀我赴会，可惜他们欢迎他的地方——一次是北海，一次是海军联欢社——从我住的西花厅远望过去，都有一股又黑又浓的妖气直冲霄斗。诸君原谅我，我身上向来不带避邪符，如何去得？后来他在真光戏场的公开讲演，不幸又在我能去听之前就停止了。

反对和欢迎他的人，他们的议论我倒看见过点儿。反对方面的是《政治生活》前三期里的文和杂评，以及"送泰戈尔"的传单；赞成一方面的是《东方杂志》里几篇文和梁启超的演说词（《中国与印度文化之亲属的关系》，见副刊），我如今先谈谈这两派议论，再说我自己要说的话。

二

他的反对者之中，有一种人告发他是个提倡无抵抗主义的。

这是真的吗？

政治生活周报社提出四个问题问他，其中头两个是："（一）先生对于印度独立（Swaraj）的意见；（二）印度独立将由何法争得——宪政运动呢，群众革命呢？"

泰戈尔从前的著作里有没有可以引来回答这两问的？

他的确定的答语，我已经找着。怕读者误会了他的意思，我不能不先请他们记牢以下两点：

第一，泰戈尔是个爱国的人。他说过："I shall be born in India again and again, with all her poverty, misery, and wretchedness, I love Indian best."

第二，他也是个爱自由的人，他要印度人做一个自由的民族。他说过："The right of being one's own master is the greatest of man's right."

印度人因为失去政治上的自由所感受的羞耻和苦痛，印度人自己治理自己的呼声，无时不在他的耳中。他不是为抽象的"全人类"努力的，也不是为"弱小民族"或"东方"民族努力的，他是一门心思为印度努力的——祷祝自由的、自主的、光明灿烂的印度早日出现。他的诗歌、戏曲是他为教育本国人做的。外国人（无论西方的或东方的）读了欢喜赞叹，他自然不能禁止；外国人请他说法，他自然不拒绝，但这都是外国人的事。他的生活中心，绝不是训导，或娱乐外国人的活动；他的主要欲望，绝不是世界名誉的博取。他与西洋教士或印度在西洋的传教士（例如 Swami Vivekananda）不同之处，正在这一点上。欢迎或反对泰戈尔的人，紧记这一句话：泰戈尔是印度人，是爱印度的人，是为印度努力的人。

但是他对于自由的解释和争自由的法子，的确很别致。泰戈尔之所以为泰戈尔就在这法子上面，撇开这两条论，泰戈尔不过是许多的印度人之中的一个。

他所谓自由和争自由的法子，反对他的中国人似乎倒像有点知道，欢迎他的中国人倒好像一点不知道。所以欢迎他的人把"不了解"的罪名推给反对他的人，据我看是错了。

第一，泰戈尔没有叫印度脱离大不列颠帝国而独立的想念（法）。照他看，世界上的大民族，其文物制度各得真理之一方面，东西民族的理想不同，他们合在一处，彼此互相补充，携手同进，是极可贺的事。何况印度人历来有同化的力量——从前已经吸收土著、希腊、波斯、回教人的文化，现在为什么不吸收西方——尤其是英国的文化？英国与印度的接触，其中自有天意，不是偶然的。所以印度人如果拒绝与英人接触，不啻自剪其翼——不啻抗拒上天使民族相会的意旨。自由的印度，不是独立于大不列颠帝国之谓，而是在帝国内做一个自治的民族，充分去发展自己的天才与能力之谓。

他自己说过的："Recently the British have come from the West and occupied a chief place in Indian history. This event is not uncalled for or accidental. Indian would have been short of its fullness if it had missed contact with the West... We must fulfill the purpose of our connection with the English... Our only intimate experience of the nation is the British nation, and so far as Government by the Nation goes, there are reasons to believe that it is one of the best. Then, again, we have to consider that the West is necessary to the East. We are complementary to each other, because of our different outlooks upon life, which have given us different aspect of truth. Therefore if it be true that the spirit of the Western come upon our field in the guide of a storm, it is, all the same, scattering living seeds that are immortal. And when in India we shall be able to assimilate in our life what is permanent in the Western civilization, we shall be in the position to bring about a reconciliation of those two great worlds. Then will come to end the one-sided dominance which is galling. What is more, we have to recognize that the history of India does not belong to one particular race, but it is the history of a process of creation to which various races of the world contributed the Dravidians and the Aryans, the ancient Greeks and the Persians, the Muhammadans of the West and those of Central Asia. Now that at last has come the turn of the English to bring to it the tribute of their life, we neither have the fight more the power to exclude them from their work of building the destiny of India."

第二，泰戈尔所提倡的争自由的方法，的确自成一派。这方法不但不能使中国的急进的少年满意，而且也未尝取得印度的急进的少年之同情。中国的少年不过"不顾宾主之谊"，在演说场上送传单请他回印度；印度的少年，有一次竟然在他到美国之时，不顾同胞之谊，谋图用炸弹结果了他。

据说泰戈尔曾对人说，中国少年嫌他太旧、太和平，而印度人倒厌他太新、太激烈，是像他废卡斯特制度那一类的主张；至于他所提倡的争自由的方法，至少有一部分印度人以为太迂缓——至少不认为太激烈。总之，印度的守旧派认为激烈和中国的急进派认为迂缓的，不是同一的一件东西，两国的急进派同认为太和平的，是他的争自由的方法。

政治生活社问泰戈尔主张怎样去争印度独立——宪政运动乎，群众运动乎？泰戈尔不以为印度非独立不可，上面已经说过。至于他主张的印度争自由的方略，既非普通的宪政运动，又非武力的群众革命。政治生活社一定以为只有上述的两条路可走，而泰戈尔教印度人走的，却是这两者以外的一条路。

他对于那般办报、演说，开口"进步"，闭口"自由"，以弥勒和毛雷的政治思想号召印度人的和平党，丝毫不能表同情。照他看，这些人是一般政治乞丐——般妄想用西洋药治印度病的无知少年。有没有效果且不谈，他们对于祖国文化的前途和精神，那样没有一点觉悟的神气，已经拒人于千里之外了。

他对于持手枪掷炸弹的铁血党，更加厌恨。有没有效果且不谈，单看他们那种以暴易暴的报复手段，以及那"只要达到目的，任何手段皆可采用"的存心，已经证明他们是要印度人用非印度的残忍方法去对付英国人。即使能把英国人赶走，印度人的真精神必定也因而丧失，那么，又何贵有此非印度之印度？而且种了罪恶的种子，也不能望有真自由的收获呀？他说："I have consistently urged this one thing, that the wages of wrong-doing are never to be found worthwhile in the long run, for the debt of sin always ends by becoming heavier. I emphatically assert that the extremism which is neither decent, nor legal, nor open, which means foreseeing the straight road and taking to tortuous paths in the hope of sooner gaining a particular end, is always utterly irrcommendable."

他厌恶暴动的革命、杀人流血的争自由，而且同时又警告西洋人：印度的激烈的少年不过是"以其人之道，还治其人之身"，英国人若以为这是错了，就该洗心革面，把他们的褊狭的国家主义，压迫和歧视印度人的政策，从速取消，使印度人能在大不列颠帝国之内得到待遇的平等和自治的自由。

宪政运动他既嫌太是口头上的乞怜，武力革命他又力说是犯罪的手段，他自己提倡的方法是什么呢？他的方法曰精神的复生，或曰印度魂的唤醒。

假使办得到，泰戈尔要在个个印度人的心上——尤其是热心于政治活动及争自由的印度人的心上，刻上这几句话：印度所以受外人欺负，是因为自有取辱之道，专怨外人或怨天是不中用的，梦想用和平或武力把自由求来或抢来也不能成事的；要得到自由，必须在政治之外把印度的个人生活和社会生活改变过——把那些因为印度本身有，外人才敢欺负印度的弱点去干净，而且这改变生活的良药和祛除弱点的泻药，不必到外国去求，本国的宗教早备好，只等人回心转意，大胆吞服。精神复生了的印度，不但有自身健全的幸福可享，而且能感化毒我虐我的外人。争政治自由和争精神自由是一件事。

让我引泰戈尔的话，把这意思发挥发挥。

假使印度自身没有取辱之道，就有一千个英国又能拿印度怎样；假使印度自身的取辱之道不去，世界上难道没有第二个英国？养成印度人的奴隶性的，不是那不平等的卡斯特制度和依赖传说的毛病吗？这制度和毛病随他们存在，印度能生存吗？

印度人反抗英国人的虐待，但是印度社会里的富人却虐待穷人，上等社会的人却虐待下级社会的人。这样的印度人凭什么去感化英国人（以）改善他们对于印度人的待遇？

泰戈尔若是中国人，必定要这样说了："中央公园的十二个铜子一张的入园券，一天不取消，我们便一天不能要求黄浦滩的外国公园取消'狗与中国人不准入内'的禁令。从沙滩雇人力车到真光电影场，我们若只肯出八个子，'多一个不要'，我们便不配抗议英国人在虹口办的纱厂只付女工四角钱一天了。"（请缺少 sense of humour 的读者注意，我姓江的并没有在这里替外国人和外国资本家辩护）

印度如没受英国的欺负，长夜沉沉，或者会永不能发现自己的弱点。如今印度既然受人欺负，就该因痛苦觉悟到自己的无能。外国人尽管压迫我们，我们该把这压迫看做天警戒我们、天惩罚我们的棍棒，忍受一点，在极大的悲痛羞耻之中，不停地提高自己民族的生活。外人越给我们苦恼，我们越反躬自责，越努力把我们民族的真精神发挥出来，越用

自己民族的生活做榜样，感化而且战胜现在践踏我们的异族人。公理终
有战胜强权之一日，犹如太阳终有拨云出耀之一日。将来必有自由的
印度。

三

印度的自由，专靠政治运动得不到手；若用强暴的手段去得，更是
犯了叛逆印度理想的罪。宪政运动无益，武力革命有害。唯一的争自由
的方法，是印度固有的传统的理想改造印度生活。如此去奋斗，则印度
自身的精神可以发扬光大，外国人的冷酷无情可以感化到使他们知羞，
那时的印度将不是英国的属地，而是大不列颠帝国那个许多民族合作的
大团体其中的一个自由的活泼的团员。梦想无益，吁请无益，着急了无
法无天的杀人流血更无益。看准了印度的病状和病源，记清了印度的理
想和使命，咬紧了牙根，忍受着痛苦去实现印度的理想，无论牺牲什么
都不退缩，无论遇见什么阻碍都不灰心，无论外面怎样风狂雨暴浪怒雷
鸣，心里总确信理想的胜利、爱的胜利、正义的胜利。不听见泰戈尔为
祖国祈祷的诗吗？

> 其使我国的土地与江川，空气与果实成为甜蜜的，我的神。
> 其使我国的家庭与市场，森林与田野都充实着，我的神。
> 其使我国的允诺与希望，行动与谈话成为真实的，我的神。
> 其使我国的男女的生命与心灵成为一个，我的神。
> 彼处心是不恐惧的，头是高抬着的；
> 彼处的智识是自由的，
> 彼处世界是不被狭窄的局部的墙，隔成片片的；
> 彼处的言语是由真理的深处说出来的；
> 彼处不倦不疲的努力，延长手臂以达于完全；
> 彼处真理的清澈的川流是不会失路而流入死的习惯的寂寞
> 的沙漠上的；
> 彼处心灵是被你导引而向于永久广大的思想与行动的——
> 我的天父，其使我国警醒起来，入于那个自由的天国里。
>
> ——郑振铎译

中国人看泰戈尔

四

　　我希望读过二三首的人，能够看出泰戈尔给印度人亡国的苦痛和光复的挣扎，一个宗教道德的（或曰精神的）解释，因为在观察点上和所包含的实际应用上，与普通的政治的民族的解释，相差太远，所以要想得到印度人中普遍的承认，几乎是不可能的事。我敢说不但印度和中国的激进少年不能全盘承认这个解释，甚至连一部分佩服泰戈尔的中国人或西洋人，若与印度人易地而居，那时也恐怕没有勇力承认这个解释。英国人听见泰戈尔的主张，自然点头称善，因为印度精神复生不复生，虽不在他们心上，但是提倡牺牲、忍受、服从；对内，反对暴动、暗杀、报复，却至少可以使治理印度者少许多麻烦。不过是英国若在——比方说——法国或德国的治理之下，就未必轻易肯尊重出在他们之中的泰戈尔了。

　　英国人之中固然有想笼络泰戈尔的人，然泰戈尔的主张绝不是专为博取英国人的欢心的。所以英国国家赏给他的"爵士"等称号，他向来不用，旁人也不敢用来称呼他。提倡南北和议的何东就大两样：外国人以及中国人办的英字报，都敢称他为 Sir Robert Hotung，华字报一律叫他做"何东爵士"。可见得亡国奴的骨头有的比半亡国奴的还硬一些。

　　泰戈尔对于印度现状和将来的解释，有以下几个特点：

　　第一，他信仰印度的失去政治自由，是物腐而后虫生，是印度自身的弱点的暴露，所以要印度自由的人应该以反躬自责，去恶就善之奋勉，代愤懑、怨尤、报复之狂情，应该把眼光放远大，从精神上和社会生活上改造印度。

　　第二，他信道德的律令应该超于民族的竞存的律令之上，所以用不正当的方法和靠武力去图印度的自由，不但不能得到永久的胜利，而且正犯了西洋人所犯的恶毛病。

　　第三，他信"道德的律令超于其他一切"的信仰，正是印度的真精神所在；所以凡是印度人都应该用这种精神对内对外。

　　第四，他信"道德的律令应该超于其他一切"的信仰，不但是印度人主观的想望，也渐渐成为世界上普遍的要求，而且也是客观的真理。所以只愁印度人因为失望把这个传来的民族理想抛弃了，成了一般西洋化的印度人，不愁印度人如果身体力行，印度会在世界上没有位置。

　　泰戈尔在京之时，我讲授的宗教通史，正说到犹太教。犹太人这个屡受外族征服的民族，在危急存亡之秋，常常出现武力派、和平派两种不同的主张。我因为要叫听讲的人容易明白犹太人中的和平派的精神，常常把这一派的代表者和泰戈尔相比较、相对抗。我尤其注重泰戈尔与耶稣二人相同之处——这一点我现在要在这里发挥。

　　但是我不能不先对付攻击拿泰戈尔和旁人比较的议论。徐志摩先生在《小说月报》第14卷第9号里说："有人喜欢……研究他究竟有几分是耶稣教，几分是印度教——这类的比较学也许在性质偏爱的人觉得有意思，但于泰戈尔之为泰戈尔是绝对无所发明的。""自从有了大学教授以来，尤其是美国的教授，学生忙的是比较学——比较宪法学、比较人种学、比较宗教学、比较教育学。比较这样，比较那样，结果他们竟想把最高粹的思想艺术也用比较的方法来研究，我看倒不如来一门比较大学教授学还有趣些。"

　　徐先生在此奚落一切的比较研究。我却只要点明为什么徐先生发表了这一番话之后，我还敢比较泰戈尔和耶稣。我只要说两句，就是：人类历史里，有许多 Parallels，今日印度的泰戈尔与约两千年前犹太的耶稣是一个 parallel，他们彼此的主张和精神是互相发明的。

　　他们二人不相同之处，应先得我们的注意：泰戈尔的印度是个大国家——简直是个大洲，而耶稣的犹太是个小得多的地方；泰戈尔的足迹几乎遍天下，而耶稣几乎没有远离过犹太；泰戈尔是个受过高等教育的名门贵族，而耶稣不过是加利利地方一个木匠之子；泰戈尔精通印度的古文和英文，耶稣则除 Aramais 方言之外，连希伯来文都未必懂，希腊文和拉丁文更不必提；泰戈尔是个大诗人，能创作文学作品表现他的主张、传播他的思想，而耶稣只能用简单的语言和譬喻，和民众讲论他的信仰。他们二人，一个是贵族，一个是平民。

　　他们相同之处呢？泰戈尔的印度在英国掌握之中，耶稣的犹太在罗马人治权之下；泰戈尔和他的同国人饱尝亡国的苦痛，耶稣和他的同国人亦然；印度有人主张用武力对付英国，犹太也有人要拔刀把罗马人干掉；信他们祖国历代相传的宗教理想，根本上健全，泰戈尔与耶稣初无二致；主张精神自由为真自由，泰戈尔又与耶稣恍如一人；他们俩的民族所感受的痛苦和待决的问题一样，他们俩所拟的（不能博得急进派的同情的）到自由的路也一样；他们俩的时代、国家、智识程度、思想背景，尽管不同，但他们的精神是同的。

现在的印度人几乎无智愚贤不肖都要抗拒英国，或以武力，或以不合作。而泰戈尔独冒大不韪，敝舌焦唇，痛责轨外的行动，抗议把正义和道德的律令为民族主义牺牲掉，预言将有道德理想完全实现了的第三世界，劝诱印度人在不讲仁义的世界上勉为有仁有义的人，在民族和国家相吞噬相杀戮之秋，引吭唱"普遍的爱"、"内心圣洁"、"与宇宙和谐"、"处处见神"的高调。我们可以想象得到：从一部分的印度人看去，这是何等的迂，何等的旧，何等的无济于事，何等的又滑稽又可悲！

同样，约一千九百年前，犹太人要脱离罗马羁绊的心也到了沸点。假使有一个能得多人敬信的首领起来号召，这个以"圣民"自命的民族之中，必不乏揭竿而起者。这些人固然可以说是犹太人中的政治救国者、国家主义者，但是，他们自己更以为是犹太文化和犹太宗教的保护人。没有政治自由的精神自由，是他们所不能想象的。但是犹太文明虽然不是"森林"中孕育的——犹太人虽然因为受"异邦人"践踏的次数太多，所以疑惧外国人的心胜过爱外国人的心——犹太却历来有一派提倡无抵抗主义的人。这一派人给犹太民族史和政治史一个宗教的道德的解释：他们把政治不自由当做精神堕落所招的神谴，把精神复兴认做邀民族复兴这个天赏的条件。改革宗教和改革社会生活的事，他们看做自己应该担当的义务；民族复兴和"异邦人"就范的事，他们听命于天。将来一定可以到手的政治自由，犹如一颗无价的宝珠；现在不能不争的精神自由，乃是他的代价。前途的希望很大，现在必须忍辱、修德，这是和平派相信的 message，在一千八百九十多年前又把他重提起来而且以言与行表现之的是耶稣。在那个全犹太的人莫知所措之时，满腔愤怒之情一触即爆发之时，耶稣借"施洗者约翰"宣传道："天国就要来了，你们应当悔改！""天国将来"是犹太人最喜欢听的消息，因为他们所谓天国就是犹太复兴、异族就范之谓。但是天国怎样才能实现呢，怎样的人才有入天国的希望呢？由政治救国者、国家主义者看来，天国自然是把外国人的势力推倒，犹太人雄视世界之谓，像先知以赛亚所预言的："众人都聚集来到你这里，你的众子从远方而来，你的众女儿被怀抱而来，那时你看见就有光荣，你心又跳动，又宽畅，因为大海丰盛的货物必转来归你，列国的财宝也必归你……外邦人必建筑你的城墙，他们的王必服侍你。

你的城门必时常开放，昼夜不关，使人把列国的财物运来归你，并将他们的君王牵引而来。哪一邦哪一国不侍奉你就必灭亡，也必全然荒废……素来苦待你的，他的子孙都必屈身来就；藐视你的都要在你脚下跪拜。"① 由犹太的政治救国者和国家主义者看来，不把不事奉犹太的国灭了，不使苦待和藐视犹太人的外国人战战兢兢地屈身来就他们，在他们的脚下跪拜，犹太的神和犹太的人不显点本事出来把外国人制伏，便永远不能有什么天国。这是犹太的政治救国者和国家主义者所谓天国和天国的实现。但是那个宣传"天国将来，你们该悔改"的耶稣所谓天国和天国的实现是怎样一回事呢？如果他的思想和政治救国者的相同或相差不远，耶稣必定受他们的欢迎和尊崇，至少也会得到他们的同情，被他们认为一个民间的大宣传家；假使耶稣竟因为宣传这种思想遭了外国人或汉奸的毒手，他总该能得到大家的同情。提倡抵抗、提倡奋斗的天国宣传家，无论是否哗众取宠，总会得到生荣死哀。可惜耶稣是个不识时务的人，犹如泰戈尔是个不识时务的。可惜耶稣甘冒大不韪，在犹太人愤怒躁急的不堪之时，倒高谈起忍受、赦免、温良、和平、爱——犹如泰戈尔甘冒大不韪，在印度人愤怒躁急的不堪之时，在中国人痛恨帝国主义和侵略政策之时，倒高谈起精神自由，道德力战胜体力、智力，第三世界，与宇宙和谐，人类一体，绝对的爱。

听呵，耶稣说："虚心的人有福了，因为天国是他们的，哀痛的人有福了，因为必得安慰。温柔的人有福了，因为他们必承受土地。饥渴慕义的人有福了，因为他们必得饱足……你们的仇敌要爱他，恨你们的要待他好。咒诅你们的要为他祝福，凌辱你们的要为他祷告。有人打你这边的脸，连那边的脸也由他打。有人夺你的外衣，连里衣也由他拿去。凡求你的就给他，有人夺你的东西去，不用再要回来。你们愿意人怎样待你们，你们也要怎样待人……你们倒要爱仇敌，也要善待他们……"那些主张杀异邦人救犹太的志士听了这种极讨厌的话，心里有多么不舒服，我想我们从中国的爱国者听了泰戈尔的演讲所感受的不舒服可以推想得到几分。在东交民巷里住着的外国公使和兵士，我们也该爱他们吗？大连被人夺去，连小连也送给他们吗？领事裁判权是被夺去的东西，真能不用再要回来吗？——中国有一般少年要这样问。

---

① 《以赛亚书》，第 60 章。

泰戈尔在中国之时，有几位特别热心的人唯恐没觉悟的许多青年上了他的当，所以出几个讨厌的问题给他，使他为难为难。此犹之耶路撒冷的"祭司长和文士"因为要使一般愚夫愚妇弄明耶稣提倡慈悲和无抵抗的话所含的对外政策，所以"他们打发几个法利赛人和几个希律党人到耶稣那里，要就着他的话陷害他。他们来了就对他说：'夫子，我知道你是诚实的，什么人你都不徇情面，因为你不看人的外貌，乃是诚诚实实地传神的道。纳税给该撒可以不可以？'"这自然是极难回答的话：耶稣若说该纳税给该撒，他们就可以加以"亲罗马"的罪名；若说不该纳税，他们就可以加以叛罗马的罪名。我不能不佩服想出这难问题的那位聪明人，我不能不说他比政治生活社的人聪明一百倍。

泰戈尔似乎没回答政治生活社在纸面上所问的几条。但法利赛人和希律党人是当面问耶稣的，所以耶稣不能不立刻给他们一个回答。《马太福音》第十二章载曰："耶稣知道他们的假意就对他们说：'你们为什么试探我？拿一个银钱来给我看。'他们就拿了来。耶稣说：'这像和这号，钱上铸的像和号是谁的？'他们说：'是该撒的。'耶稣说：'是该撒的当归给该撒，神的当归神。'他们就很稀奇他。"

耶稣和泰戈尔都是在国家主义盛行之时提倡超国家主义的道德的，都是在众人信武力自卫主义之时提倡爱的，都是在大家讲用全力对付外敌之时，劝人修私德的，所以泰戈尔能对耶稣表同情。

关于基督教的历史，我略为知道一点。我看见上古、中古和近代的大多数西洋人自然不过是名义上的基督徒，但也有一些人真心去实践爱的道德——所谓"不合理的爱的道德"，不过无论在哪个时代都只有极少数罢了。所以尽管有帝国主义的西洋人因为要利用泰戈尔，所以欢迎他，同时也有一部分人是真心欢迎他佩服他，这部分人把承认耶稣之心来承认泰戈尔，是再自然不过的事。至于中国人呢，不但对于神学上的基督教怀疑，而且对于耶稣的道德，似乎也怀疑。我不甚懂得这样的中国人为什么欢迎欢送泰戈尔。

反对耶稣，反对泰戈尔的犹太人、中国人、印度人、西洋人，是属于一类的。他们不是"不了解"耶稣或泰戈尔，他们是不了解为什么人受了旁人的欺负不起来抵抗。他们自己在言和行上都明白表示不信爱的道德，而且也劝旁人不要信。他们即使错了，却是一致的。

最可羞的，只怕莫过于那般不一致的人。口里讲爱、手里拿刀那一般的人，和自己用"刀"战胜人却教训旁人用"爱"对待战胜者的那一般人。这样的人尽有，泰戈尔不是不知道的。

五

对以上的几节文字，旁人读了若以为我是写了来对反对泰戈尔的中国人之一部分替他（泰戈尔）辩护，我的气力算白花了。实在我只要给他一个机会（反对他的人所不肯给他的机会），说出他对于反对者所攻击的主要点之意见。

但是也有欢迎他的人，而且这些人往往怪反对者"不了解"泰戈尔。那么，欢迎者是否真能了解泰戈尔而且能领导我们了解泰戈尔呢？欢迎者为欢迎他所发的议论能否把我们放在了解他的路上呢？这似乎很有商量的余地。

同以前一样，我不是存心要把欢迎他的人一棒打昏过去，然后由我独霸论坛，也不是要替他做辩护士，而是要再给他一点机会（反对他的人所不愿给他的机会，欢迎他的人虽想给他而他不善用的机会），说出他自己要说的话——尤其是要说给他的欢迎者听的话。

总而言之，我要尽我的力使泰戈尔不虚此行，使他能间接地把他从印度带给中国人的 Message 比较痛快一点地说出来。我办不到这一层，不要紧，因为对他有兴趣的人还可以直接看他诗文，或者再把他请回，或者亲往印度去领他的教。

欢迎者之中最有力的一位——徐志摩先生——生怕我们不能领悟泰戈尔的人格及他带来的口信，生怕我们立在一个不合适的地方去看他因而看不清楚，生怕我们用不合用的天秤去称他因而找不出他的真分量，所以在他未到中国之时就给他一个名称，希望我们因之容易观察他。徐志摩先生肯定泰戈尔是个诗人。他说："他（泰戈尔）最初最后只是一个诗人——艺术家如其你愿意——他即使有宗教的或哲理的思想也只是他诗心偶然的流露，绝不为哲学家谈哲学或为宗教家而训宗教的。有人喜欢拿他的思想比这个那个西洋的哲学，以为他是表现东方一部的时代精神与西方合流的；或是研究他究有几分的耶稣教，几分是印度教——这类的比较学也许在兴致偏爱的人觉得有意思，但于泰戈尔之为泰戈尔是绝对无所发明的。"徐先生引了泰戈尔的晨祷文和晚祷文，接着说："这不是最明显的泛神论吗？……回头随即在《吉檀迦利》的诗里，又发现什么 Lia 既不是耶教的，又不是泛神论，结果把一般专好拿封条拿题签来支配一切的，绝对地糊涂住了。他们一看这事不易办，就说泰戈尔是诗人，不是宗教家，也不是专门的哲学家。管他神是一个或是两个或是无数或是没有，诗人的标准，只是诗的境界之真，在一般人看来是不相容纳的冲突（因为他们只见字面），他看来只是一体的谐和（因为他能超文字而悟实在）。"①

但是我们不必怪徐先生拿诗人这个题签来支配泰氏，因为泰氏自己的确以诗人自居。梁启超先生传达于我们以下几句话："泰戈尔对我们说：他并不是什么宗教家、教育家、哲学家……他只是一个诗人。这话是我们绝对承认的。"②

于是几乎个个人都随声附和说泰氏是个诗人，真是个诗人。于是乎嘲笑他的吴稚晖先生，劝他"你作诗吧，莫谈他人国家事"；替他说句公道话的止水先生也劝大家莫把这位诗人的话认真，犹之乎我们不能把"一拳打破黄鹤楼，一脚踢翻鹦鹉洲。"这两句话照字面上解释。

我呢，对于"诗人泰戈尔"这个封条，毫无异议，因为这是他老人家手写手封的，而且箧中装的是道地的诗货。诗人这个名称，无法改变，犹如中法关于庚子赔款的条约上写定的"金法郎"，无法改变。要紧的是"金法郎"该怎样解释，中国才不吃亏；诗人该怎样解释，我们才能了解泰戈尔和他要说给我们听的话。我以为，**（甲）**单说泰氏是诗人不另加解释，已经引起误会；**（乙）**泰氏的诗与艺术观点，我们还没明白；**（丙）**诗人泰氏此次所真要说的话，我们被诗人这个封条所误，竟听若无闻，以下逐层谈谈。

（甲）何故称泰戈尔是诗人会引起中国人对于他的误会呢？根本上是因为"诗人"这个名词，正是他在 Personality 那篇散文里所谓极广泛极易被不相干的人随便取用的名词。

"诗人"之名，在中国真是挂在过厅里的雨衣，而且中国不但有不留心的人，更有专门的小窃。"诗人"这件雨衣，泰戈尔可以穿，陈三立可以穿，溥仪的某老师也可以穿，投一首"情愿为你跌死于昆仑之巅"给

①　见《小说月报》第 14 卷第 9 号。
②　《晨报副镌》5 月 3 日。

《晨报副刊》的，以及《北京日报副刊》上登的"赠某校书"的作者，都可以穿。

而且有些人还不屑穿这件雨衣。中国人似乎向来不特别尊重诗人。高明点的希圣希贤，看破红尘的修佛修理，一般人呢，所盼的是出将入相、光宗耀祖。至于诗人，那可以让不足于言大道的下士或潦倒半生的穷书生去做。功名场里圣贤道上的人，固然也可以作诗，取个乐儿，但是若把吟咏当做正事，岂不等于粉头回家做正夫人，把小狗当马骑上战场。诗是谈谈风花雪月的、发发牢骚的、消遣消遣的、歌功颂德的、怀友的、寄内的、吊古的——无论如何，不是成圣之基。圣人不作诗，作诗非圣人，由中国人看来，诗圣是件从来没有过的东西。

中国人这样想："泰戈尔敢情是个诗人噢！他有好诗念几首，我们不见得不愿意听。此外呢，带他赏赏丁香花，逛逛西山，听听梅兰芳的戏，也是好的。假使他诗兴大发做起自由诗来，说不定我们还要一人和他一首呢。"

只怕要和泰戈尔说"你作诗罢"的人，不止吴稚晖一个。

（乙）可惜的是这般人所谓诗与泰氏所谓诗大不同。泰氏的诗的观念若有人说给他们听，他们必定要大吃一惊。北京有一个吃饭团曾请他讲过这题目一次，如今我要向这个团以外的人代他表白一番。

他在《什么是艺术》一篇文里面，既然是泛论一切艺术，诗歌当然也在内。所以我就引这篇文里的话说明他诗的观念。

我想，我们是在自然界里活着的人，我们与世界一时一刻脱不了关系。我们有多少种要求便需与大自然界有多少种关系，而且也因为我们主观上各种的要求了悟大自然界有客观的种种方面。第一，我们各是个有机体，要吃要喝，要许多种的安适。这样的我们与自然界接触，总是去拾取它预备妥的东西，或是帮它一点忙使它的供给更丰富，或是防备它使它不能与我们为难。第二，我们又各是个心灵，要知道世界蕴藏的奥妙。这样的我们与世界接触，目的只是找事实而且找出事实后面的原则。第三，我们又各是个自性（或译人格），有爱有恨，有喜怒，有恐惧，这样的我们与自然界接触，便禁不住要表示自己对于外面对象物的反感。第一种要求所给我们的是实用的技术，第二种是理论的科学，第三种是表情的艺术。

第一种肉体的要求把世界看做一个货舱；第二种智识的要求也只把

世界看做一个可以供给我们理解的客观对象；第三种情感的要求，才把世界认为有目的、有意志的一件活东西，而且与有目的、有意志的我们可以通情谊的。

艺术是表示情感的，我们越尽量表示我们的情感，越能了悟真我是个"常、乐、净"（佛典中术语）的实体，真世界是个"常、乐、净"的无上实体。普通的人，从小到老所忙的是"自存"，只要饥寒无忧，几乎万事都了；这样的人很难有闲暇的工夫从容证得官肢、知觉、理性等等之外还有个"常、乐、净"的真我，和一切声、香、味、力、形状、运动等等之外还有个"常、乐、净"的无上实体，因此他们的生活是营求贪图的生活，扰扰不宁的生活。因此 病、老、死求不得，怨憎会，爱别离等等都成了他们的无法解除的苦恼。这般人是可怜者，但是不是无法渡过这个苦海，今生就达彼岸的，全世界的人都非证得不可。"文学、艺术、科学、社会、政治、宗教"，都是此一大事的方便。为什么文学和艺术是一种方便呢？文学和艺术绝不是要把干燥的事实一五一十地背诵给人听，而是把事实怎样感动我们表现出来。歌唱吧，尽量歌唱吧，歌唱能使你因艺术的创造感受着一种超出利害关系和实用主义的欢喜，使你亲证这个事实的，显然有冲突、苦痛和丑恶的世界，实在是个整个的和谐——是个以创造不停为本性的无上实体的显示。艺术的功用不是泄愤、去牢骚、陶冶性情，或是给人一个虽然美满却是虚伪的想象世界，做我们精神上的世外桃源。否，否，艺术启示我们最后的真理正是我们情感的要求所期望的真理。

泰氏的诗的观念与他的世界观和宗教观是分不开的。如果我们敢把他的前一项观念用几句话表明，我们大概可以这样说：世界就是一首正在做着的大诗，它的作者是个以创造为喜乐的大诗家。我们而能因创造或欣赏诗歌艺术所得的欢喜，亲证一切是他的表现，和我们之中的创造者就是他，则诗歌是我们渡苦海达彼岸的慈航，到自由、无畏、正智之大路。

泰氏诚然以诗人自居，但是他所谓诗人不是歌功颂德的无聊人，不是唱歌逗笑的人鸟儿，不是教训人的道德家，而是人们的一个伴侣，用他的诗歌感动人的心，使人们在家庭、国家、社会、职业之中，处处勇猛无畏，处处得到自由与欢喜，处处亲证世界究竟不是恶的、苦的，处处看见美与真理是真实的。泰氏深受欧洲人热烈欢迎之时，曾写信给他的朋友叫苦道："用了这种敬礼来敬礼诗人，委实是不对的，诗人是在人生的筵席中司仪的，他所得的报酬，只就是在一切筵席中都有他的份儿。假如诗人是成功了，他便被认为是人类的永远的伴侣——只是伴侣却不是指导者呀。但要是我被盛名的厄运所捉弄，被他们扛到神坛上去了，于是在人生的筵席里就没有我的座位了。"① 中国的诗人自然是"在一切筵席中都有他的份儿"，犹如歌妓在一切筵席中都有她的份儿。

泰氏诚然以诗人自居，但是他并不以为他诗里面所说的是欺人的谎话。

（丙）泰戈尔诚然是诗人，而且有他自己的诗的观念，但是他到中国做什么来的？欢迎他和反对他的诸公之中，有人能回答吗？

他是否为游历而来——是否因为既已游过欧美两大陆和日本，也应到中国来一遭，方可以算是一个世界游历者？不是。

他是否来逛西山、听梅兰芳，或找个什么"千金丽质"，等等，做他的晚年的诗料？也不是。

想必他是来传播他的诗歌和他的艺术观念的吧？只怕也不完全是。

聪明的佛学家插嘴道："我想他一定是来学佛的。"但是佛学家错了。

那么他到底是来做什么的？

我写到这里，心里着实为难：若不把答语写出来，文章做不下去；若写出来必定使很多人害羞，而且不先教他们思索一下就告诉他们，只怕也与最新的教授法不合。踌躇了半天，决计这次不说，留待下回分解。

（原载《晨报副镌》，1924 年）

---

① 《小说月报》第 14 卷第 10 号，《泰戈尔传》。

近现代评论

第三部分

纪念泰戈尔诞生一百周年

季羡林

印度近代伟大的作家罗宾德拉纳特·泰戈尔诞生于 1861 年 5 月 7 日，到现在整整 100 年了。世界和平理事会把他列入今年纪念的世界文化名人中，号召全世界普遍纪念。印度以及世界上许多国家都准备举行纪念会，并且出版泰戈尔的作品，发表同他有关的学术论文，展出他的绘画，欣赏他的歌曲，让大家认识这一位作家。

泰戈尔的才能是多方面的，他是诗人、小说家、戏剧家和散文家，又是教育家、画家和音乐家。通过他一生的辛勤劳动，他给印度人民留下了极其丰富的文学艺术遗产。他从少年时代起就开始写作。19 世纪 80 年代、90 年代，他常常到乡下去住，管理祖上遗留下来的田产，接触到了一些劳动人民，他自己说，他很喜欢这些淳朴的人民，同情他们的处境。在这期间，他写了不少的作品，小说和诗歌都有。这些作品里面的主题思想是反对封建主义。正如在别的国家一样，封建主义的表现形式是多种多样的。泰戈尔通过文学作品所攻击的主要是封建婚姻制度和种姓制度。就印度而言，这两种制度也确实有代表意义。

在他在这期间所写的短篇小说里，主人公几乎都是由于封建婚姻制度而受苦受难的年轻的女孩子。在《河边的台阶》里，他把台阶人格化了，用它作第一人称来描写八岁就守了寡的女子苦森的不幸遭遇和她对于一个年轻的苦行僧的不幸的爱情。《还债》讲的是一个贫父嫁女的故事。父亲一定要把女儿嫁给一个破落贵族，自己没有钱置办妆奁，于是就负了债。女儿嫁过去以后，受尽了婆家的虐待。父亲去看女儿，连面都见不到。最后女儿终于被折磨死，而父亲的债还是没有还完。《弃绝》的主人公是一个低级种姓的女孩子，她冒充婆罗门，同自己的情人结了婚。这件事终于给她公公发现了，她被赶出家庭。《摩诃摩耶》是一篇很动人的故事。一个年轻的女子被迫同一个垂死的婆罗门在火葬场上结了婚。婚后第二天她就成了寡妇，她又被迫自焚殉葬。人们把她捆起来，搁在火葬堆上。只是由于一阵突然袭来的狂风暴雨，她没有被烧死，可是脸上已经烧上了伤疤。她逃到自己的情人家里去，同他住在一起，只是有一个条件，就是不许他揭开她的面幕。后来，在一个月明之夜，他终于看到了她的脸庞。她一怒而去，再也没有回来。《太阳和乌云》描写年轻的女子吉莉芭拉同年轻男子沙西布山的爱情。两个人本来就相亲相爱，可是由于种种原因，一直到吉莉芭拉成了寡妇，沙西布山从监狱里被释放出来，他们俩重新相会。《赎罪》的女主人公是宾苔巴希妮，她嫁给两个洋奴买办兼骗子手。她随丈夫从城市迁到乡村里去住，侍奉婆婆，毫无怨言，但仍然不能得到她的欢心。后来丈夫偷了岳父的钱，跑到英国去留学，回来的时候，带回了一个英国老婆。

不必再多举例子了，以上这几个例子已经足以说明泰戈尔通过文学作品反对封建婚姻的情况了。泰戈尔是以诗人著称的。当他还是小孩子的时候就开始写诗。1881 年，诗集《黄昏之歌》出版，受到了热烈的欢迎。不久又出版了《晨歌》，文名大振。这些诗描写的多半是个人的感受，接触到社会现实的不多。19 世纪 90 年代，他写了著名的《故事诗》。取材大体上有四个来源：佛教故事、印度教故事、锡克教故事和马拉塔及拉其斯坦的英雄故事。这些故事都是长期流行在民间，很有感人力量的。但是他却并不是为了讲故事而写故事诗，他只是借古喻今，利用这些现成的故事来抒发自己的感情。他在这里面歌颂了反对宗教偏见、反对焚身殉葬陋俗的宗教改革家；歌颂了漠视种姓制度的婆罗门；歌颂了为国捐躯的将军；歌颂了同外族统治者顽强斗争、视死如归的男女英雄们，这些诗长期以来就流行在印度民间，而且选入中小学课本中；对激发印度人民的爱国热情，起了一定的作用。

在 1905 年到 1908 年印度民族独立运动的高潮中，泰戈尔投身到这个运动中来，写了不少热情洋溢的诗歌，一直到今天，还为广大印度人民所传诵。

以后，在比较长的时期内，泰戈尔过着半退隐的生活。在这期间，他写了不少神秘气息、宗教气息比较浓厚的诗歌。在这里，诗人用生动的笔法把孟加拉的自然风光描绘到纸上来。这里有静夜、清晓；有七月淫雨的阴沉，四月晴天的芬芳；有争奇斗艳的繁花，花丛中展翅的蝴蝶；

有天空的闲云、潺潺的流水；有微笑的繁星、淅沥的夜雨；有夏天的飞鸟，秋天的黄叶。总之，展现在我们眼前的是一幅花团锦簇、五色斑斓的图画。

20世纪初叶，他写了几部长篇小说，主题思想基本上同短篇小说和诗歌是一致的。1902年写成的《沉船》是一部反封建主义的小说。主人公是两对情人：哈梅西和汉娜丽妮，纳里纳克夏和卡玛娜。如果没有封建婚姻制度从中作怪的话，他们本来是可以顺利地结成眷属的。就因为这种制度的存在，所以才酿成沉船的悲剧。悲剧发生后，故事的发展很富于传奇的色彩，出现了很多现实生活中不容易发生的偶合的事件。最后，经过了种种的波折，有情人终于成了眷属，作者给了这个故事一个喜剧的结尾。但这丝毫也没有减低对那罪恶的社会制度的控诉。

1907年到1909年，他写成了另一部优秀的长篇小说《戈拉》。在这一部书里，他塑造了一个热爱自己祖国的知识分子的形象。他是一个虔诚的印度教徒，遵守种姓制度严格到可笑的程度。他对祖国必然会获得自由抱有坚定的信心。他说："我的祖国不管受到什么创伤，不论伤得多么厉害，都有治疗的办法——而且治疗的办法就操在我自己手里。"对于一个生长在殖民地半殖民地的知识分子来说，没有奴颜婢膝的媚骨，相信办法就操在自己手里，这是十分可宝贵的品质。泰戈尔也没有忘记塑造一个反面人物，戈拉的对立面，这就是买办洋奴哈伦。他除了皮肤颜色以外，完全英国化了。他认为印度民族是没有出息的，他把英国书上污辱印度人的句子背得烂熟，以高等印度人自居。泰戈尔在他鼻子上涂上了白粉，在书中给了他一个地位，让他催人作呕。一般人都认为这是一部批判现实主义的作品，它一直到今天还为印度国内外读者所欢迎。

至于泰戈尔的戏剧，情况同小说和诗歌稍稍有所不同。一方面，他写了不少具有现实意义的作品。在另一方面，他还写了一些象征剧，像《红夹竹桃》、《暗室之王》等等，这里面也出现劳动人民，甚至工人；但是这些剧本究竟何所指，实在无从确定。反而是那些混合剧本与抒情诗的短剧，像《齐德拉》、《修道士》，等等，倒能给人以清新的感觉。

在形式方面，贯穿在泰戈尔所有的作品里的是鲜明的民族形式和民族风格。这是和他的爱国思想分不开的。泰戈尔一向主张民族间要交流文化，互相学习。在他的作品里，我们也确实可以找到一些西方文学的影响。但是，在他的作品形式方面占主要地位的是印度的民族传统。这种传统包括两个方面：印度古典梵文文学和孟加拉民族文学。他的诗歌融会了这两方面的影响，吸取了两者的精华，又加以发扬，形成了独特的风格。他从很早的时候起，就尝试着用孟加拉人民的口语来写诗，这是以前从来没有过的创举。音乐性很强的、生动流利的孟加拉口语赋予他的诗歌以清新健康的气息和新颖的节奏。他在这方面的成功影响了不少同时代的印度诗人，他们也改用人民的口语写诗了。他的诗歌之所以一直到今天还为孟加拉人民广泛传诵，原因也就在这里。在短篇小说方面；他也接受了孟加拉民间讲故事人的一些优秀的技巧，因而创造出一种把抒情诗与故事结合起来的清新朴素的风格。结构简单，语言精练，着墨不多，但感染力却不小。他的戏剧也受到了古典梵文剧本和孟加拉民间戏剧的一些影响，保留了混合歌舞与抒情诗的特色。

总起来说，在印度近代文学史上，泰戈尔是一位杰出的作家。他热爱自己的祖国，希望她能得到独立自由，他对劳动人民和低级种姓的人民是同情的。但是，另一方面，我们也不能忘记，他的思想中不可避免地会有一些消极性的东西，而这些东西也不可避免地会反映到他的作品中去。

最后，我们还必须说一说他同中国的关系。1881年，他才20岁的时候，就曾写文章痛斥英国殖民主义者从印度运鸦片到中国去毒害中国人民的罪恶行为，他把这样的英国人称做"强盗"。中国同印度在历史上有过几千年的文化交流的关系，我们两国人民互相学习，因而丰富了彼此的文化。在最近100多年以来，两国人民都在西方殖民主义的剥削与压榨下忍受痛苦。我们对彼此命运的关心，是完全可以理解的。泰戈尔非常欣赏中国的文化，他给予中国文化以很高的评价。通过翻译，他读了很多中国文学家和哲学家的著作。1924年，他曾到中国来访问，从中国回国以后，就大力提倡研究中国语言文学。

我们中国人民同样是爱印度人民的。我们尊重印度人民创造的文化，我们也珍视我们的传统友谊。我们从1915年起就开始介绍泰戈尔的作品。1949年中华人民共和国成立以后，这种介绍工作又得到了进一步的发展。通过泰戈尔的作品，我们中国人民了解了印度人民生活的情况，了解了几十年前印度人民生活的情况，了解了几十年前印度民族主义者活动的情况，欣赏了印度，特别是孟加拉大自然的绮丽绚烂的风光。我们今年举行纪念会，纪念泰戈尔诞生 100 周年，又出版了 10 卷《泰戈尔作品集》，目的也就在于促进两国文化的交流，加强两国人民的友谊。展望中印两国人民友谊的前途，我们充满了信心。

1961 年 4 月 16 日写毕

（选自《文艺报》1961 年第 5 期）

忆泰戈尔

梅兰芳

正当中国文艺界和印度人民热烈纪念印度诗人泰戈尔（Rabindranath Tagore）诞生 100 周年的时候，我不禁想起 37 年前泰戈尔先生访问中国时，和他接触的一些情景。

泰翁到北京的前夕，在济南对教育界的朋友讲了话。中国作家王统照为他翻译，并作了介绍说："泰戈尔先生的演讲，不同于一般的政治家、教育家、演说家，譬如一种美丽的歌唱，又如一种悠扬的音乐，请诸君静听，方知其妙处。"

泰戈尔以洪亮清越的声音，热情洋溢地说：

"我受到你们的热烈欢迎，大家所以欢迎我，大概因为我代表印度人……

"今天我用的语言，既非印语，又非华语，乃是英语，这言语上的隔阂，最为痛心。而诸君犹不避风沙很热地来听我说话，由此可证，我们之间有一种不自觉的了解，譬如天上的月亮，它照在水上、地上、树上，虽默无一语，而水也、地也、树也，与月亮有相互的自然了解和同情。"

"我在杭州，有朋友送我一颗图章，上刻'泰戈尔'三个字，我对此事很有感动。印度小孩降生后，有两件事最要紧，第一要给他起个名字，第二要给他少许的饭吃，然后这个小孩就和社会发生了不可磨灭的关系。我这颗图章上刻着中国名字，头一个便是泰山的'泰'字。我觉得此后仿佛就有权利可以到中国人的心里去了解他的生命，因为我的生命是非与中国人的生命拼作一起不可了……"

泰翁的真挚而亲切的语言，感动了全场的听众。

在北京城里许多次集会中，使我最难忘的是 1924 年 5 月 8 日那一天。泰翁早就选择了北京来度过他的 64 岁的寿诞，而我们也早就准备为他祝寿，排演了他写的名剧《齐德拉》（Chitra）。

是日也，东单三条协和礼堂贺客盈门。祝寿仪式开始，泰翁雅步入席，坐在第三排的中间，我坐在他身边，有机会细细端详他的丰采。他头戴绛红呢帽，身穿蓝色丝长袍，深目隆准，须发皓然，蔼然可亲。

梁启超先生首先登台致祝词，他说：

"……泰翁要我替他起一个中国名字。从前印度人称中国为震旦，原不过是支那的译音，但选用这两个字却含有很深的象征意味。从阴噎雾气的状态中茅然一震，方象昭苏，刚在扶桑浴过的丽日，从地平线上涌现出来（旦字末笔代表地平），这是何等境界。泰戈尔原文正合这两种意义，把它意译成震旦两个字，再好没有了。从前自汉至晋的西来古德（古德就是古代有道德的高僧），都有中国姓名，大半以所来之国为姓，如安世高来自安息便姓安，支娄迦谶从月支来便姓支，康僧会从康居来便姓康，而从天竺——印度来的都姓竺，如竺法兰、竺佛念、竺法护都是历史上有功于文化的人。今天我们所敬爱的天竺诗人在他所爱的震旦地方过他 64 岁的生日，我用极诚恳、极喜悦的心情，将两个国名联起来，赠给他一个新名叫'竺震旦'。（全场大鼓掌）我希望我们对于他的热爱，跟着这名字，永远嵌在他的心灵上，我希望印度人和中国人的旧爱，借竺震旦这个人复活过来。"

泰戈尔被簇拥着走上台，对中国朋友致谢词，大意说，今天是他最高兴的日子，因为他有了象征中印民族团结友好的名字，他将不倦地从事中印文化的沟通，并诚恳地邀请中国学术界的朋友到印度，在他举办的国际大学（Visva Bharti）讲学。

接着，中国文艺界的朋友用英语演出了泰翁的名作话剧《齐德拉》，林徽音女士扮演女主角齐德拉。泰翁捻须微笑。他对我说："我希望在离开北京之前，看到你的戏。"我说："因为您的演讲日程已经排定，我定于 5 月 19 日请您看我新排的神话剧《洛神》，这个戏是根据我国古代诗人曹子建所作《洛神赋》改编的，希望得到您的指教。"

以后，泰翁与他的同伴，国际大学艺术学院院长、名画家难达婆薮（Nandalal Bose），和印度其他一些著名学者在北京轮流作了各种专题演讲，受到学术界的欢迎。

有一次，我听泰翁演讲，题目是《巨人的统治——扑灭巨人》，当他说到亚洲人受西方人的压迫掠夺已非一朝一夕时，下面有几句话是极其振奋人心的。他说："……吾人往者如未破壳之雏鸡，虽在壳中亦有隐约光明，但限度极小，世人疑我等终不能脱壳，但吾人自信必能破壳而出，达到真理最深处。"

5月19日，我在开明戏院（现在的民主剧场）演出《洛神》，招待泰翁观剧。我从台上看出去，只见诗人端坐包厢正中，戴绛色帽，着红色长袍（按此为国际大学的礼服），银须白发，望之如神仙中人。还有几位印度学者也都坐在一起，聚精会神地看完了这出戏。泰翁亲自到后台向我道谢说："我看了这个戏很愉快，有些感想，明日面谈。"

泰翁定29日夜车赴太原。那天中午，我和梁启超、姚茫父等为泰翁饯行。泰翁来时，是穿中国的黑绒鞋，我问他习惯否，他说："中国的鞋子柔软轻松，使双足不受箍勒压迫，是世界上最舒服的鞋子。"他还告诉我："前几天到汤山小住，温暖的泉水涤净了我身上的尘垢。在晨光熹微中，看到艳丽的朝霞，蔚蓝的天，默默地望着地上的绿草，晓风轻轻摇撼着刚从黑夜里苏醒过来的溪边古柳，景色是使人留恋的。"停了一会儿，诗人若有所思地说："那天在郊外闲游，看见农民蹲在田垄边，口含旱烟管，眼睛望着天边远处，颇有诗意。"

席间泰翁谈到《洛神》，他对我的表演作了鼓励，唯对《川上之会》一场的仙岛布景有意见。他说："这个美丽的神话诗剧，应从各方面来体现伟大诗人的想象力，而现在所用的布景是一般而平凡的。"他向我建议："色彩宜用红、绿、黄、黑、紫等重色，应创造出人间不经见的奇峰、怪石、瑶草、奇花，并勾勒金银线框来烘托神话气氛。"以后我曾根据泰翁的意见，请人重新设计《洛神》的布景，在不断改进中有很大的提高，但还没有达到最理想的程度。

泰翁认为，美术是文化艺术的重要一环，例如中国剧中服装、图案、色彩、化妆、脸谱、舞台装置，都与美术有关。艺术家不但要具有欣赏绘画、雕刻、建筑的兴趣和鉴别力，最好自己能画能刻。他还告诉我关于他学画的故事说："我一向爱好绘画，但不能画，有几次我在诗稿上涂抹修改，无意中发现颇有画意，打算由此入手学画。"

竺诗人说："我的侄儿阿伯宁·泰戈尔（Abanindranath Tagore）是印度艺术复兴运动中的先锋，孟加拉画派的创始人。他画过以法显、玄奘两位法师到印度取经为题材的《行脚图》。可惜这次没有带来。"

竺诗人即席介绍印度名画家难达婆数，他说："婆数先生是阿伯宁·

泰戈尔的继承人，孟加拉画派的杰出画家，我所著的书，装帧、插画，大都出自他手，他对中国画很有兴趣。"

泰翁还谈到几天前和中国画家联欢座谈，交换了意见。他问我："听说梅先生对绘画曾下过工夫。"我告诉他："那天出席的画家如齐白石、陈半丁、姚茫父……都是我的老师。"我指着茫父先生说："我爱画人物、佛像，曾画过如来、文殊、观音、罗汉像，就得到姚先生的指导。"

饭后，我向难达婆薮先生求画，他欣然命笔，对客挥毫，用中国毛笔在槟榔笺上画了一幅水墨画送给我，内容是古树林中，一佛趺坐蒲团，淡墨轻烟，气韵沉古。可惜当时没有请教所画的故事题材，后来我在画上以意为之地题作《如来成道图》，世袭珍藏，直到如今。

有人问泰翁：听说诗人对绘画、雕刻、歌唱、音乐无所不通，此番听了《洛神》的音乐歌唱有何感想？他笑着说："如外国莅吾印土之人，初食芒果，不敢云知味也。"我们乍听这句话，不懂他的含意。座中有一位熟悉印度风俗的朋友说："芒果是印度果中之王，吃芒果还有仪式，仿佛日本的'茶道'（日本人请朋友喝茶，主宾都有一定的礼节，称之为"茶道"）。泰翁以此比喻，是说中国的音乐歌唱很美，但初次接触，还不能细辨滋味。"

梁启超先生问泰翁："这次诗人漫游中国，必有佳句，以志鸿爪？"竺诗人答："我看了《洛神》，正在酝酿一首小诗，送给梅先生。"大家见他凝神构思，都不去打扰他。他先在手册上起稿，然后用中国笔墨作细书，写在一柄纨扇上，原文是孟加拉文，又自己译成英文，落了我的款，签上他的名，并兴致勃勃地用孟加拉语朗诵了他的新作，我们虽不懂印度话，但从他甜软的声音，鲜明的节奏里，就有月下清梵，泉鸣花底的美感，我向泰翁手里郑重地接过扇子，向他深深地道了谢。

夜间，我们到车站送行，彼此都有依依惜别之情，我问泰翁这次到北京的感想，并盼他再来。他说："两三年后我还要再来，我爱北京的淳朴的风俗，爱北京的建筑文物，爱北京的朋友，特别使我留恋的是北京的树木，我到过伦敦、巴黎、华盛顿，都没有看到这么多的槐、柏、松、柳，中国人有北京这样一个历史悠久而美丽的都城，是值得骄傲的。"在汽笛长鸣，飙轮转动的前几分钟，竺诗人紧紧握着我的手说："我希望你带了剧团到印度来，使印度观众能够有机会欣赏你的优美艺术。"我答："我一定到印度来，一则拜访泰翁，二是把我的薄艺献给印度观众，三来游历。"

1929 年春，泰翁曾重游中国，到了上海，诗人回国时，宋庆龄先生主持了隆重的送别仪式，并赠送他一批中国的土产礼物，其中有一套手工精制的泥质彩绘脸谱，最为泰翁欣赏。而我于 1935 年访问苏联后，漫游欧洲，考察戏剧，归舟路过孟买，登陆小憩半日，但始终未能践泰翁之约。直到中国解放后，中印两国文化交流才大有发展，印度文化艺术团体曾不止一次地访问中国，1954 年冬，中国文化代表团访问了印度。在新德里、加尔各答、孟买、马德拉司四个大城，演出了京剧，受到印度广大人民的热烈欢迎。李少春同志回国后告诉我，他们在孟加拉邦寂乡（Santiniketan）访问了泰戈尔先生的故居。我缅怀诗人丰采，为之神往。

今年的暮春，在纪念泰戈尔先生百年诞辰的前一些日子，我把珍藏已久的那柄纨扇找了出来，请中国科学院文学研究所的吴晓铃、石真同志来推敲泰翁原作的精神。石真同志曾在泰翁创建的印度国际大学的泰戈尔研究所里工作过 5 年，是一位精通孟加拉语和泰戈尔文学的专家。

石真同志接过扇子，细细赏玩泰翁的亲笔题诗，她首先称赞书法的精妙。她说：泰翁的书法，为印度现代书法别创了一格，他的用笔有时看似古拙，特别是转折笔路趋于劲直，但他却能用迂回婉约之法来调剂，寓婀娜秀隽于刚健之中，给人以峰回路转、柳暗花明的感觉，而整体章法又是那么匀称有力，充分表现出诗人的气质。

当然更吸引她的还是那首诗，她情不自禁地用孟加拉语吟哦起来。我想起 37 年前泰翁亲自朗诵佳作的情景；现在又第二次从听觉上感受到诗人的亲切语言和深厚的友情。

石真同志当时就把这首诗译成现代汉语：

> 亲爱的，你用我不懂的
> 语言的面纱
> 遮盖着你的容颜；
> 正像那遥望如同一脉
> 缥缈的云霞
> 被水雾笼罩着的峰峦。

她告诉我："这是一首极为精湛的孟加拉语的即兴短诗。这类的短诗，格律甚严，每首只限两句，每句又只能使用 19 个音缀，这 19 个音缀还必须以七、五、七的节奏分别排成 6 行。更有趣味而别致的是，这类的短诗正像我们的古典诗歌一样，一定要押韵脚，而且每行的'七'与'七'之间也要互叶。"这不由得使我想到中国旧体诗绝句，要在短短的 20 或 28 个汉字的限制以内，集中而概括地写出真挚而变化多端的思想感情来，是需要艺术才能的。

石真同志说："泰翁对我们的古典诗歌是十分称赞的，诗人虽然不懂汉语，但是他读了不少英语翻译的屈原、李白、杜甫和白居易的诗篇，并且时常在著作和讲话里征引，这首短诗的意境，便很有中国的风味。他非常形象地用云雾中的峰峦起伏来描述他所热爱而又语言不通的国家的艺术家那种纱袂飘扬、神光离合的印象，他感觉到美的享受，但又不十分了解戏中所包含的复杂的感情和心理状态。"她认为，诗人似乎有意识地选择这样的形式，并在这首诗的写作方法上，尽量让它接近中国风格。

更使我感动的是，吴晓铃夫妇还谈到：在泰戈尔纪念馆——泰翁故居的大厅东西窗前，摆着一口特制的保存留声机片的大橱，其中大部分是我的戏曲唱片，以及前辈表演艺术家谭鑫培先生等的唱片，罗谛·泰戈尔先生（Ratindrranath Tagore）曾经费了很大的气力找到一只钻石针头，在大喇叭筒上为他们播放了几个片断。那还是老百代公司的钻针唱片，当年是我经过仔细选择，赠送给诗人的微薄礼物。他们在国际大学艺术学院的博物院里还看到一套精制的京剧脸谱模型，泰翁的侄子——阿伯宁·泰戈尔博士曾经据之描绘过彩色拟本。那该就是 1929 年春，泰翁二次访华时，宋庆龄先生赠送他的礼物了。

泰戈尔先生虽已逝世 20 年，但他的热爱中国的真挚、亲切的富有正义感的言行，却在我心里留下深刻印象。事例是不胜枚举的。我想，假使天竺诗人今天还在人间，对中印文化交流必将做出更大的贡献。

（《人民文学》1961 年第 5 期）

泰戈尔的生平、思想和创作

季羡林

　　泰戈尔生于印度孟加拉首府加尔各答，家庭属于商人兼地主阶级，是婆罗门种姓，在英国东印度公司时代发了财，成为柴明达（地主）。到了他父亲手里，家道中落，负了不少债务。他父亲深受印度启蒙运动大师罗摩莫罕·罗易的思想影响，同时又接触了西方的，特别是英国的学术文化，有民族主义倾向，参加过一些政治活动，热爱印度古代文化，但又与社会上传统风俗习惯相抵触，结果几乎被视为没有种姓的化外之人。泰戈尔降生的时候，正是印度民族资产阶级逐渐成长的时候。他的家庭同这个阶级有千丝万缕的关系。这一些都对泰戈尔产生了深远的影响。

　　泰戈尔降生前不久，英国殖民主义完全统治了印度。从此以后，统治和剥削逐渐加强，并由盛而衰，但终泰戈尔之世，并没有离开印度。另一方面，印度国内的封建主义在殖民主义支持之下，照旧压在人民头上。帝国主义和印度民族的矛盾，封建主义和印度人民的矛盾，是泰戈尔生时的两个主要矛盾。想了解他的文学艺术活动和社会活动，必须同这两个主要矛盾联系起来。

　　他从幼年时代起就厌恶刻板的学校教育，他父亲也不强迫他。印度的传统教育和英国教育，他都接受了一些，但都不多。1878 年曾到英国去留学，1880 年回国。名义上虽然入了伦敦大学；但是实际上还是靠自己学习。因此，我们可以说，他并没有受过什么正规教育，他的知识主要是靠自学得来的。他从 13 岁起就开始写诗，诗中洋溢着反对殖民主义、热爱祖国的情绪。1882 年诗集《黄昏之歌》出版，受到了热烈的欢迎。不久又出版《晨歌》，文名大振。从此以后，在六十多年的漫长岁月中，他的创作活动始终不衰，而且几乎牵扯文学艺术的各个部门。终于成为印度文学史上，也可以说是世界文学史上，方面最广、产量最高的作家之一。

1884 年，他离开城市到乡村去管理祖传的田产，他在这里接触了农民。很难说他对这些淳朴善良的劳动人民有什么了解，但是他是同情他们的处境的。这个时期叫做释里达时期，是他在文学创造方面收获最丰富的时期。

1901 年，他在孟加拉博尔普尔附近的圣谛尼克坦创办了一所学校，来实现他自己对教育的一些理想。这所学校以后就发展成为有名的国际大学。

1905 年的俄国革命影响了全世界，也影响了印度，在这里促成了1905 年—1908 年的民族独立运动高潮。正在这时候，英国总督寇松计划把孟加拉分割成两部分。孟加拉人民以及全印度的人民都起来反对，形成了轰轰烈烈的反帝爱国运动。泰戈尔也投身到这个运动中来。他义愤填膺，激昂慷慨，拿起了诗人战斗的武器，写出了热情洋溢的爱国诗篇，大大地鼓舞了人民群众的斗志。

但是，过了不久，他就同其他运动的领袖们发生了矛盾。因为他的政治倾向基本上是民族资产阶级的，甚至还有一些地主阶级的因素，一到紧要关头，他的态度就表现出不坚决、不彻底。他反对群众烧英国货骂英国人等等所谓"直接行动"，他认为这是"破坏"，他主张多做"建设性"的工作，比如到农村去，发展自己的工业，消灭贫困与愚昧，等等。群众不接受他的意见，他就退出运动。从此以后，在一段相当长的时期内，他过着脱离实际斗争的退隐生活，埋头于文学创作，写出了不少象征意味和神秘意味都极浓烈的作品。使他誉满全球，得到诺贝尔文学奖的诗集《吉檀迦利》也属于这个范畴。

1915 年，他认识了甘地。他同国大党是早就有联系的，曾出席过国大党的代表大会。但是他同国大党的关系始终也是若即若离的。他同甘地在许多问题的看法上有相同之处，但更多的却是矛盾。两个人虽然互相赞扬，但并不能掩盖意见的分歧。甘地的很多做法他都是不同意的。有人甚至说，印度这两位伟大人物之间的差异表现到最大可能的程度。

1916 年，他到日本去，在东京演说了几次。对于日本这样一个新兴的"国家"，他大有所感。他从日本到了美国，就以"国家主义"为题，做了一系列的报告，谴责西方和东方的"国家主义"。他对美国一向没有好感。那里的种族歧视使他深恶痛绝。他第一次访问美国的时候，那里的侦探机关和报纸就给他找了不少麻烦。1921 年他第三次访问这个国家的时候，他又受到了"无缘无故的无礼"的侮辱。他自己虽然是一位闻名世界的大诗人，在西方许多国家受到国王般的礼遇；但是在美国却竟受到这样的待遇。他曾在大怒之余，发下誓言，决不再踏上美国的国土。由于美国朋友的一再邀请，他又在 1929 年访问加拿大之后到了美国，但这一次又为美国移民官员所扣留和盘问。从此他就同这个他最不喜欢的国家断绝了往来。

1919 年，在印度发生了英国军队开枪射击打死打伤了一千多印度人民的所谓"阿姆利则惨案"。他勃然大怒，从退隐中挺身而出，写了封义正词严的信给印度总督，提出抗议，并声明放弃英国政府给他的"爵士"称号。1920 年，他又到英国去，以前那种热烈欢迎的情况连影儿也没有了，他到处受到了冷遇，同他在欧洲大陆上所受到的隆重的欢迎形成了一个十分鲜明的对比。最初他虽然反对英国统治，但是对英国文化还抱有不少的幻想。现实的生活教育了他，使他从希望而失望，从失望而绝望，从绝望而憎恨。在他逝世前的一两个月，他还发表了一篇怒斥英国殖民主义分子的文章。这是诗人最后的一篇文章，也是他对英国最后的清算。

1924 年，他访问了中国。他从幼年起就关心中国，想了解和研究中国。这一次访问偿了他多年的宿愿。他的作品在过去也曾零零星星地译成汉文。从 1924 年以后，译文就大量出现，他于是就成为在中国译文最多的外国作家之一，对于中国文坛产生了一些影响。他在中国的演说主要是宣传东方精神文明，谴责西方的物质文明。他为一批别有用心的家伙所利用，产生的影响是不好的。但是他到处特别强调中印友谊，提倡中印文化交流。在中印两国人民的友谊传统中断几百年以后，他在两国人民之间又重新开辟了友谊的道路。

1930 年，他访问了苏联。他在这里看到了一个神奇的世界，许多东西都是闻所未闻，见所未见，使他大为振奋。要说是他对于社会主义有什么真正的理解，那显然不是事实，而且由于阶级和世界观的限制，他对苏联的某一些制度还颇有微词，但是，总起来说，他对苏联是十分赞赏的。他写了不少的通讯和文章，介绍苏联情况，想把这个神奇的世界搬到印度人民眼前去。他对世界上第一个社会主义国家的爱慕至死不衰，在 80 岁生日述怀的时候，还特别强调苏联的成就。

1934 年，意大利法西斯侵略阿比西尼亚（埃塞俄比亚），他提出了谴责。1936 年，西班牙爆发了反对共和国政府的叛变，他站在共和国政府一边，反对法西斯头子佛朗哥。1938 年，德国法西斯侵略捷克，他写信给在捷克的朋友，表示对捷克人民的关怀。1939 年，德国法西斯悍然发动世界大战，他又应欧洲朋友之邀写文章谴责德国"领袖"的不义行为。这一系列的事实都说明，他对法西斯恶魔是深恶痛绝的；也可以说明，在他晚年，在国际大风浪中，他是经得起考验的。他对非洲的人民也怀着无限的同情，他曾写诗歌颂阿非利加，说它过去虽然受了侮辱，可是今天就要站起来了。这个事实也说明，诗人并没有把自己锁在象牙塔内，他关心国家大事和国际上的大事，而且他总是站在正义一边的。

对我们中国人民来说，特别使我们钦佩而感动的是他对于日本法西斯侵略中国和伟大的抗日战争所抱的态度。1937 年，抗日战争爆发。诗人以垂暮之年，抱病参加了印度人民支援中国人民的斗争。以诗人地位之高，声望之隆，在印度人民中间产生了极大的影响。不但如此，他对整个东方的胜利，也有所期望，有所预见。在他晚年，他再三发出"曙光将自东方升起，一个新时代就要来到"的预言。

1941 年 8 月 6 日，他在加尔各答逝世。他留给印度人民一大批宝贵的文化遗产。由于他六十多年的爱国主义的和文艺创作的活动，他在国内外都赢得了极高的荣誉。在印度人民中间，他有很高的威信，一直到今天，几乎是到处都唱他的歌，读他的诗。他的许多作品在印度家喻户晓，妇孺皆知。尽管我们对他的思想有一些不同的看法，但他仍不失为应该受到尊敬的世界伟人之一，值得我们永久怀念。

谈到他的思想，我们应该同他的生平和阶级联系起来看，他活的时间长，接触的方面广，古今东西世界上各种主要思想几乎都对他发生了影响。但是其中也并不是没有线索可追寻、没有纲领可提挈。这个线索和纲领我觉得就是从《梨俱吠陀》一直到奥义书和吠檀多印度所固有的一种泛神论的思想。这种思想主张宇宙万有，本是同体；名色纷杂，胥归于一。用印度的术语来说，这一切都叫做"梵"，它是宇宙万有的统一体，是世界的本质。印度哲学史上有句名言：Tattvamasi，意思是："你就是它"，"它"指的就是"梵"，也就是说，人与"梵"是统一体。

在这里面有两个问题：一个是我与非我的关系问题，一个是人与自然的关系问题。

我是思维者，在唯心主义哲学家看来，宇宙万物都是看在我眼里，想在我心里。我的地位如何？他们认为是一个极关重要的问题。唯心主义哲学家笛卡尔这也怀疑，那也怀疑，最后也不得不承认："我思想，所以我存在"。印度奥义书和吠檀多解决这个问题的办法是承认"梵"和"我"（Atman，阿提茫）统一，即"梵"就是"我"，两者本是一件东西。"我"并不是"梵"的一部分，"我"就是"梵"，"我"是"梵"的异名，"梵"是最高之"我"。

"我"是有双重性的：一个是表现自我的"我"，一个是超越自我的"我"；一方面要求向上，要求达到完美，一方面又屈服于需求的规律；一方面与天地万物合一，一方面又要同天地万物分离，我就是我。人总是为保持自我的独立性和分离性而努力。可是，在另一方面，人类的最高快乐却又是丢掉自私自利的我而与其他东西统一。如果给自我桎梏住，则永远见不到真理。

人与自然的关系问题，也是泰戈尔哲学中的一个主要问题。印度的传统哲学认为：人的实质同自然实质没有差别，二者都是世界本质"梵"的一个组成部分，互相依存，互相关联。

人也是有双重性的：一个是自我性，一个是普遍性。前者是物质的人，只知道吃饭、喝水、穿衣服；后者是精神的人，摆脱一切心灵的和身体的需要，获得大自在。两者又有同，又有异。自我性并不沉没于普遍性中，而是互相调和。

泰戈尔是把重点放在"人"上面的，对他来说，"人"是思想活动的起点。谈到人神的关系，他主张人需要神，神也需要人，两者互相依存，互相补充。但是在二者之间，他着重的是人；他主张，在人中才能见到神，他甚至说："神疲于乐园生活，嫉妒起人来。"在这一点上，他是同印度传统的消极厌世的哲学有根本不同的。

既然梵我合一，我与非我合一，人与自然合一，其间的关系，也就是宇宙万有的关系，就只能是和谐与协调。和谐与协调可以说是泰戈尔思想的核心，他无论观察什么东西，讨论什么问题，都是从和谐与协调出发。谈到真理，他就说：真理的全貌就表现在有限与无限的调和中，表现在经常变动的东西与完美性的永恒精神的调和中。他又说："本体就是把整体的均衡赋予一件事物各个组成部分的和谐。""真理就包含在我们同一切事物的完美关系中。"谈到人生,他就主张,人生的基本原理是和谐与协调。谈到自由,他就说:"完全的自由在于关系之完全的和谐。"

　　他既然相信宇宙万有的基本精神是和谐与协调,所以他就喜欢使用"爱"、"互相依赖"、"互相关联"、"互信互助"、"协作"这样许多名词。他说,世界的真相就在于它的互相关联性。他看国际关系、印度国内的民族关系和阶级关系、东西文化的关系,等等,都从这一点出发。在历史观方面,他主张,协调的手段是一切伟大文明的基础;异中求同是印度历史发展的基本原理;承认统一性,通过差别的消灭而达到和谐,是促进历史发展的规律。在教育方面,他主张顺其自然,不能加以桎梏。他特别宣传"爱"的福音。他说:"我们爱生命,实在就是为了维护我们同这个大世界的关系。这种关系是爱的关系。……一切存在的矛盾都在爱中融化、消逝。只有在爱中,统一与二元才不矛盾。爱同时是一又是二。只有爱才是动又是静。在爱中,得与失和谐起来。"他又说:"真正增强文明的力量、使它真正进步的是协作和爱,是互信和互助。"在剧本《顽固堡垒》里,他通过正面人物达达泰古尔的嘴说道:"要知道我崇拜的是爱。"我觉得这里面也含有西方资产阶级所谓博爱、自由、平等的一些影响;甚至有西方资产阶级人道主义的一些影响。

　　但是泰戈尔也并不是完全否认矛盾的存在,有时候他甚至还强调这一点。他举过几个例子来说明矛盾的意义。用手弹弦,才能产生音乐。如果手与弦不相触,也就是两者没有矛盾,那就只能有绝对的沉默。小河流水遇到石头才能发出潺潺的流水声,否则也就只有沉默。不管这些例子是否恰当,他总是承认矛盾的。因此,我们可以说,他的思想中有一些辩证法的因素。

　　这辩证法的因素还表现在另一方面。他承认:自然、社会以及人的思想都不是一成不变的,而是时时在流转变化。他说:生命不是形式逻辑,没有终结,没有停顿,它只是流转下去,流转下去;他又说,只有变化,而没有存在。他强调运动,一切都在运动中。他说:"没有什么东西是永存不变的;即使我们凝视着它们,事物仍然都在迅速地改变着面貌,变成另外一些什么。"他甚至说:"真理就充分表现在这种流动的本身上。"(见 Satyam)

　　又要和谐,又要流转不息,又要有一些矛盾(泰戈尔所了解的矛盾),那么结果只能产生一种情况,用泰戈尔的术语来说,就是"韵律"。

有时候，他也把"比例均衡"同"韵律"并列。只空洞地谈和谐，没有流转，没有高低之别、长短之别，也就无所谓"韵律"。只有流转，没有和谐，也无所谓"韵律"。只有这些条件具备，才产生"韵律"。在泰戈尔的思想中，"韵律"占极高的地位，这是他的最高理想，最根本的原理，是打开宇宙奥秘的金钥匙。在《真理》（Satyam）这一篇文章里，他说："当我们跟在西方背后追求速度的时候，我们忘记了，任何脱离了韵律的永恒标准的运动，都会陷入不能控制的爆炸的混乱中。"在《文明和进步》这篇文章里，他又说："创造就是真理通过形式的韵律的显示，它的双重性包括在表现和物质中。"在 1932 年写成的剧本《时代的车轮》里面，出巡的大车停在那里，谁也拉不动。婆罗门、刹帝利和吠舍这三个高级种姓、所谓再生族，都试过了，都没有成功。最后是最低的种姓首陀罗把大车拉动。婆罗门祭司就问：那些人是凭着什么力量使车轮前进的？诗人就答复他说："不是凭仗体力，而是依靠韵律。我们笃信韵律，我们知道，只须轻轻弹拨就会发出和谐的音乐。""韵律"竟有这样神奇的作用！他评价问题，观察问题，往往就拿出"韵律"这个最高的尺度来。凡是他崇拜的东西、他喜欢的东西，都加上"韵律"这个标签。

从上面简短的论述里，我们可以看到，泰戈尔的思想是有合理的内核的，比如那些素朴的辩证法的因素。但是他的思想基本上是客观唯心主义。首先，他不承认存在决定意识，而是倒转过来。他说，思想意识是主语，而存在只是述语。其次，他虽然承认矛盾，但是他却认为矛盾是相对的，和谐才是绝对的。这也同马克思列宁主义的观点正翻一个个儿。解决矛盾的办法，他同马克思列宁主义者也是不一样的。马克思列宁主义者承认矛盾的绝对性，承认矛盾是一切事物发展的动力，就敢于揭露矛盾，然后根据它的性质，加以解决。但是泰戈尔害怕矛盾，他于是就拿出和谐与协调这一套东西来掩饰矛盾。

古今东西所有的唯心主义思想家，主观想法既然与客观实际不相符合，在思想中必然有一些模糊不清、模棱两可、不能自圆其说甚至自相矛盾的东西。泰戈尔也不例外。他的思想中有无数的矛盾，思想与行动又有无数的矛盾。做为唯心主义思想家，他对于人生问题、宇宙问题、国家大事、国际大事都有一套主观的想法。但是作为一个活人，他决不能不接触现实。两者必然有矛盾，而这矛盾也必然反映到他的思想上。在 1924 年写给罗曼·罗兰的信中，他承认"自己天性中也有一种经常发生的内战"。有一些什么样的"内战"呢？我只能举几个例子。在政治方面，他一方面承认政治违反他的天性；但是另一方面，政治却又突然像疟疾一样来袭击他。在对待国家的态度方面，他一方面反对国家；但是另一方面又殷切希望印度成为独立自主的国家。对苏联，他一方面赞扬备至；但是另一方面他也有微词。对英国，他一方面对它在印度的统治十分憎恨；但是另一方面又爱英国的一些东西。对暴力，他一方面反对一切暴力；但是另一方面又对孟加拉恐怖主义者阿温达·苟斯极其倾慕。对美学和文艺创作，他一方面主张诗不能只有美感，必有伦理的使命；但是另一方面他自己却写了不少象征派接近所谓纯诗的诗。对妇女，他一方面大声疾呼主张妇女解放；但是另一方面他又宣扬妇女对丈夫的忠诚与崇拜，不承认男女应该平等。对工人，他是有同情的，但是另一方面却又反对工人组织起来同资本家斗争。对农民，他也是有同情的，但是又不主张交出土地。对仆人，他也是有同情的，但是主人的架子必须保持。对印度独立，他主张不能只依靠别人的恩惠，但是同时却又反对所谓直接行动。对财富，他一方面认为贫富不均不好，但是另一方面却又坚决反对取消私人财富。对阶级，他承认贫与富、被压迫者与压迫者并存产生不良结果，但是另一方面却又反对取消阶级。

　　以上只是几个例子，但也可以看出，他的思想矛盾到什么程度。这种思想上的矛盾也必然反映到他的性格上。我觉得，他是有双重性格的：一方面是光风霁月，宁静淡泊，慈祥肃穆；但是另一方面却是怒目金刚；剑拔弩张，怒发冲冠。这种情况表现在各方面：表现在文艺创作上，表现在待人接物上。

　　同这种双重性有联系，还有泰戈尔的不可知论的神秘主义。诗人一直活到 20 世纪 40 年代初，对西方的自然科学当然有所接触与了解。但在另一方面，印度旧的那一套哲学思想又抓住他不放，使他陷入神秘主义中。在他临终前的一两年，他曾对孟加拉女诗人黛维夫人说过："我是从哪里来的，我又到哪里去——对这些问题有答复吗？当大限来到时，谁知道它是否永远就是大限？谁知道，过去是否永远就过去了？在我们面前的，在我们身后的，对我们来说都不存在，只有这片片断断的现在才是真实的——所谓真实，我的意思是为我们感觉所感知。但是，不为我们感觉所感知的东西也可能是真实的。对我来说，过去是无影无踪地逝去了，但是谁又知道它是否真正逝去了？将来对我们来说是未知数，但是它也存在在那里边。"①

研究他的作品，必须从这一些哲学思想出发。

谈到泰戈尔的作品，首先必须了解，他的文艺活动并不限于文学创作。除了文学创作，他还擅长音乐、精通绘画，能唱歌，喜演剧。就拿文学作品一项来说吧，数量也是十分惊人的。根据还不算是十分完全的统计，他总共写了两打剧本、八部长篇小说、八部以上的短篇小说集、两千多首诗歌，自己还写了曲谱；此外还有大量的有关文学、哲学、政治、教育、宗教和社会问题的文章和书籍，还有散文、通讯和日记。他不愧是古今东西最多产的作家之一。

在这样情况下，要想分析他的作品是十分困难的。在下面我只按他的作品类别，结合这些作品所受的影响和所起的影响，做个简略的介绍。

先谈他的诗，尽管泰戈尔文学活动方面很多，但他主要还是一个诗人。在诗歌这块园地里，他做过种种的尝试，体裁和题材都丰富多彩。有光风霁月的一面，也有怒目金刚的一面。可惜我们中国读者对他这方面的了解是片面的。由于通过英语的媒介，介绍到中国来的诗集，像《飞鸟集》、《新月集》、《园丁集》、《吉檀迦利》，等等，都只代表了他光风霁月的一面，西方资产阶级大事宣扬的正是他这一面。不可否认，这里面有许多优美的抒情诗。诗人以华丽婉美、生动流利的语言抒写了自己的一些感触，同时也把孟加拉的自然风光：白云、流水、月夜、星空、似锦的繁花、潺潺的细雨等等都生动地放在我们眼前。我们读了，不禁油然生起热爱大自然的念头；印度读者读了，会更加热爱自己的故乡、自己的祖国。但是也有一些诗充满了神秘的宗教情绪，或者空洞无物，除了给人一点朦朦胧胧的美感以外，一无所有。在他的抒情诗里面，可以明显地看到印度古典文学，特别是迦梨陀婆和阇耶提婆的影响，也可以看到孟加拉民间文学和西方文学的影响。这影响有好有坏，不能一概而论。梵文抒情诗华而不实的那一面，还有西方的所谓纯诗和唯美派象征派的诗，特别是西方所谓世纪末的文学，都对他起了不好的影响。在另一方面，他的这些抒情诗又对印度的新诗，西方一些国家的诗歌都产生了影响。在短期内，也影响了中国新诗的创作。

在小说方面，长篇、中篇和短篇他都尝试过。在这方面，他主要接

①《炉边的泰戈尔》1967年版，第12页。

受的是西方的影响，特别英国 19 世纪文学的影响。他的长篇小说，像《戈拉》（1907—1909）、《沉船飞》（1902）等等，里面洋溢着反对帝国主义和反对封建主义的情绪，可以说是属于批判现实主义的范畴的，艺术性也达到了当时印度的最高水平。尽管还有不少的局限性，里面的批判和揭露都有不彻底的地方；但是大体上说起来，是能够反映当时印度人民的情绪的，是符合当时印度人民的利益的。在短篇小说方面，除了反对帝国主义和反对封建主义的思想内容以外，他还创造了一种比较新颖的体裁：他把抒情诗与短篇小说结合了起来，成为像散文诗一般故事性不强而抒情气息很浓的一种新文体。

谈到戏剧，虽然他也写了不少，但是我总觉得这是他文学创作中最薄弱的一环。印度古代本来有悠久高超的戏剧传统的；无论是创作还是理论，都有不少的瑰宝。但是泰戈尔接受的却似乎不多；西方戏剧家，像易卜生、梅特林克，等等，反而给了他影响。他那些剧本里的人物，很多都是无血无肉的影子。里面的反对帝国主义和封建主义的内容受到了影响，失掉了或者减少了感人的力量。那些象征剧本，动人的成份就更少，反而是那些短的像抒情诗一般的剧本，例如《齐德拉》、《修道士》，等等，倒能给人以清新的感觉。这也可以说是他的剧本精华之所在吧。

总之，他的文学作品（其他的艺术作品也一样，这里不详细论述）里面洋溢着反对帝国主义、反对封建主义、热爱祖国的情绪；在形式方面，有继承，也有创造，到处可以看到民族形式和民族风格。通过他的文学作品，我们可以欣赏孟加拉的自然风光，更加热爱勤劳淳朴的印度人民；我们可以了解印度知识分子反对英国殖民主义的情况；我们可以学习诗人热爱祖国、热爱自然、热爱生活的精神和反对一切恶势力、爱憎分明、决不模棱两可的精神。在技巧方面，也有许多值得我们借鉴的地方。对我们今天的中国人民来说，泰戈尔的作品还是很有意义的，在加强两国人民的友谊方面，还是很有作用的。

（选自《社会科学战线》1981 年第 2 期）

略论泰戈尔的哲学和社会思想

黄心川

罗宾德罗那特·泰戈尔（1861—1941）是当代印度最著名的诗人、哲学家和社会活动家。他的哲学和社会理论反映了印度资产阶级民族主义思想本质上所固有的种种特征，在南亚次大陆各国有着重要的影响，在我国一部分知识分子中也有过不同的反响。泰戈尔曾访问过我国；他十分珍视我国古老的优秀文化，热爱中国人民，对帝国主义在中国的侵略和压迫进行了无情的谴责。他对我国人民的友谊，赢得了我们的尊敬。本文试对他的哲学和社会思想及其在中国的影响作一简略的评介。

一、生平和时代背景

泰戈尔于 1861 年出生在加尔各答一个地主的家庭，属婆罗门种姓。他的祖父特瓦那特·泰戈尔是孟加拉省的一个贵族，也是一个著名的社会改良主义者。父亲德温特罗那特·泰戈尔是一个著名的哲学家和社会改革活动家、印度近代著名的宗教社会改革团体——梵社的重要领导人之一。这个充满资产阶级自由气息的家庭，对于泰戈尔思想的形成和发展有着重要的影响。泰戈尔早年曾在英国伦敦大学学习一个很短的时期，于 1880 年回国从事文学和社会活动。1890—1901 年他定居于农村，由于和人民的接触，使他了解到殖民当局的专横暴戾，激起了他的爱国意识。1905 年，印度掀起了第一次民族解放运动的高潮，他亲自参加了群众的游行示威活动；写作了很多鼓舞群众前进的爱国主义歌曲；创办了宣传进步思想的《宝库》杂志。在 1919 年第二次民族解放运动高潮中，英国殖民当局在阿姆里察屠杀手无寸铁的人民，他向英国总督写了抗议信，并坚决抛弃了英国政府所给予他的爵位和特权。1901 年他在圣地尼巴坦创办了一个学校，大力宣传印度的民族文化，这个学校就是著名的印度国际大学的前身。从 1912 年起，他游历了欧洲、亚洲和美洲的许多国家。1924 年曾来我国访问，他把这次访问中所作的讲演辑成《在中国的谈话》一书。1930 年他访问了苏联，对苏联社会主义建设所取得的成就有着深刻的印象。1941 年病逝于加尔各答。

泰戈尔是在 19 世纪末 20 世纪初开展他的文学和社会活动的。他所处的时代正是资本主义发展到腐朽和没落的时期，也是亚洲各地掀起革命风暴的年代。在亚洲革命形势的鼓舞下，印度各个地区爆发了多次的农民起义，并且掀起了多次具有相当群众规模的反对英国殖民主义的斗争高潮；印度的宗教、社会改革运动和文艺复兴运动也有了很大的进展。泰戈尔是这些运动的参与者和目睹者。他的哲学和社会思想就是在上述印度民族和民主的斗争中产生和发展的。

泰戈尔是一个学识渊博、多才多艺的人。在六十多年的创作活动中留下了大约 172 种著作。他的主要哲学著作是：《生命的亲证》（1914），《论人格》（1921），《创造的统一》（1922），《有闲哲学》（1929），《人的宗教》（1931），《国家主义》（1917）等。

二、哲学思想

泰戈尔是一个诗人，他的活动主要是在文学方面，但是他曾说过："我觉得我不能说我自己是一个纯粹的诗人，这是显然的。诗人在我的中间已变换了式样，同时取得了传道者的资格。我创立了一种人生哲学，而在哲学中间，又是含有强烈的情绪质素，所以我的哲学能歌咏，也能说教。我的哲学像"天际的云，能化成及时雨，同时也能染成五色彩霞，以装点天上的筵宴。"[①]

泰戈尔的哲学思想虽然有着新时代的内容，但是仍未摆脱印度传统的形式。他接受印度古代唯心主义哲学吠檀多。

宇宙观三种实在的说明：作为最高意识或最高人格的"梵"或神，作为可变和复杂的自然或现象世界以及作为个人灵魂的"个我"或精神。他以神或"梵"为一方，称之为"无限"；以现象世界和个人灵魂为另一

---

① 《海上通信》，译文载《小说月报》1924 年，第 20 卷第 4 号。

方，称之为"有限"。"无限"和"有限"之间的关系是他哲学探索的中心问题。

泰戈尔把神或"梵"看做是他三种实在中的最高实在。他在各种场合对神或"梵"作了各种不同的解释，给予了各种不同的名称（"世界意识"、"最高意识"、"无限人格"、"绝对存在"等）。他认为神是我们经验中的一种"原初质料"，也是一种植根于客观实践生活中的一种"自明的实在"。它是有限和无限、有形和无形、有属性和无属性、个别和全体、一与多的"统一"或"和合"。它既存在于时空、因果等等之中，但又超越于时空、因果等等之外，它内在于事物和思维之中，但又不为事物和思维所限。总之，它的本质也如传统吠檀多所概括的是"实在—意识—欢喜"，亦即真、美、善或绝对的爱。

泰戈尔对神或"梵"的解释与传统吠檀多一元论一样，无疑是一种客观唯心主义。因为他最终认为神是一种超越于客观世界和人的思维，而不以人的意识为转移的一种绝对的、无限的存在。但值得注意的是，他和传统吠檀多不同：他认为神或无限"只是一个空词"，它"本身根本没有意义"，"无限只有在有限中才能表现出来，正像歌（无限）需要歌唱（有限）才能表现出来一样"[1]。泰戈尔用有限，亦即自然、世界和人的精神去解释无限的神或"梵"，把神或"梵"和自然、世界看做同一个东西，这不啻将神贬低成为一种有限的存在。这样，他在哲学上就从客观唯心主义流入了泛神论。因此，我们在泰戈尔的哲学或文学中不仅能看到客观唯心主义的观点，也能看到泛神论的倾向。例如：他说，我们"不独在万物指示中可以看见神，而且在世界的对象里向他敬礼"，"在个别和全体中去亲证他，不独在自然界而且在家庭、社会、国家中可以认识他"[2]，"神在火中，亦在水中，……神在植物中，亦在树中。"[3]

泰戈尔认为神不单内在于自然界、人类社会中，也表现于人的精神领域中。他是用神的属性去说明神，亦即用宾词去说明主词，这明显是一种泛神论。

泰戈尔之所以主张泛神论，是为了要在唯心主义体系加进唯物主义的内容，力图用泛神论的观点来调和精神与物质的对立。他是想从旧的

---

① 《论人格》，伦敦麦克米伦出版公司1921年版，第57页。
② 《生命的亲证》，印度，1943年第2版，第17、20页。
③ 拉达克里希南：《泰戈尔的哲学》，伦敦，1918年版，第41页。

印度教神学中摆脱出来，去建立他的新的宗教原则。他从宗教需要出发肯定了神的物质性，把物质性提高为一种神性的本质，在他把物质性提高到神性的同时，也就将人的思维或精神提高到为一种神性的本质。泰戈尔将思维肯定为神性的本质，间接地是使神从一种人格化实体中摆脱出来使之成为一种思维的对象、一种精神的实体。他的唯心论实质是很明显的。但应该指出，泰戈尔是用这种新宗教的原则去反对中世纪封建的印度教正统神学和偶像崇拜的。

　　泰戈尔认为神与现象世界的关系是一种同与异、部分与全体、形式与内容的关系。在他看来，"没有世界，神是幽灵，没有神，世界一片纷乱"①。他进而认为外部的世界是真实的。他写道："说世界是我们所知觉到它的那个样子，这几乎是一个自明的真理。"② 他说，"当你从实在（指世界。——引者）剥夺去它的现象时，它就失掉了它的真实性的那个最好的部分。"③ 世界上各种现象的易变性、流动性也不能说明现象是不真实的或虚幻的，因为易变性、流动性或不真实、虚幻是属于两种不同的范畴。这些思想，是泰戈尔唯心主义哲学体系中值得重视的唯物主义因素。

　　泰戈尔认为现象世界不单是真实的，而且还是变化和运动着的。世界上的各种事物是和运动分不开的，运动是事物的属性。他说："很显然，世界就是运动（梵文中世界这个字义就是"那运动着的东西"），所有它的形式都是无常的……"，"如果世界停留静止而变成最终的，那么它就成为一个孤独的事实的牢房。"④ 但是泰戈尔对运动的承认只限制于现象的世界或科学世界的范围里，如果超越了这个范围，即在无限或神的世界里则不是运动而是静止的。他说："当我们在那些离得近的部分追寻真理时，我们看见真理是动的。当我们认识整个真理时，即当我们从远处看它时，它是停止不动的。"⑤ 显然，泰戈尔的运动观是和辩证唯物主义的运动观相对立的。辩证唯物主义认为运动是物质的存在方式，是物质的固有属性，运动与物质不可分，世界是永恒运动、变化和发展的

①　《飞鸟集》，译自英文本，第 43 节。
②　《论人格》，第 47 页。
③　《论人格》，第 51 页。
④　《论人格》，第 59、61 页。
⑤　《论人格》，第 44 页。

物质世界。运动是绝对的，静止是相对的，运动既不能创造也不能消灭。物质世界的运动是由其内部的矛盾所推动的。但泰戈尔认为物质世界的运动是有始终的，在有限的世界或科学的世界中是运动的，但在无限的世界亦即神的世界中则是静止不动的。也就是认为运动是一种相对、暂时的形态，而静止则是绝对的、最终的形态。物质运动不是由于内因，而是由外因推动的。泰戈尔在运动中寻求不运动，是要建立他的目的论的体系，为他的神或"梵"是"最高实在"、"绝对存在"寻找理论根据。

泰戈尔在分析物质世界运动问题时，谈到了事物的对立统一问题。他认为在自然和社会现象中有着相互对立、相互排斥、相互矛盾的倾向。他说："在我们梵文中有称为 Dvandva，即宇宙创造的一系列相反的东西，例如正极与负极、向心力与离心力、引力与斥力……这些名词不过是用各种不同的方法来断定宇宙在本质上是各种对立力量的调和，这对立力量像创造者的左右手一样、在绝对的和谐里能动作，在相反的方向里也能动作"[①]，"在这个世界上，我们发现好与坏总是在一起——同样，……恶的地方也总能看到善。"[②] 但他又认为这些矛盾的对立是暂时的、易逝的、相对的，而他的和谐或统一则是永久的、不变的、绝对的。他只谈对立面的联系和统一，否认对立面的矛盾和斗争，从而也就从根本上否定了事物的存在和发展。泰戈尔这种哲学是一种矛盾调和论。矛盾调和论也就是阶级调和论的哲学基础。泰戈尔谈这些哲学观点不是无的放矢的，而是要把它直接引用到社会行动之中。例如他一方面承认印度种姓、宗教等等的对立是印度罪恶的根源，但又认为解决这些对立的方法主要是实现"统一的爱"，"在爱里所有的矛盾自身便沉没而消失。"[③]

泰戈尔认为在科学的世界或现象世界的范围内，物质世界及其现象是按它们自身的规律在发展着的。这些规律是客观地存在着，不以人们的意志为转移的，人们可以认识它、驾驭和利用它来为人类服务。他写道："这个世界有它外表的现象，就这方面看起来它不过是一件极大的机器，在这方面，它的规律是固定的，并且无论向着那一边运动都没有丝毫可以假借之处……要想不照着它的规律去做，便总骗不过机器只骗了他自己罢了，但是有一些人，看懂了那机器的动作的方法，不但能够避

---

① 《生命的亲证》，第 96 页。
② 《戈拉》，第 306 页。
③ 《生命的亲证》，第 114 页。

去它的阻碍，并且能够得到它的帮助。这样，他们便能在这物质世界的道路上任意驰骋了。""信奉普遍的、不能改变的规律，便是科学的基础。"① 这些思想是可贵的。但是泰戈尔除了承认物质世界的规律外，还承认什么人的"内在精神的规律"，说什么物质世界的规律和人的精神规律"相调和无间的"，从而又使他陷入了唯心主义和神秘主义。

泰戈尔认为神与自然或现象世界的关系同样适用于神和人或个体灵魂的关系。（泰戈尔经常把人、人的精神和个体灵魂即自我、精神相混淆。在我们看来有着根本的区别，请注意）人的精神有着两个方面：一方面是独立于神的；另一方面，是统一于神的。因此，人是"有限——无限的存在"，要了解人的有限性只能从内在于人的无限性中去寻得，人在必然的现象世界中有着"有限之极"，在神的希望世界中有着"无限之极"，为此，人必须踏着"两个世界"，既要在地上世界中生活，也要在神的世界中生活。泰戈尔这种沟通神和人的观点是要在印度教种姓统治的社会中，使人从神的束缚中解放出来，追求现世的生活。这种观点虽然披着宗教的外衣，表现出它的不彻底性，但是在当时反对种姓制度的社会斗争中仍然有一定的历史意义。在泰戈尔三个存在的三角关系中，除了神和世界、神和个体灵魂之间的外部关系外，还有世界和个体灵魂或自然与精神之间的关系。泰戈尔认为，要了解自然和精神的关系首先要了解自然、精神和神的关系，因为自然和精神都是神这个最高实在的两个不可缺少的组成部分。因此，泰戈尔认为自然（物质）与精神两者不是自然产生精神，或精神产生自然；也不是自然先于精神，或精神先于自然的关系，而是互相依存、互相包涵、互相需要、互相融合的。精神没有自然或者自然没有精神都是"不完全的"。自然依赖精神是为了"赋予自然以意义"，精神依赖自然是"为了精神自身的表现"。自然和精神的互相需要正像音符对于和音的互相需要一样②。

泰戈尔是一个诗人，他是用诗人的语言来表述哲学问题的，他经常摇摆于自然和精神、主观和客观之间，显现出无数的自我矛盾，使人难于确切地理解。虽然如此，我们从以上的例子中可以看出，他对哲学问题的回答虽然貌似二元论，但归根结底还是唯心论的，因为他最终还承

---

① 泰戈尔：《东西方文化的结合》，子贻译，载《东方杂志》第 19 卷第 10 号，第 8、10 页，1922 年 5 月。

② 《生命的亲证》，第 7 页。

认自然、精神都是由神或"梵"所派生出来的。泰戈尔对哲学基本问题的回答，明显地可以看出，是受到20世纪初欧洲资产阶级反理性主义思潮的影响。他和柏格森、克罗齐等都有过直接的交往，他的哲学强调直觉等等，也都是和他们一样的。

在认识论上，泰戈尔一方面认为我们的感觉是由于外部世界作用于我们感官的结果所产生的。自然界和社会都是我们感觉的"母亲"。他说："我永不会关上我感觉的门户。"① "我们的心灵是一面镜子，多少是精神地反映着我们外面所发生的东西。"② 这种观点接近了旧唯物主义的反映论。但另一方面，他又认为"真正的认识"（他称之为"无限的认识"、"全体的认识"、"创造意识"等）是不依赖于外界而独立存在的，它与感性的知觉、理性等等也是没有联系的。达到"真正的认识"的方法不能依靠科学的分析和综合，而只能依靠人的内心的洞察和直觉。他说："我们探求自然界领域里的真理是通过分析和科学渐近的方法得来的，然而我们要了解我们心灵里的真理是直接的，并通过直接的直觉得来的。我们不能用逐渐所得到的连续的认识获得至高的心灵，因为心灵是全一，不是许多部分凑合而成的"，"……直接的直觉全然不根据任何推论或论证"③。他不懂得个别的东西与普遍的东西、感性认识与理性认识是互相联系的。个别的东西给我们提供感性的知觉，即关于对象的某个方面或个别对象本身的认识。普遍的东西是以个别的东西为基础的，理性认识是以反映个别事物的属性和感性知觉为基础的。由于泰戈尔不懂得上述的联系，认为人的认识"只能感知个别的、有限的对象"，"无限的认识"才能认识"一切无限的对象"，从而使他陷入了唯心主义和神秘主义。

泰戈尔的美学观点是他的哲学观点在文艺领域中的具体表现。泰戈尔认为艺术最终的目的是要揭示神或"梵"的世界，但是神的世界是和现实世界有着密切联系的，因此，艺术不能不反映着现实世界的生活。艺术形象在某种意义上说就是外部世界在作家认识中的主观映象，作家通过他们的创作活动对外部的"原初的经验材料"进行塑造和加工。"艺

---

① 《吉檀迦利》，谢冰心译，载《泰戈尔作品集》第1卷，第158页。
② 《论人格》，第47页。
③ 《生命的亲证》，第37、39页。

术家是自然的情人，所以他是自然的奴隶，也是自然的主人。"① 泰戈尔
认为"艺术中的美只是一种工具，而不是它的完全的和最终的目的"，
"艺术的任务是要建立人的真正的世界——真理和美的活生生的世界"。
他说"为艺术而艺术"这是一种西方的"声名狼藉"的观点②。泰戈尔的
美学观点虽然有它的局限性，但是他一再强调艺术要反映生活，为普通
人民服务。他说：农民和工人"推动整个世界的前进。如果一位诗人不
能走进他们的生活，他的诗歌篮子里装的全是无用的假货。"③ 另外，他
也用这个标准去衡量过去的艺术作品，指责"古代的古典文学只是充斥
着圣人、帝王和英雄。它不是从属于那些默默无闻中被害和受苦的人
们"④。这些思想是难能可贵的，而且他也是以这些美学观点指导他的创
作的。

　　关于泰戈尔哲学思想的来源问题，在国外的研究家中曾引起不同的
争论。由于泰戈尔是一个复杂而又矛盾的人物，他对东西方文化都有一
定的了解，特别是因为他在政治上有着影响，因此很多研究家都怀着各
种不同的目的扩大他某一方面的影响，对于泰戈尔及其哲学思想，给予
不同的评价。有的说他是印度毗湿奴教的先知；有的说他是基督教义的
阐扬者；有的说他是东方文化派；有的说他是西欧主义者。我们认为泰
戈尔的哲学来源虽然很复杂，但不难看出印度古老的宗教唯心主义哲学、
特别是《奥义书》一元论和毗湿奴教的"信爱说"对他的影响是主要的。
佛教的哲学思想对他也有一定的影响，泰戈尔很多诗歌和论文都是取材
于佛教的。至于印度"启蒙之父"罗摩·摩罕·罗易（1772—1833）的
宗教哲学思想对他的影响更为直接。在他的哲学体系中也可以找出柏格
森、克罗齐、达尔文等人的哲学思想痕迹。

三、社会政治理论

　　泰戈尔在一生中通过他的创作和社会活动，对帝国主义和封建反动
势力进行了斗争。他所处的时代正是英帝国统治印度最黑暗的时代，很

① 泰戈尔：《飞鸟集》第85首，郑振铎译，载《泰戈尔作品集》第2卷，第83页。
② 《论人格》，第19、31、7—8页。
③ 《泰戈尔作品集》第2卷，第174—175页。
④ 《论人格》，第28页。

多人在殖民当局的怀柔政策与镇压下失去了信心。泰戈尔对这种现象进行了斥责，他号召印度人民从印度的伟大过去中汲取力量，树立信心，为争取祖国独立和自由而斗争。他在《戈拉》一书中写道："我的祖国不管受到什么创伤，不论伤得多么厉害，都有治疗的办法——而且治疗的办法就操在我们的手里。"1930 年他从苏联回国后，曾号召印度人民起来推翻殖民主义的统治。他说："我看到了俄国人民走向光荣的道路是多么困难，拿俄国忠实子孙所经历的那些难以忍受的艰苦来比一下，那警察的袭击算不了什么。告诉我们的后代，勇往直前吧！……不需要眼泪，别看低了自己。"① 泰戈尔不但以他的文艺创作唤醒人民的觉悟，并且还亲身参与了民族的斗争。他对印度民族主义运动中出现的两种政治派别作了理智的剖视，他指出温和派的态度是从"迁就主义出发的"。他对"激进派"虽然表示同情，但也批评他们某些人脱离群众和"不负责任"的恐怖主义的方法。

泰戈尔的爱国主义浸透着要求人民从封建主义枷锁中摆脱出来的精神，他说："印度在没有摆脱人们和集体的愚昧，普通的人民不被看做真正人的情况下，地主把他们的农奴仅仅看做他们一部分财产，强者践踏弱者被认为是永久法律的情况下，在高种姓轻蔑低种姓像畜牲一样的情况下是永远不能获得独立的。"② 泰戈尔对印度的宗教欺骗、种姓压迫、早婚、寡妇的悲惨生活、婆罗门的愚昧无知等等黑暗现象都进行了揭露和抨击。他号召印度教徒和伊斯兰教徒团结起来，共同对付民族的敌人。

泰戈尔对帝国主义和法西斯主义都进行了谴责。他揭露英帝国主义在印度统治的后果时写道："命运车轮的转动将有一天迫使英国人放弃印度帝国。但是在他们走了以后，留下的将是……一个可怕的贫困，……一堆污泥和一片荒凉！"③

诗人的祖国长期被殖民主义者所践踏，因之他对于被压迫的国家，特别是亚非的殖民地和半殖民地国家有着深厚的同情。他在《非洲》一诗中对帝国主义在非洲大陆的掠夺和屠杀，进行了揭露和谴责，并预言帝国主义在这些土地上的必然死亡。

"当今天西方的地平线上落日的天空涨塞着尘沙的风暴，当走兽爬出

---

① 《俄国书简》，载《译文》1957 年第 4 期。
② 《印度的将来》，转引自拉达克里希南《泰戈尔的哲学》，伦敦，1918 年版，第 226 页。
③ 《文明中的危机》，印度，1941 年。

他们的洞穴 用狂吼来宣告一日的死亡。"①

泰戈尔号召亚洲被压迫的民族在共同反帝的基础上团结起来。他在访问我国时说:"在亚洲,我们必须在联合中,在坚定的信仰正义中,而不是在自我的分裂中以及维护自己的权益中寻得力量……亚洲必须团结起来"②,共同反对帝国主义的侵略。

泰戈尔是一个诗人,他的思想经常驰骋于"自由的天国",他对人类社会的理想曾作过很多的描绘。当他丢掉幻想的天国,进入苦难重重的现实世界时,他憧憬于朦胧的社会主义理想。他说:"我不知道那目的要更合理地分配财富的社会主义是否会有实现的一天,如果没有,那么上天的安排实在太残忍了。"③

泰戈尔在1911年曾经写过一个名叫《顽固堡垒》的剧本。在这个剧本中,泰戈尔认为现存的社会秩序和反动国家都是建筑在剥削和压迫劳动人民的基础之上的。对于这样的社会秩序和国家只有使用革命的暴力的方法才能把它们推翻。并且认为只有在钢铁工人的领导下才能取得革命的胜利,才能建立没有压迫和剥削的理想社会。因此,印度有人认为他对社会的理想是明确的,他的世界观是和他的作品有矛盾的,泰戈尔是一个热忱的资产阶级民主主义者。

泰戈尔提出了人类社会未来的问题,可是并没有明确地加以回答,没有模拟未来社会的具体样式,但却提出了一个判断理想社会的价值标准。他说:"形成社会制度的理想有两个目的,一个目的是规划我们各种贪欲以及人的和谐发展,另一个目的是帮助他对别人养成不计利害的仁爱,因此社会是人的提高天性中道德和精神志趣的表现。"④ 泰戈尔这个价值判断暴露了他对人类社会历史发展的唯心主义看法。

泰戈尔从上述的观点出发批判了历史的和现存的一切国家形式和统治,并且号召人们蔑视和抛弃它。他说:"当这个政治、经济组织——它的别名就是国家——牺牲较高社会生活的和谐而成为全面权力的时候,那末它就是人类罪恶的时日,它只是被贪婪力量所引导的活动机器,那时它能做出在正常心理状态所引以为耻的事","现在已到了一个时期,

---

① 《非洲》,《泰戈尔作品集》第2卷,第157页。
② 《在中国的谈话》,印度,1931年版,第66页。
③ 《俄国书简》,第154页。
④ 《国家主义》,伦敦,1924年版,第120页。

当这时期，欧洲为了全世界被压迫民族的利益，应该完全晓得国家一物是荒谬无理的。"① 泰戈尔对帝国主义国家的批判诚然有合理的成份，但是他否定和批判一切国家则不是一个科学和历史的态度。

泰戈尔热爱人民，相信人民的力量。他一直渴望着印度人民能从封建主义、帝国主义的桎梏中解放出来，获得独立和自由，过着正义、美好的生活。他在《俄国书简》中写道："人类多年来的文化都是平凡人劳动创造的，他们是多数，他们担负着一切重担，但他们从来没有过着人的生活……他们手执火把照耀着站在他们头上的人。"② 但是由于历史的局限，没有使他找到彻底解放的道路。

四、在中国的影响

泰戈尔对我国怀有深厚的感情，推崇我国的优秀文化，热爱我国人民，痛恨帝国主义对我国的侵略。例如 1916 年他在《旅日途中》一文中描写他在新加坡所看到的中国工人的印象："首先引起我注意的是码头上中国工人的劳动。——从那种劳动的力量、技巧与欢乐的汇合里，使我体会到在这个广大阶层里蕴藏着整个中国的巨大力量，美国惧怕的正是这种巨大的力量。中国这种巨大的力量。一旦能放在现代化道路上运行，那就是说掌握现代科学，那时，在世界上恐怕没有力量可以阻挡它向前迈进。但是具有这种可贵的民族力量的中国越是向前发展，有些专为自己利益作打算的国家越是想尽主意来摧毁它。"③ 泰戈尔对英帝国主义和日本帝国主义侵略我国的暴行进行了无情的谴责。他在临逝世前所写的一个文件中指出："另外一个伟大而古老的文明，对它的新近的悲惨历史英国不能辞其责的乃是中国。英国人为了本国的利益先用鸦片毒害它的人民，后来又占有它的一部分领土。当世界将要忘记这种残害的时候，我们又被另外一件事而痛苦惊讶，日本默不做声地并吞华北，它这种肆无忌惮的侵略竟被英国老练外交忽视为微小事件。"④

远在 50 年以前，泰戈尔的著作就被介绍入我国。他的文艺思想和社

---

① 《国家主义》，第 9 页。
② 《俄国书简》俄译本，莫斯科，1956 年版，第 9 页。
③ 《旅日途中》，《泰戈尔全集》第 19 卷，印度，1945 年版，第 331—342 页。
④ 《文明中的危机》，第 20 页。

会理论对我国的知识界中的某些人有过重要的影响。由于泰戈尔是一个复杂而又矛盾的人物，他的思想发展曾经有过一个自我痛苦的斗争过程，同时由于我国资产阶级的各个阶层以及封建余孽怀着各种不同的目的去扩大他某一个方面的影响，因而他的思想在我国的反响是不同的。中国的封建军阀和复古派大力宣传他封建的宗法思想。东方文化派故意抹去泰戈尔要求东方人民摄取世界进步文化的积极作用，把他比之于我国封建遗老的辜鸿铭。玄学派一笔勾去他哲学思想中的积极的因素，专门宣传他的唯心主义与形而上学，资产阶级改良主义者极力鼓吹他的抽象的人性论。例如梁启超说："在泰戈尔的人格和诗中，可以找到表明绝对的爱和绝对自由的原则。"[1] 可是泰戈尔并没有把这个原则实行于人民的敌人方面，他曾说："对于那些不爱人民的人是很难发出爱的感情来的。"[2]

从上面分析中我们可以看出：泰戈尔的哲学从整个看是一种客观唯心主义的理论，但在他的庞大的唯心主义和形而上学的体系中包含着某些唯物主义和辩证法的因素。在他的宗教气氛极浓的神学说教中可以找到某些科学的无神论的观点。他的认识论具有复杂矛盾的性质。泰戈尔社会理论的积极方面在于他的反帝、反封建、爱祖国、爱人民、珍重世界友谊的思想。泰戈尔是一个极为复杂的历史人物，他的世界观中的矛盾，不单是他个人所特有的，而是他所处的时代、社会条件、历史传统等等的反映，这些东西曾经决定了在长期内印度民族解放运动和社会运动中印度民族资产阶级的精神状态。

（选自《哲学研究》1979 年第 1 期）

---

[1] 《在中国的谈话》"序言"，第 20 页。
[2] 《海上通信》，载《东方杂志》第 20 卷，第 14 号。

泰戈尔的《什么是艺术》
和《吉檀迦利》试解

金克木

　　泰戈尔的《什么是艺术》是他在美国的一篇英语讲演。曾经几次译成汉语。他的《吉檀迦利》是他 50 岁时的自选诗集，并且自己进行了英语散文诗体的再创作，也早有汉译。前者是理论，后者是实践。本文打算只就这两者作一点初步的试探性的分析，并不是对泰戈尔的美学和哲学思想以及诗的创作进行宏观的论述，而只能算是微观的窥测，而且只作解说，不作评价。

　　泰戈尔的这篇论艺术的讲演收入专集的发表时间（1917 年）离托尔斯泰的逝世（1910 年）只有几年。然而托尔斯泰的同名著作《什么是艺术》却同泰戈尔的讲演看起来大有不同。托尔斯泰宣传"人民的艺术"，着重于伦理道德，而泰戈尔把艺术归于心灵，仿佛是脱离现实的东西。托尔斯泰说的"人"是"社会的人"，而泰戈尔说的"人"仿佛是"宇宙的人"。两位大作家都是具有唯心主义世界观的思想家，都宣传宗教，都出身于"高贵"门第，又都怀有救人救世的宏愿，然而他们关于艺术的理论和实践却有很大差别，由此可见，宏观的概括以外还需要有微观的考察。本文先提这一点，为的是显出对一位作家的个别著作有进行具体分析的必要，并不是要对他们作比较的研究。

　　现在先讲一下这篇题为《什么是艺术》的论文。先分析外在条件，后分析内在因素。

　　时：20 世纪初期。讲演集初版于 1917 年。第一次世界大战还在进行。俄国十月革命尚未胜利。

　　地：美国。

　　人：泰戈尔。生于印度孟加拉。当时英国还在统治印度；从东印度公司开始控制孟加拉算起，已有近两百年的历史。

这显出了一个对立的矛盾：英、美、欧洲和印度孟加拉。这是政治和经济的，更是文化的尖锐矛盾……

若进一步分析泰戈尔在文化和思想方面的外在条件，就必须联系到他这篇讲演的内在因素。

这篇和讲演集中后面紧接着的一篇突出了艺术和科学的矛盾。泰戈尔把二者对立起来讲。

科学——抽象的，无感觉和感情的，死的。

艺术——具体的，凭感觉和感情的，活的。

这同前面的外在条件的对立正好配上：

科学——工业化经济——英、美——不自然

艺术——农业自然经济——印度孟加拉——大自然

不过，泰戈尔并不是否定科学，只是在艺术方面根本否定科学。艺术只能是大自然的，不能是"人工"的，只是形象的，不是"抽象"的。

什么是"抽象"？泰戈尔明白说，人类社会中有大批"抽象"的东西，名为"社会、国家、民族、商业、政治、战争"。甚至在"宗教"的名义下进行屠杀。这一大堆"抽象"的概念把"人"淹没了。政府和官僚制度对付的是一般概念而不是活活生生的人。"科学"信条"适者生存"（生存竞争的规律）使人性的世界成为"单调的抽象物的沙漠"。这是一片"模糊的星云"，艺术却从这里"创造着它们的星辰"。在这里，泰戈尔是用着形象化的语言说明他所谓"科学"是什么。"科学"实际是一个代表性的名称。

这还只是表面。通观全篇就可看出：泰戈尔用的自然语言和科学用语，这是可以转译的；他又用了一些英语词如政治、社会、科学，等等，带有术语性质，但已吸收入汉语，也容易了解。但有些是他利用英语的词作为印度传统思想（照他的解说）的概念的代号，传达的是和英语原词不同的信息，这就容易产生歧义和误解。这本讲演集的题名以前都译为《人格》就是一例。"人格"这个词，泰戈尔用的意义和英语中常用的意义以及汉语中使用这个翻译新词的习惯用的意义，是很不相同的，这就会影响对泰戈尔所使用的思想范畴和他的思想体系的理解。

下面想就几个这样的词做一点解说。这既是受近几十年来国际上分析语义的做法影响，也是受我国古代传统中一种做法的影响，如《易经》

和清朝戴震的《孟子字义疏证》。不过这里只是极其粗略的起码尝试。为避免烦琐，不能先列材料再抽取说明，而只能作简单解说。

"抽象"：汉语的是译出的新词，和英语的大致相当。泰戈尔用的也是同样词义。但是他一开头分析了人的物质需要和精神需要，随即把人一分为二，接着又将世界也一分为二。他的说明正好同我们的相反：科学世界是不真实的"抽象"世界，反而我们的"人格"（暂用作为代号或密码）所"实现"（这也是一个利用英语词的代号，应当是中国古译的"亲证"）的世界才是真实的世界。科学离开了后一世界，但艺术却产生于这一世界。因此，艺术真实而科学不真实。"真实"一词可以照一般了解，可以说，眼见为真，耳听是实。

乍一看，这不过是唯心主义的颠倒了的世界观，但深一点考察就可看出并不那么简单。泰戈尔所说的正是我们的常识的看法，并不是神秘主义的玄虚。他说得很明白：我们由感觉和感情所得的世界是真实的，而由理智所得的世界只是影子。他不过是说：我们所见所闻的人的生活中的形象世界是真的，而凭分析推理得出规律的世界是只能知道而不能感觉的。这正同柏拉图的世界相反，而同贝克莱的世界也并不一样。若在今天，他大概会说，卫星在天上游行是真实的，而基本粒子和能量定律则是"抽象"的。艺术只能从真实世界产生，而不能从"抽象"的元素和定律的世界产生。

因此，对"抽象"一词必须就泰戈尔的话作具体的理解。泰戈尔把"抽象"排斥出艺术源泉之外，不过是为了指出艺术只能产生于现实生活、形象世界。

照泰戈尔的说法，他当时所处的世界才是个颠倒了的世界，把底层当做了表层。这就是说，认为世界只是化学原素，分子—原子—电子力的相互作用，能量和信息，而人呢，不见了，不过是一堆分子—原子—电子按照数、理、化定律在不断运动罢了。泰戈尔认为这就成了"抽象"的世界。

按照同一看法，泰戈尔反对给艺术下定义，却要追查艺术的"存在理由"、来源和用途。他这样做，为的是对付从西方传到孟加拉来的，造成了混乱的迷雾的艺术评论。他反对清教徒的禁欲主义而提出印度传统的理论"享乐是文学的灵魂"（这是他将印度古文现代英语化的句子）。由此看来，泰戈尔并不是好弄玄虚的空想的人，他是很实际的。他论

"为艺术而艺术"也是有所为而发的。

二、"人格"：这在泰戈尔的文中是一个核心词。他用的英语的这个词，是他所认为的"人"的代号。他的"人"的核心是感情。他引用了印度传统文艺理论的术语"味"（这个术语的含义不只是感情）。因此，这个"人"和排斥感情的科学是对立的。艺术出于感觉和感情而不是出于理智。泰戈尔引英印政府从孟加拉的加尔各答迁都到新德里去时讨论新建筑风格为例。他说：莫卧儿王朝的皇帝还是"人"（有人性），生于印度，死于印度，能有建筑艺术风格，有"感情"（"味"）；可是英印政府不是"人"（没有人性），是个官僚机构，因此是个"抽象"，不能有风格。有个总督想模仿莫卧儿王朝的"御前会议"，这是不可能的。"礼仪"是艺术。抄袭、模仿、伪造、而没有"人"，怎么能行？艺术只是"人"的表现。艺术是"人"同世界的友好对话。两者是一体。他举例说，他和一个日本人同船到达日本，日本人一上岸就投入他的家乡和祖国，他的"人"，而不像印度人那样看见无数新奇事物。他赞美东方艺术，尤其是中国和日本的艺术，因为他们的艺术家认识并且相信这个"人"，这个"灵魂"，而西方人则也许相信个人的"灵魂"，却不真相信世界也有"灵魂"。

泰戈尔所说的"人格"即"人"，或说"人心"、"人性"，等等，其实大概是印度哲学传统中一个术语的含义的译词。这个术语经过佛教文献的翻译成为汉语中的"我"；但佛教是标榜"无我"的，对这个词有种种解说，印度的所谓"吠檀多派哲学"和所谓"奥义书哲学"都是标榜"我"的，其实其中也各有种种派别的解说。近代和现代人又用西方哲学术语加以种种解说，更加纷乱。泰戈尔这一文中有他自己的解说，我们应当依照他自己的说法来理解他用的这个词的含义。

三、"神"：泰戈尔说：印度的大部分文学是宗教性文学。他用的英语"神"字是第一字母大写的上帝：但这不是基督教的上帝或伊斯兰教的真主，也不是佛教所谓印度教的大神。佛教早传到中国，却在印度灭亡了几百年，近几十年才开始恢复。所谓印度教，类似中国的道教，是个包括很多教派的众神殿。这些我们都能了解。但是泰戈尔说的"神"或"上帝"却不同。照他的说法，"神"不是远在天上，也不是只在庙里，而是在我们家里，"神"一再出生为我们的孩子，是个"永恒的儿童"，因此宗教歌曲就是爱情歌曲。"神"是真实的，不是"抽象"的，正如"哲学"和"无限"一样。他引证古代印度一位女诗人的诗证明，妇女在自己的孩子身上认识了生命和"无限"。泰戈尔的"上帝"、"神"是"最上的人"（他用的这个词应是古词"最上我"），就是那个"人格"或"人心"、"人性"，等等，其实无非是指人的感情，由感情的爆发而产生艺术。

泰戈尔的这个"神"并不是他独创的，而是在印度近几百年来（甚至更久远）曾经流行于民间的一种教派思想的产物，这就是所谓"毗湿奴派"。还可以联系到伊斯兰教的苏菲派以及与锡克教有关联的诗人迦比尔。这些教派的宣传者中很多都是诗人。苏菲派的米尔和迦利布是乌尔都语的诗人。迦比尔是印地语的诗人兼宗教思想家。许多"毗湿奴派"诗人是孟加拉语的诗人兼圣者。追溯上去可以到孟加拉的著名梵语诗人，《牧童歌》的作者胜天。这些人都被认为是"神秘主义"者。他们的"神"是人间的，他们（也许应除开迦比尔）的很多颂神诗歌用的是爱情歌曲的形式，而且是灵肉结合的，不是抽象的，不是柏拉图式的。上述诗人中，除了只在思想上属于苏菲派的两位伊斯兰教诗人，都是游走于民间的。他们的"神"无所不在。若用我们常用的术语来称呼他们的哲学思想，那就是"神秘主义"和"泛神论"，但这两词都不是确切的、科学的，而是含糊的、习惯应用的。

上面这一点说明可以从泰戈尔的作品《吉檀迦利》得到印证。

《吉檀迦利》直译是"歌之献"，译为"献歌"还不确切，因此泰戈尔直用印度语为书名。用汉语直译也还不得不加上一个"之"字。古代汉语可以说"芹献"，说"歌献"似乎不合习惯。这本诗集是诗人把他的诗献给他的"神"，其实也就是那个"人"（"人心"等等，"最上的人"），像献香、献花一样。

不用追查哪首诗从哪部诗集选来（如第60首又见于《新月集》），我们也可以看出全书的层次结构。前三者说诗歌由那个"神"或"人"，即"无限"的人的感情而来，又用以献给无所不在的这"泛神"的"神"。随后转向人间。"神"在人中，在各个角落，一直到明显说出既是精神又是物质的国家民族，这却不是"抽象"的概念。诗的歌唱者有时自己说明是"丐女"。歌唱的对象有时是孩子，这就是那个"神"，"永恒的儿童"。有时是少女，是"上帝"，是"女神"，是神的偶像，然后唱出死亡，最后是献诗歌于不知之"神"。这本诗集仿佛是有起、有结、有主题旋律又有变奏的完整的乐章。

同一主题用不同的变奏来不断重复，这是上述那些诗人的共同特点。印度的传统音乐、舞蹈、雕刻和文学作品中也经常出现这种情况。我们不大习惯于这一点，会感觉单调。这也许是像普通外国人不大能分别我们的许多山水画一样吧？

又是谈爱，又是颂神，又充满物质人间的形象，说的又不像是日常生活中的自然语言，这使我们中国读者觉得神秘。

以上两点还不是我们许多人觉得这本诗集难懂的真正原因。说是不懂，实际是不能欣赏，有点格格不入。

可以有一个解释：这本诗是泰戈尔的艺术观的实践。他是言行一致的。在他诗中不要"抽象"，而要他的那个"人"或"人格"、"人心"、"人性"，人的感情。他只是抒发那种感情，不是描写和议论，而他的这种感情同我们所熟悉的大有距离。

诗是语言的艺术。语言在传递信息中具有三项功能：认识的（理智、知识），审美的（感情、信仰），行为的（道德、教育）。我们习惯于前后两种，要知道说的是什么，有什么效果，不大注重第二种。这从说"关关雎鸠"是"后妃之德也"以来就已经如此，其实这仍然不是真正障碍。泰戈尔的诗语言明白，说出事和人和道理，也有道德效果。我们也不是不讲感情，不懂信仰，问题还在于彼此中间的距离。

犹太教和基督教的《圣经·旧约》中的《诗篇》和《雅歌》和《箴言》，哪样能为我们较容易欣赏？泰戈尔的诗同上述那些印度"神秘主义"诗人的诗往往是《诗篇》和《雅歌》的合一，而我们习惯推崇的却是《箴言》这一类型。但是我们也并不欣赏在诗中发教训，也要求诗中有形象和感情。可见"文体"（这词是作为现代文艺评论术语）也还不是主要障碍。

关键可能正是彼此感情之间大有距离。

首先是我们对"神"和宗教的传统一向是"祭如在，祭神如神在"之类，讲"如"，讲仪式。所谓"宗教感情"在不属某一教派的人尤其是知识分子中是很稀少的。例如辛弃疾的词句："众里寻他千百度，蓦然回首，那人却在灯火阑珊处。"这正好像是《吉檀迦利》的题词。但辛弃疾决不会想到他写的"人"是泰戈尔的"神"，也决不会有人认为辛弃疾的词中有"神秘主义"的宗教感情。我们还可以举现代的《教我如何不想他》这首诗和歌为例。

更重要的大概是根本上的感情的距离或间隔。这种"神人合一"和我们的带有巫术气味的"天人感应"不大相同。泰戈尔所追求和表现的东西同我们平常所了解的很不一样。他的"神"不是下命令的主宰者，也不是英雄，不像是神化了的人，而像是人化了的宇宙，是全人类（第77首）。他自己也说是"说不出来"是谁，是什么（第102首）。他的诗中的人对"神"的爱情决不是我们的"天仙配"。在胜天的《牧童歌》中，牧女所恋爱的牧童是人化了的神。这种爱情是灵的，又是肉的。双方又平等又不平等，却并不是社会地位的不平等，而是人和"神"的不平等。这和我们所熟悉的宝玉和黛玉、梁山伯和祝英台、卖油郎和花魁等人的爱情是距离很远的。我们的含蓄而他们的露骨，但是我们看来他们的反而"不近人情"。泰戈尔把露骨改为含蓄，使这种感情离我们更近。

感情不能完全脱离思想基础，这方面的距离很明显。泰戈尔所抒发的人神结合的感情，其思想来源明显和我们不同。他求统一而我们讲对立；他求谐和而我们讲矛盾；他求静寂而我们讲斗争；他求合二而一，而我们讲一分为二。他的爱的对象又是"人"又是"神"，同我们的人和神的概念区别很大。

泰戈尔的这篇论艺术的讲演和这本诗集透露出他的思想感情，中心是在分歧中求统一，在对立中求谐和，企求以人的感情来创造艺术，解决世间的矛盾。他晚年所创作的画很像20世纪出现的一些所谓现代流派，其实也是这一种艺术观的体现。他的诗和他的画同我们所熟悉的距离很大，在我们看来是"不伦不类"。只有他的叙事诗和小说还有故事和人物可为我们了解和欣赏，距离短了一些。他的戏剧却又不同。有些剧实际是诗。我们对于诗是有强烈的选择倾向的。例如，惠特曼的《草叶集》名声很大，却没有全译本流行。

如果以上说的不算根本错误，那么，这一距离也就是中国和印度的，如此相似而又如此相异的两种文化之间的距离吧？

（《南亚研究》1981 年第 21 期）

访泰戈尔故居

周而复

从加尔各答到和平村，完全是两个世界。加尔各答是一个现代化的城市。现代化城市的各种音响，加尔各答应有尽有，到处可以听到喧嚣的声音。和平村则是另外一种景象：平静和辽阔，平静得像一池没有涟漪的止水，辽阔到像看不见边沿。天空的小鸟仿佛也知道这是一个平静的村落，它们不唧啾，只是悄悄地飞过。

泰戈尔创办的国际大学就在和平村里。在绿树叶中有一座座深黄色的建筑物，大半是两层楼房，也有平房，这是国际大学的各个学院。离中国学院不远的地方，有一棵高大的七叶树，国际大学的学生到毕业那年，临走的时候，总要采一片七叶树的叶子带走，作为纪念。

顺着七叶树那条黄土的路走过去，迎面有个单独的院落，两旁是半人高的灌木，两扇黑漆铁门敞开着，这里面就是印度伟大诗人泰戈尔故居。铁门后面是一个大院子。穿过院子，一进大门，便是书室。

这书室很别致：四面的墙上全挂着一人多高的席子，在席子的上端全是大小不一的玻璃框子，玻璃框子里陈列着泰戈尔晚年所绘的三十多幅画，有静坐的人像，有沉思人的像，有风景，有树木花朵，有飞禽走兽，有印度风格的建筑；有水彩画，也有粉笔画。画室当中铺了一张波斯地毯，靠上面放了一张长椅，椅子上有四个腰枕。进门左边是一个泰戈尔生前用的图书目录柜子，那上面有一瓶丁香花。进门侧座当中放着一张空的椅子，用红方格的毯子盖着。椅子前面有一张矮矮的小茶桌，上面有两瓶红的玫瑰花。整个书室显得非常安静和幽雅。

那椅子是一位叫维多利亚的西班牙的女子送给泰戈尔的。1924 年，泰戈尔应邀到秘鲁去，参加他们从西班牙统治下取得独立的一百周年纪念。中途因为生病没有去成，由布鲁塞尔回国了。维多利亚就在布鲁塞尔送他那张椅子；椅子太大，搬不进船舱，只好把舱门打破，这才带回印度，放在他的故居里。泰戈尔非常喜爱这张椅子，经常坐在上面沉思、写诗。

泰戈尔曾经为这椅子写了一首题名"空椅"的诗。现在这首诗就放在红格子毯子上。

罗宾德罗那特·泰戈尔（Rabindranath Tagore）于 1861 年 5 月 6 日生在印度孟加拉州的加尔各答。祖父是王子泰戈尔（Prince Dwarkanath Tagore），父亲是戴温德罗那特·泰戈尔（Devendranath Tagore），也是印度有名的诗人和哲学家。父亲一共有子女 10 人，伟大诗人泰戈尔是其中最小的一个。

泰戈尔虽是贵族子弟，但他出生的时候家里已经没落了。他曾有一段回忆谈到："我们家的情形那时已经很像穷人了。什么马呀，车呀，只是名义上存在罢了。院子外面的一角，皂角树下的铅顶马房里只有一辆马车和一匹老马。那时候我们穿的衣裳也极其简单。脚上穿袜子是以后很久才有的事。当我们可以超过了布拉节西瓦尔的菜单规定，早餐吃面包和香蕉叶子包取的黄油的时候，那在我看起来简直就是登了天。在旧时的豪华渐渐败落的景况下，我们被训练得很容易安于一切了。"

他的童年是在加尔各答度过的，为了培养他，他家给他请了各种学科的教师来教他：尼尔卡玛尔用孟加拉文教他算术、代数、几何，连特先生教他自然科学，"因明论师"赫兰勃也来教他，此外他还读梵文《文法启蒙》和文学作品，从取材于史诗《罗摩衍那》故事的"悉多在森林"一直读到"云音夜义被杀"……

家庭教师教了一些时候，家长便把他送到如泰戈尔自己所说的"制造读书写字的工厂"——学校去读书，先是普通学校的低年级，后来从那儿送到狄克鲁兹先生的孟加拉学院去，希望他在那儿学会几句英文"以后才可见人"。他对于在学校里读书没有兴趣，狄克鲁兹先生说泰戈尔"这样的学生来便不是为念书的，来到这世界上只是为的按月交学费而已"。但仍然要他念书，要他背熟梵文长篇叙事诗《鸠摩罗出世》，要他读梵文剧《沙恭达罗》，要他翻译莎士比亚的《麦克白斯》……这样比较自由的读书，使他从读书工厂里解放出来。

幼年他到了英国。他的二嫂在英国，他到英国后先住在二嫂家。以后入了伦敦大学，跟摩勒先生学英国文学。摩勒先生的教授方法引起了他的兴趣，他贪婪地翻阅着牛津大学出版的文学书籍，用他自己的话来说是："现在我让我自己做自己的先生了。"

他在伦敦大学只念了 3 个月。真正学到的一些知识还是靠他自己从接触人的那方面来的。这以后，他曾经访问过中国、苏联、匈牙利等许多国家。他曾主持印度进步作家协会 1939 年的第二次大会。为了抗议帝国主义的罪行，他拒绝接受爵士称号。他一生积极地参加印度的民族解放运动。

他在十五六岁的时候，已经开始了创作生活，向孟加拉各种报纸和刊物投稿。16 岁那年他参加编辑《波罗蒂月刊》，17 岁离开这个月刊编辑部到英国去了。从他开始文学创作，到他去世那年（1941 年），这其间六十多年泰戈尔经常在创作，所接触到的问题非常广泛，几乎关于政治、社会、哲学、宗教等方面都有，而文学形式也是多种多样的，有诗，有歌曲，有戏剧，有小说，还有论文，等等。到现在为止，他六十多年劳动的成果还没有一个完全的正确的统计。根据已有的泰戈尔作品书名表看，用孟加拉文写的作品有 128 种之多，用英文写的也有 44 种。但是他写的歌曲，据印度朋友告诉我，至少在两千首以上。我在印度访问期间，几乎每到一个地方都听到有人在唱他的歌曲，从最著名的歌唱家到一般劳动人民。

泰戈尔的音乐室就在他的书室后边。现在这间屋子与其说是音乐室，还不如说是图书室更妥当，因为两边摆满了高高的书架，高高的书架上又摆满了各种文学、哲学、社会问题方面的书。但是靠角落那儿的一架钢琴马上使我想起当年泰戈尔在这间屋子里工作的情景。泰戈尔许多歌曲是在这间音乐室里写的。

泰戈尔的侄女和儿媳妇在音乐室安排了印度茶点招待我们。

泰戈尔有一个儿子，已经五十多岁，是学工科的，曾经担任国际大学副校长，现在退休了。他的儿媳妇是位画家，他的侄女是位音乐家。看上去，他的侄女也有五六十岁的样子，穿着灰白色的沙丽，头上的头发已经花白，两颊下陷，嘴上布满了皱纹，步子迟缓，说话的声音很低。她告诉我泰戈尔的著名的舞剧《夏玛》是在这间音乐室里写的，并且泰戈尔还亲自在这间音乐室里看演员排练，修改自己的剧本，一直到他自己认为比较满意了，才到外边去上演。

诗和歌是姐妹，在泰戈尔来说，更是孪生的姐妹。泰戈尔许多诗是谱成曲子流传开去的，而他的歌曲又扩大了他的诗的影响。

泰戈尔从小就喜爱音乐和诗。他的三哥的大女儿是精于印度歌曲的，她从小就学习音乐，上加尔各答著名贵族化女学校去学习西洋音乐，在毗湿纽教师那儿学印度音乐。泰戈尔在他三哥培养之下，也在学习唱歌。后来，更特别给泰戈尔请来一位著名乐师雅都帕莱柠教他。泰戈尔很有歌唱的才能，白天里他只要听别人唱几遍，晚上就可以到妈妈身边唱给她听，叫妈妈大吃一惊。

在很小的时候，泰戈尔就受到诗的教养。每当黄昏时分，他坐下听布拉节西瓦尔念克里狄瓦斯的七章《罗摩衍那》，听查杜济唱孟加拉流行的民歌《班甲里》。他学着写诗。当他还在低年级的时候，大家就知道他会作诗，一直传到哥文特校长的耳朵里去。校长要他写诗，他写了，念了，有人不相信这样小小的年纪会写诗，一定是偷来的。他有一次用"波亚斗"和"特利波底"诗体写了一首诗，给阿确塞先生传诵开去，大家都承认他确实有写诗的才能。

而时间和作品也证明泰戈尔确确实实是印度一位伟大的诗人。

他的侄女一边给我谈着，一边指点音乐室的图画和钢琴。我知道她回忆到当时泰戈尔在这间屋子工作的情景，有点神往的样子。

吃过茶点，她领我们走到后面的花园。当时虽然是 1955 年 1 月 19 日，也就是说正是中国的冬季，可是花园里却盛开着大朵的玫瑰和丁香，一阵阵浓郁香味迎面扑来。花园的甬道是用黄色的小石子铺成的，花台上有秩序地种着各色各样的花，黄的、红的、白的。顺着甬道向左边走去，那儿有一个小池，池子后面还有点小小的山石，山石上有尊泰戈尔的石像，池子四边有日本式精巧玲珑的小灯。紧靠这幽静的园子有一幢房子，窗户都叫帷子给遮盖了，打开窗户就可以清清楚楚地看到园子里的一草一木和水里的树影。这幢房子就是当年泰戈尔的卧室，现在是他儿媳妇的书室。

她的侄女告诉我：泰戈尔喜欢住新的屋子。他们家里任何一幢新房屋落成，总得让泰戈尔搬进去住一些时候，然后他才搬到另一幢房子里去。

从他的卧室墙边过去，有一个较大的池子，断断续续的石块在池子当中铺成一条小路。两边池子里静静地躺着粉红色的睡莲，西方落日的余晖映到池子里，几乎要把整个池子的水都染红了。池边的绿树的倒影，插在水里似的，静静地不动。蓝湛湛的天空，朵朵白云在水上缓缓地移动。一切是这样的平静，一切是这样的安详，不要说听不到车马的声音，连人声也听不见，归鸟也仿佛知道这是诗人的故居，倦游回来悄悄地躲到巢里安眠去了。

> 池子右边通向树林，通向旷野，也是非常的宁静。
> 我站在池子旁边，泰戈尔那些歌颂自然的诗句涌现在我的脑筋里：
> 啊，这些茉莉花，这些白的茉莉花！
> 仿佛记得我第一次双手满捧着这些茉莉花，这些白的茉莉花的时候。
> 我喜爱那日光，那天空，那绿色的大地；
> 我听见那河水淙淙的流声，在黑漆的午夜里传过来；
> 秋天的夕阳，在荒原大路转角处迎接我，如新妇揭起她的面纱迎接她的爱人。
> 但我想起孩提时第一次捧在手里的白茉莉，心里充满着甜蜜的回忆。

同时我想起他《海边》那首诗：

> 孩子们在无边的世界的海滨聚会。头上是静止的无限的天空，不宁的海波奔腾喧闹。在无边的世界的海滨，孩子们欢呼跳跃地聚会着。
> 他们用沙子盖房屋，用空贝壳来游戏。他们把枯叶编成小船，微笑着把它们漂浮在深远的海上。孩子在世界的海滨做着游戏……

一提到泰戈尔的名字，在一般读者中间几乎都唤起一种感觉，认为他是一位爱自然、爱孩子、爱神灵等等的诗人，或者说是"爱的诗人"，甚至有人以为读了泰戈尔的诗作有出世之感。其实不然。不错，在泰戈尔的许多诗篇里确实充满了对自然、母子、神灵等等的热爱，到处流露出对人类的爱情。他的作品里也有宗教色彩和对一些问题的不正确的看法。但是作为印度的伟大诗人，我认为首先因为他是热爱祖国和人民的爱国主义的诗人，是追求美满、幸福、自由的理想社会的诗人。这应该是他的主要方面，而表现这方面的思想感情的作品也应该是他的主要作品。

泰戈尔虽然出生于没落的贵族家庭，但是他对于王子生活却是厌恶的："那穿起王子的衣袍和挂起珠宝项链的孩子，在游戏中他失去了一切的快乐，他的衣服绊着他的步履……母亲，这是毫无好处的，如你的华美的约束，使人和大地健康的尘土隔断，把人进入日常生活的盛大集会的权利剥夺去了。"他想亲近贫贱的人，他说："我想向你鞠躬，我的敬礼不能连到你歇足地方的深处——那最贫最贱最失所的人群中。"他甚至于进一步说："把礼赞和数珠撇在一边罢！你在门窗紧闭幽暗的殿堂里，向谁礼拜呢？睁开眼你看，上帝不在你们的面前！他是在锄着枯地农夫那里，在凿石头的筑路工人那里。太阳下，阴雨里，他和他们同在，衣袍上蒙着尘土。脱掉你的圣袍，甚至像他一样的下到泥土里去罢！……从静坐里走出来罢，丢开供养的香花！你的衣服污损了又何妨呢？去迎接他，在劳动里，流汗里，和他站在一起罢。"

在他的诗里常常可以看到对劳动人民的歌颂，他的创作的泉源主要是印度人民的生活，他用人民活生生的语言表现人民的生活，歌唱出人民的喜怒哀乐，歌唱出人民的希望和理想。他的诗是属于印度人民的，印度人民热爱他的诗篇不是偶然的。

英国侵略印度有 350 年之久的历史。1600 年英国成立了东印度公司，趁着莫卧儿王朝分崩离析的时候，进行大规模武装掠夺。他们先后驱逐了葡萄牙、荷兰和法国在印度的势力，1757 年奠定了独霸印度的局面。据马克思说："根据一份呈报议会的表报，从 1757 年到 1766 年，东印度公司和它的职员让印度人赠送了 600 万镑！在 1769 年到 1770 年间，英国人用囤积全部大米，不出骇人听闻的高价就拒不出售的办法，制造了一次饥荒。"[①] 仅仅是这一次饥荒，根据史书的记载，孟加拉就死掉一千万人。

由于掠取了印度政权的英国资本家的巧取豪夺，印度变成了英国工业的市场和原料的供给基地。印度手工业被摧毁了，依靠农业为生的人口增加，人民更陷于贫穷的境地。有位英印总督说："这样的贫乏，在商业史上实难有其匹。印度棉织工人的白骨，把印度平原的土地都漂白了。"

① 《资本论》，第 1 卷，第 24 章。

19世纪初叶，印度许多地方发生了破产农民的武装起义。1859年印度农民大起义，遭受到英军残暴的镇压和屠杀。英军尼尔将军下令"凡手执武器者处死；受伤者处死；不要活的俘虏。"《泰晤士报》则号召："要一百座印度教寺的土地，来抵偿一所被破坏的基督教会；要残杀一千个起义者，来抵偿一个被打的欧洲人，不要怜惜老人、妇女和小孩。"

这次印度农民大起义一直到1859年4月里，才在英军的暴力和封建地主的勾结之下镇压下来。

1858年11月1日，英国维多利亚女王宣布英国政府正式接管印度，印度就正式变成了英国的属地。

从此以后，印度人民不断地进行英勇的斗争，终于在1947年8月15日取得了独立。1950年1月26日，印度宪法开始生效，宪法规定印度为联邦共和国。

泰戈尔出生的那一年（1861年）是印度农民起义的第5年，是英国维多利亚女王宣布英国正式接管印度的第4年，也就是印度被侵略，亡国变为英国属地的第4年。而泰戈尔死的那一年（1941年），是印度取得独立的前6年，这就是说，泰戈尔一生是在亡国的惨痛生活中度过的，是在英国黑暗的殖民统治中度过的。他要求人应该像人一样地生活，不应该过着殖民地非人的奴隶生活。他在1896年发表的《茶泰利》诗集中就呼喊：

> 你有七千万子孙，亲爱的母亲。但你只使他们成为生活在孟加拉土地上的生物，却并没有使他们变成人。

他要自由：

> 我只要自由，为希望自由我却觉得羞愧。

诗人感到"房子黑暗寂寞"，他要灯火：

> 灯火，灯火在哪呢？用熊熊的渴望之火把它点上罢！雷声在响，狂风怒吼着穿过天空。夜像黑岩一般的黑。不要让时间在黑暗中度过罢。用你的生命把爱的灯点上罢。

他咀咒黑暗，期待清晨：

> 清晨一定会来，黑暗也将消除，你的声音将划破天空从金泉中下注。

> 那时你的话语，要在我的每一鸟巢中生翼发声，你的音乐，要在我的林丛繁花中盛开怒放。

他大声疾呼：

> 进入那自由的天国，我的父啊，让我的国家觉醒起来罢。

他勇敢地用他的笔来参加争取自由和平的斗争，用诗表白他的战斗意志：

> 从今起在世界上我将没有畏惧，在我的一切奋斗中你将得到胜利。你留下死亡和我做伴，我将以我的生命给他加冕。我带着你的宝剑来斩断我的羁勒，在世界上我将没有畏惧。

> 从今起我要抛弃一切琐碎的装饰。我心灵的主，我不再在一隅等待哭泣，也不再畏怯娇羞。你已把你的剑给我佩带。我不再要玩偶的装饰品了！

我读的泰戈尔的作品很少，他有些作品也没有译过来，但只从这些燃烧着斗争火焰的诗句里，就知道他的诗是反映了印度人民对黑暗殖民统治斗争的要求，是印度人民斗争前进的声音。这些诗表明他的一生是如何热爱祖国、反抗黑暗统治和追求光明的。

暮色笼罩了宁静的花园。主人领我们从花园走到国际大学的露天礼堂。国际大学的教职员和学生在演出。

在夜空星光的闪耀下，我聚精会神地望着舞台。

《夏玛》是泰戈尔所写的六部舞剧当中的一部，取材于纪元前的尼泊尔佛教的一个故事：舞女夏玛狂恋一个外国商人华则生，他因为买了一条宝石的项链，国王想要，华则生不给，于是怀宝逃亡。华则生被追缉，经过舞宫，遇夏玛，她请求官厅释放她所爱的人。她得到的答复是，要放他出来必须有另外一个人来代替他领受死刑。这时，有一名叫武体亚的青年爱上夏玛，为了获得她的爱情，他愿意付出他的生命去替换华则生。华则生因而被释放了，他和夏玛坐船离开那个地方。他追问自己为什么能够脱险，等他知道经过情形，就大怒离开夏玛而去。可是他还是忘不了夏玛的爱情，又去找她，但他还是厌恶她。

泰戈尔的舞剧是企图综合印度各种舞蹈的技术，创造出一种新的舞剧。从《夏玛》这个舞剧里就可以看出许多特点：包括南印度的"加特加里"，东北印度的"莫尼甫里"，印度民间舞以及锡兰的"干笛"。这舞剧表现出幸福不应该建立在别人的痛苦上。

就我所读过的一些泰戈尔的作品来看，诗人只是反映问题、提出问题，而不能解决问题，或者说他不知道如何才能解决问题，比如说，他所理想的"自由的天国"吧。关于这，他有一段具体的描绘：

　　在那里，心是无畏的，头也抬得高昂；

　　在那里，知识是自由的；

　　在那里，世界还没有被狭小的国家的墙隔成片断；

　　在那里，话是从真理的深处说出；

　　在那里，不懈的努力向着"完美"伸臂；

　　在那里，理智的清泉没有沉没在积习的荒漠之中；

　　在那里，心灵是受你的指引，走向那不断放宽的思想与行

为——

　　进入那自由的天国，我的父啊，让我的国家觉醒起来罢。

如何进入那自由的天国呢？答案就很渺茫。他曾经相信广泛地展开各民族间的文化交流，建立彼此之间的了解，使所有的人都重视"人的价值"，来完成一种"世界文化"，那么，人类就可以逐渐进入"自由的天国"。他于 1901 年在和平村创办了小学，1920 年创建了国际大学，规定"不分性别、国籍、种族、信仰、阶层或阶级……宗教信仰或职业"，都可以到国际大学当教员、做学生，研究东西方一切现代科学的成就。单靠"文化交流"就可以进入"自由的天国"吗？当然不能。他进一步去追求他的理想。他说：

我不知道那目的要更合理地分配财富的社会主义思想是否会有实现的一天，如果没有，那上天的安排实在未免太残忍了，而人也真是一种太不幸的生物。因为，如果在这世界上必须有苦难存在，那就让它存在吧，但总应该留下一线光明，至少留下一点可以瞭望到的可能性，以使人类中较高贵的一群能够怀着希望进行不倦的战斗，以减轻人世的苦难。

1930 年泰戈尔访问苏联，他亲眼看到的事实回答了自己的疑问。他在苏联通信里说："我所见到的都是奇迹，没有一个国家能和它相比。"他在寻着理想的道路。

他热爱人类，痛恨帝国主义；热爱和平，痛恨战争；为了中国人民，

他曾经痛恨过日本帝国主义。陪我参观泰戈尔故居的主人告诉我这样一个故事：

1916年泰戈尔应邀去日本东京讲学，受到日本政府和学校的热烈欢迎。这时正是第一次世界大战，日本帝国主义趁机侵占中国的山东。泰戈尔当时反对这种侵略行为，认为日本虽可能得到一个地方，但将失去一个朋友——中国。日本将要自食其果。这消息登在日本的报纸上。泰戈尔讲学以后离开东京，没有一个人欢送他。他走的时候的被冷落和他来的时候的热烈欢迎成了一个强烈的对比。1937年泰戈尔又到了日本，他仍然重复这一段话。在他逝世之前病榻垂危的时候，他还不断关怀中国人民抗日战争的情况。

1945年日本帝国主义终于投降了。印度出席远东军事法庭审判战犯的代表有一天收到一张旧的日文报纸，是一位日本人送来的，这就是登泰戈尔那段谈话的报纸。泰戈尔的预言实现：日本帝国主义自食其果了。

泰戈尔对中国人民有崇高的友谊和强烈的热情。我们也是怀着这样的友谊和热情去访问印度的。我们也带着这样的友谊和热情去访问泰戈尔的故居。

晚会散后，夜空满天星斗。路过泰戈尔故居门前时，我又留恋地望了夜色中的印度伟大的爱国主义诗人的故居，然后才向包普车站走去。

（1955年5月10日北京，选自《人民文学》1955年第7期）

《戈拉》前言

石　真

　　《戈拉》(Gora) 是罗宾德罗那特·泰戈尔（1861—1941）长篇小说中最优秀的一部。从它 1907—1909 年在《布拉巴希》(Prabasi) 杂志上连续刊载，1910 年印成单行本出版，到今天差不多已经 50 年了。它一直受到印度广大读者的喜爱，被认为是印度批判现实主义的伟大作品，印度人民的宝贵文学遗产之一。

　　这部小说描写了孟加拉知识分子中急进民族主义者、正统派新印度教徒和梵教徒之间的斗争；揭露了印度教的问题和隐藏在它背后的社会病态。这是一部描绘 19 世纪 70 至 80 年代孟加拉社会生活的史诗。

　　19 世纪 70 年代是印度民族运动发轫的条件都已具备的时期：印度的资本主义已经为自己开辟了道路，资产阶级和无产阶级两个新兴的阶级已经成长起来；日益贫困的农民在严重的饥荒所造成的数以百万计的死亡情况下纷纷起义；人数极为众多的小资产阶级知识分子阶层已经形成，其中有许多人已经意识到殖民制度只能给印度人民带来灾祸和苦难，于是反英和谋求解放的情绪在知识分子中间便蓬蓬勃勃地高涨起来。

　　当时印度民族运动主要可分为两大思想体系。一派主张努力接受欧洲文化，改革印度教，铲除一切陈腐的传统与陋习。通过改革争取在英国的统治体系内获得较大的政治权利，使印度人能更广泛地参加国家机构。

　　梵社的活动就属于这一思想体系。梵社是 19 世纪初孟加拉著名启蒙运动者罗姆·摩罕·罗易 (Ram Mohan Roy) 在 1828 年建立的一个宗教改革团体。它在当时起过积极的作用：把孟加拉为数不多的文化人士团结起来，并且进行了反对种姓制度、偶像崇拜、寡妇自焚殉葬等等进步活动。1833 年罗易死后，泰戈尔的父亲戴温德罗那特·泰戈尔 (Devendranath Tagorc）就成了这个教团的著名领导者。后来由于这个教团的一部分教徒在克舒勃·钱德拉·森（Keshab Chandra Sen）的领导下脱离印度教的基础，吸收了过多的基督教观点，终于在 1865 年分裂成为两派。一派是戴温德罗那特领导的"元始梵社"，一派是克舒勃领导的"印度梵社"。戴温德罗那特虽然反对印度教的种种仪式，却并不否定印度的文化传统。他痛恨崇拜欧洲文化的现象，竭力鼓励人民研究印度古代宗教哲学。这一派教徒人数不多，并且不积极参加政治斗争。到了 20 世纪初，它在孟加拉社会中已经不起作用。最后连他的儿子——作家泰戈尔也退出了这个教团（泰戈尔在 1911 年以前一直是梵社的秘书）。克舒勃是一位积极的社会改革家，他的活动着重在废止童婚、支持寡妇再嫁以及印度教生活中一些其他改革。但是这个教团有很多信徒轻视印度民族文化，崇拜西方文明。有些人趋于极端，甚至反对印度传统的音乐和舞蹈。作者在他的小说里所描写的梵社就属于这一派。

另一派思想体系是在这个时期刚刚形成的"新印度教"。正统派新印度教徒坚决反对崇拜西洋文明，主张发展民族文化，加强民族自豪感，反抗统治者的专横压迫。但是他们同时主张复古，主张严格遵守印度教一切传统，甚至是保守的传统。他们认为这样才能建立民族意识。这一派的代表人物是泰戈尔的前辈、印度现代小说的先驱者班金·钱德拉·查特吉（Bankim Chandra Chatterje，1838—1894）。以后则由印度民族解放运动著名领导者铁拉克（B. G. Tilak，1856—1920）所领导。

泰戈尔经常批判新印度教保守的一面。1884 年他和班金在新印度教的问题上发生了激烈的争论。泰戈尔一向反对宗教偏见，反对种姓制度和中世纪落后的传统。他是印度文化的热烈捍卫者，了解和珍视自己民族的光荣传统，但是他并不缅怀古代印度的复兴。他重视科学和进步，他知道印度人民有许多地方应该向欧洲人学习，但同时也警告自己的同胞不要迷信西方。他和正统派新印度教的冲突就在这些地方。

泰戈尔写这部小说是在 20 世纪初，正是铁拉克所领导的极端派在1905—1908 年印度民族解放运动第一次高潮中起着决定作用的时期。极端派是 19 世纪 90 年代印度资产阶级的政党——印度国民大会党中开始出现的一个以小资产阶级知识分子为代表的反对派。极端派批评旧的稳健派领袖们与帝国主义妥协的政策。他们要求一个更明确的跟帝国主义断绝关系的斗争纲领，提出用暴力推翻英帝国主义对印度的统治。在极端派有力的影响下，1905 年国民大会通过了支持（有条件的）当时孟加拉轰轰烈烈的抵制英货的群众性运动的决议。1906 年通过了民族解放运动新的斗争纲领：支持抵制英货运动；提倡民族教育；要求自主（在帝国范围之内的殖民地自治）和自产（发展民族工业）。这是印度国民大会党从 1885 年成立以来第一次在它的决议里提出自主的基本要求，在印度工人阶级还未有组织，广大农民还没有真正觉悟起来，一部分知识分子对自己的民族失去信心，眼望着西方不胜向往的情况下，极端派是当时最进步的力量。

但是极端派在提出用暴力推翻殖民者对印度的统治，要求印度民族独立解放的同时，还提出了一套主张复古，保持印度教落后传统的反动的社会纲领。他们认为稳健派领袖们跟帝国主义妥协是因为他们完全向英国文化投降，认为这些人满脑子都是英国资产阶级的学识、观点和政治见解。为了反对这种倾向，极端派力图把印度的民族意识建立在印度教的基础上，建立在古代印度雅利安文明的基础上，来对抗西洋文明，来发动群众性的反帝斗争运动。他们把英国统治以前的印度描摹成黄金时代。一切科学与社会的发展都被斥为征服者的文化。一切妨碍进步和团结的陈腐传统，都被奉为理想加以推崇。结果这些本来富于斗争性的人民领袖，反而成了社会上一切腐朽的落后的传统势力的拥护者、同盟者，造成了印度政治上一个悲剧性的局面。这种力图使印度民族解放运动具有印度教宗教色彩的主张正是 70 年代刚刚形成的正统派新印度教的思想体系的继续和发展。因此泰戈尔在这部小说里虽然描写的是 19 世纪 70 到 80 年代的情况，同时也反映了 20 世纪初的时代特征。他接触到的许多实际问题，都有重大的现实意义。

《戈拉》反映了印度社会生活复杂的现象。塑造了印度民族主义者鲜明而生动的形象，歌颂了正统派新印度教徒民族爱国的激情和他们对于祖国必获自由的坚定不移的信念；同时也批判了他们教派主义的偏见，批判了他们热衷于保持阻碍印度进步、造成高级种姓与低级种姓之间真正壁垒的种姓制度的错误观点，也批判了他们缅怀古代印度的复兴所造成的脱离实际、脱离人民的倾向；并且指出一切真正为祖国服务的人，应该跳出这些狭隘的圈子，应该面对现实，面对"真正的劳动园地"——"给三万万印度儿女谋福利的真实的园地"。

戈拉是这部长篇小说的中心人物。在这个人物身上，作者倾注了满腔的爱国热忱和强烈的民族自尊感。他是一个印度民族主义者的典型人物形象。他是印度爱国者协会的主席，印度教徒青年们的领袖。他热爱自己的祖国，随时准备为它献出自己的财富和生命、血液和骨髓、天空和光明。他对于祖国的必获自由抱有坚定不移的信心，他在"贫困饥饿、痛苦受辱的地方"看到"一个摆脱了一切束缚的光辉灿烂的'未来'"。他相信：

"……我的祖国不管受到什么创伤，不论伤得多么厉害，都有治疗的办法，——而且治疗的办法就操在我自己手里。"

他嘲笑那些对祖国失去信心的人，那些"时髦的爱国者"他们无论对自己或是别人都提不出"强硬的要求"：

"……就是财神爷想赏他们一件东西，我相信他们除了要一枚总督勤务兵的镀金徽章以外，也决不会有勇气要求别的东西。他们没有信心，因此也就不存希望。"

他对他的朋友，印度爱国者协会的秘书宾诺耶说：

"目前我们唯一的任务，就是要把自己对祖国所有一切东西的坚定不移的信心，灌输给那些没有信心的人。因为我们以祖国为耻已经成为习惯，奴颜婢膝的劣根性也就毒害了我们的心灵。"

他认为那些对祖国失去信心的人，是由于他们相信了英国人的"书本上的知识"，忘记了印度过去光荣伟大的历史，是因为他们被"洋奴生活"所诱惑，自视高人一等，脱离人民群众。他要人们相信：在殖民统治下印度受屈辱的那个形象，只不过是"恶魔点化的幻景"，另外有个"十全十美的印度——富裕昌隆、知识渊博、正直不阿的印度"，那就是英国统治以前的印度。他号召人们把脚跟站定在那里，凭自己的理智和感情从里面吸取生命的活力，唤起对自己拥有的伟大财富的自豪感，重新建立对祖国的信心，时刻做好准备，争取祖国的自由，掀起反殖民制度的斗争。

虽然戈拉把对祖国的信心——印度的民族意识建立在正统印度教的基础上，建立在对印度教"古圣梵典上的规矩"的严格遵守上，但是他那种对一切英国东西都势不两立的反抗精神，他对那些以做官为荣、瞧不起自己的同胞、谄媚殖民统治者的知识分子的极端痛恨，他那靠近人民，希望分担他们苦难的热烈愿望，他那保卫农民和大学生以及其他许多"捍卫被蹂躏的正义"的行为，使他的形象十分亲切动人。印度的一位批评家班纳吉（S. K. Banerjec）说："戈拉就好像是渴望印度自由，愤怒地反抗自己社会和政治上的奴隶地位而斗争的印度心灵的化身。"

作者满怀同情地描绘了他的思想、感情以及他的信念的演变过程，对于他的谬误的见解和宗教偏见，作者的态度不是攻击，是首先追溯产生这种偏见的原因。戈拉并不是一开始就反对一切"现代文明"，主张保持印度教的各种中世纪封建残余的。他对梵社向往，本来一有机会就准备贬责古圣梵典的训诫和那些流行的习俗，但是因为一个英国传教士那样无礼地攻击印度的宗教和社会，使他怒不可遏地起来为印度辩护。他尽最大的努力，从各方面证明宗教和印度社会的完美无瑕。他在一本书里写道：

> "我们决不能让自己的祖国站在外国法庭的被告席前受外国法律的审判。我们的荣辱观念，决不能用外国标准来逐点衡量。无论是在别人面前，还是在自己心里，我们都决不能为自己的祖国感到羞耻——不管是在传统方面也好，信仰方面也好，经典方面也好，都是一样。我们必须拿出全部力量和自尊心，果敢地负起祖国的担子，使我们的国家和我们自己免受侮辱。"

是那种对民族尊严的热烈捍卫，对"强盗民族"自恃有力而对被压迫民族的文化横加摧残的强烈的憎恨以及热爱祖国的高贵的品质，使他为印度教的崇拜偶像和它加在妇女身上的封建桎梏辩护，为种姓制度和婆罗门特权辩护，并且不加分析地肯定"祖国的一切都是好的"。我们分析一下就知道，他严格遵守一切印度教的规章制度，小心保护自己种姓的纯洁，并不是出于深厚的宗教感情，而是因为他把印度教当做接近人民的工具，希望通过它"跟全国人民精神上取得一致"，从而汲取力量，争取印度民族的复兴。

作者所表达的是印度人民一直蕴藏在心中的思想和感情，这种思想和感情是能够为世世代代的人们所理解的。这就是戈拉所以能够赢得读者喜爱的原因。

可是泰戈尔对戈拉不是毫无批判的，他让戈拉在现实面前引起内心的种种冲突终于纠正了自己的偏见。

戈拉严格遵守印度教教规，坚持保存种姓制度造成他对自己的冲突，和自己亲人之间的冲突。他因为他的母亲用了一位信仰基督教的女仆，自己就不肯从她手里接水喝，并且禁止他的朋友宾诺耶在她那里吃东西，虽然他极爱他的母亲。他和宾诺耶争吵，因为宾诺耶对于印度教的信心并没有他那样坚定，"每逢看到我们社会的缺点，看到我们种姓制度的弊端"，总不免怀疑。宾诺耶和梵社的姑娘来往，戈拉批评他是学英国人的时髦，是英国人所谓的爱情。他不惜和宾诺耶绝交来反对他和洛丽塔结婚，因为宾诺耶这个婆罗门子弟"在断送他的荣誉，他的种姓，他的体面"。他内心里爱上了梵社姑娘苏查丽达，却答应她姨母的请求，劝她遵守印度教的训诫和别人结婚，虽然他心中十分苦恼。

戈拉在乡村的一段经历使他进一步认清自己坚决保存印度教的种姓制度和一切清规戒律的错误。他在昏睡般的乡村生活中看到祖国赤裸裸虚弱可羞的形象。人们严格遵守传统习俗，却无人问这种习俗是否正当。而传统习俗只是将人分成等级，又将各个等级互相分开，造成社会阶层的鸿沟，并将人压得麻木无力，连日常生活上的事情都不能应付。他看不到"那种通过爱情、服务、怜悯、自尊和对全人类的尊敬而给一切人以生命、力量和幸福的宗教"的踪迹。这一切使他觉悟到：他再也不能把实际上是一片废墟的印度教社会描绘成一幅引人入胜的图画了。他感到宗教传统是有害的，于是不再那么坚持种姓的偏见了。他的养父克利什那达雅尔病重时最后揭开了他爱尔兰身世的秘密。他把它当做解脱来欢迎，他再不必步步留神去保持种姓的洁净，那条跟人分离的使他不能和低贱种姓的人平起平坐的鸿沟消失了。在他身上印度教徒、穆斯林和基督教徒之间再没有什么对立的现象了。他再也不必把那些实际是"进步的障碍"当做信仰，并给它加上种种漂亮的装饰，来填补他心中的空虚了，再也不必缅怀古代印度的复兴了。他仿佛来到了一个心旷神怡的世界：

> "……印度的一切善恶，印度的一切悲欢，印度是一切智慧和愚昧，都毫厘不爽地亲切地呈现在我心里。现在我真的有权利为她效劳了，因为真正的劳动园地已经呈现在我面前——这并不是我的假想的创造物，这是给三万万印度儿女谋福利的真实的园地！"

作者同情戈拉的斗争。但是代表作者观点的人物毕竟是帕勒席先生——一个具有自由主义思想、民主观点的资产阶级知识分子代表人物。

作者通过他批评了戈拉的徒劳无益地向过去伸手求助的复古主义；谴责了使人民分裂的种姓制度和梵社不分青红皂白地想跟印度教徒断绝关系的宗派之见。

帕勒席先生从容克己，恬静宽厚。他对宗教抱有虔诚的信仰，一贯追求与真神结合，既不崇拜偶像，也不污辱别人的信仰。他从不讲究梵教与非梵教之分，因而他和印度教徒的来往，常常被那些教派观点极重的人加以非难。他尊重个人自由，认为社会为了尊重个人应该变得开明一些。当个人与社会发生冲突的时候，他考虑的是哪方面对，而不是哪方面强。他鼓励反抗社会的人，认为"有勇气在自己生活中尝试解决人生新问题的人，正是那些使社会臻于伟大的人！那些仅仅循规蹈矩过活的人，并不是在使社会进步，只是在使社会得以维持下去。"因此当他女儿洛丽塔爱上了印度教徒的宾诺耶引起了教派冲突，受到双方阻止与责难的时候，他不顾妻子的反对、宾诺耶伯父来信的辱骂、印度教徒阿宾纳席的当面嘲弄以及哈伦把他从梵社管理机构中开除出去，仍然帮助了这个"叛逆"行动，料理了这件婚事，并且鼓励他们在一切障碍面前照自己认为对的去做。

在帕勒席先生的身上我们看到争取社会改良，反对封建愚昧的印度资产阶级旧派民族主义者稳健派领袖们的影子。也可以看到泰戈尔对于印度宗教问题的主张：他既不赞成正统新印度教徒的热衷于保存种姓制度，也不赞成梵社自成一个小团体脱离人民的宗派主义。他要寻找的是一个自由、宽大、慈悲、人道主义的信仰，这种信仰是积极的、民主的，不至于在人与人的关系上造成阻碍的。

和戈拉对立的是梵社的领袖哈伦先生。一位精通英语、熟悉哲学的教书匠。作者笔下所刻画出来的一位除了肤色以外，在精神上完全和英国统治者一致，并对他们摇尾乞怜的典型人物。他只推崇《圣经》，从不读印度的文学遗产，并且主张梵教人家应该摒弃这类书籍。他认为印度民族永远不会有任何成就，并且诽谤孟加拉人性格上有种种缺点，当不好行政官。他把英国教科书上污辱印度人的句子背得烂熟，并且恬不知耻地用它来谈印度的坏风俗，以高人一等的口吻在英国县长面前辱骂自己的同胞：

"……这些忘恩负义的人，因为只知道背死书，没有什么道德修养，所以就是不愿承认英国在印度的统治是神意的安排。"

他自封为"梵社一切真善美的东西的监督者和保护者"。但是他的教派门户之见和刻薄的天性，使他什么样的卑鄙勾当都干得出来。当苏查丽达和洛丽塔反抗了他的干涉，突破了教派的小天地，开始有了民族意识的觉醒时，他不择手段地写匿名信，发表文章，并不惜雇了车挨家逐户去诋毁她们。戈拉和他的朋友宾诺耶与哈伦的冲突不仅是教派间的摩擦，更重要的是民族主义者和民族虚无主义者，爱国志士和殖民者的奴才之间的斗争。

在这部小说里还有许多成功的妇女的形象。戈拉的母亲安南达摩依是作者怀着极大的崇敬自始至终肯定的人物。她具有非常完整的性格和感人的魔力。她是一位著名梵学家的孙女儿，严格遵守印度教的仪式。但是自从她收养戈拉做儿子以后，就把祖上七代相承的传统连根拔起了。她的纯真的母性的人道主义，不容许她因为谁生来种姓低贱或者谁是基督徒就轻视或拒绝他们。她说："谁要是怀里抱了小孩，就会相信世上没有一个人是生来就有种姓的。"她生活在一个正统派印度教家庭里，却对印度教社会的种种清规戒律丝毫不加理会，"纯然本着自己的天性行事"。她的行为使她的丈夫很不喜欢，儿子们也很不满意，她只是不作声地耐心忍受，但是这忍受并不是屈服，而是韧性的战斗，无论什么力量都不能改变她的观点，"都不可能使她不照她认为对的做去"。

她通情达理，智慧明朗。戈拉的坐牢曾使她流下做母亲的欢乐和骄傲的眼泪："她的这个戈拉是个多么了不起的戈拉啊！他不是胆小鬼，他没有去奉承县长，求他怜悯或者饶恕。"她在洛丽塔的亲事所引起的风波中，不顾戈拉的阻拦，全心全意地为他们安排一切，给这对新婚夫妇以及帕勒席先生以精神上的安慰。

她是被作者当做理想的印度教妻子，"世间所有母亲的化身"和印度的象征来描写的。在小说的结尾，有这样一段话：

> "母亲，你就是我的母亲！"戈拉大声说。"过去我到处去寻找的母亲，原来始终坐在我的房里。你没有种姓，你不分贵贱，你不知憎恨——你只是我们幸福的化身！印度就是你。"

安南达摩依和帕勒席先生这两人之间有许多共同之处，譬如，帕勒席先生反对造成人与人之间分裂的种姓制度，反对教派门户之见；安南达摩依也认为："梵教徒跟正统印度教徒究竟有什么区别呢？人的心里并没有什么种姓——老天爷在人的心里使人团结，他在人的心里跟人接近。难道我们可以疏远老天爷，把团结人的责任交给教义与礼仪去吗？"在儿女的婚姻问题上，安南达摩依认为："婚姻是心与心相结合的问题——要是心联在一起了，那么，举行婚礼的时候念什么经又有什么关系呢？"她赞成梵教徒与印度教徒互通婚姻；帕勒席先生也主张在这个问题上首先应该考虑的是人，是双方的幸福，而"不应该对社会的阻碍有所顾虑。"但是，帕勒席先生那种软弱的、力图"超然于争辩的双方之外"的消极冥想的态度和安南达摩依性格的坚强、态度的积极热情比较起来，常常显得苍白无力，远远不能赢得读者像爱安南达摩依那样的热爱。

梵教的姑娘们里面，苏查丽达和洛丽塔给人以难忘的印象。

温柔聪慧，内心充满宁静的毅力的苏查丽达是帕勒席先生最宠爱的。她是梵教虔诚的信徒，对梵教领袖哈伦先生非常崇敬，并且准备为了梵教的利益和他结婚，虽然她感到"这个婚姻好像是十座由恐惧、崇敬和责任砌成的石堡"，里面并没有幸福的生活。自从她认识了戈拉，才真正发现哈伦先生蔑视自己的人民，对殖民当局摇尾乞怜的恶劣品质，因此非常讨厌他，断然拒绝了这个婚姻。

苏查丽达在社会和宗教问题上，并不同意戈拉的看法。但是她热爱祖国，并且关心人民的命运。她看见戈拉一听见自己的同胞受了侮辱立刻咆哮如雷，她的整个心灵也就起了共鸣。她看出"戈拉这种带着抗议意味的正统印度教的信仰含有一种反抗精神"，并且发现戈拉的谈话里"充满了对祖国的信心、力量、热爱和痛苦"，这使她不能不对他的见解加以考虑。戈拉的谈话，使她认识到在家庭和教派的小天地之外还有宽广的生活，使她感到自己过去的生活是和祖国脱离并且毫无意义的。在戈拉的影响下，她对新印度教有了深刻的认识，成了戈拉的知己，并且宣布自己是一个印度教徒。她说：

"……以前，不论是跟祖国的'过去'还是'未来'，我都从没有任何关系，可是现在我心里对这种关系的伟大和实在有了如此美妙的认识，我简直忘不了它……我怎能说我是个脱离了自己种姓和祖国的无足轻重的人呢？我为什么不能说'我是个印度教徒'呢？"

但是，她对于新印度教的崇拜偶像和复古意义仍然保持批判的态度。

戈拉曾经引导她用清醒的理智去观察印度，用心中的赤诚去热爱印度，回到印度里面来，与她"合而为一"。她渴望参加有利于祖国的活动，知道为了挽救祖国濒临死亡的命运，自己"同样也有一份工作要去完成"，但是她没有机会贡献自己的力量和热情。戈拉也不曾告诉她那是什么样的工作，给她指出奋斗的道路。她怀疑："我们能像从前那样，闲坐在家里，一味躲在远古的律令中安身吗？"印度妇女传统的命运不能使她满意。她寂寞、苦闷，只能对她的小弟弟说："你是生在一个伟大的国家，你必须全心全意去为她工作。"

通过苏查丽达的怀疑与苦闷，作者对于正统派新印度教徒在实际斗争中只知夸夸其谈，缺乏行动的武器和计划提出了严厉的批判。

读者喜爱苏查丽达的温柔甜蜜、纯洁善良。同时，帕勒席先生的二女儿洛丽塔嫉恶如仇、坚韧不拔的性格，独立不羁的风采，异常勇敢的行为却更震撼读者的心灵。她反抗社会上一切邪恶的势力，始终积极地为追求自己认为正确的道路、为争取自己的权利和自由而斗争。她认为："一个人容忍邪恶，不加抗议，就等于是助长邪恶。对付邪恶的特效药是向邪恶战斗。"

戈拉的被捕，她的愤慨比任何人都激烈。她声明晚上决不到县长家里演戏，并且对宾诺耶说：

> "……正因为我们对自己狭小、圈子以外的事毫无所知，所以我们才把事情误解到不分黑白的程度！潘努先生说，这位县长的统治是上天给印度安排下的。如果这是真的，那么，我只能说我们衷心地诅咒这种统治，这也是一种天意的安排。"

她对殖民统治者的刻骨憎恨，使她不告而别独自乘船回家。宾诺耶被她这种出走的举动吓坏了。她说："我真不明白，凭什么因为我生来是个女孩、就必须万事忍受，不加抗议。"她认为即使叫她自杀都比叫她在统治者面前演戏容易些。

她的出走行动，被哈伦先生之流认为是鲁莽孟浪、不合体统、大逆不道的行为，并且到处造谣，对她进行毁谤；她替女孩子开办的学校遭到哈伦先生的破坏；她和宾诺耶的结婚也遇到教派主义者种种阻挠，甚至她的母亲和姐妹们都板着面孔不理她，不肯参加婚礼。但是，无论是哈伦先生的造谣中伤也好，无论教会认为应该给她什么惩罚也好，都不曾吓倒她。她的宁愿跳海也决不肯落在猎狗嘴里的反抗精神和斗争勇气使读者深深感动。

洛丽塔是一个印度的新型妇女形象。这种新型的妇女将摆脱苏查丽达的姨母哈里摩希妮那种给眼泪冲洗过的悲惨的命运；将冲破家庭、教派的小天地，参加广大的社会活动，参加印度人民的解放斗争。同时作者也说明印度妇女要摆脱传统的命运，争取自己的地位并非一件容易的事，她们需要付出很大的代价，进行不调和的斗争，根深蒂固的社会传统像恶魔似的时时抓住她们，要把她们咬成碎块；可怕的教派禁令在那儿张牙露齿地威吓、阻碍她们。为了争取自由和幸福，她们必须忍受多少痛苦和侮辱啊！

在这部小说里，一些次要人物的描写也都很生动。

戈拉的养父克利什那达雅尔是一个突然改信印度教的代表人物。他年轻的时候，又吃肉又喝酒，无论到哪里都要带上自己的妻子。这种不合印度教的习惯，使他得到英国上司的嘉许，他升了官。1857 年印度民族大起义的时候，他帮助过英国人，获得褒奖，得到一块地。以后他攒了一大笔钱，告老退休，忽然信起印度教，变得顽固起来。他严格遵守印度教的一切仪式，修苦行，希望得到解脱。但是当安南达摩依向他提出应该对戈拉说明他的出身的时候，他首先想到的是怕丢掉自己的养老金；当他突然病危时，他为戈拉万一参加他的葬礼而恐惧，因为按照印度教徒的看法，戈拉是个没有种姓的人，他如果参加葬礼，克里什那达雅尔就会被玷污，他的灵魂就会堕入地狱，不能超度。他尽想到自己，并不关心印度教的实质。

他的大儿子摩希姆，戈拉眼中的"下流角色"、"冒牌绅士"，是财政部的职员，"干得非常起劲"。他恨英国人，同时又拍英国主子的马屁。他可以为嫁女儿要捞到父亲的钱而去奉承托钵僧，虽然他对宗教一点儿都不感兴趣，他只希望印度教社会兴旺到他的儿子长大娶妻，那时候他可以把女方的父亲弄得倾家荡产，"那以后这国家尽可以变成伊斯兰教国，基督教国，喜欢变什么就变什么，我一概不管！"

哈里摩希妮的小叔凯拉席是个讼棍，专会打官司。当他接到哈里摩希妮的信，建议把自己的外甥女嫁给他的时候，首先打听苏查丽达的财产是生前属于她，还是永远属于她，他到了加尔各答，马上注意到苏查丽达的房子的坚固，值多少钱，并且留心到地板上的积水，俨然像房子的主人似的提出抗议："嘿，地板会沤烂的！不，嫂子，我告诉你，在那间屋里一点水也不能洒。"这个人物，作者着墨不多，却勾画出一副庸俗的商人的嘴脸。

作者以露骨的讽刺揭示出这些印度教徒共同具有的特征——渺小、贪财、自私自利。甚至连那位作者满怀同情描绘了她的悲惨的命运的哈里摩希妮在后来也不曾逃掉作者对她的嘲笑。在她寄人篱下的时候，小心畏缩得活像一只老鼠；等到搬到苏查丽达自己的住宅之后，她的脸色眼神、姿态动作、言谈举止发生了多么大的变化！金钱、房屋和亲戚，一切令人眷恋的尘世的东西对她施展了致命的魔力。她坐立不安，连祈祷也不能专心。她想通过苏查丽达重回婆家的那片私心，使她凶狠地监视她的外甥女，并且"像母老虎一样维护自己的权利了"。她显得多么可怜而又可笑。

作者还描写了年轻一代印度教徒的代表人物。阿宾纳席，戈拉的一位教派观点极为浓厚的盲目信徒，戈拉随便说什么，他拿去一传播，"就会被他弄得琐屑无聊，说得俗不可耐"。他喜欢出风头，常做"热情奔放而又动人的演说"。他不愿脚踏实地做一点工作，却像个"跑江湖的戏班子，到处去募捐"，"只顾'好呀好'地喝采"。戈拉到乡下去的时候，他吃不了苦，借口身体不好，马上回转加尔各答。大学生摩梯拉尔和罗玛帕梯对于农民悲惨的生活丝毫无动于衷：

"穷人们过惯了这种日子"，他们对自己说，"我们认为艰苦的事，他们根本不觉得艰苦。"他们甚至以为，想要这些村民过好一点的生活，只是感情用事。

罗玛帕梯听了蓝靛厂主和警察压迫人的故事，甚至把愤怒移到村民头上，"他觉得他们活该像这样得个教训，正好杀杀那股骄横之气。"他认为村民的反抗是"自取其祸"，他们应该向主子老爷让步。他同情的倒是那些洋人！

通过这些描写，作者严厉地批评了当时多数小资产阶级知识分子、正统派新印度教徒、民族主义者不相信人民的力量，与广大群众毫无亲密之感，批评了他们只会夸夸其谈而不认为有改善群众生活状况的必要。

作者以非凡的艺术表现力，描绘了加尔各答富裕中产阶级的生活，创造了各种类型的知识分子的形象，通过这些代表人物反映了当时中产阶级的思想和感情。作者满怀同情地描绘了印度农村的苦难和伊斯兰教徒农民团结一致反抗暴力的英勇斗争，愤怒地揭发了靛青种植园主对农民的压迫以及殖民统治者的暴行。作者从各个不同的方面展示出一幅孟加拉社会生活的巨幅图画。

在这部小说里处处表现出作者反对中世纪落后传统，反对轻视印度民族文化，为印度妇女的权利而斗争，关心人民群众生活的进步观点，散发着作者对祖国的热爱、争取祖国解放的奋斗热情和对祖国必获自由的坚定的信心，它鼓舞印度人民为自由解放而斗争。

（《戈拉》，1956 年人民文学出版社出版）

《泰戈尔诗选》译者序

冰 心

泰戈尔是我青年时代最爱慕的外国诗人。他是一个爱国者、哲人和诗人。他的诗中喷溢着他对于祖国的热恋，对于妇女的同情和对于儿童的喜爱。有了强烈的爱就会有强烈的憎，当他所爱的一切受到侵犯的时候，他就会发出强烈的怒吼！他的爱和恨和海波一样，荡漾开去，遍及全人类。

印度人说他是诞生在歌鸟之巢中的孩子。他的戏剧、小说、散文、论文、书信，都散发着浓郁的诗歌的气味。他的人民热爱他所写的自然而真挚的诗歌，当农夫和渔民以及一切劳动者，在田间、海上和其他一切劳作的地方，和着自己的劳动节奏，都唱着他的诗歌，来抒发心中的欢乐和忧愁的时候，他们并不知道这些代表着他们心声的清澈的歌词是哪一位写的！

我最初选择了他的《吉檀迦利》只因为他是泰戈尔诗集中我最喜爱的一本，后来才知道这是他的诗歌中最有代表性的一本。从这本诗里我游历了他的美丽富饶的国土，认识了他的坚韧温柔的妇女，接触了他的天真活泼的儿童。1953年以后，我多次到印度去，有机会看到了他所描写的一切，我彻底地承认泰戈尔是属于印度人民的！

泰戈尔的诗名，远远超出了他的国界。我深感遗憾的是我没有学过富于音乐性的孟加拉语言。我翻译的《吉檀迦利》和《采果集》都是从英文翻过来的——虽然这两本诗的英文，也是泰戈尔的手笔——我纵然尽上最大的努力，也只能传达出其中一点的诗情和哲理，至于原文的音乐性就根本无从得到了。

我是那样地喜爱泰戈尔，我也到过孟加拉他的家，在他坐过的七叶树下站了许久，我还参观过他所创立的国际学校，但是"室迩人远"，我从来没有亲见他本人！1924 年泰戈尔来中国的时候，我还在美国求学。后来我听到一位招待他的人说，当他离开北京走出寓所的时候，有人问他："拉下什么东西没有？"他愀然地摇摇头说："除了我的一颗心之外，我没有拉下什么东西了。"这是我间接听到的很动我心的话，多么多情的一位老人啊！

　　现在是清晨的八点钟，我案边窗台上花瓶里的玫瑰花，正不时地以沁人的香气，来萦绕我的笔端。我相信这个时刻、这种环境，为我的译诗作序，是最相宜的！

（1981 年 6 月 23 日）

当代评论

第四部分

泰戈尔的文学圣殿

——《泰戈尔文集》序

刘湛秋

一

在喜马拉雅山的另一端，那个叫印度的国家，在我们的心目中，总是披着神奇、美丽、甚至不可探测的面纱。

真的，印度曾是我们的"西天"，是中国朝圣取经的所在，是信佛者幻想着灵魂超脱的天堂。

可以想象，在那片神奇的土地上，会诞生出多少优秀的人物！

但是，对中国人最熟悉的，恐怕只有两个人：一个是甘地，一个是泰戈尔。而在这两个伟人中，泰戈尔仿佛对我们更接近，更具体，更有传感性和独特的魅力。

岁月那样无情地流逝过去。

在我童年稚幻的梦中，泰戈尔的云彩、溪水、野花曾那样驱动过我的想象力，使我贫穷的童年有了一笔巨大的财富，我曾有一本蓝封面的、薄薄的、由郑振铎先生译的《新月集》时常陪伴着我，度过那些快乐和忧伤、受屈辱和奋发、饥饿和苦读的黎明和黄昏……

现在，当我已越过天命之年很远的时候，泰戈尔的作品依然如此新鲜，只是更显深邃、幻丽，像高邈的天空，像恒河的波影。

这决不是我一个人的体验。我敢说，几乎所有文学青年都受过泰戈尔沐浴。泰戈尔那满脸大胡子的、和善的、像圣经一样的肖像永远是我们崇拜的偶像。

二

我一直在思索，泰戈尔的魅力在什么地方呢？

为什么几乎所有批评家和诗坛巨子都尊称他为大师呢？

大诗人庞德在听另一位大诗人叶芝朗诵泰戈尔诗歌时惊呼：这是为"一位大诗人，一个比我们中间任何一个都伟大的人出现而感动不已"的时刻。

这仅仅是两位诗人的虚怀若谷或者一时冲动吗？显然不是，这是他的真诚流露与实事求是的评价。

那么，泰戈尔为什么能使我们激动不已呢？到底他的魅力何在？

从表面看来，他的作品很少有所谓高深莫测的玄机，也不刻意于宏伟构制或摆出所谓巨擘的气势，其语言又如此质朴无华……

真的，我们几乎找不出什么秘密武器来吓唬读者和我们自己。但是我们不得不承认，一旦进入泰戈尔的世界我们不得不跟随他随行。

这种魅力来自一种精神的显现和一个灵魂的裸露。

在印度的古哲学中，"梵"是宇宙万物的统一体，是人类和谐的最高象征。泰戈尔的生命中浸透了这种哲学的意念，但是，泰戈尔不是宗教者，因此，他把这种意念不是引向来世或虚无缥缈的天庭，他扎根于泥土，培育着从泥土中生长出来的鲜花，他爱着人——从国王到乞丐的各色人群，因此他寻求到了那种"梵我合一"、"天人合一"的境界。他并不想指点人们什么，他只想向人们倾诉什么。

在《吉檀迦利》中的"你"是谁？是诸天之王吗？是国王吗？是他爱恋的女人吗？是他的挚友吗？是陌生的过路人吗？也许是，也许不是。那个你就是"你"，谁面对着泰戈尔，谁在读泰戈尔的书，谁就是那个"你"！

那是一种象征，是真善美的象征，是泰戈尔的世界中最高爱情的象征，任何的故弄玄虚或矫情作巨著状都是丑陋的、多余的，任何的包装也显得猥琐了。

所以我说，泰戈尔的魅力在于"泰戈尔和你"。你们之间和谐交融，你慢慢地真正的把这"你"看成了你自己，你倾刻就变了，你和泰戈尔合二为一。

世间还有什么文学作品比这种魅力更富魅力呢？

三

任何时候，我打开泰戈尔的书，不管翻到哪一页，我都会读下去，而且瞬间进入那种感觉，泰戈尔的感觉。

那是充满生命力的、洋溢着欢乐的、点燃着光明的、倾心于爱恋的大千世界。

让一切欢乐的歌调都融和在我的最后歌中——那使大地草海欢呼摇动的快乐，那使生和死两个孪生弟兄，在广大的世界上跳舞的快乐，那和暴风雨一同卷来，用笑声震撼惊醒一切的生命欢乐，那含泪默坐在盛开的痛苦的红莲上的快乐，那不知所谓、把一切所有抛掷于尘中的快乐。

接触到这样的文字，我们的心怎么能不升腾起来？我们会有辉煌的感觉，我们内心潜藏的低沉、消极、忧郁甚至绝望的意念顿时会被泰戈尔的欢乐春风一扫而空。

难道我们活着不需要这样吗？难道我们不需要文学作品带给我们这种美好的、使我们更愿意活得更美好的原动力吗？

同样，泰戈尔的光明是——

光明，我的光明，充满世界的光明，吻着眼泪的光明，甜沁心腑的光明！

呵，我的宝贝，光明在我的生命的一角跳舞，我的宝贝，光明在勾拨我爱的心弦；天开了，大风狂奔，笑声响彻大地。

这种如瀑布倾泻的语言使我心花怒放，仰慕不已。

而泰戈尔写爱情，写女人更是充满了灵性，充满了纯洁如玉的情感，充满了那种世界美如斯的憧憬。"妇人，你用了你美丽的手指，触着我的器具，秩序便知音乐似地生出来了。"这里的秩序不正是人性美所透露的音乐之声吗？

甚至泰戈尔写女人的"玉臂"、"纤足"、"丰乳"也是如此的晶莹、美丽，既浸透炽热的欲望，又发散洁净之芳香。

　　爱的旋律激荡起两朵浪花，
　　溅落在那四片缠绵的唇下。

> 强烈的爱欲是那样急切地，
>
> 想在身躯的边缘久别重逢。

这是泰戈尔对男女接吻的直接描写，谁能指责这是猥亵呢？你可能因这些文字而躁动，但欲望的火焰更是圣洁的火焰。

正是这些欢乐、光明、爱情构成了泰戈尔永恒的主题，像一部宏伟的交响乐中反复出现的主旋律，时隐时现，时轻时重，这样一步步逼进你灵魂的深处，并最终俘虏了你。

从这个角度看，泰戈尔的"梵我合一"、"神人合一"就不是超然与物外了。他创造的仍然是人，是充满七情六欲却又具有人类美德于一身的新人。这是泰戈尔的追求，也是所有大艺术家的追求。较之同时代、当代别的大艺术家，泰戈尔没有把更多的精力去发掘人类的丑恶，而是孜孜不倦地在美的领域中开垦、耕耘。他不是用匕首或鞭子去惊醒读者，他是用微笑去融化读者。

谁能写出孩子的睡眠被偷走那样美妙的画面呢？谁又能终生以其艺术之笔怀着对人类的爱并保持不谢的童心呢？只能是泰戈尔，永远的泰戈尔！

当人类一步步朝向更现代化、更文明、更和谐的社会发展时，我们和泰戈尔是越来越近了。

四

在这越来越近的像朝圣者队列般的广大读者群中，恐怕除了他的祖国的人民外，就数中国人了吧！

20世纪以来，中国几乎没停止过翻译与出版泰戈尔的作品，尤其近几年来，各种版本，各种编选本此起彼伏，像印度洋的波浪汹涌不已。这反映了开放的中国读者情感，也反映了泰戈尔对中国的情感。泰戈尔生前来过中国，并和中国艺术家梅兰芳、徐悲鸿都有过深切的友谊。这恐怕也是世界别的大文学家所难以享有的吧！

现在由我来主编一套泰戈尔的文集，我深有在高山下、大海前的感觉。也许，我作为编辑的新鲜之处在于我只是泰戈尔的读者和崇拜者，而不是专家和译家，是我眼中的泰戈尔。可能，也别是番风景吧！

五

泰戈尔为自己建立了一座文学的圣殿。他的为人是一本永远读不完的书。在这座文学圣殿里，我们不是膜拜上帝、真主与佛祖，我们只是来寻找自己。此刻，任何的喋喋不休的评论都是多余的。我们只有怀着虔诚的心，默默地步入这座圣殿！

嘘，安静些！

在美的星空下，我们除了勇敢追寻，别无选择！

（1994 年 12 月 5 日于北京虎坊桥寓中）

泰戈尔英诗汉译前言

吴　岩

　　罗宾德拉那特·泰戈尔（Rabifidranath Tragore，1861－1941）因英文本诗集《吉檀迦利》而获得 1913 年诺贝尔文学奖，便誉满全球了。也许在欧洲，泰戈尔已不像当年那样风行一时；但在我们中国，20 年来风和日丽，青年们，特别是大学生们，对泰戈尔诗歌的爱好正日益升温，大有方兴未艾之势。

　　多才多艺的泰戈尔，写诗如行云流水，如繁星满天闪烁，一生用孟加拉文创作了五十多部诗集。他也译诗，主要是把自己的孟加拉文诗歌译成英文。第一本译文便是《吉檀迦利》，得到了大诗人叶芝和庞德的激赏，叶芝还特地为它写了推崇备至的序。尽管《吉檀迦利》1912 年初版时只印了 750 册，泰戈尔却由于这诗集获得了 1913 年的诺贝尔文学奖。于是，泰戈尔又陆续把他写的孟加拉文诗歌译成英文，在 1913 年至 1928 年间，先后在英美出版。这种早期出版的英译本，都由麦克米伦公司印行，我共发现 9 种。此外，泰戈尔去世后的翌年，由克·克里巴拉尼等编选、在印度出版的泰戈尔《集外集》，基本上也都是诗人生前已译成英文的诗篇。

　　眼前这 10 种泰戈尔诗集的中译本，便是根据泰戈尔亲自翻译成英文的本子过来的。按照它们当年在英美和印度出版的先后，编定书目如下：

（一）《吉檀迦利》（1912 年）共 103 篇

（二）《园丁集》（1913 年）共 85 篇

（三）《新月集》（1913 年）共 40 篇

（四）《采果集》（1918 年）共 86 篇

（五）《飞鸟集》（1916 年）小诗共 325 首

（六）《情人的礼物》（1918 年）共 60 篇

（七）《渡》（1918 年）共 78 篇

（八）《遐想集》（1921 年）共三卷 94 篇

（九）《流萤集》（1928 年）小诗共 257 首

（十）克·克里巴拉尼编选：《集外集 1942 年》

总计 10 种，1259 篇（首）几乎是满天星星闪烁了。

前面 9 种，我找到韵版本，有的就是当年的初版本，有的是初版后不久的单行本，或者是两种合在一起的单行本。说也巧，全都是麦克米伦公司出版的全译本，一篇也不缺，一首也不缺。中译本也是一篇不缺地按照单行本的原样译出，有几篇诗同时收在两个不同的集子里，泰戈尔自有他的道理；中译本忠实于诗人原来的编排，仍是两个集子都收，以成全帙，以便于读者领会和研究诗人的苦心和匠心。纪念他而编的《集外集》，也是全帙。

如前所述，这 10 种泰戈尔诗集都是诗人生前亲自译成英文的，这就意味着：这 10 种书正是诗人从自己的五十多种孟加拉文诗歌中把他自己最喜欢最欣赏的挑选出来，要推荐给印度以外的、全世界的读者的；在某种程度上，可以说是诗人断断续续地编辑的"自选集"。

作为诗哲的泰戈尔，他的哲学和政治思想是复杂的、不断发展变化的：他的形象思维是独特的，同逻辑思维结合得特别紧密，用他自己的话来说，就是他的哲学像云，能化成"时雨"，染成"彩霞"，而他的诗歌艺术又跟他的哲学和政治思想的发展几乎是同步的。因此，这类似泰戈尔诗歌自选集的书，丰富多彩，诗歌里自然而然地有泰戈尔的哲学和美学思想的投影，有他的宗教和政治思想的投影，可以从中探索泰戈尔思想和艺术发展的轨迹。这书里当然也包含了大量泰戈尔诗歌艺术臻于成熟或达到巅峰时期的杰作，他颂人颂神、颂儿童、颂青春和爱情、颂祖国和大自然的名篇，俯拾皆是。人们可以从中领会到诗人是怎样把感性的东西心灵化，而心灵的东西又怎样借感性化而显现出来；可以体会到为什么评论家说"他的天才是抒情的"；可以欣赞他既长于妙想天开地取譬，启发人们的联想，又善于含蓄，为人们留下广阔的想象余地；可以品味他如何继承印度优秀的"通感"传统，把感觉移借的手法推进到一个新的高度。前辈季羡林先生分析泰戈尔诗歌的风格有两个方面，一是"光风霁月"，一是"金刚怒目"。我以为前者可以说是泰戈尔一生（特别是早年和中年）诗歌的基本风格，这部书里体现这种风格的诗篇是大量的，喜欢这种风格的，不妨从容品味。但泰戈尔的思想是在变化发展的，由于事实的教训和人民运动的影响，泰戈尔的思想特别是政治思想，便起了逐步的变化，终于在晚年达到了新的高度，写出了反帝、反殖民、反法西斯的战斗的诗歌，思想内容决定形式，诗风也就随之一变而为"金刚怒目"了。至于这书所收的《飞鸟集》和《流萤集》都是诗人触物起兴，以抒情的彩笔随时写下的他对宇宙人生的哲学思索。隽永清新，形式上有点儿像日本的俳句或中国的绝句，但另有它自己的特色。西方的评论家不大提起这些小诗，中国的读者，特别是青年，倒是很喜欢的；也许是由于它们从内容到形式都具有十足的东方风味和情趣吧。

泰戈尔的诗篇，有些是比较朦胧的，甚至是相当晦涩的，不大好懂。我想，逝世前口授的那十多首，也许有客观困难和技术问题。相应不论；其余的那些朦胧诗，固然也有诗人在艺术技巧上故意写得含蓄和朦胧的地方，但主要恐怕是由于诗人所要表达的那些哲学思想本身不大好懂的缘故。我自己在翻译过程中也碰到这个难题。于是就结合那些诗歌，去啃些有关的资料，写下一些札记。后来围绕着"无限与有限"、"神与人"、"爱与恨"、"生与死"四大问题，整理成篇《望霞听雨札记》，发表在1991年的《读书》上。朦胧诗不应该译成明白晓畅的诗；现在将这《札记》也收在这泰戈尔英文诗汉译10种《心笛神韵》里作为附录，聊供读者参考。

最后说个有争议的问题：有些专家认为：泰戈尔的英译诗往往有所浓缩或删节，往往失去了孟加拉文原诗的韵律、节奏和柔美辞藻，因而是比较逊色的。我在《泰戈尔抒情诗选》的"译者前言"里曾表示过不同意见。我引证了泰戈尔给英迪拉·黛维的一句话："从前，某种情感的和风引起了心中的欢愉情趣；如今，不知为什么又通过其他语言的媒介，焦急不安地体验着它。"据此，我认为泰戈尔的翻译是"一种再体验和再创作"。"诗人毕竟最了解自己的诗歌，他自己的译文但求传神，他重新体验、创造了那份思想感情，并不刻板地严式的移植。"我的意思是要从宏观上去理解和评价泰戈尔的这种"再体验和再创作"的翻译，不宜从微观上对表现形式作斤斤计较的机械衡量。后来我读到《泰戈尔论文学》一书，诗人在议论散文和自由体诗时，说到了他把《吉檀迦利》译成英文的事："我的译文得到了当时著名的英国文学家的承认，他们认为，这是对他们的文学的一个贡献。"尽管他是个外国人，"但总算他们感受到了我诗中的激情。应当承认，他们是对的。我觉得，我的诗并未因为用散文形式译出而有所失色。假若我用诗的形式译出的话，那么可能会令人感到不足和不可取。"这是泰戈尔对自己的这种"再体验和再创作"式的翻译，所作的一番朴素的经验之谈。看来他认为要紧的是通过散文诗的形式，终于使英国的读者、文学家感到了他诗歌中的激情、意境和情味。石真先生是既懂孟加拉语又懂英语的我国屈指可数的泰戈尔诗文的翻译家，她说："泰戈尔毕竟是位大诗人，他的摒弃铅华的'再创作'，不仅未失去原作的主旨，还为它增添了另一种清新的魅力。"我是完全同意这个观点的。

　　近年来，我甚至这样想：这些诗，最初是用孟加拉文写的，后来又出了英文，从翻译的角度来看，固然可以说是一种"再体验和再创作"式的翻译；但这翻译有一个特殊性：诗人本人就是译者，其实是梅开二度。泰戈尔说过："世界的吐气在我们心灵的芦笛上吹奏着什么样的调子，文学就努力反映那个曲调。"就泰戈尔本人而言，孟加拉文本也好，英文本也好，都是他的"创作灵魂"对"最高真实"或"梵"、"神"、"无限"的"呼唤"所作出的"感应"，或者说是"心灵芦笛"随着世界"吐气"而吹奏出来的曲调，不过他第一回用的是孟加拉文的笛子，第二回用的是英文的笛子，笛子的音色不同，笛韵便有些变化和发展，绚烂而富于音乐美的诗歌，便转化成为摒弃铅华的清新隽永的诗篇了。叶芝说它是"一个高度文化的艺术作品，然而又显得极像是普通土壤中生长出来的植物，仿佛青草或灯心草一般"。庞德说："我们突然发现了自己的新希望"为"一个比我们中间任何一个都要伟大的诗人"的出现而激动不已。给泰戈尔授予 1913 年诺贝尔文学奖，则以物质形式再次肯定了几位大诗人的赞美，授奖评语说："由于他那以高超技巧写出的、至为敏锐、清新与优美的诗，其中他用英语写作的、充满诗意的思想，已成为西方文学不可分割的一部分。"可见，在西方造成巨大影响的，使"东方和西方的想象互相理解"的，正是泰戈尔自认是再创造地翻译成英语的（或者说是再体验地用英语写成的）诗篇和诗集。

　　我国五四运动的先驱者西谛师和冰心先生，早在二三十年代便根据英文本介绍翻译了泰戈尔的诗歌，而冰心先生的创作里又有着泰戈尔的影响。

　　我少年时读过冰心先生的创作和西谛师所译的泰戈尔的诗篇，直接间接受到一些熏陶。后来读到那些英文本时更是爱不释手，1956年曾经译过一本《园丁集》。近15年来，垂垂老矣，因为喜欢泰戈尔的抒情诗，而且想借诗人的名篇磨炼自己的形象思维，把我所找得到的10种英文的泰戈尔诗集陆陆续续都译出来。现在集成一册出版，从泰翁说过的话引申开来，名之曰《心笛神韵》。至于我的翻译，当然是我不应该也无权进行增删、浓缩或改写的，我所作的努力，只不过是把我所理解的、我所感受的泰戈尔，用我所能调动的笔墨表达出来罢了。力有所不逮的地方，祈专家、教授和广大读者不吝教正。

衷心感谢祝庆英同志搁下自己的译篇，为我这译本作了全面而仔细的校稿，为我这译本作了全面而仔细的校订工作；也感谢上海译文出版社给这书以出版的机会。

吴岩

1995年初夏

（原刊于吴迪译：《心笛神韵——泰戈尔英诗汉译》，

上海译文出版社1997年出版）

中国现代文学史上的
一次 "泰戈尔热"

张光璘

20 年代初，我国文坛上曾经出现过一次 "泰戈尔热"，这次 "泰戈尔热" 在 1924 年泰戈尔访华时达到顶点。正是由于这次访问，又引起我国现代文学史上的一场争论。总之，这位印度作家无论对中国现代文学史、对我国某些现代作家，对我国广大的读者，都有过一定的影响，而且这种影响迄今未衰。泰戈尔对我国文学的影响究竟应该如何估价，这是值得探讨的一个比较文学的课题。本文打算就 20 年代初我国文坛上出现的 "泰戈尔热" 的概况、历史背景以及对我国文学的影响，谈一点不成熟的意见。

20 年代初泰戈尔作品在我国的广泛传播

根据笔者掌握的资料，泰戈尔作品最早被介绍到我国来的是 1915 年 10 月出版的《青年杂志》（即《新青年》的前身——笔者注）第 2 期上登载的四首短诗。这四首题为《赞歌》的短诗，是当时《青年杂志》的主持者陈独秀从英文转译的。篇末，译者还对泰戈尔作了简约的介绍："达噶尔（即泰戈尔——笔者注）印度当代之诗人。提倡东洋之精神文明者也。曾受 NobelPeace Prize，驰名欧洲。印度青年尊为先觉。其诗富于宗教哲学之理想。"其后，1917 年出版的《妇女杂志》3 卷 6、7、8、9 期上，连续登载了天风、无我翻译的泰戈尔的三篇短篇小说：《雏恋》（即《归家》——笔者注）、《卖果者言》（即《喀布尔人》——笔者注）、《盲妇》。1918 年 9 月《新青年》5 卷 3 期上刊载了刘半农翻译的泰戈尔诗《同情》、《海滨》。以上是我国早期翻译的几篇泰戈尔作品。1920 年后，随着"泰戈尔热"在我国兴起，他的诗歌、小说、戏剧、论文、书信、讲演、自传等便大量出现在当时的报刊上。登载泰戈尔著作的杂志约有三十余种。其中主要有：《小说月报》、《东方杂志》、《文学周报》、《晨报》副刊、《少年中国》等。译者主要有：郑振铎、赵景深、施蛰存、刘大白、叶绍钧、沈泽民、沈雁冰、许地山、徐志摩、瞿世英等。从1920—1925年，短短的五六年时间里，泰戈尔的主要著作几乎都有了中译本，包括诗集：《吉檀迦利》、《采果集》、《新月集》、《园丁集》、《游思集》、《飞鸟集》以及其他诗歌杂译。戏剧：《齐德拉》、《邮局》、《春之循环》、《隐士》、《牺牲》、《国王与王后》、《马丽尼》等。小说：《泰戈尔小说》、《泰戈尔短篇小说集》等四十余篇短篇小说，长篇小说《家庭与世界》、《沉船》。自传、论著：《我底回忆》、《人格》、《创造与统一》、《人生之实现》、《国家主义》、《海上通信》、《欧行通信》等。我国评论家写的介绍泰戈尔生平、思想的文章和作品评论，在刊物上比比皆是，其中重要的论文有：瞿菊农：《泰戈尔的思想及其诗》、王统照：《泰戈尔的人格观》、郑振铎：《泰尔戈传》、张闻天：《泰戈尔对于印度和世界的使命》、愈之：《泰戈尔与东西文化之批判》等。泰戈尔的重要作品有三种甚至五种以上的译本。

我之所以不厌其烦地开列上面的书单及人名，是为了说明20世纪20年代初，我国文坛上出现的这股"泰戈尔热"，其盛况实在可观。据报刊介绍，当时，泰戈尔的作品不胫而走，风靡一时，甚至连一般的中学生都以能背诵几首诗人的英文诗为荣。一个外国作家，特别是一位东方作家，竟然受到我国这样多重要作家的瞩目，在短短的几年中，竟然有这样多的译著在我国发表，这在我国现代文学史上，也算是罕见的事。

这股"泰戈尔热"为什么会在20年代初席卷我国文坛呢？这件事决非偶然，既不是像某些人所认为的，由于泰戈尔宣传了"人类之爱"的"永恒主题"，所以在我国"得到了普遍的响应"；也不是如另一些人所认为的，是几个人"鼓动"起来的。它出现有着深刻的社会、历史背景。主要有两方面的因素：一个是世界性的"泰戈尔热"传入我国的客观因素；另一个是我国新文学发展的内在因素。

就外因来说，"泰戈尔热"并非始于我国，而是来自西方，也不是从20年代才兴起，而是在1913年后已风靡欧洲。泰戈尔自19世纪80年代开始写作，到20世纪初，已经进入了创作的黄金时代，写了大量的诗歌、小说和剧本，但当时诗人的名声仅止于印度国内。只是在 1912 年，诗人将自己的诗集《吉檀迦利》译成英文发表后，才轰动了欧洲。1913年，诗人即荣获诺贝尔文学奖金，从此，泰戈尔就以第一位获得这一荣誉的东方作家的身份跻入世界文坛。1913 年前后，欧洲掀起了盛况空前的"泰戈尔热"，人们为他欢呼，为他举行提灯游行集会，以接待国王般的礼节接待他。欧洲为什么忽然对泰戈尔如此顶礼膜拜，特别对他的带有浓厚神秘主义色彩的诗集《吉檀迦利》推崇备至呢？有人认为这与第一次世界大战前夜欧洲的政治气候有关。大战前夕，欧洲各国民族矛盾和阶级矛盾空前激化，战争阴云笼罩整个欧洲上空，使一些人对前途感到悲观沮丧，渴望寻求一种"精神支柱"以逃避严酷的现实，泰戈尔的《吉檀迦利》恰好适应了这样一种思潮的需要。这个观点有一定的道理。爱尔兰著名诗人夏芝曾经说过一句流传很广的话，他说："我每日读泰戈尔，读他一行诗，便把世界上的一切烦恼都忘了。"这句话比较典型地反映了当时欧洲人对泰戈尔的看法。不过，应当指出的是，欧洲当时对泰戈尔的这种认识是不全面的。尽管泰戈尔的作品中存在着神秘主义色彩的回避现实的一面，但是泰戈尔毕竟首先是一位伟大的爱国主义者和民主主义者，是一位现实主义大师。1913 年以后，风靡欧洲的"泰戈尔热"，人们主要赞扬他的"泛爱"、"诗化人格"和宗教神秘主义，这种在特定历史条件下形成的认识，就泰戈尔整个创作评价来说是不公允的。1914 年"泰戈尔热"由欧洲东渐，首先在日本风行，时值郭沫若在日本留学，泰戈尔的泛神论思想曾经对郭沫若早期诗歌产生了重要影响，这是大家熟知的。1915 年，随着《新青年》第 2 期上登载陈独秀的译诗，泰戈尔的名字第一次传入我国。以此为滥觞，泰戈尔的作品陆续介绍到我国，逐渐形成了我国现代文坛上的一次"泰戈尔热"。上述情况可说是这次"泰戈尔热"形成的外因条件。

　　除了外因条件，"泰戈尔热"之所以能够在我国出现，还有其深刻的社会内因。泰戈尔著作传入我国时，正值"五四"文学革命的酝酿、发展时期。当时，进步的知识分子在同封建主义文化作斗争时，为了"反对旧道德，提倡新道德，反对旧文学，提倡新文学"，急迫地吸收一切外来的新知识、新思想，作为自己战斗的武器，于是世界各国的近代文化被大量地翻译介绍过来。在政治、哲学方面，除了马克思主义以外，从圣西门的空想社会主义到克鲁鲍特金的无政府主义；从叔本华、尼采的哲学到武者小路实笃的新村主义，都纷纷介绍到我国来。在文学方面，歌德、易卜生、果戈理、托尔斯泰、契诃夫、厨川白村等东方和西方进步作家的作品，大量地被翻译过来。泰戈尔著作正是在这股向外国借鉴的潮流中，介绍来我国的。

泰戈尔的思想和创作如同世界上许多文学巨匠一样，复杂而又充满矛盾，但是，政治上强烈的爱国激情，反对殖民主义、反对封建主义的鲜明倾向，同情劳动人民的人道主义；哲学上追求"精神自由"、"自我解放"的泛神论思想，创作上的批判现实主义精神，则始终是他整个创作实践的一条主线。他作品中的这个主导思想恰好与"五四"当时彻底的反帝反封建思想，蔑视偶像权威、张扬个性的时代精神十分合拍，这是"泰戈尔热"能够在"五四"文坛上出现的根本原因。再加上，他的祖国和我国同是东方文明之邦，彼此间有着几千年的思想文化交往，当时又同受着西方帝国主义的侵略，这种共同的历史命运，使我们之间有了更多的共同语言，因此，泰戈尔便能够在大师如林的"西学东渐"潮流中，异军突起，独树一帜，赢得我国读者的青睐，风行一时。

从"五四"文坛的具体情况来看，泰戈尔那些"表现自我"，追求"精神自由"，洋溢着泛神论思想的诗歌，正适合诗人驰骋自己丰富的想象力，使当时"创造社"的一些浪漫主义作家找到了反封建的"喷火口"。他的冷峻如利剑，醇美如甘泉，情真意切、结构不凡的现实主义短篇小说，对"文学研究会"中那些"为人生而艺术"的作家们有着强烈的魅力。他那些充满"母爱"、"童心"，宣扬"爱的福音"的作品，自然也为一些小资产阶级作家所钟爱。以上种种因素构成了"泰戈尔热"20年代初在我国出现的内因条件。这股"泰戈尔热"在1924年诗人访华时达到了顶点。

泰戈尔访华和由此引起的争论

1924年，泰戈尔以64岁的高龄，远涉重洋，应邀来华访问。4月12日，诗人乘海轮抵达上海码头，受到了文学研究会、上海青年会、江苏省教育会等各界的热烈欢迎。泰戈尔在欢迎会上说："我此番到中国来，并非是旅行家的身份，为瞻仰风景而来；也并非是一个传教者，带着什么福音；只不过是为求道而来罢了，好像是一个进香的人，来对中国的古文化行礼."泰戈尔这段话并不是一般的客套话,倒是实事求是地谈出了他访华的目的。可是,由于这次访问后来引起了我国文坛的一场争论,于是有人便怀疑泰戈尔访华有什么"政治背景",甚至怀疑是梁启超、张君劢等"玄学派"请他来助战的。这种怀疑不但毫无根据,也是不合情理的。因为我国对泰戈尔的邀请是早在1920年就发出了的,当时还没有发生"科学"与"玄学"的论争。再者,对泰戈尔访华,我国当时是十分重视的,不仅把它看做是文化界的一件大事,而且是当做促进中印两国友谊的一件大事来对待的。为此,孙中山先生事前曾亲自向泰戈尔发出热情的邀请信。信中写道:"我之所以恭迎先生者,不徒以先生曾为印度文学,踵事增华,亦且以先生之尽力寻求人类前途之幸福与精神文化之成就,为难能可贵也。"

泰戈尔访华,从4月12日至5月30日,历时近50天。他兴致勃勃地访问了上海、杭州、济南、北京、太原、汉口等地,足迹所至遍及半个中国。访问期间,他接触了许多人。从中国的末代皇帝溥仪,到苏联驻华公使加拉罕;从各界名流沈钧儒、梅兰芳、梁启超等,到清华大学的学生。在各地,他多次发表演讲,强调中印人民的友谊,并且在北京度过64岁的生日。当时几乎所有的报刊都发表了欢迎泰尔戈的文章,刊登了他的照片。他的作品同时大量地翻译过来。泰戈尔本人对这次访问是满意的,中国灿烂的古代文化和人民的热情好客都给他留下了深刻的印象。当他离开北京寓所的时候,有人问他落下什么东西没有?他怃然地摇摇头说:"除了我的心之外,我没有落下什么东西。"

这就是1924年泰戈尔访华的简单经过。

关于泰戈尔访华的争论,是从他访问前夕开始的。大家知道,1924年前后,我国文化战线上正在进行一场新文化阵营同封建复古派和资产阶级右翼文人的斗争,以胡先骕、梅光迪、吴宓为首的"学衡派",章士钊为首的"甲寅派"以及自称"玄学派"的张君劢、辜鸿铭等人组成了封建复古派,首先向新文化运动发起了进攻。继而,以胡适为代表的资产阶级右翼文人,随着反帝反封建的革命斗争的深入,逐渐从"五四"新文化统一战线中分化出去,成了新文化运动的反对派。这两股势力遥相呼应,沆瀣一气,结成了文化上的反动同盟。他们打着"昌明国粹,融化新知"、"尊孔读经"和"整理国故"的旗号,反对马克思主义在中国传播,反对文学革命,反对白话文运动,向新文化和新文化阵营发起了进攻。文化战线上的这股逆流，受到了鲁迅和革命文化界的迎头痛击。

泰戈尔正是在这场论争激烈进行时来我国访问的。当然，泰戈尔并不了解中国文化战线上的这场斗争，更不可能理解这场斗争的性质和意义。不过，正如上文提到的，由于泰戈尔的思想和作品中存在着种种复杂而又相互矛盾的现象，他此时此刻来到中国，自然会给这场争论带来一些影响。复古派妄图利用他的唯心主义思想为自己张目；革命文化界的先进人物，为反击复古派，就不能不对泰戈尔的思想局限有所批评，从而在客观上就身不由己地站到了反对泰戈尔访华的一边去了。当然，还有一些人，他们出于对泰戈尔艺术的崇拜而热烈欢迎他。这样一来，对泰戈尔访华这件事，当时我国思想文化界大体上就形成了三种不同的态度，即：欢迎、反对、利用。

欢迎泰戈尔的人，多是出于对诗人的思想、人格和艺术的崇敬。他们可以说是泰戈尔的衷心崇拜者，也是泰戈尔著作最积极的翻译者和介绍者。其中，不少人是积极参加反复古派斗争的。但是，由于当时他们还没有接受马克思主义，他们的世界观和文艺观还基本上是资产阶级和小资阶级的。他们虽然崇敬泰戈尔，却不能正确分辨泰戈尔的伟大之处和局限。他们歌颂泰戈尔的地方，往往正是诗人的局限所在。他们认为泰戈尔是爱的象征，"是在每个民族，每个国家，每个党派，都以愤怒的眼互视着"的世界上，带来"爱与光与安慰和幸福的人"。如郑振铎在《欢迎泰戈尔》一文中写道："他（指泰戈尔——引者）在荆棘丛生的地球上，为我们建筑了一座宏丽而静谧的诗的灵的乐园。这座诗的灵的乐园，是如日光一般，无往而不在的，是容纳一切阶级，一切人类的，只要谁愿意，便可以自由的受欢迎的进内。"

对泰戈尔访华持反对意见的人，多是新文化运动的骁将，反复古派斗争的中坚。如上文所述，所谓反对者，并非对泰戈尔本人有意非难，只是认为泰戈尔在当时访华"不合时宜"。正如代英在《告欢迎泰戈尔的人》一文中所指出的："泰戈尔本人固不当加以恶意的抨击，然而因为泰戈尔实在有被人家利用的可能，我们还是不能不对他的思想加几句批评的话。……我今天只是借题发挥，批评玄学家这一类的思想罢了。"可见，反对者并无意对泰戈尔作出全面的评价，只是"借题发挥"，"项庄舞剑，意在沛公"，作为对复古派的一种回击。

批评者主要批评了泰戈尔的唯心主义哲学和他倡导的"东方文明"、

"人类之爱"、"国家主义"等主张。认为这些思想与主张同复古派的"国粹主义"、"调和论"、"尊孔读经"等论调在认识上有共同之处。

瞿秋白在《泰戈尔的国家观念与东方》一文中，批评了泰戈尔的"国家主义"理论，指出：泰戈尔反对国家存在，并且寄希望于欧洲帝国主义"废除国家"，放弃侵略，"不过是一种幻想"。因为"英国的资产阶级不是印度的父亲，他对于印度，除竭力剥削外，并无任何责任"。

沈泽民在《泰戈尔与中国青年》一文中批评了泰戈尔的"自然神教"、"冥想主义"、"人生之实现"、"爱之实现"等唯心主义哲学思想。他指出："泰戈尔的错，错在他根本抱定一个神的观念不肯丢开，以致误认精神可以脱离物质的条件而单独发展。"

雁冰在《对泰戈尔的希望》一文中指出："中国当此内忧外患交迫，处在两重压迫——国外的帝国主义和国内伪军阀专政——之下的时候，唯一的出路是中华民族底革命。"而泰戈尔"高谈东方文化实等于'诵五经退兵'"。

郭沫若在《泰戈尔来华的我见》一文中，将泰戈尔的整个思想归结为"梵"的现实，"我"的尊严，"爱"的福音，然后深刻指出："世界不到经济制度改革之后，一切甚么梵的现实，我的尊严，爱的福音，只可以作为有产有闲阶级的吗啡、椰子酒；无产阶级的人终然只好永流一身的汗血。"而"平和的宣传是现世界的最大毒物。平和的宣传只是有产阶级的护符，无产阶级的铁锁。"

上述文章指出的泰戈尔思想中的局限和弱点，即使在今天看来，也是中肯的。文章中指出的一些错误思想，泰戈尔在后来的实践中，自己也有所认识和纠正。当然，由于历史条件的限制，这些文章也还存在某些"左"的偏颇，如：文章在指出泰戈尔的消极因素的同时，对他的积极因素估计不足；对泰戈尔作品的成就与价值，还缺乏足够的认识；有的文章没有将泰戈尔与复古派严格区分开来。

复古派和资产阶级右翼文人表面上也是欢迎泰戈尔访华的，甚至是欢迎得最起劲的。但是他们"醉翁之意不在酒"，真实目的在于利用泰戈尔主张的"神"、"爱"、"精神复兴"、"诗化人格"等唯心主义思想抵制正在发展的革命思潮。他们一方面把中国的革命者和爱国者统统斥为"最下流的'富国强兵教'的信徒"；另方面则把泰戈尔的"精神复兴"论标榜为"民族不死的铁证"加以颂扬，鼓吹"精神自由，决不有待于政治或经济或社会的妥协"的唯心史观。

他们还对泰戈尔的"诗化人格"备加吹捧,把它说成是在这"堕落沉沦"、"人心荒死"的世界上,"给我们精神的慰安"、"不易磨翳的纪念",而"他最伟大的作品,就是他的人格"。徐志摩在《泰戈尔来华》一文中更是直言不讳地道出了他们欢迎泰戈尔访华的真实目的,他说:"我们所以加倍欢迎泰戈尔来华,因为他那高超和谐的人格,可以给我们不可计量的慰安,可以开发我们原来瘀塞的心灵泉源,可以指示我们努力的方向与标准,可以纠正现代狂放恣纵的反常行为,可以摩挲我们想见古人的忧心,可以消平我们过渡时期张皇的意气,可以使我们扩大同情与爱心,可以引导我们入完全的梦境。"这八个"可以"清楚地表明复古派和资产阶级右翼文人企图借泰戈尔访华达到阻遏历史潮流的政治目的。

伟大的鲁迅先生对这场论争的实质看得最为透彻,对复古派和资产阶级右翼文人玩弄的鬼蜮伎俩了若指掌,鞭辟入里。他在《骂杀与捧杀》这篇文章中写道:"人近而事古的,我记起了泰戈尔。他到中国来了,开坛讲演,人给他摆出一张琴,烧上一炉香,左有林长民,右有徐志摩,各个头戴印度帽。徐诗人开始介绍了:'啊!叽哩咕噜,白云清风,银磬……当!'说得他好像活神仙一样,于是我们地上的青年们失望,离开了。神仙和凡人怎能不离开呢?但我看他论苏联的文章,自己声明道:'我是一个英国治下的印度人。'他自己知道得明明白白。大约他到中国来的时候,决不至于糊涂,如果我们的诗人诸公不将他制成一个活神仙,青年们对于他是不至于如此隔膜的。现在可是老大的晦气。"鲁迅又说:"印度诗圣泰戈尔先生光临中国之际,像一大瓶好香水似地很熏上了几位先生们以文气和玄气"。而泰戈尔本人却"被戴印度帽子的震旦人"弄得一塌糊涂,终于莫名其妙而去。"

鲁迅的这些话,显示出他的敏锐判断和远见卓识。他没有因为几个别有用心的人将泰戈尔"制成活神仙""弄得一塌糊涂"而否定诗人本身,相反,他看到了诗人进步的一面。他也没有因为几个"震旦人"作祟,使泰戈尔的访华结果"莫名其妙而去",从而否定这次访问的意义。他的矛头始终对准复古派和资产阶级右翼文人,而不是泰戈尔。他的这些话是对这次访问和这场论争的最好的总结。

"泰戈尔热"的影响

泰戈尔访华虽然结束了，我国现代文学史上这次"泰戈尔热"也渐渐平静下去，但是诗人在我国留下的影响却是十分深远的。

随着"泰戈尔热"的出现，泰戈尔的思想和作品对我国一些作家产生了一定的影响。

郭沫若是受泰戈尔影响最早，也是受影响较大的一位作家。郭沫若自己曾经说过："最早对泰戈尔接近的，在中国恐怕我是第一个。"他在谈到作诗的经验时说："自己诗的经验上，是先受了泰戈尔诸人的影响，主力冲淡。"他在回忆泰戈尔诗歌给他留下的最初印象时写道："第一是诗的容易懂；第二是诗的散文式……"从此泰戈尔的名字便深深地印在我的脑里。"1916年，正当郭沫若留学日本，处在"最彷徨不定"的时候，读到了泰戈尔的《吉檀迦利》、《园丁集》、《暗室之王》、《伽毗百吟》等诗集。泰戈尔的一行行恬然静谧的诗句，像淙淙流水，注入了年轻诗人久旱的心田，翻起了激越的感情波澜。郭沫若当时对泰戈尔的喜爱简直达到了如痴如醉的程度，他在回忆当时的心情时说："我真好像探得了我'生命的生命'，探得了我'生命的泉水'一样。每天学校一下课，便跑到一间幽暗的阅书室去，坐在室隅面壁捧书而默读，时而流着感谢的眼泪而暗记，一种恬静的悲调荡漾在我身之内外。我享受着涅槃的快乐。"郭沫若对泰戈尔诗的评价很高，他说，读泰戈尔的诗可以"感受着诗美以上的欢悦"。从郭沫若的诗论中可以看到，他心目中的"诗美"的标准是"醇化"、"自然"、"创造"。这三个标准正是郭沫若早期诗歌力图攀登的艺术境界。郭沫若还模仿泰戈尔作过无韵诗，如《辛夷集》中的《题辞》。在著名的《匪徒颂》中，他将泰戈尔与列宁、华盛顿、托尔斯泰等革命家、作家并列，认为他们具有崇高的思想和美的品德，对他们表示崇敬，三呼"万岁"。1917年，郭沫若亲自从《新月集》、《园丁集》和《吉檀迦利》三本诗集中选译了部分诗歌，汇成一册，题为《泰戈尔诗选》。他甚至把自己文学生涯的开始阶段称为"第一阶段是泰戈尔式的"。

泰戈尔的泛神论思想对郭沫若早期诗歌影响尤为重大。郭沫若说："我因为喜欢庄子，又因为接近了泰戈尔，对于泛神论的思想感受着莫大的牵引。"又说:"因为喜欢泰戈尔,又因为喜欢歌德,便和哲学上的泛神论接近了。"泛神沦实际上是在神学外衣掩护下的一种无神论。它在当时反对封建制度,提倡科学民主的资产阶级民主革命中,具有一定的积极作用。泰戈尔的泛神论思想,促使郭沫若蔑视一切权威,增强反抗旧社会的信念,产生冲决一切罗网的力量。正如郭沫若当时所认为的:"泛神便是天神,一切的自然只是神的表现,自然也是神的表现。我即是神,一切自然都是自我的表现。"

"五四"前后,郭沫若正是把爱国精神、个性解放和从泰戈尔那里接受的泛神思想熔于一炉,作为"自我表现"的动力,汇集成一股反抗现实、冲决封建桎梏的豪迈激情,写出了"五四"新文学运动中最伟大的诗集——《女神》,为中国新诗开辟了一个崭新的时代。

冰心是受泰戈尔影响较大的另一位作家。1981年,冰心在《〈吉檀迦利〉译者序》中回忆道:"泰戈尔是我年轻时代最爱慕的外国诗人。"事实确是如此。早在1920年,冰心还是一位20岁的大学生时,她就写了一篇散文《遥寄印度诗人泰戈尔》。文中表达了对泰戈尔无比崇敬的心情,她写道:"泰戈尔!谢谢你以快美的诗情,救治我天赋的悲感;谢谢你以超卓的哲理,慰藉我心灵的寂寞。"

冰心早期的著名诗集《繁星》和《春水》,是直接受到泰戈尔诗的影响而创作的。冰心在《我是怎样写〈繁星〉和〈春水〉的》一文中写道:"我自己写《繁星》和《春水》的时候,并不是在写诗,只是受了泰戈尔的《飞鸟集》的影响,把许多'零碎的思想',收集在一个集子里而已。"甚至在诗的形式上,《繁星》和《春水》也"因着看泰戈尔的《飞鸟集》,而仿用它的形式","都是很短的充满了诗情画意和哲理的三言两语。"《繁星》和《春水》中,那些晶莹清丽,善于捕捉刹那间感受的小诗,在当时赢得了许多人的喜爱。这种富于哲理性的小诗,在"五四"后的文坛上颇为流行,对于我国新诗形式的创立是一种有益的探索。

泰戈尔作品中对大自然的讴歌,对儿童的爱慕,对妇女命运的关注等方面的内容和题材,则更长久地,更深入地影响过冰心的创作。

当然,毋庸讳言,泰戈尔对冰心的影响,并不完全是积极的。冰心早期作品中所表现的追求"人类之爱"的主题,那种认为"世界上的母亲和母亲都是好朋友,世界上的儿子和儿子都是好朋友"的"爱"的哲学,固然有着自己"适宜的土壤",也受到基督教教义的影响,但是,与她接受泰戈尔的"泛爱"哲学也是分不开的。这类作品虽然在一定程度上表现了反封建思想，但是在阶级斗争十分尖锐激烈的时候，去歌颂那在阶级社会中根本不可能实行的人类之爱，客观上只能对读者起到逃避现实的作用。后来，冰心经历了曲折漫长的道路，终于同"爱"的哲学分手，认识到"我过去错误地认为天下的母亲都会爱天下的孩子，其实不然，爱是有阶级性的"，从而走上了为人民服务的道路。

泰戈尔对我国现代作家的影响，从郭沫若和冰心两位作家身上可以窥见一斑。除他们两人外，郑振铎、王统照、徐志摩等人也程度不同地受过泰戈尔的影响。诚然，对泰戈尔影响的估计应该实事求是，不能如某些评论者那样夸大；但是，这种影响是客观存在的，也是不容忽视的。特别是对"五四"以后新诗的发展，确实产生过一定的影响。

在谈到泰戈尔的影响时，对诗人1924年访华的意义也应该作全面的估计。尽管这次访问引起了争论，但是，后来的事实证明，泰戈尔在我国的声誉，并没有因为这场争论和几个"震旦人"的"捧杀"而一败涂地，相反，随着诗人的访华，他的作品在我国的广泛传播，泰戈尔在中国读者中的声誉却与日俱增，就这场争论本身而言，也不能说是一件坏事。通过争论，不但将我国的泰戈尔研究工作引向深入，也提高了我国文化新军鉴别外国文学的能力，为新文学运动批判地继承外国优秀文学遗产的工作开了先河。

泰戈尔访华另一个重要收获在于，通过访问，大大加强了中国和印度两国的文化交流和人民间的友谊。在这次访问之后，泰戈尔为加强中印友谊做了大量工作，成为中国人民的一位伟大朋友。周恩来总理1956年访问印度时，在国际大学的亲笔题词中，对泰戈尔和他在中国的影响给予了高度的评价，他写道："泰戈尔是伟大的诗人、哲学家、爱国者、艺术家，深受中国人民的尊敬，泰戈尔对中国的热爱，对中国人民民族斗争的支持，会永远留在中国人民的记忆中。"

（《外国文学研究》1983 年第 4 期）

泰戈尔与郭沫若、谢冰心

何乃英

　　印度诗人泰戈尔的诗歌曾在"五四"前后我国新诗开创时期产生过广泛的影响。这种情况并非纯属偶然，而是具有一定历史根源的。简而言之，我国古典文学历史悠久，诗歌创作成就斐然；但是近代文学历史较短，成就不高，没有创造出成熟的新体诗来。因此，当"五四"前后创立新诗时，便只有借助于外国新诗的成果了。在这种形势下，一大批西方诗人的作品纷纷被介绍到我国来，同时还有一位东方诗人即泰戈尔的作品也被译介过来，并且一时间颇为引人注目。这是因为泰戈尔是东方近代第一个取得伟大成就的诗人，是在诗歌的内容和形式上都有创新的诗人，是将印度古典诗歌传统与西方近代诗歌技巧熔于一炉的诗人，是东方第一个获得诺贝尔文学奖金并且震动西方文坛的诗人。从一定的意义上说，他所走的道路对我国诗人更有启发，他所写的作品对我国诗人更加亲切。因此种种，泰戈尔的诗歌便受到我国诗坛特别热情的欢迎。而当时深受泰戈尔影响的诗人则当推郭沫若和谢冰心。

一

　　据郭沫若回忆，"最先对泰戈尔接近的，在中国恐怕我是第一个。"（《诗作谈》）郭沫若最初接触泰戈尔是 1915 年在日本东京留学期间。当时日本正是泰戈尔热流行的时候。有一天，一个同学从学校里带来几页油印的英文诗，郭沫若接过一看，是泰戈尔《新月集》上的几首诗，即《对岸》、《偷睡眠者》等。"那是没有韵脚的，而多是两节，或三节对仗的诗，那清新和平易径直使我吃惊，使我一跃便年轻了二十年！"（《我的作诗的经过》）继之，他又如饥似渴地读了泰戈尔的《新月集》、《园丁集》、《吉檀迦利》、《爱人之赠品》和《暗室之王》等，"在他的诗里面我感受着诗美以上的欢悦。在这时候我偶尔也和比利时的梅特灵克的作品接近，我在英文中读过他的《青鸟》和《唐太儿之死》。他的格调和泰戈尔相近的，但泰戈尔的明朗性是使我愈见爱好的。"（《我的作诗的经过》）此外，他还在《泰戈尔来华的我见》一文里，对于自己当年读泰戈尔诗如醉如狂的情景作了更加生动的描绘。其中写道："我真好像探得了我'生命的生命'，探得了我'生命的泉水'一样。每天学校一下课后，便跑到一间很幽暗的阅书室里去，坐在室隅，面壁捧书而默诵，时而流着感谢的眼泪而暗记，一种恬静的悲调荡漾在我的身之内外。我享受着涅槃的快乐。"

　　既然如此热爱泰戈尔的作品，自然不免要受到影响。这种影响，包括思想和创作两个方面。

　　就思想影响而言，主要是泰戈尔的泛神论对郭沫若早期思想的影响。关于泰戈尔的泛神论，郭沫若后来有如下的论述："他的思想我觉得是一种泛神论的思想，他只是把印度的传统精神另外穿了一件西式的衣服。'梵'的现实，'我'的尊严，'爱'的福音，这可以说是泰戈尔的思想的全部，也便是印度人从古代以来，在婆罗门的经典《优婆尼塞图》与吠檀陀派的哲学中流贯着的全部。"[1]郭沫若承认自己一度受到泰戈尔泛神论的影响，虽然他的泛神论并不完全来自泰戈尔。以下两段话可资证明——"我因为自来喜欢庄子，又因为接近了泰戈尔，对于泛神论的思想感受着莫大的牵引。"[2] 此其一。"我在年轻时候，是一个爱国主义者，倾向于实业救国。那时对宇宙人生问题搞不通，曾有一个时期相信过泛神论。因为喜欢泰戈尔，又喜欢歌德，便在哲学思想上和泛神论接近起来；或者说是由于我有些泛神论的倾向，所以才特别喜欢有那些思想倾向的诗人。在我的初期作品中，泛神论的思想是浓厚的。"[3]

　　泛神论主张神只存在于自然之中，不存在于自然之外，自然便是神的体现。它既可以用来表达唯物主义的自然观，也可以变成调和科学和宗教的唯心主义哲学。泰戈尔的泛神论是复杂矛盾的，其中包含许多合理的因素，但基本上是属于唯心主义范畴的。这一点虽然重要，但比它

---

① 郭沫若：《泰戈尔来华的我见》。

② 郭沫若：《我的作诗的经过》。

③ 郭沫若：《答青年问》。

更重要的是郭沫若从泰戈尔等人那里所接受的泛神论在他自己身上成了什么东西，起了什么作用。关于后者，我们可以从《〈少年维特之烦恼〉序引》一文得到启迪。郭沫若写道，他译《少年维特之烦恼》是因为与歌德思想有种种共鸣之点，其中之一便是他的泛神论思想，"泛神论是无神。一切的自然只是神的表现，自我也只是神的表现。我即是神，一切自然都是自我的表现"。可见在郭沫若的身上，泛神论便是无神论，泛神论化为一种自我觉醒、反抗权威的武器，起着积极的、促进的作用。泰戈尔的泛神论对郭沫若的影响，情况也大抵相同。

就创作影响而言，主要表现在郭沫若"五四"以前所写的作品中。用他自己的话说，他写诗的第一阶段是泰戈尔式的，特点则是崇尚清淡、简短。据说他当时正在和安娜恋爱，同时产生了作诗的欲望。《女神》中所收的《新月与白云》、《死的诱惑》、《别离》、《维奴司》、《辛夷集》的序，《牧羊哀话》中的几首牧羊歌等，都是为安娜而作的。他后来回忆道："那些诗是我最早期的诗，那儿和旧式的格调还没有十分脱离，但在过细研究过泰戈尔的人，他可以知道那儿所表示着的泰戈尔的影响是怎样的深刻。"（《我的作诗的经过》）例如，在郭沫若所写的第一首白话诗《死的诱惑》里，他赞美死亡，描述死亡对自己的诱惑。该诗全文如下：

一

我有一把小刀
倚在窗边向我笑。
她向我笑道：
沫若，你别用心焦！
你快来亲我的嘴儿，
我好替你除却许多烦恼。

二

窗外的青青海水，
不住声地也向我叫号。
她向我叫道：
沫若，你别心焦！
你快来入我的怀儿，
我好替你除去许多烦恼。

这里的"死亡"被赋予女性的身份，化为情人的形象。这种浪漫的情调和奇特的构思，同泰戈尔《园丁集》第 81 首颇为近似，只不过后者的"死亡"是男性，而诗人自己则是女性的。泰戈尔这首诗内容如下（谢冰心译文）：

> 你为什么这样低声地对我耳语，呵，"死亡"，我的"死亡"？
>
> 当花儿晚谢，牛儿归棚，你偷偷地走到我身边，说出我不了解的话语。
>
> 难道你必须用昏沉的微语和冰冷的接吻，来向我求爱来赢得我心么，
>
> 呵，"死亡"，我的"死亡"？
>
> 我们的婚礼不会有铺张的仪式么？
>
> 在你褐黄的卷发上不系上花串么？
>
> 在你前面没有举旗的人么，你也没有通红的火炬，使黑夜像着火一样地明亮么，
>
> 呵，"死亡"，我的"死亡"？
>
> 你吹着法螺来吧，在无眠之夜来吧。
>
> 给我穿上红衣，紧握我的手把我娶走吧。
>
> 让你的驾着急躁嘶叫的马的车辇，准备好等在我们门前吧。
>
> 揭开我的面纱骄傲地看我的脸吧，
>
> 呵，"死亡"，我的"死亡"。

其后，郭沫若于 1918 年秋进入九州大学医学部，住在博多湾海岸上所写的诗，如《鹭鸶》、《新月与晴海》、《春愁》等，仍是在泰戈尔的影响之下。例如，1919 年初写的《新月与晴海》，是一首简洁的儿童诗。全文如下：

> 儿见新月，
>
> 遥指天空；
>
> 知我儿魂已飞去，
>
> 游戏广寒宫。
>
> 见晴海，
>
> 儿学海号；

　　　　知我儿心正飘荡，
　　　　追随海浪潮。

　　据郭沫若自己说，这首诗是在他儿子的启示下写成的。他儿子看见天上的新月，便指着说道："哦，月亮！哦，月——亮！"见到窗外的晴海，便指着说道："啊，海！啊，海！爹爹！海！"他得了这两个暗示，于是作了这首诗。他说："我看我这两节诗，真还不及我儿子的诗真切些咧！"可见他要表现的是儿童的天真烂漫。泰戈尔的《新月集》则有一首名叫《云与波》的优美诗篇，全文如下（郑振铎译文）：

　　妈妈，住在云端的人对我唤道——
　　"我们从醒的时候游戏到白日终止。"
　　"我们与黄金色的曙光游戏，我们与银白色的月亮游戏。"
　　我问道，"但是，我怎么能够上你那里去呢？"
　　他们答道，"你到地球的边上来，举手向天，就可以被接到云端里来了。"
　　"我妈妈在家里等我呢，"我说。"我怎么能离开她而来呢？"
　　于是他们微笑着浮游而去。
　　但是我知道一件比这个更好的游戏，妈妈。
　　我做云，你做月亮。
　　我用两只手遮盖你，我们的屋顶就是青碧的天空。

　　住在波浪上的人对我唤道——
　　"我们从早晨唱歌到晚上；
　　我们前进又前进地旅行，也不知我们所经过的是什么地方。"
　　我问道，"但是，我怎么能加入你们的队伍里去呢？"
　　他们告诉我说，"来到岸旁，站在那里，紧闭你的两眼，你就被带到波浪上来了。"
　　我说，"傍晚的时候，我妈妈常要我在家里——我怎么能离开她而去呢？"
　　于是他们微笑着，跳舞着奔流过去。
　　但是我知道一件比这个更好的游戏。

我是波浪，你是陌生的岸。

我奔流而进，进，进，笑哈哈地撞碎在你的膝上。

世界上就没有一个人会知道我们俩在什么地方。

两首诗比较起来，除了后者着重讴歌母子之爱这点不同于前者之外，二者在结构安排上，在表现儿童富于幻想特性上的共同之处是显而易见的。

二

泰戈尔是谢冰心年轻时最爱慕的外国诗人。冰心当时曾写过一篇热情洋溢的散文，题为《遥寄印度诗人泰戈尔》，表达了她对这位外国诗人无限崇敬的心情。冰心不仅以精通中英两种文字并且深解泰戈尔诗歌情趣的优越条件，将泰戈尔的《吉檀迦利》、《园丁集》、《诗集》以及若干短篇小说和散文等译成中文以飨读者，而且在自己的创作实践上接受泰戈尔的影响，将泰戈尔的短诗引入我国新诗坛，丰富了我国新诗的形式。

冰心直接接受的是泰戈尔《飞鸟集》的影响。这种影响主要体现在她的初期创作《繁星》和《春水》里，前者尤为明显。"五四"以后，我国新诗坛如雨后春笋一般，涌现出许多新形式。在众多的新形式中，有一种诗很短，最短的只有两行，被称为"短诗"或者"小诗"。冰心的《繁星》（1921）和《春水》（1922）首先问世，所以一般认为这种"短诗"或者"小诗"是由她起头写的。她后来在一篇回忆文章里写道："现在回忆起来，我不记得那时候我读过多少当代的别人的短诗没有，我自己写《繁星》和《春水》的时候，并不是在写诗，只是受了泰戈尔《飞鸟集》的影响，把自己许多'零碎的思想'，收集在一个集子里而已。"[①]事情的经过是这样的："五四"运动时，她正在大学预科读书，正当求知欲最旺盛的时期，不但在课外贪婪地阅读各种新型书报，就是在课内也往往将这些书报压在课本底下偷看；遇有什么自己特别喜欢的句子，就三言两语歪歪斜斜地抄在笔记本的眉批上，有时把自己一些随时随地的感想和回忆，也都拉杂地三言两语歪歪斜斜地写上去。日子多了，写下

---

① 冰心：《我是怎样写〈繁星〉和〈春水〉的》。

来的东西便有了相当的数量。这时她偶然在一本什么杂志上看到郑振铎译的泰戈尔的《飞鸟集》连载，其中都是很短的充满了诗情画意和哲理的三言两语；于是心里为之一动，觉得自己在笔记本眉批上所写的三言两语也可以整理抄写出来。在抄写的时候，她挑选那些更有诗意的、更含蓄一些的放在一起，并将其中以"繁星"二字起头的放在第一首，所以称为《繁星》。

不过，冰心当时认为这些并不是诗。她日后写道："《繁星》和《春水》不是诗。至少是那时的我，不在立意作诗。我对于新诗还不了解，很怀疑，也不敢尝试。我以为诗的重心，在内容而不在形式。同时无韵而冗长的诗，若是不分行来写又容易与'诗的散文'相混。我写《繁星》，正如跋言中所说，因着看泰戈尔的《飞鸟集》，而仿用他的形式，来收集我零碎的思想（所以《繁星》第一天在《晨报副刊》登出的时候，是在《新文艺》栏内）。登出的前一夜，放园从电话内问我，'这是什么？'我很不好意思地说：'这是小杂感一类的东西……'[1]，这是因为，当时我国新诗处在起步阶段，诗歌与散文、小杂感之类的界限何在，尚无定论。直到多年以后，冰心才敢于承认"里面有不少是有韵的，诗意也不算缺乏"[2]。

试将冰心的《繁星》与泰戈尔的《飞鸟集》加以比较便会发现，前者受后者的影响最明显的是在形式上，即冰心所谓"仿用他的形式"，表现"零碎的思想"。《飞鸟集》一般不分行写，一首只有一句话，占一两行，可以说短小到了极点，简洁到了极点。《繁星》虽然分行来写，一首也只有一两句话，也是极其短小，极其简洁。总之，二者都是通过短小的形式、精巧的构思和凝练的语言，表现一系列零碎的思想，构成一系列优美的意境。

但是，《飞鸟集》对《繁星》的影响远不止此。其影响还深入到诗的思想内容和艺术表现的领域。

首先，《飞鸟集》对《繁星》的影响体现在诗的思想内容方面。如《繁星》第 12 首是歌咏人类爱的——

> 人类呵！

---

[1] 《〈冰心全集〉自序》。
[2] 《我是怎样写〈繁星〉和〈春水〉的》。

> 相爱罢，
>
> 我们都是长行的旅客，
>
> 向着同一的归宿。

这种人类应当互爱的思想是冰心的善良愿望，同时也是泰戈尔终生追求的美好理想。在《飞鸟集》中，泰戈尔曾在许多首诗里讴歌这种理想，其中与《繁星》第 12 首意境最相近的是第 9 首。该诗如下（郑振铎译文，下同）——

> 有一次，我们梦见大家都是不相识的。
>
> 我们醒了，却知道我们原是相亲相爱的。

这种人类爱的思想本身是无可非议的，只要不在复杂激烈的矛盾斗争中解除自己的武装就好。又如《繁星》第 14 首是表现人与自然关系的——

> 我们都是自然的婴儿，
>
> 卧在宇宙的摇篮里。

这种人类与自然亲密无间、融为一体的关系是冰心的体验，同时也是泰戈尔在自己的作品里反复表现的主题，如《飞鸟集》第 85 首写道——

艺术家是自然的情人，所以他是自然的奴隶，也是自然的主人。此外，《繁星》和《飞鸟集》还有许多题材相同、意境相似的诗歌。如描写天上的繁星和人间的梦境便是，这类例子很多，可以说是举不胜举。

其次，《飞鸟集》对《繁星》的影响还体现在诗的艺术表现方面。《飞鸟集》在艺术表现上的特点之一是深邃隽永，言简意赅，耐人寻味。其中有的诗采用直抒胸臆的形式；但更多的诗却并不直接说出要说的道理来，而是创造一种意境，让读者自己去细细地咀嚼和玩味，领会诗人所要表达的深刻含义。不同的读者，在不同的情况下，甚至可以产生不同的体会。从这个意义上说，这些诗的内涵是无限丰富的，境界是无限宽广的，生命是无限长久的。譬如，有些即将离开学校、走向社会的青年，引用如下一首诗，来激励伙伴们——

> 只管走过来，不必逗留着去采了花朵来保存，
>
> 因为一路上，花朵自会继续开放的。（第 102 首）

他们深有感触地说：泰戈尔这首诗意境高超，发人深省，真可谓"言有尽而意不穷"；它劝导我们不必过分地留恋过去，应当勇敢地面向未来，充满着积极进取的精神和鼓舞人心的力量。《繁星》里有的诗也达到了这种境界。如第 45 首：

> 言论的花儿，
> 开得愈大，
> 行为的果子，
> 结得愈小。

这首诗只有短短一句话，区区 18 个字，却尖锐地批评了那些言语的巨人、行动的矮子，充分地表现了诗人不尚空谈、多务实际的高尚品德，颇有启迪读者的效用。《飞鸟集》在艺术表现上的特点之二是形象鲜明，生动活泼，绘声绘色。无论是抒发感情，还是阐述道理，都不是干巴巴、冷冰冰的，而是通过具体的形象来加以表现的。如第 165 首是写诗人思绪的——

> 思想掠过我的心上，如一群野鸭飞过天空，
> 我听见它们鼓翼之声了。

人们的思想意识活动本来是无形无影的，看不见摸不着的，但在诗人笔下，它却化为有血有肉、有声有色的具体形象了，令人如见其形，如闻其声。这种表现方法是很巧妙的。《繁星》里也不乏类似的佳作。如第 19 首：

> 我的心，
> 孤舟似的，
> 穿过了起伏不定的时间的海。

这里所描写的也是诗人的心境，也是通过鲜明、生动的艺术形象表现出来的，与《飞鸟集》第 165 首颇有异曲同工之妙。

（原载《印度文学研究集刊》第三辑，

上海译文出版社 1997 年版）

泰戈尔的祖先和后代

董友忱

罗宾德罗纳特·泰戈尔（Rabindranath Tagore，1961—1941），是印度伟大的孟加拉语诗人、杰出的小说家、戏剧家、教育家、画家，也是东方获得诺贝尔文学奖的第一个作家。中国读者对他的作品并不陌生，对于他的生平也有所了解。因为他的大部分作品已被译成汉语在中国出版。然而，中国的广大读者对于泰戈尔的祖先和后代并不十分了解。本文的目的就是详细地介绍这方面的情况。

一、泰戈尔家族及其姓氏的由来

罗宾德罗纳特出生在印度西孟加拉邦的首府加尔各答，孟加拉语是他的母语，他的祖先族系也植根于这个邦。如今这个邦分成了两部分：东部为孟加拉国，西部是印度的西孟加拉邦。孟加拉邦为恒河冲击大平原，是南亚次大陆最富庶的地区，如今总人口大约为 2 亿 4 千万。

13 世纪穆斯林入侵印度大陆之后，孟加拉社会经历过一个很大的动荡时期。很多上层的印度教徒，特别是婆罗门，不得不与穆斯林交往。因此，他们在印度教社会里，就失去了应有的社会尊严，甚至声名狼藉。罗宾德罗纳特的祖先们也是如此，他们就是这种婆罗门社会中一个特殊的阶层——"比拉利"（Pirali，孟加拉语的意思是"不洁净的"）阶层。

杰索尔县陈古迪亚区（Chengutiya Paragana）有一个地主多基纳特·拉伊乔杜里（Dakshinath Rayachoudhure）。他有四个儿子：迦莫代博（Kamadeba）、久伊代博（Jayadeba）、罗迪代博（Ratideba）和舒克代博（Shukadeba）。迦莫代博和久伊代博加入了伊斯兰教。罗迪代博和舒克代博由于与两个穆斯林哥哥经常接触，也被排挤出印度教社会，而成为"比拉利"婆罗门。这些事件大约发生在 15 世纪。因此,"比拉利"阶层的人与正统的婆罗门家族的联姻就很困难了。

舒克代博将自己的妹妹罗特诺玛拉(Ratnamala)嫁给了一个贫穷的婆罗门蒙戈拉侬德·穆科巴泰(Mangalanand Mukhopadhyay),并且为妹妹、妹夫安排了住处。他还将女儿嫁给了地主焦贡纳特·古沙里(Jaganath Kushare)。因为与不洁净的婆罗门联姻,焦贡纳特·古沙里就被族人赶出了家门。这对新婚夫妇在舒克代博的帮助下,在位于诺棱德罗普尔(Narendrapur)西北的巴洛巴拉(Baropara)村(现在孟加拉国的库尔纳)盖了房子,定居下来。

这位焦贡纳特·古沙里就是泰戈尔家族的祖先,具体说,他是罗宾德罗纳特的第十二代先祖。

那么,"古沙里"姓氏为什么变成了"泰戈尔"呢?这还得从罗宾德罗纳特·泰戈尔的这位祖先说起。

焦贡纳特·古沙里有四个儿子,其中二儿子名叫布鲁绍多姆(Purushottam)。布鲁绍多姆的儿子是博洛拉姆(Balaram),博洛拉姆的儿子是侯里侯尔(Harihar),侯里侯尔的儿子是拉曼侬德(Rāmānand)。拉曼侬德有两个儿子:一个是摩黑绍尔(Maheshvar)[或简称摩黑什(mahesh)],另一个是姓舒克代博(Shukadeba)。

摩黑绍尔的儿子彭恰侬·古沙里(Panjhaanan)由于家庭矛盾而离开了家乡,和他的叔叔前往加尔各答去寻找发财的机会。

加尔各答当时还是个小渔村,它的南边有个村庄,名叫戈宾多普尔(Gobindapur)。这个村庄位于恒河岸边。村子里居住的几乎全是属于"不可接触者"种姓的渔民。彭恰侬和他的叔叔就在这个村子里搭建了简易房屋,住了下来。

彭恰侬的脖子上佩戴一块刻有吉祥仙女和黑天像的宝石,那是婆罗门的标志。住在这个渔村里的渔民看到,两个婆罗门来到他们村子里居住,自然都很高兴,于是就尊称彭恰侬为"彭恰侬塔古尔"(Thākur 一词在孟加拉语里的意思是"老爷"、"先生")。

当时英国商人已经开始在那里做生意,他们的轮船经常在恒河岸边抛锚停泊。为了装卸货物,洋人们雇佣了苦力。彭恰侬和叔叔经常往英国人的船上运送食品和饮用水以及其他生活必需品。这样,他们叔侄俩就常常与苦力和英国人打交道。苦力们称呼彭恰侬为"彭恰侬塔古尔",

英国人也如此地称呼他，并且以为"塔古尔"就是他的姓氏。英国人发音不准，就把"Thakur"（塔古尔）说成"Tagore"（泰戈尔）。久而久之，他们叔侄俩也就不再使用自己原来的姓氏"古沙里"了，而代之以"Thakur"作为他们的姓氏，他们的后代也就沿用这个姓氏了。中国早期文化人根据英文不准确的译名 Tagore 将其译成"泰戈尔"，从此中国就采用了"泰戈尔"这个译名，而通常就指诗人本人，其实"泰戈尔"是诗人家族的姓氏。印度人称他为"罗宾德罗纳特"，或"罗宾德罗"，家里人叫他"罗比"。

现在加尔各答建有威廉堡的地方，就是当年戈宾多普尔村的所在地。后来，彭恰侬就在那里买了一块土地，建起了房屋。这已经是三百年前的事情了。

彭恰侬·泰戈尔有四个儿子，其中的一个儿子名叫久耶拉姆（Jayaraam，? —1756）。他的这个儿子在英国人的公司里谋到了检查员的职务，因此赚了一些钱。久耶拉姆的两个儿子尼尔莫尼（Neelmani，? —1791）和多尔波纳拉扬（Darpanarayan）也很能干。

东印度公司在孟加拉邦建立了办事机构（1765 年）之后，尼尔莫尼在该公司的奥里萨办事处谋到了一个职务，从此他有了很好的收入。多尔波纳拉扬也不是个懒惰的人，他住在加尔各答，也赚了很多的钱。于是兄弟俩就在加尔各答渔村北边的巴图里亚卡达（Pathuriyaghata，孟加拉语的意思为"石码头"）买了一大片土地，建起了住宅。这个村子古代的名字是苏多奴迪（Sutanuti，孟加拉语的意思是"美景"）。这处宅院几经重建，如今已成为泰戈尔印度大学（Rabindra-Bharati University）的所在地。它的西面就是加尔各答一条南北走向的大道——B. T. 路（B. T. Road）。

正如哲人所言，金钱往往成为坏事的根源。恰恰因为金钱的问题，尼尔莫尼和多尔波纳拉扬两个兄弟之间产生了矛盾。因此，尼尔莫尼就将石码头村的房屋和土地全给了多尔波纳拉扬，自己带着十万卢比现金，离家出走了。

尼尔莫尼在加尔各答的吉特普尔（Chitpur）大街东边买了一大块土地，1784 年 6 月他才开始在此处居住。起初他只是用八块屋顶盖成一座外室，后来才建起了砖房。最初的这栋房子是建在焦拉桑科泰戈尔故居的东北角。这个地方古时候叫梅丘亚市场（Mechhuybazar，孟加拉语的意思是"渔民市场"），后来这个地方才称焦拉桑科（Jorāsānko，孟加拉语的意思是"双桥")。尼尔莫尼就成为焦拉桑科泰戈尔家族的祖先,而多尔波纳拉扬则成为巴图里亚卡达(石码头)泰戈尔家族的祖先。

尼尔莫尼和妻子洛莉达共有几个儿子?目前还存在着分歧。有人认为,他们有五个儿子,多数学者认为,他们有三个儿子:拉摩洛琼(Ramalochan)、拉摩莫尼(Ramamani)、拉摩博洛婆(Ramaballabha)和一个女儿科摩洛莫妮(Kamalamani)。拉摩洛琼出生年月不详。拉摩莫尼于1759出生,拉摩博洛婆于1767年出生,科摩洛莫妮于1773年出生。

1785年,科摩洛莫妮嫁给了乔杜里家族的侯里什琼德罗·哈尔达尔(Harishchandra Haradaar)。当时居住在南小区的拉摩琼德罗·拉伊(Ramachandra Raya)有两个女儿:奥洛迦(Alaka)和梅诺迦(Menaka)。拉摩洛琼与奥洛迦结了婚,而拉摩莫尼则娶了梅诺迦,即两姐妹嫁给了两兄弟。

拉摩莫尼和梅诺迦夫妇共生育两个儿子:拉塔纳特(Radhanath,1790—1830)、达罗卡纳特(Dvarakanath,1794—1846)和两个女儿姜侯碧(Janhabe)、拉绍碧拉湿(Rasabilase)。在达罗卡纳特还不到一周岁的时候,他的母亲梅诺迦就病故了。后来他父亲又续娶了杜尔伽莫妮(Durgamani),生了一个儿子罗马纳特(Ramanath,1800—1877)和一个女儿德罗波莫伊(Drabamaye)。

拉摩洛琼的妻子奥洛迦生过一个女儿,可是孩子出生后不久就死了,因此他们夫妻俩于1799年把达罗卡纳特过继过来。关于此事还有一个传说:有一天,一位苦行僧来到拉摩洛琼家里乞求施舍,看见了幼童达罗卡纳特,于是就对奥洛迦说,从孩子的吉祥相貌看,这个孩子将来会给家族带来荣耀和财富。听了这话之后,奥洛迦就竭力劝说丈夫把达罗卡纳特过继过来。

拉摩洛琼经常邀请当时一些时髦的贵族、诗人和歌手来他家聚会,让家里人和亲戚朋友来欣赏他们的表演。尽管他的生活放荡不羁,但是他很会经商。他不但保存了父辈的家产,还购买了很多土地,因此为家族增添了荣耀。1807年12月12日拉摩洛琼去世。

二、诗人的祖父达罗卡纳特

达罗卡纳特(Dvarakanath,1794—1846)就出生于焦拉桑科的泰戈尔家族。前面已经说过，他的伯父拉摩洛琼和伯母奥洛迦没有子嗣，于是就把他给过继过来，因此达罗卡纳特是在伯父母身边长大的。

早在童年时代，达罗卡纳特就开始学习阿拉伯语和波斯语，后来就读于舍尔伯恩（Sherbourn）先生的学校，因此他很好地掌握了英语。达罗卡纳特对舍尔伯恩先生一直深存感激，后来他每月都支付给舍尔伯恩先生津贴，直到他去世。他还跟随威廉·亚当斯、J.G·戈登及詹姆斯·考尔德等英国商人学习过英语。

戈登和詹姆斯·科洛多是当时最著名的商贸团体麦金托什公司的股东。在与他们合作的过程中，达罗卡纳特作为他们公司的代理人，帮助他们购买丝绸和蓝靛。在积累了经验之后，他就自己开始做起买卖来。这个时期，他在比拉希姆普尔区经营父辈的地产过程中学习和积累了与地产有关的各种法律知识和经验。因此，他就成为很多有名的地主的法律顾问。这样他又为自己开辟了一条新的赚钱途径，并且有机会接触很多社会名流及政府官员。

因此，1818 年他被任命为第二十四区收款室主任。他的工作才干和谨慎细致作风引起了上司的注意。1822 年他被任命为第二十四区出纳官和盐业部主官的秘书，1828 年升迁为税收和鸦片局秘书。直到 1834 年，他才辞去这一职务，以便集中精力从事自己的贸易事业。

1828 年麦金托什公司决定接收他为股东。该公司设有商业银行，他被任命为商业银行的经理。当时半官方的孟加拉银行拒绝向商贸领域支付贷款。为解决这个问题，达罗卡纳特于 1829 年 8 月 17 日以 160 万卢比的基金建立了联合银行。作为政府工作人员，达罗卡纳特不可能把自己的全部精力投入银行工作，所以他就让他的小弟弟罗马纳特辞去阿利普尔的收款处的工作，来做银行的会计师。此后在达罗卡纳特的谋划下，银行逐渐发展起来。1830 年和 1834 年他又分别在迦梨村（Kalegram）和沙哈贾多普尔（Sahajadapur）区购买了大片土地。

1833 年麦金托什公司和商业银行破产。达罗卡纳特作为其股东，不得不承担起偿还债务的责任。从此他开始考虑建立自己的商贸机构。

1834 年 8 月 1 日，他辞去了政府工作。就在这一年他与一个名叫威廉·卡尔的英国人合伙，成立了卡尔－泰戈尔公司。达罗卡纳特实际上是该公司最主要的负责人。他主要负责经济事务。那时候他并不缺少资金——他自己的地产有收入，联合银行在顺利发展，而且他在其他银行和商会中具有很好的信誉，所以，他很容易筹集到所需要的资金。卡尔－泰戈尔公司开始向其他商贸领域扩展。1833 年东印度公司在贸易领域失去了垄断地位，所以达罗卡纳特获得了扩大自己商贸的机会。他收购了比拉希姆普尔区库马尔卡利村的东印度公司的缫丝厂。除此之外，他在拉姆诺戈尔开办了制糖厂，并且为开发拉尼贡吉的煤矿而成立了孟加拉考尔公司。卡尔－泰戈尔公司最先将阿萨姆产的茶叶运进了加尔各答销售。该公司最主要的经营项目是蓝靛。在化学染料没有发明之前，经营蓝靛是很赚钱的。当时在孟加拉邦各个地区都设有卡尔－泰戈尔公司的蓝靛厂。

那个时候本国通往其他国家的交通和货物运输，主要是靠船舶。蒸汽机发明之后，蒸汽动力轮船公司于 1825 年从英国进入印度。1834—1836 年间东印度公司已经有几艘轮船从事内部运输。1837 年成立了一个名为"轮船标牌协会"的公司，该公司已经有几艘小型轮船从事内河运输。卡尔－泰戈尔公司就成为该公司的经营代理。为了维修轮船，他们还在齐迪罗普尔（Khidirapur）开设了一个修理厂。因此，可以说，达罗卡纳特是推动英国和印度轮船运输事业发展的积极倡导者。传说，他自己有一艘"印度号"轮船，他就是乘坐这艘轮船第一次前往英国的。

达罗卡纳特的目光不仅仅局限于获取经济利益，他还热心于国家与社会的发展事业。19 世纪之初，像他那样热心于文化事业的印度人是很少见的。

1814 年拉姆莫洪·拉伊（Ramamohan Ray，1772—1833）辞去了龙普尔收款处的秘书工作，来加尔各答定居。当时达罗卡纳特第一次与他会面，两人相见甚欢。拉姆莫洪·拉伊比他年长 22 岁，但是他们两人一见如故，成为心心相印的挚友。可以说，拉姆莫洪和达罗卡纳特这两匹时代骏马驾御的现代文明之车首先驶进了孟加拉邦。

拉姆莫洪和达罗卡纳特都认为，如果不实行英语教育，印度永远也不能赶上现代世界前进的脚步。因此，他们二人积极支持筹建"印度教学院"。在他们二人及其他名人志士的帮助下，1817 年 1 月 20 日在戈兰哈特建立了印度教学院。后来，拉姆莫洪在赫杜亚附近又建立了一所英语学校，达罗卡纳特就把他的长子代本德罗纳特送到那所学校里读书。1835 年 6 月，在加尔各答成立了以学习西方医学为主的医学院。为了鼓励本国学生学习西医，达罗卡纳特建议连续三年每年向该学院提供两千卢比的助学资金。在他的积极倡导下，梵语学院著名的莫图舒顿·古普多教授于 1836 年 10 月 28 日在印度国内做了第一例尸体解剖。达罗卡纳特在 1845 年第二次去英国的时候，建议挑选两名学生随他去英国学习医学，其费用由他来承担，政府再资助两名学生。这样，就有 4 名学生同他一起前往英国。

拉姆莫洪当时开展了两项著名的社会革新运动：改革印度教和禁止寡妇殉夫自焚。达罗卡纳特积极地参与了上述运动。在准备成立梵社的时候，他与拉姆莫洪密切配合，而后他又经常参加梵社的祈祷活动。同样，在禁止寡妇殉夫自焚的问题上，达罗卡纳特也是竭尽全力支持他。拉姆莫洪·拉伊逝世后的几年里，梵社主要依靠他的资助才得以存活下来。此外，他对当时的各种政治事件都鲜明地表明了自己的态度。

达罗卡纳特以自己的聪明才智和富有而闻名遐迩。不论是孟加拉商人还是英国商人，也不论是王公贵族还是贫民百姓，大家都很尊敬他。英国的绅士们经常携夫人参加他在花园别墅举行的聚会。他既能大量地赚钱，又会大把地花钱。他喜欢旅游，当然也不放过做生意赚钱的机会。达罗卡纳特为了商贸事务曾经两次前往英国，并且应邀前往王宫拜见过维多利亚女王。有身份的英国人看到他过着王族般的奢华生活，就叫他"王子"。英国女王也亲切地叫他"My prince"（"我的王子"）。因此，国人也称呼他"王子"。

达罗卡纳特出身于虔诚地笃信毗湿奴教派的家庭。在他的家里是不允许食用洋葱的，更不要说鱼肉了。在他举行的各种宴会上虽然有酒有肉，但他是不碰的。后来，在做生意的过程中受到英国人的影响，达罗卡纳特的生活发生了根本性的变化，他对酒肉也就习惯了，于是他与自己的家庭发生了冲突。

大约在 1809 年他与蒂贡波丽（Digambaree，1801—1839）结婚。蒂贡波丽是杰索尔地区诺棱德罗普尔的拉姆多奴·拉伊乔杜里的女儿。在祭祀家庭女神贾嘎塔特丽的时候，他就将女神的圣像做成了妻子的模样。蒂贡波丽是一位忠贞而又极富有个性的女人。对于丈夫的这种胡闹非常生气，于是就不想再与他见面了。达罗卡纳特也不想改变妻子的信仰，因此就到客房里住，后来在贝洛伽齐亚买了一栋花园别墅，添置了昂贵的家具。他就那里举办宴会、组织歌舞表演等活动。

达罗卡纳特的生活十分奢侈，是当时典型的英国老爷似的生活方式。

为了追求享乐，他于 1823 年在焦拉桑科建设了第 5 号楼——客舍楼。

蒂贡波丽于 1839 年 1 月 21 病故，享年 38 岁。在她去世前两天，她的四子病死了。蒂贡波丽共生有五个儿子：长子代本德罗纳特（Debendranath，1817—1905），次子诺棱德罗纳特（Narendranath），三子吉林德罗纳特（Gireendranath，1820—1854），四子普本德罗纳特（Bhupendranath，？—1839），小儿子诺根德罗纳特（Nagendranah，1829—1858）。其中次子诺棱德罗纳特和四子普本德罗纳特幼年就死了。

代本德罗纳特出生的时候，他母亲蒂贡波丽只有 13 岁多，父亲达罗卡纳特 23 岁。但是代本德罗纳特活得最长久，88 岁才寿终。三子吉林德罗纳特的寿命也不算长，只活到 34 岁。最小的儿子诺根德罗纳特死的时候才 29 岁。

达罗卡纳特在 1843 年 8 月 16 日，即在第二次前往英国的前三年，留下了一份遗嘱。根据这份遗嘱，他的长子代本德罗纳特将继承主宅（这个家族的主要楼房）和卡尔－泰戈尔公司的一部分财产；三子吉林德罗纳特将继承客舍楼，小儿子诺根德罗纳特将继承住宅西面的那片土地和为在那里建设房子所需要的 20000 卢比。

1843 年 12 月 22 日，代本德罗纳特接受了拉姆莫洪·拉伊的信仰，成为他所创立的梵社社员，从此他就与传统的印度教决裂，不再进行偶像崇拜。因此，在宗教信仰方面，他与坚持传统印度教习俗的吉林德罗纳特一家发生了矛盾。

1845 年 3 月 8 日，他乘坐"本丁克"号轮船第二次前往英国。这一次陪同他一起去英国的，还有他的小儿子诺根德罗纳特、外甥诺宾琼德罗·穆科巴泰和四个去学习医学的孟加拉青年。第二年，即 1846 年 8 月 1 日，星期六，他在伦敦附近的萨雷特病逝，享年 52 岁。在他死后，他的家人和他的三弟吉林德罗纳特、小弟诺根德罗纳特三家仍然住在焦拉桑科的主宅里。直到吉林德罗纳特病故（1854 年）后，他的妻子久格玛雅才搬出了主宅，住进旁边的客舍楼。"达罗卡那特·泰戈尔小巷"里的这栋客舍楼和主宅楼，后来就分别被称为 5 号楼和 6 号楼。

在过了若干年后，那栋 5 号楼就倒塌了。如今被称做 6 号楼的那座红楼和后来的一些建筑，已成为泰戈尔印度大学的办公场所，红楼的二层和三层被辟为泰戈尔故居博物馆。

三、诗人的父亲代本德罗纳特

诗人的父亲代本德罗纳特，生于 1817 年 5 月 15 日（孟加拉历 1224 年杰斯塔月 3 日）。1827—1828 年他在英语学校先后通过了四级和三级考试，获得了奖学金。他在这个学校就读直到 1830 年。1831 年 8 月他进入印度教学院学习，在那里学习三四年，但是在上二年级的时候他就离开了学院。

1832 年 12 月 30 日，即他在印度教学院读书的时候，他和同学们一起组建了一个名叫"真理知识之光"的学会，代本德罗纳特被推选为学会的秘书长。该学会的宗旨是"用孟加拉语祭祀敬神"，并且决定，"在这个协会里，除了孟加拉语，不用任何其他语言对话"。当时在印度教学院里就读的一些新青年都迷恋于英语，开始轻视自己的民族语言和宗教文化，所以该协会的会员们都把学习研究孟加拉语作为他们的主要目标。拉姆莫洪·拉伊对他们思想的影响很大。因此，讨论宗教问题也是他们协会的一项内容。代本德罗纳特的思想，对该协会的活动起着决定性的作用。后来成立的"真理启迪"协会就是该协会的继承者。

大约在 1834 年年中，代本德罗纳特按照父亲的要求，离开印度教学院，进入父亲建立的印度银行，做财务部主任手下的见习生。这期间达罗卡纳特为了各种社会庆典经常组织歌舞饮宴集会。代本德罗纳特在这种环境里也有一段时间沉醉于享乐之中。1838 年代本德罗纳特的祖母奥洛迦病逝了，他心里百感交集。他跟这位祖母最亲，祖母是他童年和少年的主要保护者。祖母的宗教思想对他影响很深。从此他的生活方式发生了根本性的变化，开始探讨人生的诸多问题，并且在梵社的领导者拉摩琼德罗·比代巴基什的帮助下，学习《伊沙奥义书》。1839 年 10 月 6 日在焦拉桑科祖宅池塘旁边的一个小房子里，他与十多个亲人和朋友成立了"真理愉悦会"（Tattvaranjinee Sabha），并且规定每月的第一个星期日晚上举行例会。在第二次会议上，拉摩琼德罗·比代巴基什被推举为协会的会长，协会的名称也随之改为"真理启迪会"（Taddvabodhnee Sabha），其目的就是宣传所有经典中的深奥理论和吠檀多原理。会员逐渐增多了。在次年的阿格拉哈扬月，代本德罗纳特在苏基亚大街 56 号租了一栋房子，作为真理启迪会活动的场所。真理启迪会的成立在孟加拉社会的发展史上是一个值得重视的事件。当时在一些西方教会团体的宣传下，一些受过英国教育的青年人接受了基督教，除此之外，由于社会上流行着印度教各种腐朽的仪规陋习，很多人已不再相信印度教了。真理启迪会为扭转这种思潮起到了一定的作用。

1840 年 6 月代本德罗纳特为了同样的目的成立了一所"真理启迪学校"，要求用孟加拉语传授自然科学知识和宗教经论，免费向学生们讲授精神和物质两个方面的课程。奥寇耶库马尔·德多被聘为地理和物理课的教师。真理启迪会于 1841 年出版了他写的有关这方面内容的两本书。但是由于生源不足，学校于 1843 年 4 月 30 日迁往般什贝里亚村。由于他父亲去世所造成的困难局面，学校于 1847 年关闭了。后来经代本德罗纳特同意在山蒂尼克侗建立的梵式学校，可以说，就是这所学校模式的延续。

代本德罗纳特生活中的一个重大事件，就是他与梵社的交往。达罗卡纳特去了英国之后，代本德罗纳特开始关注梵社，并从 1842 年拜沙克月起，他主持的真理启迪会承担起领导梵社的责任。为了宣传真理启迪会和梵社的主张，1843 年 8 月 16 日出版了真理启迪刊物。虽然宣传宗教理论是该刊物的主要宗旨，但是该刊物也发表讨论地理及自然科学等方面的文章。真理启迪刊物为发展现代孟加拉散文作出了不可磨灭的贡献。

代本德罗纳特和梵社的联系逐渐密切起来。1843 年 12 月 21 日下午 3 点钟，他宣誓接受梵教的教义。从此后他就以极大的热情投身于梵教的宣传活动之中。两年内其成员增加到 500 人，1845 年 12 月 20 日他在高里哈迪花园举办了一个盛大的梵社节日聚会。

在孟加拉社会发展的历史中这些事件的影响是深远的。当时西方基督教传教士们都在竭力宣传基督教和批判印度教的种种缺点。一大批文化名人加入了基督教。与这种思潮相对立的是一大批保守的印度教徒，他们宣传印度教的一切都是神圣的，因此反对对印度教进行任何改革。代本德罗纳特及其真理启迪会通过自己的刊物坚决反对上述这两种思潮。"印度教慈善学校"的建立就是这种积极努力的实际结果。基督教传教士们所建立的学校已经成为宣传基督教的中心。为了建立本国相类似的机构来反击基督教的宣传，代本德罗纳特和坚持古典教育方法的拉塔克里什诺·代博王公、坚持新的教学方法的拉姆戈巴尔等著名人士一起，于

1845 年 5 月 25 日召开了一个协商大会。在一些富人的资助下，1846 年 5 月 1 日，宣布成立一所学校。普代博·穆科巴泰被任命为该校的主讲教师，拉吉纳拉扬被任命为校董。代本德罗纳特成为该校的另一个管理者。由于种种原因，该校的存在时间不太长，但是，毫无疑问，它为凝聚印度教社会中的保守派、改革派和新派的力量做了大量的工作。这期间突然传来了父亲在英国病故的噩耗。在料理丧事的过程中，代本德罗纳特的思想经历了一场危机。他和弟弟吉林德罗纳特虽然都接受了梵社的教义，但是在焦拉桑科的泰戈尔宅第里仍然根据传统举行祭祀活动。在为父亲治丧期间，代本德罗纳特不同意携带象征着天神的黑石按照传统方式为父亲举行葬礼，他只是高声念诵一种与祭祀无关的奉献咒语，奉献出所有礼品。对此举感到很愤懑的亲人们都离开了他。吉林德罗纳特当然按照经典的规定完成了父亲葬礼的程序。

这时候代本德罗纳特对于实业已经心灰意冷，于是他就让具有管理才干的三弟吉林德罗纳特担负起管理商贸的责任。他自己前往迦尸（现在的瓦纳拉西，过去也称"贝拿勒斯"）研究吠陀经典。此时的经贸形势开始恶化，1848 年年底联合银行和卡尔－泰戈尔公司破产。沉重的债务负担落在了代本德罗纳特和吉林德罗纳特的肩上。为了偿还债务，代本德罗纳特开始过起了俭朴的生活。他当时的精神状态与这种生活方式倒是很合拍的。他获得了集中精力研究宗教问题的机会。在这个时期，他的思想发生了很大变化。以前他认为吠陀经典是没有错误的，可是在研究吠陀经典的过程中，他发现吠陀经典中有众多神、多种祭祀、相互矛盾的说教，于是他改变了自己原来的观点。他在内心并不赞成《奥义书》中那种一元论似的解释。当时他从《奥义书》中摘录了一些符合自己心意的诗句，并于 1848 年编撰了《梵社》的第一卷，对其作出了类似《奥义书》似的诠释。在这部书的第二卷，代本德罗纳特付出了巨大劳动，从《摩诃婆罗多》、《诗歌》（Geetaa）、《马奴法论》等经典中摘录诗句，编撰了梵教的伦理和格言。

自从接受了梵社的思想，在举行杜尔伽祭祀的时候，他就离开家前往各地去漫游。就这样，他漫游过很多地方，最后于 1856 年 11 月 15 日回到了加尔各答。

1854 年他的三弟吉林德罗纳特去世。在他的精心管理下，父亲债务的大部分已经偿还了。可是剩下的债务以及三弟个人的债务等方面的财务管理相当混乱。甚至由于债权人提起控诉，警察局向他发出了逮捕证。他为偿还债务妥善地做了安排。可是他的小弟弟诺根德罗纳特为了个人的消费又开始借债了，代本德罗纳特对此很不满，诺根德罗纳特一气之下离家出走，并于 1858 年 10 月 24 日死了。

1858 年结束国内旅游回来之后，代本德罗纳特与凯绍博琼德罗·森（Keshabachandra Sen，1838—1884）开始交往。凯绍博琼德罗是他的次子绍登德罗纳特的同学，而且通过他，凯绍博琼德罗加入了梵社。代本德罗纳特被这个年轻人那种火热般的宗教情感和旺盛的工作能力所吸引。在这位年轻人的倡议下，代本德罗纳特 1859 年成立了梵社学校，他自己用孟加拉语，而凯绍博琼德罗则用英语在该校教授宗教方面的课程。这一年的年初，真理启迪会召开了年会，会上决定取消真理启迪会，并将真理启迪刊物交给加尔各答的梵社。这一年的巴乌沙月 11 日（在公历 12 月间）举行的梵社社员大会上，代本德罗纳特和凯绍博琼德罗被选为梵社的书记。这样，梵社里就增加了新鲜血液。

此前，对代本德罗纳特来说，梵社只是探索真理的一种手段。凯绍博琼德罗加入进来后，就把它发展成为一个社团组织，并为该组织的仪式规定了一套程序和方法。根据这种程序和方法，代本德罗纳特于 1861 年 7 月 26 日为二女儿苏库玛丽举行了婚礼。值得注意的是，除了黑石神像证婚和火焰洁身仪式，这次婚礼履行了印度教婚礼所有的程序。代本德罗纳特很想进行社会改革，但是当时流行的一些印度教的陈规陋习并没有消逝。他把梵社看做印度教内部的一个分支，只是取消了它的祭祀活动和各种迷信陋习。他虽然支持寡妇改嫁、不同种姓间通婚、取消佩戴圣线等主张，但是他还不能全身心地接受凯绍博琼德罗的主张。正是由于这个原因，他与梵社里的年轻人发生了分歧。

凯绍博琼德罗及其追随者于 1866 年 11 月 11 日成立了"印度梵社"，实际上这种分裂早在 1864 年年底就发生了。目睹这种分裂，代本德罗纳特心里很痛苦，他千方百计企图与这个新的梵社保持联系，但是由于种种原因他却未能做到。于是他渐渐地将自己解脱出来，开始过起退休的生活。他创建的原始梵社也渐渐地走进了死胡同，丧失了它的进步性。

1905 年 1 月 19 日下午 1 点 55 分，代本德罗纳特走完了自己的人生之路，享年 88 岁。

四、诗人的母亲莎罗达荪多丽

19 世纪中叶，印度仍然盛行早婚和男大女小的婚嫁习俗。代本德罗纳特于 1834 年 3 月与莎罗达·荪多丽（1827—1875）结婚，他当时 23 岁，而莎罗达荪多丽才 8 岁。莎罗达是拉摩纳拉扬·乔杜里（Ramanarayan Choudhuree）的女儿，他们家居住在杰索尔的南小区。

当莎罗达走进焦拉桑科泰戈尔家门的时候，代本德罗纳特正值青春年华，如朗日中天。家里为他们举行了十分豪华而隆重的婚礼。莎罗达在男女仆人的包围中度了最初的青春岁月。那个时候她对自己的丈夫及儿子们曾经寄托着很大的希望，可是代本德罗纳特对生活突然产生了厌倦情绪。他的这位年轻妻子心里感到很郁闷。代本德罗纳特一门心思想去一个安静的地方探寻神祇的威力。为了寻找这种安静，1846 年 7 月的一个大雨天，他要去恒河上漫游。他的妻子莎罗达哭着来到他的身边说："你离开我要去哪里？如果一定要去，那你就带我去吧。"于是他就带着妻子去旅行了。他还为妻子租了一艘快艇。莎罗达带着迪金德罗纳特、绍登德罗纳特和海蒙德罗纳特三个孩子上了快艇[①]。这次旅游的途中，突然接到了代本德罗纳特的奶奶奥洛迦病逝的消息。代本德罗纳特只好回来，为奶奶举行了没有祭祀膜拜的葬礼，于是他与家里的亲人发生了矛盾，莎罗达对此感到很痛心。她已经成为这个大家庭的主妇，所以她感受到了整个生活的压力。这个时期的家庭生活自然不是很快乐。家庭的婚嫁仪式、杜尔伽大祭节等庆典活动，亲戚朋友都不来参加了，莎罗达心里感受到很苦恼。

莎罗达结婚的时候，她的婆婆蒂贡波丽和奶奶婆奥洛迦都还活着。两位老人都是虔诚的宗教徒。在她们的教导和影响下，虔诚敬神等印度教女人所具有的那些习惯，自然成为莎罗达生活的一部分。在达罗卡纳特活着的时候，每年家里都十分隆重地举行杜尔伽和贾伽特丽女神的祭祀大典。代本德罗纳特首先取消了贾伽特丽女神的祭祀庆典，而在祭祀杜尔伽女神的时候，他也不在家里，而是前往国内各地去旅游。随着时间的推移，杜尔伽的祭祀活动也被取消了。家庭的各种仪式已经不再采

---

①　Debendranath：atmajebane 68（代本德罗纳特：《自传》，第 68 页）。

用祭祀的方法，而在吉林德罗纳特的家里却照旧采用老式方法祭祀神灵。这就使得莎罗达的宗教生活出现了危机。忠于丈夫是她生活的一个信条，也可以说，是她生活的中心。她的大女儿绍乌达米妮在回忆录中写道："我的母亲是位忠贞笃信宗教的女人。父亲经常去外地，因此她总是为父亲担心。大祭节的时候父亲总是设法不呆在家里。大家都陶醉在大祭节的演出唱歌等娱乐活动中，但是母亲却不参加其中的活动。当时她就独自坐在一个寂静的房间里。婶娘们不论怎么劝说恳求，她都不肯出来。婆罗门祭司们借口为消除父亲的各种危险而举行各种宗教仪式，经常从她那里拿走很多的钱，其数量是无法统计的。"①

莎罗达总是为丈夫担心。1857 年代本德罗纳特住在西姆拉生活，印度北方爆发了士兵大起义。绍乌达米妮写道："听到了一个谣传，士兵们把他杀害了。他很多天没有写信来，所以才有这个谣传。家里所有人都非常担心。母亲不吃不睡，不住地流眼泪。"② 丈夫在家的时候，她就精心地照顾他。她的二儿媳妇甘丹侬蒂妮回忆说："我婆婆的身体有点儿肥胖，她不能多活动。……只有爸爸在家的时候，妈妈才亲自下厨房。""我们家当时白天进行祈祷活动，……大哲（代本德罗纳特的尊称）在的时候，他就做祈祷，当时母亲也跟着他去做。""我记得，爸爸在家的时候，如果孩子们都倒下睡了，他就打发人叫我婆婆稍晚一点儿过去。而妈妈就穿上洗过的棉布纱丽，随后再洒上一点儿香水；这是她夜里的装束打扮。"③ 由此可见，她对丈夫是何等忠贞和细心体贴。

的确，莎罗达不是一位很有文化的人，但是她也不是文盲。在焦拉桑科泰戈尔家族的内室里是很重视读书学习的。诗人的四姐绍尔诺库玛丽在一篇文章中写道："母亲在劳作后的闲暇时间里总是整天手里拿着一本书。她特别喜欢阅读阇那伽④的诗歌，几乎能背诵书中的一些段落。她还常常叫一位哥哥来为她朗读梵语的《罗摩衍那》、《摩诃婆罗多》。"⑤ 尽

---

① Soudaaminee debee："pitrismriti"，maharshi Debendranaath 1375，152（绍乌达米妮：《回忆父亲——哲人代本德罗纳特》（孟加拉历 1375 年），第 152 页）。

② 同上注。

③ Gaandaannandinee："smritikathaa"（puraatanee，23，26），（甘丹侬蒂妮：《回忆录》，老妇人。第 33、26 页）。

④ 阇那伽（chaanakya）——印度古代孔雀王朝时代的宰相。著名的政治家，著有《政事论》等书。

⑤ Svarnakumaaree：aamader grahe antapur shikshaa o taahaar sanskaar，pradeep，bhaadra，1306（绍尔诺库马丽：我们家内室里的学习及其习俗，《明灯》，孟加拉历 1306 年帕德拉月号）。

管她在泰戈尔家族的环境中学会了读书写字，但是她还是没能摆脱旧习俗的束缚。

　　莎罗达一共生育了 15 个儿女（9 个儿子，6 个女儿）。在生育第一个女儿时，莎罗达才 11 岁。第一个女儿和最小的儿子幼年夭折。罗宾德罗纳特是她第 14 个孩子。这么多的孩子，不可能都由她自己来照顾。当时的富贵家庭也不需要那样做，因为家里的亲人和仆人们会承担起照顾孩子们的责任。

　　这 15 个孩子的情况列表如下（＋号后面为其妻子或丈夫）：

女儿（1838，出生不久夭亡）

长子：迪金德罗纳特（Dvijendranaath，1840—1926）

＋绍尔波荪多丽（Sarbasundaree，1847—1878）

次子：绍登德罗纳特（Sadyendranāth，1842—1923）

＋甘丹侬蒂妮（Gaandaannandinee，1850—1941）

三子：海门德罗纳特（Hemendranaath，1844—1884）

＋妮波摩伊（Nipamayee，? —1910）

四子：比棱德罗纳特（Beerendranaath，1845—1915）

＋普罗卢洛摩伊（Pralullamayee，? —?）

长女：绍乌达米妮（Soudaaminee，1847? —1920）

＋沙罗达普罗沙德·贡戈巴泰（Saaradaaprasaad Gangopaadhyaaya，1838? —1883）

五子：久迪林德罗纳特（Jyotirindranaath，1849—1925）

＋迦东波丽（Kaadambaree，1859—1884）

次女：苏库玛丽（Sukumaaree，1850? —1864）

＋海门德罗纳特·穆科巴泰（Hemendranaath Mukhopaadhyaaya，? —1885）

六子：普嫩德罗纳特（Punyendranaath，1851? —1857）

三女：绍罗特库玛丽（Sharatkumaaree，1854—1920）

＋焦杜科莫尔（焦杜纳特）·穆科巴泰（Jadukamal ［jadunāth］ mukopādhyāya，? —1910）

四女：绍尔诺库玛丽（Svarnakumaaree，1856—1932）

＋贾诺基纳特·寇沙尔（Zaanakinaath ghoshāl，1840—1913）

五女：波尔诺库玛丽（Barnakumaaree，1858? —19343）

＋绍迪什琼德罗·穆科巴泰 (Sadishchandra mukhopaadhyaaya，? — 1897)

七子：绍门德罗纳特 (Somendranaath，1859—1922)，没有结婚。

八子：罗宾德罗纳特 (Rabindranāth，1861—1941)

＋穆里纳莉妮 (Mrinaalinee，1874—1902)

九子：布腾德罗纳特 (Budhendranaath，1863—1864)

莎罗达于 1875 年 3 月 11 日逝世，享年 49 岁。她病逝的时候，罗宾德罗纳特已经快 14 岁了。

五、罗宾德罗纳特的子女

穆里纳莉妮 (1874—1902) 在不到 10 岁 (9 岁零 10 个月) 的时候与罗宾德罗纳特结婚，共生育 5 个孩子，其中 3 个女儿，2 个儿子。她 11 岁时生大女儿玛图莉洛达，13 岁时生大儿子罗廷德罗纳特，16 岁时生二女儿蕾奴卡，18 岁时生小女儿米拉，20 岁时生小儿子绍民德罗纳特 (Shamindranaath，1894—1907)。她死的时候只有 28 岁，而罗宾德罗纳特·泰戈尔当时还不满 41 岁。现在来说已说诗人五个孩子的情况。

玛图莉洛达，(Maathurilataa 或，Belaa，1886—1918)，家里人又称呼她"贝拉"、"贝莉"、"贝卢布莉"。因为诗人特别喜欢茉莉花，所以孩子刚一出生，诗人的二嫂甘丹侬蒂妮就给这个孩子取名为"贝拉"，意为"茉莉花"。

贝拉是诗人的长女，也是他三个女儿中长得最漂亮、最富有个性的一个女儿，因此，她就成为诗人的掌上明珠。从短篇小说《喀布尔人》的小女主人公米妮身上，我们可以看到贝拉的影子。

贝拉没有像几个伯父家的堂姐妹那样，去正规学校接受教育，因为诗人不喜欢正规学校里刻板式的教育，所以就没有把女儿送进正规的学校，而是安排她在家里学习。除了让她学习孟加拉语言和文学、西方文学、音乐等学科外，还先后为她请了三位老师教她学习英语。贝拉的童年和少年主要是在什莱达赫①。

---

① 什莱达赫 (Shilaaidaha)，孟加拉邦北部的一个地名，那里曾有泰戈尔家族的田产。以前曾有过多种译法：谢利达、希拉伊达哈、西莱达等。

1901 年，贝拉 14 岁零 8 个月的时候就结了婚，她丈夫是绍罗特库马尔·丘克罗波尔迪。媒人就是诗人的好朋友普里耶纳特·森。贝拉的丈夫原来是诗人比哈里拉尔·丘克罗波尔迪（Bihaareelaal Chakrabartee，1835—1894）的三公子，而比哈里拉尔曾经教过罗宾德罗纳特的诗歌，是他年轻时的老师。

婚后，贝拉就跟随丈夫到马贾法拉普尔定居了，因为她丈夫在那里工作。贝拉在那里结识了一位热爱文学的孟加拉主妇——奥奴鲁巴女士，并与之结下了深厚的友谊。两个人在那里做了大量社会服务工作，特别是为发展妇女教育付出了很多心劳。

贝拉结婚刚一年多，她的母亲就于 1902 年 11 月 23 日病逝了。此后她又接连失去了两个亲人——二妹拉妮（蕾奴卡）和她最疼爱的小弟弟绍民。后来她的丈夫绍罗特库马尔回到加尔各答，在高等法院实习，她就跟随丈夫一起住在父亲的家里。那时候米拉和丈夫诺根德罗纳特·贡戈巴泰（1889—1954）也住在焦拉桑科泰戈尔的家里。诗人的小女婿性格粗暴蛮横，对待玛图莉洛达夫妇很不和善，而性格温和的诗人对待这件事情又不好更多地指责晚辈。在这种情况下，玛图莉洛达心情抑郁不乐，只好和丈夫搬出了焦拉桑科。他们夫妻俩在加尔各答的另一个地方租了房子住下来。

在新的住处贝拉感染上了肺结核病。在她患病期间，诗人曾经去看望过女儿，但是在她病故时父亲就没有到场。贝拉病故时才 32 岁，身后没有留下子女。

诗人对大女儿的去世感到十分悲痛，他在《迅逃集》的《解放》一首诗中抒发了自己的悲伤。为了纪念女儿，诗人在自己的学校里设立了"玛图莉洛达奖学金"。

玛图莉洛达写过一些短篇小说。已经出版的书籍有：《玛图莉洛达短篇小说》和《玛图莉洛达书简》。

罗廷德罗纳特（Rateendranaath，1888—1961）是诗人的长子。童年和少年时代，罗廷跟随父亲去过很多地方旅游。他在什莱达赫、山蒂尼克侗和北孟加拉等地都住过很长时间。在罗廷 9 岁的时候，家里为他举行了隆重的佩戴圣线仪式。为了把罗廷培养成才，诗人花费了不少心血，付出很大的努力。在很多问题上，诗人都坚持自己的主张，比如，在教育孩子的问题上就是如此。

最初，诗人在山蒂尼克侗创建古代印度梵学书院似的学校，其动机就是为了培养儿子罗廷，因为他要摆脱当时流行的教育思想和教育体制。慈爱的父亲想把儿子培养成为具有各方面知识的有用人才。起初与罗廷一起学习的一共只有 5 个男孩子。当时父亲要求他和其他同学们一样住在学生宿舍里，而不让他和爸爸妈妈住在一起。诗人虽然教过儿子各种学科知识，但是最后诗人还是让儿子前往美国的伊利那亚大学学习农学，并取得了理科学士学位。回国后，罗廷根据父亲的意愿去什莱达赫从事农业研究工作。

罗宾德罗纳特虽然想按照自己的理想培养自己的长子，但是罗廷并没有完全按照父亲的要求去做。在很多时候和许多问题上他都有自己的理想和追求。他关于国际大学发展的构想和所做的工作表明，他并没有遵循诗人的理想和愿望去办学。诗人对他的慈爱和关心，在很多情况下都体现在严格的要求和严厉的目光中。这种情况无疑对儿子造成了伤害。很多人议论说，罗廷是个很谦恭的人，他是完全顺从父亲的意愿的。诗人有一次也说过："罗廷的不幸，就在于他是我的儿子，因此他的才华都被压制了。"罗廷是个很不喜欢张扬的人。他喜欢各种艺术，对机械学、园艺栽培和蔬菜育种都特别感兴趣，并且很有造诣。他写一手很漂亮的文字。他的著作中值得提到的有：《生命论》、《进化论》、《回忆父亲》(Pitri-Smriti，《On the Edges of Time》) 等。

父亲仙逝后，他担任山蒂尼克侗国际大学的副校长。在关于大学改制的问题上，他与一些领导者发生过意见分歧和争执。最后在把国际大学改为直属印度中央政府大学的过程中，罗廷发挥了重要作用，尽管人们对此褒贬不一。1953 年他辞去副校长的职务，并且离开了国际大学，前往德拉顿定居，在那里度过了自己的晚年，1961 年逝世，享年 73 岁。

在他的个人生活中，母亲对他的影响是比较大的。根据父亲的意愿，他与从前母亲喜欢的女孩普罗蒂玛结了婚。这是焦拉桑科泰戈尔之家第一次迎娶寡妇。罗廷的婚姻生活并不很幸福。他和普罗蒂玛也没有生育后代，只是收养了一个女儿依蒂妮（1922 年出生），是从古吉拉特抱养来的女孩。

普罗蒂玛 (Pratimaa，1893—1969) 是诗人的堂侄奥波宁德罗纳特的外甥女，即他的小妹妹比诺伊妮的第二个女儿。从家族的辈份上看，普罗蒂玛是诗人家族远支的外孙女，是罗廷的外甥女。因此，罗廷与普罗蒂玛的结合，实际上是舅舅与外甥女的结合，按照中国的传统习惯，这种婚姻是不可取的，因为不符合辈份。

诗人的妻子穆里纳莉妮很喜欢小普罗蒂玛，于是就决定让她做自己未来的儿媳妇。但是在穆里纳莉妮死的时候，普罗蒂玛已经快 11 岁了，于是她家里就开始为她张罗婚事。当时罗廷正在读书，因此，诗人不同意罗廷结婚。结果，普罗蒂玛的家人就让普罗蒂玛与尼拉纳特·穆科巴泰（Neelaanaath Mukhopaadhyaay）结了婚。尼拉纳特是比诺伊妮的小姑妈库姆蒂妮的孙子，是她的外甥，也就说，是普罗蒂玛的表哥。

结婚刚一个多月，有一天，尼拉纳特和几个朋友去恒河里洗澡，不小心沉入河里淹死了。

时光荏苒，一晃又过去了 5 年。1910 年，普罗蒂玛已跨进 16 岁的门槛，诗人才让儿子罗廷和她结了婚，以此了却了他已故妻子的心愿。普罗蒂玛的两次婚姻都是与泰戈尔家族里的亲人联姻。

只读过一点书的普罗蒂玛，在诗人的关怀和安排下，经过几年的努力就成为一个具有各方面知识和优秀品格的女性。她尽心照顾诗人和罗廷的生活，陪同诗人访问过一些国家。她在手工艺术的各个领域都有突出的贡献，并且对舞蹈、绘画、文学等都有研究。她写的《涅槃》（Nirban）一书描述了诗人晚年的生活，很有史料价值。她于 1969 年逝世。

二女儿蕾奴卡（1891—1903），爱称"拉妮"、"蕾奴"。她不像大姐贝拉和小妹米拉那样美丽，她的肤色黎黑。蕾奴卡从小就是个固执、深沉、敏感、大胆和很有个性的女孩。她不喜欢修饰打扮，也不喜欢吃鱼肉。她的心绪有点类似苦行僧。蕾奴卡很愿意读书学习，可是大姐结婚刚一个月零 24 天之后，父亲就让年仅 10 岁半的蕾奴卡于 1901 年 8 月 9 日嫁给了绍登德罗纳特·婆达贾尔焦（Satyandranaath Bhattaachaarja）博士。蕾奴卡尽管接受了这次婚姻，但是此次婚姻并没有给她的生活带来欢乐和幸福。结婚几天后，诗人就派他这个女婿去英国留学了。可是绍登德罗在英国没有完成自己的学业就回国了。这给予自尊心很强的蕾奴卡以极大的精神打击。再加上母亲在她结婚几个月后就病故了。因此，她内心里很痛苦，不久就患上了喉咙痛的病症，逐渐又染上了肺结核。

诗人为了使女儿恢复健康竭尽了一切努力。最初带她去比哈尔的哈贾里巴格。在那里不见效果，诗人又带她去马图普尔换一个空气好的环境。然后又住进了喜马拉雅山的怀抱里。但是蕾奴卡的病情一点儿也不见好转，最后诗人把女儿带回了加尔各答。1903 年 9 月 14 日，即在母亲逝世 9 个半月后，蕾奴卡在那栋"红楼"里病逝。她死的时候才 12 岁。

绍民德罗纳特（Shomeendranaath 1896—1907），爱称"绍米"。诗人最小的儿子。绍米在相貌、品德和天赋等方面都继承了父亲的优点。他出生在加尔各答。9 个月后家里为他举行隆重的进食仪式。5 岁为他举行了佩戴圣线的仪式。绍米的大部分时间是在山蒂尼克侗度过的。母亲穆里纳莉妮最后一次生病的时候，诗人把她和绍米一起从山蒂尼克侗送回了加尔各答，但是不久诗人又把绍米送回了山蒂尼克侗。因此，母亲和儿子两个人都很痛苦。母亲病逝的时候（1902 年 11 月 23 日），绍米才 6 岁。此后他同哥哥姐姐一起住在山蒂尼克侗一所叫做"新屋"的用稻草盖成的房子里，由一位名叫拉焦洛姬的姥姥照顾。那位姥姥曾是穆里纳莉妮的姑父的小妾，是个很慈祥而又细心的女人。

在山蒂尼克侗读书的时候，有一次大祭节放假，绍米和同学绍罗吉琼德罗（婆拉）一起去蒙格尔——绍罗吉琼德罗的舅舅家了。一个月后那里发生了霍乱。婆拉的两个舅舅都是大夫，对其进行了医治，诗人从加尔各答带去的医生也没有治好绍米。最后还是死了。绍米死亡的日期是 1907 年阿格拉哈扬月 7 日（在公历 11 月间），他母亲 5 年前就是在这一天去世的。小儿子的意外死亡，使诗人非常痛苦，然而他还是经受住了亲人死亡的打击，继续他的创作。

诗人的小女儿米拉（Meeraa，1893—1969），她的另一个名字叫奥多丝洛达或奥多丝。父亲经常亲切地叫她"米丽"、"米鲁"。米拉的相貌美丽、身材匀称，皮肤显得有点黑。米拉是诗人儿女中最不幸的一个孩子。1902 年 11 月 23 日，即在她 9 岁零 10 个月的时候就失去了母亲。此后她就由二伯母甘丹侬蒂妮照顾，跟二伯母住在一起，因此没有得到更多的父爱。在少年时代她又失去了二姐和小弟，青年时代失去了大姐。

米拉没有进过正规的学校读书，而是在家里学习，也学习过英语。她是个温顺、沉默寡言的女孩，从不喜欢大声讲话，也从不抱怨任何人。她在自己的自传中甚至没有描写过自己的痛苦。

1907 年 6 月 6 日，她 13 岁半时与诺根德罗纳特·贡戈巴泰结婚。新郎提出的结婚条件是派他去英国留学。可见，他们的婚姻不是以爱情为基础的，而是附加有经济条件的。

在婚礼开始的时候，主婚人叫新郎系上圣线，可是这位新郎官却很粗暴地表示反对。他的这种态度使在场的人感到很不愉快。

那一天，还发生了另一件令人毛骨悚然的事情：婚礼之前米拉走进浴室洗澡，一条眼镜蛇爬到她的脚边竖起了鼓胀的头。幸运的是，米拉逃出了死神之手，但是这件事仿佛也是她未来生活的一种不祥之兆。

诺根德罗那特是个高傲自私、性情粗暴的青年。当然他没有、也不可能给予失去母爱的米拉带来任何安慰。米拉虽然生了两个孩子（一个儿子、一个女儿），但是她的婚姻生活并不幸福。由于不堪忍受这种没有爱情的婚姻生活，米拉最后还是选择了离婚。他们离婚后，诺根德罗纳特去了美国。不久，在德国求学的他们唯一的儿子尼丁德罗纳特（Neeteendranaath，1912—1932）突然死亡。米拉匆忙赶往德国，与诺根德罗纳特见了最后一面。在后来的生活中，只有女儿依蒂达（Nanditaa，1916—1967）常常跟在她的身边。

依蒂达的婚姻生活是幸福的，但是她只活到 51 岁，就离开母亲先走了（1967 年）。女儿病故后，米拉在圣蒂尼克坦的“花园”之家度过了孤独的晚年。她在身患疾病的情况下，“为了消磨时光”写了“回忆录”，主要记述了童年和少年时代的往事。

根据父亲生前的指示，米拉浏览了国内外大量的英文报刊，并且做了有关评述父亲作品的文章摘要。她先后在《侨民》杂志上和在《理论知识》杂志发表过十几篇文章。米拉于 1969 年病逝，享年 76 岁，是诗人五个孩子中活得最长久的一个。

依蒂达是罗宾德罗纳特唯一的外孙女，爱称“布丽”。1916 年出生于焦拉桑科的泰戈尔家族老宅三层的一个房间里。那个房间以前诗人的父亲住过，最后在那里病逝。诗人的五哥久迪林德罗纳特和五嫂迦东波丽也在那个房间住过。迦东波丽就是在那个房间自杀的。妻子死后，久迪林德罗纳特就搬出了那个房间。后来泰戈尔也在那个房间住过。

依蒂达出生时她父母之间的矛盾已经很深了。父母离婚后，她和母亲住在山蒂尼克侗。

1936 年依蒂达与克里什那·克里巴拉尼（Krishna Kripaalanee，1907—1992）结婚，但是她没有生育过子女。依蒂达因患癌症 1967 年在德里去世。两年后，她的母亲米拉也病逝。至此诗人泰戈尔家族这一支就后继无人了。

泰戈尔与苏联

刘　建[*]

印度大诗人罗宾德罗纳特·泰戈尔（1861～1941）于 1930 年访问苏联，是他漫长人生中的一件大事。像不少欧美知识分子一样，他是苏联的热切支持者和友人。然而，他在那里既看到了"月亮的光明面"，也发现了它的黑暗面。他甚至预见到，苏联如不能根除其弊病就会崩溃。然而，他的忠告在苏联遭到雪藏，《消息报》直至 1988 年才公布了有关内容。同他在 1924 年访华期间遭到陈独秀等人的无端抨击和鲁迅的冷嘲热讽不同，他在莫斯科受到了一致的热烈欢迎。鉴于在中国发生的一些不愉快事件，除在少数场合致辞外，他在苏联没有发表公开演说。因此，《俄罗斯书简》成为研究他的苏联之行的主要文献。

对理想社会的憧憬

泰戈尔于 19 世纪 90 年代奉父命前往乡间经管田产。当时，泰戈尔家在孟加拉省东北部的帕布纳县和拉吉沙希县（今均属孟加拉国）以及毗邻孟加拉的奥里萨省拥有广阔的土地。诗人虽然不懂农业，却于 1890 年底只身来到帕布纳县的希莱达豪（Shilaidah）定居。在大土地所有者和英国殖民者的双重统治和压榨下，历史上曾经十分富庶的孟加拉农村，水患频仍，经济凋敝，广大农民过着极其贫困、愚昧、悲惨的生活，严酷的现实每每使得诗人触目神伤。他为同胞的不幸而叹息，为祖国的前途而怅惘。他常常在上午处理农务，接见佃户，倾听他们的呼声，解决他们的问题。此外，他还接触过乡村教师、邮局职员、学生、村妇、木

＊　中国社会科学院亚洲太平洋研究所研究员。

匠、船夫、渔民等各种各样的人物，从而熟悉了他们的生产劳动、实际生活和他们的喜怒哀乐。他与处于社会底层的劳苦大众的广泛接触，对他的思想和创作产生了重大的影响。他的人道主义思想和民主主义思想就在这时深深扎根。

泰戈尔对少数人垄断财富而骄横跋扈、多数人遭受贫困而备受屈辱的社会现实深感愤怒，因此，他热烈地期待着一种理想社会的出现，萌发了对社会主义的向往。他在1893年5月10日的一封信中写道："我不知道，比较平等地分配财富的社会主义理想能否实现，如果不能，上天的安排就实在太残酷了，而人也真是一种不幸的生物。如果在这个世界上必须有苦难存在，那就让它存在吧；但总应该留下一线光明，至少留下一点希望的闪光，以促使人类中较高尚的部分，怀着希望，不停地奋斗，以减轻这种苦难。"[①] 尽管社会主义思想在当时已传入印度，泰戈尔也知道它是一种主张平等分配财富的理想社会，但由于当时的世界上还没有一个社会主义国家的先例，他对能否在印度实现社会主义的理想并不抱多少希望。

在当时的印度，由于生产力低下，物质财富匮乏，文化教育落后，没有建立社会主义的基本前提。所以，有人认为，社会主义不过是空想。泰戈尔在上面提到的同一封信中谈到了这一点："有些人断言，分配天下的物产，使每一个人都有一口饭吃，有一点衣服穿，只不过是一个乌托邦似的梦想，他们讲的是何等残酷的事啊！的确，所有这些社会问题都是残酷的！命运只给了人类这么一床小得可怜的被子，把它拉到世界的这一部分，另一部分就只好裸露出来。"[②] 显然，诗人对于社会主义理想的难于实现感到痛心疾首；同时，他也明白，没有足够的财富积累，没有发达的教育，社会主义就无从谈起。他还发现，个体农业是落后的，其生产力是低下的。

其实，泰戈尔对社会主义也是怀有矛盾心理的。他在同一封信中还说："在消除贫困的时候，我们会失去财富，而拥有这笔财富，我们却会失去多少善心，多少美，和多少力量啊。"[③] 这说明，诗人知道，实现社会主义的理想，意味着贫困的消除，但有产者将会失去自己的无量财富；

---

① 泰戈尔：《孟加拉掠影》（刘建译），上海译文出版社1985年版，第88页。
② 泰戈尔：《孟加拉掠影》（刘建译），上海译文出版社1985年版，第89页。
③ 泰戈尔：《孟加拉掠影》（刘建译），上海译文出版社1985年版，第89页。

而少数人对财富的攫取和垄断，也意味着善心、美和力量的缺失。从那时起，泰戈尔终生都在关心着农民的命运，把解决占人口绝大多数的农民的问题看做是解决印度社会问题的关键，并脚踏实地做了许多具有探索性和建设性的有益工作。他后来能对苏联产生兴趣和好感，无疑与他从苏联看到印度的希望有关。

在泰戈尔的思想中，一直存在着对理想社会的憧憬。这一点清楚地反映在他的代表作《吉檀迦利》中的第 35 首诗歌中：

> 在那里，心灵是无畏的，头颅是高昂的；
> 在那里，知识是自由的；
> 在那里，世界没有被国家狭隘的壁垒分隔成碎片；
> 在那里，话语出自真诚的深处；
> 在那里，不懈的努力向着完美伸臂；
> 在那里，理性的清流没有迷失在积习的荒漠之中；
> 在那里，心灵在你的指引下向着不断开阔的思想与行动前

进——

> 进入那自由的天国，我的父亲啊，让我的祖国醒来吧。①

这首意旨十分高远的诗，充满了理想主义的色彩。或许，社会主义还是比较接近他的心目中的理想社会的。

对十月革命的态度

早在 1918 年，亦即十月革命的翌年，泰戈尔就在印度具有广泛影响的重要英文月刊《现代评论》（Modern Review）7 月号上发表《在十字路口》（*At the Cross Roads*）一文，表明了他对那场重大历史事件的态度。诗人写道：

> 我们获悉，现代俄罗斯所以正在其理想主义的无底深渊中挣扎，是因为她在"现实政治"（Real Politik）的严酷逻辑中错失了稳固的立足点。我们对于当前俄罗斯革命的历史知之甚少，而凭借我们手中不多的材料，我们还无法认定，处于苦难中的

---

① Rabindranath Tagore, *Gitanjali* (Kolkata: Visva-Bharati & UBSPD, 2008), p. 75.

俄罗斯是否在体现人类反对建筑在道德虚无主义之上的繁荣的不屈不挠的灵魂。我们能够说的是，作出判断的时间尚未到来，尤其是在"现实政治"本身处于如此惨境之时。无疑，倘若现代俄罗斯确曾勉力使自己适应"国家崇拜"（Nation-worship）的正统，那么她今天就会处于一种较为舒服的境地。然而，她的斗争的这种惊人的规模和她的诸多混乱的不可救药本身，并不能证明她已误入歧途。作为一个国家，她并不是不可能失败；但如果她是手执真正的理想的旗帜而失败，那么她的失败将犹如启明星那样逐渐消逝，从而迎来新时代的日出。如果印度应有自己的雄心，那么就不要使之成为昨夜的罪恶的野蛮盛宴上的争夺，而是让她在早晨踏上寻求真理——人类灵魂的真理——的朝觐之途的队伍中就位。①

泰戈尔所以撰写《在十字路口》，是为了探索印度民族的出路。由于第一次世界大战席卷欧、亚、非三洲，人类文明深陷危机之中。诗人在该文中指出，英国居高临下地施舍和印度卑躬屈膝地接受小恩小惠，"不是恰当的解决办法。我们必须拥有权力才能获得真正的公正。"② 自然，在为处于十字路口的民族独立运动寻找正确的方向之时，他也考虑了俄罗斯的道路。尽管诗人自称资料有限因而措辞审慎，但他却明白，十月革命带有理想主义的色彩；俄罗斯由于脱离了欧洲的"现实政治"③ 而陷入孤立。尽管他还无法立即对革命后的俄罗斯是否一种相对于道德虚无主义的理想主义的产物作出价值判断，但他也并不认同关于俄罗斯"已误入歧途"之说。相反，他对十月革命表示了一定的同情并寄予了一定的希望。

---

① Rabindranath Tagore, "At the Cross Roads", Sisir Kumar Das ed. , *The English Writings of Rabindranath Tagore* (New Delhi: Sahitya Academi, 1996), vol. 3, pp. 383—384.

② Rabindranath Tagore, "At the Cross Rods", Sisir Kumar Das ed. , *The English Writings of Rabindranath Tagore* (New Delhi: Sahitya Academi, 1996), vol. 3, p. 381.

③ 所谓"现实政治"，最初是由德国记者和政治家路德维希·冯·罗豪（Ludvig von Rochau, 1810～1873）在《现实政治原理》（*Grundsätze der Realpolitik*, 1853）中提出的一种政治哲学，主张执政者在处理政治或外交问题时以国家利益为最高准则，以实力为本，可以完全不顾道德和原则。这一种政治哲学后为普鲁士铁血宰相俾斯麦所倡导和躬行。它实际上就是现代强权政治的滥觞。

访苏之前的准备

泰戈尔早就渴望访问苏联，但在印度却无从谈起，因为俄罗斯驻印度加尔各答等城市的领事馆业已关闭多年。直到 1924 年，英国才正式承认苏联并与之建立外交关系，但两国到 1927 年又再度断交。

泰戈尔是在 1924 年访问中国期间着手为访问苏联进行准备的。他在北京期间获悉，苏联政府的正式代表列奥·卡拉汉（Leo M. Karakhan，1889～1937，一译加拉罕）就在北京，于是在 5 月 11 日下午前往其驻地晤谈，从而借机表达了自己访问莫斯科的热切愿望。卡拉汉承诺即向莫斯科发送电报，并表达了对于建立密切的苏印关系的浓厚兴趣。他们在谈到文化和教育的话题时似乎十分投机，而且卡拉汉认为泰戈尔的教育理想与苏联政府的教育理想基本相同。苏联政府很快发出邀请，希望诗人能在翌年成行。

当时，苏联的外交工作已有起色，当然急切希望像泰戈尔那样的世界文化名人前来参观。泰戈尔意在考察苏联的教育和农业发展状况，而苏联政府则希望借助他获得"对布尔什维主义的全力支持"[①]。后来，苏联政府还安排，由高尔基出面邀请法国著名作家罗曼·罗兰（1866～1944）于 1935 年前来访问，由苏联作协出面邀请同样著名的法国作家安德烈·纪德（1869～1951）于 1936 年前来访问。罗曼·罗兰是在泰戈尔之后不久获得 1915 年度的诺贝尔文学奖的。他在 1919 年发表《精神独立宣言》，暗示人类的希望就寄托于正在实践社会主义理想的苏联。纪德曾于 20 世纪 20 年代中期前往非洲考察，目睹了殖民者对当地土著的残酷剥削，产生了对共产主义的向往。30 年代初期，他宣布自己信仰共产主义。苏联政府邀请他们前来访问，大体出于同样的考量。不过，纪德在访苏后却产生了一种幻灭感，先后发表了《访苏归来》（1936）和《对苏联的余思》（1937），对它的各种问题提出尖锐批评。罗曼·罗兰虽然在当时保持了沉默，却留下一部《莫斯科日记》，对苏联业已出现"共产主义特权阶层"和包括高尔基在内的"新贵族阶层"提出批评。根据

[①]　Krishna Dutta and Andrew Robinson, *Rabindranath Tagore：The Myriad-minded Man*（New York：St Martin's Press, 1995 ）, p. 297.

他的遗嘱，这部日记直到他逝世半个世纪之后才得以出版。那时，苏联已经解体。

　　然而，泰戈尔的苏联之行并不顺利。1925 年，他与印度的一些著名学者和科学家应邀参加苏联科学院成立 200 周年庆典，但他由于健康原因而错过这一机会。1926 年，他在斯德哥尔摩见到苏联外交官和作家阿罗谢夫（A. Arosev, 1890~1938），向后者重申了自己访苏的热望："你不知道，长期以来，我一直多么想到你们的国家，一个我由于其文学而热爱的国家。我从友人那里获悉，现在，你们的人民已经掀开全新的一页，变得与过去全然不同，我急不可耐地想飞到那里去。"他还说："我希望了解你们的音乐，你们的戏剧，你们的舞蹈，并熟悉你们的文学。"①苏联对外文化关系协会甚至成立了一个以卢纳察尔斯基为主席的专门的接待委员会，其成员包括迈耶霍尔德、斯坦尼斯拉夫斯基等知名人物。约 50 个组织准备热情接待泰戈尔。除莫斯科外，列宁格勒、巴库、第比利斯、巴顿和克里米亚等城市都将准备迎接诗人。然而，由于一场严重流感，他再次辜负了东道主的热情。他甚至未能参加 1927 年的十月革命 10 周年庆典。随后，他在 1928 年 4 月 17 日的一封信中表示："我们有必要了解，在教育农民方面，他们在俄罗斯形成了什么样的制度。如果我们不能拯救我们的村庄，我们就会灭亡。死亡进程在社会底层已经开始。我们亟须了解俄罗斯在采用什么办法将新的生命力注入社会的这一分支。我们正在将自己的所有能量浪费在无所作为的政府身上，而另一方面，国家在活力和财富上却在变得愈来愈贫弱。我非常希望亲自到俄罗斯并亲眼见识乡村教育制度、合作社运动，等等。但是，我现在没有足够的体力。我只能将自身交到医生手中并静养一些时日。现在，我已 68 岁了，我的生命之灯在变得暗淡，只有拨弄烛芯，它才会明亮，希望很小了——真正的事实是，快要油尽灯灭了。尽管如此，我的一大愿望是，在死前能了解俄罗斯当前的事业。如果健康允许，我就会动身。"② 这封

---

　　① A. Ya. Arosev, "Moi vstrechi s Tagorom" (My Meeting with Tagore), 30 *Dnei* (30 ways), No. 119, 1926, p. 89, in A. P. Gnatyuk-Danil' chuk, *Tagore*, *India* & *Soviet Union* (Calcutta: Firma Klm, 1986), translated from Russian by Harish C. Gupta, p. 208.

　　② *Rabindranath Tagore*: *Friend of the Soviet Union* (in Russian), pp. 42—43, in A. P. Gnatyuk-Danil' chuk, *Tagore*, *India* & *Soviet Union* (Calcutta: Firma Klm, 1986), translated from Russian by Harish C. Gupta, pp. 215—216.

目前保存在莫斯科档案馆的重要信件，说明了泰戈尔当时健康状况确实不佳，自觉已到风烛残年，但他不改初衷，而且真心希望前往苏联考察。该信还再次说明了诗人访苏的主要目的在于了解它的教育制度和合作化运动，以作为解决印度农村问题的借鉴。主要由于健康原因，尽管苏联政府年复一年地不断重新发出邀请，他直到 1930 年 9 月才最终踏上苏联的领土。这一准备过程，经历了 6 年之久。

访苏主要目的：看月亮的光明面

泰戈尔在其访问苏联的夙愿实现之后异常兴奋。"终于来到了俄罗斯！"从他收入《俄罗斯书简》的第一封信的第一句话就可以明显看出这一点。在于 1930 年 9 月 25 日从莫斯科发出的第三封信中，他又写道："我现在在俄罗斯；倘若我不曾前来，那么我的人生的朝觐就不会圆满。"[1] 他将访苏当做人生中一件神圣之事，而他对苏联的景仰之情溢于言表。

泰戈尔最初计划在苏联停留月余，访问莫斯科、列宁格勒、克里米亚和高加索，然后取道西伯利亚前往日本和美国。从 1930 年 9 月 11 日至 25 日，诗人实际上只在莫斯科停留了半个月。他在 1924 年访问中国时停留了 7 周，而在访苏之后又在美国停留了近 10 周（67 天）。与访华访美所用时间相比，他在苏联的时间显然很短。诗人所以缩短原定访问计划，除了身体和气候原因外，活动和见客太多导致疲惫也是一个主要原因。是否还有其他原因，尚难确定。

泰戈尔的苏联之行，除了时间相对较短外，行程也非常有限。他乘苏联火车跨越边境小城内戈雷罗耶，经斯莫棱斯克到达莫斯科之后就一直仅能呆在这座城市及其郊区。医生告诫年事已高的诗人，他的心脏病随时可能发作。因此，他能够看到或获准看到的东西自然同样非常有限。苏联官员向他提供了许多诸如政府公告一类的宣传材料。从《俄罗斯书简》可以看出，他利用乃至照抄了其中不少内容。因此，他对苏联的某些描述出于二手资料，并不能完全反映现实。

泰戈尔毕竟不是一个革命者和政治家，尽管他在某些情况下也赞成

---

[1] Rabindranath Tagore, *Letters from Russia* (Calcutta: Visva-Bharati, 1960), p. 10.

革命并参与政治活动。但总的来看，他对政治并不非常感兴趣。因此，他访问俄罗斯主要出于三个目的。作为一名文学家，他对俄罗斯文学和文化自然怀着浓厚的兴趣。他就是从文学入手开始熟悉俄罗斯的。他是由于阅读托尔斯泰、陀思妥耶夫斯基、普希金和契诃夫等俄罗斯伟大作家或诗人的作品而了解并爱上俄罗斯的。他先后对卡拉汉和阿罗谢夫都说过这样的话。[①] 所以，他访问苏联的一个目的就在于考察这个新的国家的新文化建设。

　　泰戈尔访苏的第二个目的，在于考察农业发展和苏联农民的生活。有两个事实足以说明农业在诗人心目中的地位。首先，他在成为世界名人之前即于 1906 年将自己 18 岁的长子罗亭、女婿以及一个友人的儿子送到美国伊利诺伊大学学习农业科学，而不是将他们送到印度上流社会青睐的牛津大学或剑桥大学。[②] 其次，他在 1921 年于圣蒂尼克坦创建著名的国际大学的翌年，即在附近建立了一所与之平行的名为斯里尼克坦（Sriniketan）的农村复兴学院[③]，旨在进行农村社会发展实验，同时对附近农民进行自助和启蒙方面的教育。值得一提的是，他在 1924 年访问中国期间获悉山西农业有些特色之后，还专程前往太原考察。因此，说泰戈尔自 19 世纪 90 年代起就产生了深厚的农村情结亦非言过其实。对于名声在外的苏联农业发展，他自然十分向往。从他在莫斯科的中央农民大厦（Central Peasants' House）与苏联农民的会谈以及他在莫斯科写的一些信件中均可看到这一点。

　　泰戈尔访苏的第三个亦即最主要的目的，在于考察俄罗斯教育尤其是农民教育的发展。从 1901 年在圣蒂尼克坦创办一所露天小学开始，诗人就开始投身于教育实验。从那时起，印度的教育问题和农民问题成为他的两大关注点。他在上文提到的从莫斯科发出的第三封信中说："我在获悉俄罗斯的大众教育从几乎一无所有起步而取得巨大进展之时，我决定前往那里，而即使我的病弱之躯果真垮掉，那又有什么关系！"[④] 字里

　　① A. P. Gnatyuk-Danil'chuk, *Tagore*, *India & Soviet Union* (Calcutta: Firma Klm, 1986), translated from Russian by Harish C. Gupta, p. 207.

　　② See Krishna Kripalani, *Rabindranath Tagore: A Biography* (Calcutta: Visva-Bharati, 1980), p. 156.

　　③ See Uma Daspupta, "Tagore and Rural Reconstruction", in *India Perspectives*, Vol. 24, No. 2, 2010, p. 86.

　　④ Rabindranath Tagore, *Letters from Russia*, p. 17.

行间透露出一种为了达到目的而义无返顾的豪气。

泰戈尔在莫斯科受到苏联官方隆重而热情的接待。1930 年 9 月 11 日，泰戈尔一行在白俄罗斯波罗的海站受到苏联对外文化关系协会及莫斯科作协代表的欢迎，当天下榻莫斯科大饭店。9 月 12 日中午，苏联对外文协举行招待会。协会主席彼得罗夫（F. N. Petrov，1876～1937）教授与泰戈尔分别致辞并交谈。诗人对苏联在宏大实验中所表现出来的勇气和热情表示赞赏；彼得罗夫则告诉诗人，整个俄罗斯都知道并热爱他。当晚，泰戈尔出席对外文协和苏联作协共同为他举办的音乐会；彼得罗夫与诗人再度分别致辞。泰戈尔赞赏苏联"向所有人提供获得教育的机会"[①]；彼得罗夫希望泰戈尔能够理解并向全世界表达他对苏联社会主义建设的看法[②]。9 月 13 日上午，泰戈尔与彼得罗夫长谈，内容涉及印度革命和国际大学与苏联教育机构的交流。由于事涉机密，苏联直到 1961 年才将这次谈话内容披露出来。[③] 当天中午，泰戈尔接待莫斯科的大学生和教授代表；下午，会见文化艺术界人士，向他们展示自己的绘画和素描。在场苏联美术评论家认为泰戈尔是一流画家，决定在莫斯科为他举办个人画展。晚上赴莫斯科第二艺术剧院观赏话剧《彼得一世》。9 月 14 日晚上，泰戈尔访问由孤童组成的少年先锋公社，发表讲话介绍自己在圣蒂尼克坦创办的学校并与孩子们亲切交谈。

9 月 15 日，泰戈尔中午与苏联外交委员会副人民委员（相当于今日副外长）卡拉汉会见，晚上与联盟电影协会主席鲁金会见。9 月 16 日下午三点，诗人访问中央农民大厦，与当时恰好住在那里的来自各地的约 150 个农民举行座谈会。那些来自集体农庄和国营农场的农民自不必说，就是还在单干的农民，也一致赞扬当时正在全力推进的农业集体化运动。一位来自高加索的年轻女子告诉诗人，生活在苏联的妇女"自从十月革命以来真的是自由的和幸福的"。[④] 对于泰戈尔而言，这次座谈会是他亲自了解苏联农民的唯一机会，因而具有重要意义。不过，从他在现场提出的一些问题看，他对苏联的农业集体化道路是有一定疑虑的。他完全

---

① Rabindranath Tagore, *Letters from Russia*, p. 161.

② Rabindranath Tagore, *Letters from Russia*, p. 169.

③ See A. P. Gnatyuk-Danil' chuk, *Tagore, India & Soviet Union*, translated from Russian by Harish C. Gupta, pp. 227—229.

④ Rabindranath Tagore, *Letters from Russia*, p. 186.

清楚，"一场致命的饥荒已在俄罗斯持续了一些时日；谁也不清楚究竟有多少人已经死亡。"①

9月17日下午，泰戈尔个人画展在国立莫斯科新西方艺术博物馆揭幕。晚上访问由斯坦尼斯拉夫斯基和涅米罗维奇—丹钦科主持的莫斯科第一艺术剧院，观看根据托尔斯泰的同名小说改编的戏剧《复活》，与契诃夫的遗孀、著名演员奥莉加交谈。诗人对苏联普通民众的文化素养表示赞叹。9月18日晚间，卡拉汉邀请泰戈尔一行前往家中做客。9月19日早上，他前往卡拉汉在莫斯科郊区的夏日别墅休息。在当天写的收入《俄罗斯书简》的第二封信中，他认为这座非同一般的别墅就是一座宫殿。9月20日，他在卡拉汉的别墅中又写了两封信。当天下午，返回莫斯科大饭店，接待来访的东方学学者，其中包括梵文学者。晚上前往博尔索伊剧院观赏根据印度传说创作的芭蕾舞剧《舞女》，在演出结束后与该剧院主任长谈。9月21日，接待曾为他的许多诗歌谱曲的著名作曲家S. A. 巴拉桑延。9月22日上午，苏联名医为泰戈尔检查身体；下午，诗人一行游览市容和参观克里姆林宫。9月23日，会见吉普赛人杂志《新路》副主编等人。

由于身体欠佳和心脏衰弱，前往列宁格勒的计划届时取消。但在9月24日，泰戈尔再度会见彼得罗夫。当天晚间，在工会大厦圆柱大厅为泰戈尔举办盛大的欢送晚会。两千余人应邀出席。彼得罗夫致辞，给予泰戈尔极高评价，称他为当世"最伟大的诗人和思想家"。② 泰戈尔致答谢辞，说自己所见虽然不多，但确信苏联已取得"非凡进步"，创造了奇迹。③ 随后为音乐会，包括舞蹈和泰戈尔作品朗诵。

9月25日一早，泰戈尔写了一封相当长的信，称赞苏联人表现出了"不可思议的勇气"，"决心创造一个新世界"。④ 他甚至认为，苏联"革命的吸引力是世界性的。在今天的世界上，只有这个国家的人民，不仅在意自己国家的利益，而且关心全人类的利益。"⑤ 这些评价虽然未必全然

---

① Ibid. , p. 25—26.

② See *Rabindranath Tagore: Friend of the Soviet Union* (in Russian)，pp. 84 — 85, in A. P. Gnatyuk-Danil' chuk, *Tagore, India & Soviet Union* (Calcutta: Firma Klm, 1986), translated from Russian by Harish C. Gupta, p. 250.

③ Rabindranath Tagore，*Letters from Russia*，p. 209.

④ Rabindranath Tagore，*Letters from Russia*，p. 10.

⑤ Rabindranath Tagore，*Letters from Russia*，pp. 11—12.

符合事实，乃至言过其实，但无疑表明泰戈尔对苏联革命和建设实践持基本肯定的态度。

泰戈尔对苏联普及大众教育的成就评价极高。他在《俄罗斯书简》的"结论"中写道："踏上俄罗斯的土地之后，引起我注目的第一件事就是，在教育方面，无论如何，农民和工人阶级在数年的时间内取得了极大的进步，以致在过去的 150 年的进程中，甚至我们的最高等的阶级，也没有取得任何可以与之比拟的成就。"① 他在不同的场合多次盛赞苏联教育，并将苏联在其他领域取得的成就归功于教育的迅速发展。

可以说，泰戈尔基本上达到了自己访问苏联的主要目的。在莫斯科，他对苏联在农业和教育方面所取得的成就一再表示钦佩和赞颂。当然，从西方的媒体和友人那里，他也了解到俄罗斯存在着严重的问题。实际上，在当时的苏联，即使在教育领域和农业领域，也都有自己的问题。然而，他却能够将苏联的那些成就看做月亮的光明面，亲自予以考察并得出自己的结论。由于身体原因，他无法亲自到农村地区，因此他的考察只能是初步的，但这并不妨碍他见微知著，透过现象看本质。

苏联的问题：月亮的黑暗面

作为一个哲学家和具有非凡智慧的人，泰戈尔看到了斯大林时代苏联的一些带根本性的问题，同时也满怀善意地提出了自己的忠告。在苏联解体已经 20 年之际，重温泰戈尔当年对苏联问题的批评，对于我们认识他作为预言家的一面或许不无启发意义。

泰戈尔在《俄罗斯书简》所收的第一封信中指出："我并不能说这里的一切都完美无缺；存在严重的缺陷。因此，他们有朝一日会有麻烦。简而言之，缺陷在于，他们已将他们的教育制度弄成一个模子，但用一个模子铸造出来的人性难以持久。如果教育理论不能与活的心灵的准则相符，那么将来不是这个模子爆成碎片，就是人的心灵因麻痹而趋于僵死，要不就是使人成为机械玩偶。"② 现在回顾苏联教育发展的历史，泰戈尔可谓不幸而言中。他洞察历史发展方向的目光确实是无比犀利的。

---

① Rabindranath Tagore, *Letters from Russia*, p. 108.
② Rabindranath Tagore, *Letters from Russia*, p. 4.

不过，泰戈尔对苏联的批评的出发点完全是善意的，他是作为热爱苏联的诤友而坦率提出问题的。这一点，连苏联政府也似乎没有异议。

泰戈尔还发现，苏联存在压制个性的问题。他对此深感不快，因为他本人是个主张个性自由的人。他在《俄罗斯书简》中的第13封信中说道："我并不认为，他们已能在个人与社会之间划出恰当的界限。在这一方面，他们与法西斯主义者不无相同之处。因此，对于以集体的名义压制个人，他们不愿接受任何限制。他们忘了，通过削弱个人，并不会使集体变得强大。如果个人身陷桎梏，那么社会就不会自由。他们在这里实行强人独裁。这种一个人对大多数人的统治，或许一时之间可能产生良好结果，但不会永远如此。不可能会有连绵不断的足以胜任的领袖。"① 苏联的历史证明，泰戈尔出于实地考察和逻辑推理而得出的论断是完全正确的。在斯大林时代，苏联的重工业和科学事业的确获得了巨大发展，而在他身后，苏联就再也没有产生过类似"强人"，甚至连"足以胜任的领袖"也比较罕见，以致在苏联解体之时，那些曾经"身陷桎梏"的人们没有起而为之斗争。

泰戈尔在为《俄罗斯书简》写的长篇"结论"中再次探讨了苏联的政治体制。他说："独裁是另一个论题。就个人而言，我不喜欢在任何领域的独裁统治。……独裁无疑蕴涵着诸多危险因素。它在运行中的和谐与稳定是不确定的；领袖的意志与被领导者的意愿的不完满的交流，成为持续不断的麻烦之源；此外，消极追随的习惯，也在削弱人们的理智和个性；正是它的成功，会击败它自身。"② 他继而说道："我承认，独裁非常令人厌恶，而且我还认为，在它的名义下，许多迫害事件发生在俄罗斯。它的消极方面是强制，而强制是一种罪恶。不过，我也看到了它的积极的一面，那就是教育，暴力的反面。"③ 泰戈尔注意到，俄罗斯明显采取强烈手段将舆论纳入一种模式，甚至蓄意压制对经济学术问题的自由讨论。④ 他还发现，"凡是在急于求成的诱惑过于强烈的地方，政治领袖都不愿尊重人们的表达意见自由的权利。"⑤ 他还认识到，当时俄罗

---

① Ibid., p. 92.

② Ibid., p. 110.

③ Ibid., p. 111.

④ See Rabindranath Tagore, *Letters from Russia*, p. 114.

⑤ Rabindranath Tagore, *Letters from Russia*, p. 114.

斯的局势类似战时状况。"所以，他们的大厦的基础必须尽快得到巩固；因此，他们心安理得地使用暴力。然而，无论需要有多么急切，暴力总是片面的。它只会毁灭，而不能创造。"① 作为一个非暴力主义者，他的结论只能是："没有耐心等待人性慢慢妥协的人们相信迫害；他们最终用暴力在一夜之间建立起来的东西是靠不住的；它无法长久承受重负。"②

在泰戈尔的心目中，当时苏联体制的最为严重的问题就是它对暴力的依赖和滥用。他在 1930 年 9 月 25 日离开莫斯科之前，接受苏联重要官方媒体《消息报》（Izvestia）记者的采访。在被问到对莫斯科的总体印象时，他在赞扬俄罗斯在普及教育、科学研究和医疗卫生等领域取得的巨大成就之后，对他所热爱的俄罗斯直言不讳地发表了如下著名的谈话：

> 我希望让你们知道，你们在农民群众中推广教育的令人惊叹的强大力量，你们赋予这项工作的最为明智的方向，以及开拓出来以训练他们的头脑、意识和肢体的多种渠道，给我留下了多么深刻的印象。……在消除所有社会罪恶时，人们必须找到根源，你们已经认识了这一真理……但是，我在这里发现了某些与你们所承担的伟大使命相矛盾的东西。某些与你们的理想相反的心态正在养成。我得问你们：你们是要在接受你们训练的人们的心灵中，通过激起对不认同你们的理想的人、你们视为敌人的人的愤怒、阶级仇恨和报复念头，来为你们的理想提供服务的吗？……如果你们念念不忘你们的对手身上的恶的因素，并认为它们是人性所固有的，因而值得永远遭到惩罚，那么你们就会激发一种包含仇恨和复仇念头在内的心态，而这种心态有朝一日可能对你们的理想予以反抗并毁灭它。你们在为一项伟大的事业而奋斗。……我对你们正在努力做的伟大的事情深感钦佩，所以我不禁期望它能获得一种爱的动力以及一个宽容的理解的环境。凡是在允许心灵自由的地方，必然会有不同意见。如果我们所有人的意见都被强行弄成一个样子，那么世界将不仅是乏味的，而且还会是机械划一的，没有生气

---

① Ibid. , pp. 114—115.

② Ibid. , p. 115.

的。……暴力导致暴力和盲目的愚行。心灵的自由是接受真理
所需要的；恐怖不可救药地戕害它。……所以，为了人类的缘
故，我希望你们永远不要创造一种邪恶的暴力，它会继续编结
一条没有尽头的暴力与酷行的锁链。你们已从沙皇政权大量继
承了这笔遗产。这是你们可能拥有的最糟糕的遗产。你们已经
努力摧毁了那个政权的别的许多罪恶。为什么不设法将这一罪
恶也一并予以摧毁呢？[①]

　　然而，《消息报》并未立即发表这一褒扬与批评兼而有之的访谈。三
周之后，英国的《曼彻斯特卫报》刊登了有关内容。30 年后，这次访谈
被作为重要文献收入国际大学出版社于 1960 年出版的《俄罗斯书简》英
译本的附录之中。58 年后，苏联政府完全理解了泰戈尔这位诤友的良苦
用心，《消息报》最终在 1988 年年中将它全文公之于世。今天重读这一
历史文献不难看出，泰戈尔对于 20 世纪 30 年代初期的苏联，可谓爱之
深而责之切，虽然有些话听起来逆耳。他所洞察到的苏联的问题，包括
强人专制、信奉暴力、舆论一律、压制个性等，可能都是与苏联的最终
解体有关的重大问题。他并没有明言苏联最终一定解体，但他的许多论
断的逻辑都指向一点：如果不能自觉纠正自身的一些带根本性的问题，
苏联政权就必然会在历史发展的一定阶段崩溃。倘若当时的苏联领导人
从善如流，认真听取诗人睿智而深刻的意见，锐意进行政治改革，也许
苏联未必一定解体。

结　语

　　在访问苏联之后，泰戈尔直至逝世都一直关注着它的发展，与它保
持着密切的联系。苏联政府明白泰戈尔是不可多得的朋友，并没有因为
他的直言而疏远他。苏联对外文化关系协会一直给他寄送图书、资料和
期刊。1934 年 4 月 26 日，泰戈尔通过苏联对外文化关系协会向首届苏联
作家代表大会发去贺信。1936 年 7 月 22 日，他致函苏联对外文化关系协
会有关负责人斯坦普科夫斯基（A. Stempkovsky），感谢苏联政府邀请他
参加十月革命 20 周年庆祝活动。他欣然接受这一邀请并表示："说不定，

---

　①　Rabindranath Tagore, *Letters from Russia*, pp. 213—216.

我也许还能前往，尽管我日益年老体衰。"① 1937 年 5 月 25 日，苏联对外文化关系协会新任主席阿罗谢夫致函泰戈尔，再度邀请他前往苏联："不仅我本人，我国的所有知识分子以及劳动群众，将很高兴再度见到您作为我国的客人出现在这里。"② 1937 年 7 月 7 日，泰戈尔在致阿罗谢夫的复信中表示，自己一直在密切关注苏联的事态，尤其是文化问题；他"对苏联的兴趣一直不曾稍减。如果条件允许我再访新俄罗斯，那将是让我最为高兴的事"。③ 1941 年 4 月 14 日，泰戈尔的最后一次公开演讲《文明的危机》发表。他对第二次世界大战等恶性事件所导致的文明的危机痛心疾首，但坚信"命运之轮终有一天会迫使英国人放弃他们的印度帝国"④，并对人类历史将掀开新的一章满怀信心。就在这篇演讲中，他对苏联消灭疾病、文盲、愚昧和贫困的成就及其民族政策依然表示赞赏。⑤在逝世前的最后时日中，他一直关注着苏德战争的消息并深信苏联能够获胜。

同样，俄罗斯（包括苏联）人民一直热爱泰戈尔并给予他崇高的评价。至 1917 年，泰戈尔的宗教抒情诗集《吉檀迦利》有六个俄文译本问世，其一为俄罗斯第一个诺贝尔文学奖得主伊万·布宁所编辑。托尔斯泰的次子伊利亚亦曾翻译过泰戈尔的作品，并认为他是当时世界上最伟大的人物之一。斯坦尼斯拉夫斯基曾想将令大哲学家路德维希·维特根斯坦也十分赞赏的泰戈尔名剧《暗室之王》搬上舞台。他在跟演员谈话时将泰戈尔与古希腊大剧作家埃斯库罗斯相提并论。到 20 世纪 20 年代末泰戈尔访苏前夕，他的大多数英文诗集和散文（约 25 册）已被译成俄文出版，受到广大读者的普遍欢迎。列宁、卢纳察尔斯基、高尔基等人的私人藏书中均有泰戈尔的作品。泰戈尔的《民族主义》即属列宁藏书之一。20 世纪五六十年代，鲍里斯·帕斯捷尔纳克（Boris Pasternak）

---

① A. P. Gnatyuk-Danil' chuk, *Tagore, India & Soviet Union* (Calcutta: Firma Klm, 1986) 卷首所附原信复印件。

② From A. P. Gnatyuk-Danil' chuk, *Tagore, India & Soviet Union* (Calcutta: Firma Klm, 1986), p. 331.

③ A. P. Gnatyuk-Danil' chuk, *Tagore, India & Soviet Union* (Calcutta: Firma Klm, 1986) 卷首所附原信复印件。

④ Rabindranath Tagore, "Crisis in Civilization", Sisir Kumar Das ed., *The English Writings of Rabindranath Tagore* (New Delhi: Sahitya Academi, 1996), vol. 3, p. 726.

⑤ Ibid., pp. 723—724.

继续翻译泰戈尔的作品。1961 年，为了纪念泰戈尔的百年诞辰，苏联出版了 12 卷本的直接译自孟加拉文的《泰戈尔文集》。1963 年 12 月 10 日，苏联政府以苏印文化关系协会的名义向印度赠送一座巨大的石质泰戈尔雕像。它陈列在诗人在加尔各答的故居院中，成为印苏（俄）友谊的一个象征。苏联权威的泰戈尔研究专家格纳秋克·丹尼尔丘克表示，俄罗斯（包括苏联）对泰戈尔的翻译和阅读的兴趣始终不曾衰减；对于读者而言，他同莎士比亚、歌德、普希金、托尔斯泰或陀思妥耶夫斯基一样，达到了令人景仰的高度。[①]

泰戈尔对俄罗斯十月革命的赞赏，对苏联在文化、农业和教育等领域成就的肯定，源于他对一个理想社会的追求和对无所作为的英国殖民统治的痛愤，也源于他改变印度社会的强烈愿望。他在充分看到苏联的光明面的同时，也以哲人之智洞察了它的致命弊病并予以坦率批评。他的意见是明智的、深刻的和富于预见性的。从一定意义上说，他虽然对苏联始终怀有真情、善意和热望，却预见到苏联可能由于这些弊病而灭亡。苏联政府虽然讳疾忌医，不曾听取他的意见，但从未对他提出任何公开的批评和负面的评价，而是始终将他当做自己的非同寻常的朋友。泰戈尔的苏联之行对他人生最后阶段的思想和创作产生了重大影响。他有时甚至变得比较激进。他的《俄罗斯书简》以及他与苏联官方及友人的众多通信，是研究他与苏联（俄罗斯）关系的重要文献。由于他至今还在俄罗斯享有盛誉，由于他对俄印文化交流的非凡贡献，他事实上已经是而且还将一直是一座密切联系这两个国家的友谊的桥梁。

（刊载于《南亚研究》2011 年第 1 期）

---

① A. P. Gnatyuk-Danil' chuk, *Tagore, India & Soviet Union* (Calcutta: Firma Klm, 1986), p. 3.

泰戈尔与中国现代新文学

郁龙余

"全世界的诗歌爱好者都对泰戈尔心存感激。他以 72 年的诗龄，创作了五十多部诗集，为我们奉献了如此丰富的佳作，真是独步古今。"① 除了诗歌之外，小说、戏剧、散文、文学理论以及音乐、绘画等等各方面，他全都有卓越贡献。"泰戈尔赢得了一代又一代中国人的尊重和喜爱。在教育部推荐的中学生课外阅读书目和大学中文专业的阅读参考书目中，均有泰戈尔诗集。"② 这对一位外国诗人来说，是一份独一无二的殊荣。

自从中国进入现代，大量外国的作家作品如潮水一般涌入。但是，最终能够站稳脚跟并深刻影响中国现代新文学的，可谓凤毛麟角。泰戈尔就是这少数外国文学大家中的杰出代表。我们研究中印现代文学交流史发现，如果没有泰戈尔，中印现代文学关系就会变得逊色很多。泰戈尔对于中印文学关系的贡献，无论怎样评价都不会过分。

一、中国人心中的泰戈尔形象

泰戈尔是印度人民的骄傲。在著名学者卡兹·阿卜杜尔·沃杜德的笔下："从童年时代起，他就酷爱诗歌，既爱好迦梨陀娑、胜天和其他毗湿奴教派诗人的作品，也爱好拜伦、雪莱、华滋华斯、济慈和布朗宁的作品。""在他 26 岁的时候，他已成为'为艺术而艺术'主义的成熟诗人。"在 40 岁时，"他在各个方面都达到了伟大诗人的水平，而且预示着

---

① 郁龙余：《泰戈尔诗歌精选·序》，外语教学与研究出版社 2007 年版，第 XⅢ 页。
② 郁龙余：《泰戈尔诗歌精选·序》，外语教学与研究出版社 2007 年版，第 XⅢ 页。

更伟大的成就。"[1]

一位外国作家要在中国人心中树立形象决非易事。泰戈尔在中国读者心中的形象，如此美好而长青，在世界文学史上是极为少见的。

中国最早介绍泰戈尔的是 1913 年 10 月 1 日发表在《东方杂志》第 10 卷 4 号上的《台莪尔之人生观》，作者是钱智修。自此，中国文坛各派人物纷纷撰文介绍。1924 年泰戈尔访华，出现了一股泰戈尔旋风。[2] 不管拥护派还是反对派，都被卷进了这股旋风。波及之广，影响之深，在世界文学关系史上实属罕见。

泰戈尔在中国人心中的形象一直在变化着。这种变化的基本态势是：尖锐对立，毁誉参半—逐步稳定，渐趋明朗—高度稳定，十分美好。

20 世纪 20－30 年代，中国学者（其实大多数是一些年轻知识分子、社会精英）对泰戈尔的评价严重分歧。以陈独秀、沈雁冰、瞿秋白等人为一方，挖苦、讽刺、反对泰戈尔；以梁启超、徐志摩、郑振铎、冰心等人为一方，喜欢、热爱、支持泰戈尔。中间还有一些温和派，如江绍原等。

陈独秀的文章，一听题目就知道他的反对态度，他先后发表过《我们为什么欢迎泰戈尔？》（《中国青年》第 20 期，1923 年 10 月 27 日）、《太戈尔与东方文化》（《中国青年》第 27 期，1924 年 4 月 18 日）、《评太戈尔在杭州、上海的演说》（《民国日报·觉悟》，1924 年 4 月 25 日）、《太戈尔与梁启超》（《向导》第 63 期，1924 年 4 月 30 日）、《好个友好无争的诗圣》（《向导》第 63 期，1924 年 4 月 30 日）、《太戈尔与清帝及青年佛化的女居士》（《向导》第 64 期，1924 年 5 月 7 日）、《太戈尔在北京》（《向导》第 67 期，1924 年 5 月 28 日）、《巴尔达里尼与太戈尔》、（《向导》第 67 期，1924 年 5 月 28 日）、《太戈尔是一个什么东西！》（《向导》第 67 期，1924 年 5 月 28 日）、《诗人却不爱谈诗》（《向导》第 68 期，1924 年 6 月 4 日）、《太戈尔与金钱主义》（《向导》第 68 期，1924 年 6 月 4 日）、《反对太戈尔便是过激》（《向导》第 69 期，1924 年 6 月 11 日）等文章。

陈独秀的文章有三个特点：（一）时间集中。几乎全在 1924 年泰戈

---

　　① 黄宝生、周志宽、倪培耕译：《现代印度文学》，外国文学出版社，1981 年版，第 25 页。

　　② 据不完全统计，中国报刊 1924 年共登载有关泰戈尔的文章、报道达 110 篇之多。见孙宜学：《泰戈尔与中国》，河北人民出版社 2001 年版，第 301－307 页。实际数量当然要大于此数。

尔访华期间，有时在一个刊物上同时发三篇文章，如 1924 年 5 月 28 日的《向导》第 67 期。5 月 30 号泰戈尔就在上海乘船去了日本。显然，这些文章都是逐客令。（二）文章短小。陈独秀的文章都非常短小急促，有的只有一百多个字，如《太戈尔是一个什么东西!》:"太戈尔初到中国，我们以为他是一个怀抱东方思想的诗人，恐怕素喜空想的中国青年因此更深入魔障，故不得不反对他，其实还是高看了他。他在北京未曾说过一句正经，只是和清帝、舒尔曼、安格联、法源寺的和尚、佛化女青年及梅兰芳这类人，周旋了一阵。他是一个什么东西!"显然，这是一篇心胸狭小的骂人文章。（三）化名发表。也许陈独秀觉得自己的文章有失身份，所以都署名"实庵"。以上三点出现在陈独秀身上，实际上反映了深刻的时代烙印、阶级烙印。这不是偶然的，也不仅仅是陈独秀的个人情绪。陈独秀反对泰戈尔的立场，不是一开始就有的。他在 1915 年 10 月 15 日的《青年杂志》第 1 卷第 2 号上，发表用文言文翻译的四首《吉檀迦利》的诗。陈独秀在"注"中这样介绍:"达噶尔，印度当代之诗人，提倡东洋之精神文明者，曾受诺贝尔和平奖金，驰名欧洲，印度青年尊为先觉，其诗富于宗教哲学之理想。"此时的陈独秀对泰戈尔深有好感，对其介绍除"文学奖"误为"和平奖"之外，均属允当。后来，他对泰戈尔态度的变化，与 1919 的"五四"运动密切相关。泰戈尔访华就像一面镜子，照出了"五四"运动之后的中国的方方面面。要写好"五四"这段历史，泰戈尔不失为一面有用的镜子。从泰戈尔这面镜子里，照出陈独秀胆识有限，免不了跟风做尾巴被时代淘汰的命运。

拥护泰戈尔这一派的文章，大多热情洋溢，雍容华贵。如徐志摩的《太戈尔来华》、郑振铎的《欢迎太戈尔》（《小说月报》第 14 卷 9 号，1923 年 9 月 10 日）、梁启超的《印度与中国文化之亲属的关系——为欢迎泰谷儿先生而讲》（《晨报》副刊，1924 年 5 月 3 日）现在都成了中印文学交流史上的名篇。其中，许多文字已经成了中印友谊史上的佳话。例如:

> "在新诗界中，除了几位最有名神形毕肖的泰戈尔的私淑弟子之外，十首作品里至少有八九首是受他直接或间接的影响的。"
>
> ——徐志摩:《泰戈尔来华》

他是给我们以爱与光与安慰与幸福的，是提了灯指导我们在黑暗的旅途中向前走的，是我们一个最友爱的兄弟，一个灵魂上的最密切的同路的伴侣。

—郑振铎《欢迎泰戈尔》

凡成就一位大诗人，不但在乎有优美的技术，而尤在乎有崇高的理想。泰谷儿这个人和泰戈尔的诗，都是"绝对自由"与"绝对爱"的权化。

——梁启超《印度与中国文化之亲属的关系》

至于中间派江绍原，因为对泰戈尔有较全面、深入研究，所以他的观点比较沉稳、公正。他在《一个研究宗教史的人对于太戈尔该怎样想呢》一文中说："我的胆本来很小，不敢乱谈太戈尔，但现在大胆欢迎或反对他的人如此之多，叫喊得如此之响，倒教我的胆子壮起来。所以有这一篇随便讲演的话。"江绍原的这篇长文在《晨报》副刊1924年5月18日、6月4日、14日、7月2日分四次登出，是当时最有分量的文章，也是值得后人仔细阅读的文字。

济人在1924年5月19日《晨报》副刊发表《不了解的欢迎与不了解的驱逐》。2001年，青年学者孙宜学在《泰戈尔与中国》一书中，也写有《不了解的欢迎与不了解的驱逐》一节，并将这种"不了解"分析为五种"误解"。[①] 这是很有说服力的。国际上流行的是"误读说"，如国际比较文学学会副主席、印度著名比较文学教授阿米亚·杰夫说："1924年文化误读的情形就是这样，而泰戈尔则成为一位名副其实的有争议的客人。"[②] 但是，误解说、误读说都尚不能将泰戈尔访华引起的思想冲突完全解释清楚。

在泰戈尔访华之后的几十年间，泰戈尔的形象随着中印社会的进步，逐渐清晰并定型下来。在这过程中，周恩来和季羡林起到了极为重要的作用。

1956年，中国总理周恩来在访问印度国际大学时指出："泰戈尔不仅是对世界文学做出卓越贡献的天才诗人，还是憎恨黑暗、争取光明的伟

---

① 孙宜学：《泰戈尔与中国》，河北人民出版社2001年版，第130—146页。2007年，孙宜学在《不欢而散的文化聚会——泰戈尔来华讲演及争论》一书的《序》中，依然持有五种"误解"的观点。

② ［印度］阿米亚·杰夫：《文化相对主义与文学价值》，载乐黛云、张辉主编：《文化传递与文学形象》，北京大学出版社1999年版，第24页。

大印度人民的杰出代表。中国人民永远不能忘记泰戈尔对他们的热爱。中国人民也不能忘记泰戈尔对他们的艰苦的民族独立斗争所给予的支持。至今，中国人民还以怀念的心情回忆着 1924 年泰戈尔对中国的访问。"①这位老资格的中国共产党人上述的这段讲话意味深长，为 30 年前的那场争议做了公正的结论。②

1961 年，季羡林写出长篇文章《泰戈尔与中国——纪念泰戈尔诞生一百周年》。他说：泰戈尔"有光风霁月的一面，也有怒目金刚的一面。他能退隐田园，在大自然里冥想，写出那些爱自然、爱人类、爱星空、爱月夜的只给人一点美感的诗歌，但是他也能在群众大会上激昂慷慨地挥泪陈词，朗诵自己的像火焰一般的爱国诗歌；当他看到法西斯、军国主义以及其他魑魅魍魉横行霸道的时候，他也能横眉怒目、拍案而起，写出刀剑一般尖锐的诗句和文章，"③

周恩来以他政治家的睿智和感召力，在政治上为泰戈尔评价确定基调；季羡林则以印度学首席专家的学术说服力，在学术上为泰戈尔评价划出了框架。事实证明，周恩来的基调和季羡林的框架，经受住了历史的考验。因为它们是与时俱进及实事求是的，以学术研究为基础的。自从 20 世纪 50 年代以来，中国出版了多部各种书名的泰戈尔传，例如：《回忆录·我的童年》，[印度] 泰戈尔著，谢冰心、金克木译，人民文学出版社，1988 年；《泰戈尔传》[印度] 克里希那·克里巴拉尼著，倪培耕译，漓江出版社，1984 年；《泰戈尔传略》，何乃英著，天津人民出版社，1983 年；《泰戈尔评传》，[印度]，维希瓦纳特·S. 纳拉万著，刘文哲、何文安译，重庆出版社，1985 年；《泰戈尔评传》，[印度] S. C. 圣芨多著，董红钧译，湖南人民出版社，1984 年；《家庭中的泰戈尔》，[印

① 《新华半月刊》，1956 年第 6 期。
② 郁龙余：《中国印度文学比较》，中国社会科学出版社 2001 年版，第 85 页。
③ 季羡林：《中印文化关系史论文集》，三联书店 1982 年版，第 159 页。这篇长文写于 1961 年 2 月 21 日，但当时没有全文发表。其中的一些内容以《纪念泰戈尔诞生一百周年》为题，发表于《文艺报》1961 年第 5 期。其余内容以《泰戈尔与中国》、《泰戈尔的生平、思想和创作》为题，发表于《社会科学战线》1979 年第 2 期和 1981 年第 2 期。全文发表于《中印文化关系史论文集》（三联书店，1982 年）之中。1978 年 12 月 17 日，他在"羡林按"中说："这是将近二十年前写的一篇纪念泰戈尔的文章。由于一些原因，当时没有发表。"季羡林在这个按语中，对泰戈尔作出了这样的评价："他热爱祖国，同情人民，反对殖民主义和法西斯侵略，对中国人民始终怀着深厚的感情。他的作品曾经在某种程度上影响五四运动以后中国新文艺的创作，他对中国的感情在印度人民中引起广泛的响应。"

度〕梅特丽娜·黛维夫人著，季羡林译，漓江出版社，1985 年；《我的老师泰戈尔》，魏风江著，贵州人民出版社，1986 年；《20 世纪文学泰斗：泰戈尔》，吴文辉著，四川人民出版社，1999 年；《寂园飞鸟——泰戈尔传》，侯传文著，河北人民出版社，1999 年；《泰戈尔与中国》，孙宜学编著，河北人民出版社，2001 年；《天竺诗人——泰戈尔》，董友忱著，东方出版社，2011 年，等等。评论泰戈尔的文章则多得难以胜计。[①] 这些论著中的泰戈尔形象，都是正面的，尽管每篇各有特点与重点，但在总体评论上都没有与周恩来的基调和季羡林的框架的意见相左。在当下，有个别青年学者，对泰戈尔出现了一些负面评价，如徐坤写有《泰戈尔在华影响的负面效应》（《铁道学院学报》社科版，1995 年 12 月）这是罕见的，也是正常的情况。从总体上讲，泰戈尔在中国读者心中的形象是非常美好的。泰戈尔的美好形象是由哪些要素构成的呢？就其荦荦大者，共有四个方面：

（一）蜚声世界文坛的伟大诗人

泰戈尔是获得诺贝尔文学奖的东方第一人。此奖因泰戈尔而在全世界声名鹊起。他以毕生之力，创作了《吉檀迦利》等 52 部诗集，《沉船》、《戈拉》等 13 部中长篇小说，《河边的台阶》等 100 多篇短篇小说，《邮局》等 60 多个剧本以及大量散文，游记、评论随笔、歌曲、绘画。他是一位伟大的文学家，同时也是一位伟大的艺术家、思想家、哲学家、教育家和社会活动家。随着翻译和研究的不断进展，泰戈尔这种在人类历史上可遇不可求的超一流全才形象，逐渐深入人心。这种形象不是平面的，而是立体的；不是单薄的，而是丰满的；不是日益衰老的，而是与日俱新的。当下在中国网民中流行一首诗《世界上最遥远的距离》，大多数人认为是泰戈尔的，点击率是天文数字。这说明，泰戈尔没有远去，他活在中国人心中。泰戈尔的东方思想，曾经被视为天方夜谭和开历史倒车；随着西方资本主义神话渐渐黯然失色，泰戈尔成了一位在黑夜里预言黎明的哲人。

（二）印度民族解放的伟大战士

在印度民族的独立解放运动中，泰戈尔是甘地、尼赫鲁的亲密朋友。

---

① 可参阅王向远：《东方各国文学在中国》附录《20 世纪中国的东方文学研究论文编目》（江西教育出版社，2001 年）以及孙宜学《泰戈尔与中国》（河北人民出版社，2001 年）附录《国内报刊评论泰戈尔文章索引》。

当然，由于各种特殊的原因泰戈尔和甘地、尼赫鲁等在某些问题上观点不尽一致，甚至有过观望徘徊。但是，在关键时刻，在大是大非面前，泰戈尔的原则立场无比坚定。1919年，由于一战结束，英国人腾出手来加紧镇压印度民族解放运动，于3月颁布《罗拉特法》，可以随时拘捕任何被怀疑为反政府的人，并可不经审判而获刑。4月8日，甘地被捕。4月12日，泰戈尔发表公开信。他说："当局终于惊惶失措，暴跳如雷，向我们伸出魔爪。""只要我们一天不自由，就要为自由战斗下去。"4月13日，发生阿姆利则大屠杀，死379人，伤1200多人。泰戈尔获知后赶往加尔各答，举行公众集会抗议不成，于5月29夜致信印度总督。6月2日发表此信，声明放弃自己的爵位。此事引起英国当局极大震惊和恼怒，却极大鼓舞了印度人民。季羡林说："1919年发生了阿姆利则惨案，泰戈尔勃然大怒，拍案而起。"（《〈泰戈尔诗选〉译本序》）泰戈尔不是一位职业革命家。但是，每当印度民族处于紧急关头，他总是不顾安危，挺身而出，不愧是印度民族独立解放的伟大战士。有着相同遭遇的中国人民，对泰戈尔的战士形象倍感亲切。

（三）支持中国抗战的伟大朋友

泰戈尔在印度国内外具有广泛影响。在二战中，他的每句话、每个行动都备受关注。泰戈尔一向对日本有好感，日本侵略者更是竭力讨好、拉拢他。但是，善良和正义是泰戈尔的本质。1916年，泰戈尔访日，大受欢迎。此时正值一战结束后日本乘机占领中国山东半岛，日本政府如此高调接待泰戈尔，是为自己的侵略行径涂脂抹粉。泰戈尔在每一次演讲中，都进行毫不留情的揭露。1937年7月7日，日寇悍然发动卢沟桥事变，全面侵略中国。泰戈尔闻讯，义愤填膺，用各种方式抨击日本侵略者。这一年秋天，泰戈尔患病卧床，世界政要名流纷纷致电问候。电报山积，他根本不回，但却给蔡元培等中国友人回电，说："贵国人民此次对于所加于伟大和平国土之非法无理之侵略，作英雄勇武之抵抗，余已不胜钦敬，并切祷阁下等之胜利。"① 此电在全世界产生巨大影响。日本战争当局仍不死心，收买、组织印度旅日侨民和诗人野口米次郎，不断对他进行威胁利诱。泰戈尔依然不为所动。1938年1月，日寇到佛寺里祈祷胜利。泰戈尔闻知消息后，十分愤怒，写下了著名的《敬礼佛陀

---

① 谭云山编：《诗圣泰戈尔与中日战争》，重庆独立出版社1939年版，第50页。

的人》。在诗中他反复喊道：

> 他们整队到佛陀
> 那大慈大悲者的庙里，
> 祈求他的祝福
> 战鼓正在隆隆地敲
> 大地颤抖着。

1938 年 4 月，他写下了《致中国人民书》，告诉浴血奋战中的中国人民："胜利之种子，已深植于诸君此次艰苦卓绝奋斗之中，其未来之生命必将永无终绝。"

除了诗文，泰戈尔还组织募捐，支持中国学生和难民，他以身作则先捐 500 卢比作为倡导。同时，他还和国际大学师生一起到印度各地义演，所有收入都用于中国抗战。泰戈尔终其一生，对中国抗战的支持不遗余力。中国人永远感念他。

（四）中印文化交流的伟大使者

印度现代三圣（诗圣泰戈尔、圣雄甘地、圣哲阿罗频多）中，泰戈尔和中国关系最亲密，除了全力支持中国抗战之外，还支持谭云山创办国际大学中国学院，大力开展中印文化交流。他先后两次访华，第一次访华虽然受到误解，但他没有因此而稍减中印文化交流的热忱。中国现代史上一大批文化名人如徐悲鸿、高剑父、金克木、吴晓铃、常任侠、徐梵澄，等等，都得过他的支持和帮助。这一切，都基于他对中国文化的深刻认识。季羡林将泰戈尔对中国文化的认识和评价归纳为十点：1. 中国艺术家看到了事物的灵魂；2. 中国的文明有耐久的合乎人情的特性；3. 中国文学以及其他表现形式充满了好客的精神；4. 中国人不是个人利己主义者；5. 中国人不看重黩武主义的残暴力量；6. 中国人坚决执著地爱这个世界；7. 中国人爱生活，"爱到什么东西上，就赋予什么东西以美丽"；8. 中国人爱物质的东西，而又不执著于它们；9. 事物是怎样，中国人就怎样接受；10. 中国人本能地把握住事物韵律的秘密。[①] 这是一位印度智者对中国文化的认识与评价，同时也是一位中国智者对这种认识与评价的高度概括。这样，就不难理解泰戈尔对中国文学的那份迷恋。

---

① 季羡林：《中印文化关系史论文集》，三联书店 1982 年版，第 154—155 页。

1924 年访华时，他说："我一直在阅读你们的一些富于诗意的文学作品的译文。你们文学中的品位令我着迷。它具有你们自己的特色，在我所知道的所有其他文学中，我从未见过与之相似的文学。"[①] 泰戈尔对李白、杜甫、王维的诗歌情有独钟。他认为李白的诗歌很具有现代性，说："中国诗人李白创作的诗已有上千年的历史，但他仍不失为现代诗人。他的观点就是现今观察世界的观点，他以简洁的语言写下了五言诗和七言诗。"[②] 泰戈尔对中国文学的热爱，不仅仅停留在口头上，而且还内化在他的作品里。文化上的认同，是最深刻的认同。1924 年，泰戈尔作为一名年过花甲的国际名人访华，这样说道："我不知道是什么缘故，到中国便像回故乡一样！""但是我可以这样说，印度感觉到同中国是极其亲近的亲属。中国和印度是极老而又极亲爱的兄弟。"[③] 除了文化上的体认之外，很难解释泰戈尔的这份感情。自然，中国读者对泰戈尔的喜爱，也是出于对他的作品及其代表的印度文化的热爱。如果说中印现代文学交流是一座大桥，泰戈尔就是这座大桥一个最坚固的桥墩。

中国人的交友之道，最为重要的有四条：崇德、爱才、急难、惜缘。泰戈尔的上述四大形象，正好吻合中国人的交友之道。在中国人心目中，泰戈尔是一位道德高尚的爱国者，才华盖世的大诗人，中国人的患难之交，和中国文缘持久而深厚。这就是泰戈尔形象及其吸引中国人的魅力所在。这种美好形象，对外具有强大张力，对内有着极佳的结构合力。它是在历史中慢慢自然形成的。有人认为，1924 年泰戈尔访华是一次"不欢而散的文化聚会"[④] 从发展的眼光看，这次访华在当时就至少取得了四方面的成功："首先，通过这次访问，大大促进和加强了中印两国人民的交流和友谊；其二，促进了中国对东方文明的研究，有助于克服一部分人'言必称希腊'的欧洲中心主义；其三，大大增强了对泰戈尔作品及印度文学的认识，在中国出现了一个翻译、出版泰戈尔作品和印度文学的热潮；其四，影响、薰陶了一批中国最有才华的诗人和作家。"[⑤] 历史发展到今天，随着对泰戈尔认识的越来越全面深入，中国读者从泰

[①] 《泰戈尔全集》卷 20，河北教育出版社 2000 年版，第 12 页。

[②] 《泰戈尔全集》卷 22，河北教育出版社 2000 年版，第 259 页。

[③] 沈（Kshitimohan Sen）：《兄弟相会》，《中印学报》第一卷，第一部分，第 9 页。

[④] 见孙宜学：《不欢而散的文化聚会——泰戈尔讲演及争论》，安徽教育出版社 2007 年版。

[⑤] 郁龙余：《中国印度文学比较》，中国社会科学出版社 2001 年版，第 86 页。

戈尔 1924 年访华中省悟到许多东西，愈发体认到泰戈尔的善良、正义和不计前嫌的人格力量。世界上没有无缘无故的爱，也没有无缘无故的恨。泰戈尔在中国人心中的美好形象，已经深深地扎下了根。

二、泰戈尔与"五四"新文学

中国现代新文学，起于 1919 年"五四"新文化运动，所以也叫"五四"新文学。从发生论上说，中国现代新文学，是中国传统文学与外国文学交流的产物。"它既是对传统文学的继承，又是对传统文学的革新；既是对世界各国文学的借鉴，又是对世界各国文学的融化。"① 在现代中外文学关系史上，印度文学拔得头筹。这和泰戈尔有着很大关系。《五四新文学与外国文学》一书，将《五四新文学与印度文学》列为首章，并指出："我们研究'五四'新文学与印度文学关系，实际上是研究'五四'作家与泰戈尔为代表的印度文学的关系。"②

进入现代，中外文化交流轰轰烈烈，中国出现了留学热潮，但主要是留日、留欧、留美，接受的外来思想也以西方为主，留日学生也在相当程度上充当西方思想的二传手。在这种西风劲吹的大背景下，印度文学如何能在中外文学关系中获得首席地位？这不仅是一个有趣的现象，而且有着深刻的文化交流学的原因。简单说来，这个原因就是泰戈尔。在当时，泰戈尔既满足了西方人在诺贝尔文学奖得主队伍中出现一位东方人的需要，又满足了一部分东方人的西方崇拜的心理需求，和另一部分东方人的自我中心的精神诉求。从时间上讲，泰戈尔获奖后在世界上不断走红的过程，正好是中国"五四"新文学诞生和发展的过程。在文学风格与品位上，"给了'五四'前后的中国文坛各派作家各取所需的机会。他那些表现自我、歌颂自由、弥漫着神秘主义泛神论的作品，被中国的浪漫主义作家引为榜样；他那些清新纯真、批判社会不平等的作品，被中国追求现实主义的作家视为楷模；他那些宣扬'信爱'、充满'童心'、'母爱'的作品，更为大批小资产阶级作家和青年学生视为知音；他那些追求正义、光明的理想，博大仁慈的胸怀，独具魅力的人格，更

---

① 郁龙余：《中国印度文学比较》，中国社会科学出版社 2001 年版，第 83 页。
② 王锦厚：《五四新文学与外国文学》，四川大学出版社 1996 年版，第 3 页。

是赢得了无数中国读者的敬仰。"[①]

柳无忌曾经这样说：泰戈尔"对中国新文学运动的初期有着深刻的影响，他的诗歌的音奏，他对人生的深刻见解，他的思想，他的伟大的精神的感召，深深地印在中国作家的心灵上，其痕迹也遗留在他们的作品中。""泰戈尔曾经是我们一派新诗人的灵感的源泉，东方文化的伟大的支持者，在他身上，实现了中印文化的交流。"[②] 这段话不但是正确的，而且相当精确，将泰戈尔的影响锁定在"中国新文学运动的初期"，完全符号历史真实。

中国新文学运动从新诗开始。现代中国新文学的代表人物郭沫若、冰心、王统照、郑振铎、沈从文、许地山、徐志摩等等，都受到泰戈尔的影响。泰戈尔的诗风，又通过他们影响了更多的中国年轻人。

郭沫若是中国新诗第一人，也是最早受泰戈尔影响的中国诗人。1914年，22岁的郭沫若赴日留学。一天，他的一位本科三年级的亲戚同室，"从学校里拿来几张英文的油印录回来，他对我说是一位印度诗人的诗。我看那诗题是《Beby's Way》（婴儿的路）、《Sleep Stealer》（睡眠的偷儿）、《Clouds and Wavas》（云与波）。我展开来读了，生出了惊异。第一是诗的容易懂；第二是诗的散文式；第三是诗的清新隽永。从此太戈尔的名字便深深印在我的脑海里"[③]，可是没过几年，到1916—1917年前后，郭沫若因失意和婚恋悲苦，跌进人生低谷，在自杀与出家之间徘徊。此时，他接触到了泰戈尔的《吉檀迦利》、《园丁集》、《暗室王》、《伽毗尔百吟》等书，他感觉到："我真的好像探得了我'生命的生命'，探得我'生命的泉水'一样。每天学校下课后，便跑到一间很幽暗的阅书室里去，坐在室隅，面壁捧上书而默诵，时而流着感谢的泪水而暗记，一种恬静的悲调荡漾在我的身之内外。我享受着涅槃的欢乐。"[④] 这种"面壁默诵"和"流泪暗记"的力量是巨大的。青年郭沫若在诗歌风格和思想两方面，同时受到泰戈尔的深刻影响。例如他的第一首白话诗《死的诱惑》和泰戈尔《园丁集》第81首诗惊人相似。有学者指出："这两首诗在结构、设置、拟人方法和对话方式上都有惊人的相似。郭沫若显然

① 郁龙余：《中国印度文学比较》，中国社会科学出版社2001年版，第84页。
② 柳无忌：《印度文学》，中国文化服务社1945年版，第53页。
③ 郭沫若：《泰戈尔来华的我见》，1923年10月14日《创造周刊》，第23号。
④ 郭沫若：《泰戈尔来华的我见》，1923年10月14日《创造周刊》，第23号。

从泰戈尔的诗中得到启迪和影响，巧妙之处在于把'死亡'化作女性的身份，化为情人的形象，便更有浪漫的情调。除此外，在《女神》中所收的《新月与白云》、《别离》、《Venus》，《莘莪集》中所收的《题辞》，以及《牧羊哀物》中的几首牧羊歌也可以找出泰戈尔的影子。"① 郭沫若认为，自己是中国最早接触泰戈尔作品的人，称自己文学生涯的"第一阶段是泰戈尔式的"。"那些诗是我最早期的诗，那儿和旧式的格调还没有十分脱离，但在仔细研究过泰戈尔的人，他可以知道那儿所表示着的泰戈尔的影响是怎样的深刻。"②

泰戈尔是一位诗哲，郭沫若奉他为"精神上的先生"，他的哲学思想对郭沫若的影响比诗歌形式更为深刻。"1919 年'五四'运动前后，郭沫若正是把爱国精神，个性解放和从泰戈尔那里接受的泛神论思想熔于一炉，作为'自我表现'的动力，汇集成一股反抗现实，冲决封建桎梏的豪迈激情，写出了'五四'新文学运动中最伟大的诗集——《女神》，为中国新诗开辟了一个崭新的时代。"③ 关于这一时期的心路里程，郭沫若自己是这样表述的："我因为自来喜欢庄子，又因为接近了泰戈尔，对于泛神论的思想感受着莫大的牵引。""因为喜欢泰戈尔，又因为喜欢歌德，便和哲学上的泛神论接近了——或者可以说我本来是有些泛神论的倾向，所以才特别喜欢有那些倾向的诗人。我由泰戈尔的诗认识了印度古诗人伽毕尔（Kabira），接近了印度古代的（Upanishad）思想。"④ 综上所知，作为中国新诗第一人的郭沫若，称自己文学生涯的"第一阶段是泰戈尔式的"并非虚言。

冰心是中国新文学女性作家第一人。同声相应。1981 年，81 岁的她在写《〈泰戈尔诗选〉译者序》时，下笔第一句就是"泰戈尔是我青年时代最爱慕的外国诗人。"⑤ 冰心深爱泰戈尔，是因为泰戈尔的文学作品中洋溢着一种月亮般的阴柔美。这一种阴柔美集中表现为母爱、自然爱和童年爱。像无数"五四"青年一样，理想与现实的矛盾，使得她内心充

---

　　① 魏丽明：《泰戈尔和中国》，载唐仁虎等著：《泰戈尔文学作品研究》，昆仑出版社 2003 年版，第 70 页。

　　② 郭沫若：《郭沫若文集》第 7 卷，人民文学出版社 1958 年版，第 58 页。

　　③ 张光璘：《泰戈尔在中国》，载：《中国名家论泰戈尔》，中国华侨出版社 1994 年版，第 3 页。

　　④ 郭沫若：《郭沫若文集》第 7 卷，人民文学出版社 1958 年版，第 58 页。

　　⑤ 张光璘编：《中国名家论泰戈尔》，中国华侨出版社 1993 年版，第 175 页。

满痛苦和彷徨。她也像郭沫若一样，无意中接触到了泰戈尔的诗歌，心灵像久旱的田野，获得了甘霖的浇灌与滋润。泰戈尔梵我一如的思想和那些自然天成的诗句，"都渗入我的脑海中，和我原来的不能言说的思想，一缕缕地合成琴弦，奏出缥缈神奇无调无声的音乐。"① 冰心作为一位新女性，她那奔腾的现代心与天生的女性之爱，和泰戈尔的博爱思想相融合，化作一篇篇清新、隽永的诗篇，成为中国"五四"文学天地中的一处明丽的全新景观。她认为，女性与母爱有着天然联系，女性的天职就是爱。倘若失去女性和母爱，"这个世界至少要失去十分之五的'真'十分之六的'善'，十分之七的'美'。"② 于是，以"母爱、自然爱、童年爱"为核心的博爱思想，成了冰心创作中的主旋律。这样，不但奠定了她在中国新文学史上的至尊地位，而且使她的作品魅力永在，因为爱是永恒的。

在新诗形式上，冰心的贡献卓越至伟。这和泰戈尔也有密切关系。她说："我写《繁星》和《春水》的时候，并不是在写诗，只是受了泰戈尔《飞鸟集》的影响，把平时自己写在笔记本上的三言二语——这些零碎的思想，收集在一个集子里。"③ 这样，似乎在不经意之中，冰心为中国新诗做出了一项历史性的贡献。有学者指出："正是在泰戈尔《飞鸟集》思想内容和艺术形式影响下，冰心创作了《繁星》和《春水》，开创了中国新诗中'小诗'和'短诗'的历史，丰富了我国五四时期诗歌的形式。"④

郭沫若和冰心是中国"五四"诗人的代表。除了他们二人之外，其他许许多多"五四"诗人都程度不同地受到泰戈尔的影响。之后，泰戈尔在中国虽然不像"五四"前后那么大红大紫，但依然影响巨大，而且绵绵不绝。直到当代，一些著名作家因受到泰戈尔的滋养而心怀感恩。小说家张炜说："时代风云变幻不停，艺术的偶像也挪来挪去。可是没有谁想更动泰戈尔的位置——他身上有一种难以测知的神力在保佑他，就像印度的瑜伽一样。那种古老文明国度的精华雨露滋养了一位身穿红袍

---

① 冰心：《冰心全集》（三），北京书局 1932 年 9 月出版。
② 冰心：《关于女人·后记》，宁夏人民出版社 1980 年版，第 111 页。
③ 冰心：《冰心选集》（散文集），四川人民出版社 1984 年版，第 392 页。
④ 魏丽明：《泰戈尔和中国》，载唐仁虎等著：《泰戈尔文学作品研究》，昆仑出版社 2003 年版，第 68 页。

的白须老人，老人永远神采奕奕。"① 郑振铎译的《新月集》，曾经伴随著名散文作家刘湛秋的童年，度过那些快乐和忧伤、受屈辱和奋发、饥饿和苦读的黎明和黄昏。成名后，他这样写道："现在，当我已越过天命之年很远的时候，泰戈尔的作品依然如此新鲜，只是更显得深邃、幻丽，像高邈的天空，像恒河的波影。这决不是我个人的体验，我敢说，几乎所有文学青年都受过泰戈尔的沐浴。泰戈尔那长满大胡子的、和善的、像圣经一样的肖像永远是我们崇拜的偶像。"②

　　这些诗人和作家成长的心路里程，正是中国新文学诞生和发展的历史里程。以前，由于各种原因，对泰戈尔在中国新文学发展中的实际影响，缺乏必要的深入研究。现在已经到了必须予以足够重视的时候了。

　　在外国诗人中，泰戈尔最具魅力与亲和力。他的作品在中国的翻译和发行，数量也最为巨大。泰戈尔作品的译介，在中国先后出现过四次高潮。20世纪上半叶是第一次高潮。大量译介作品，对泰戈尔的争论也发生在这一阶段。这一阶段对泰戈尔的译介尚属初步，却为今后泰戈尔热的持续发展，打下了坚实基础。20世纪50—60年代是第二次高潮。在此时期，泰戈尔最重要的诗集、小说集出版，对泰戈尔的评价，结束了以往的混乱状态，渐渐统一于周恩来、季羡林的讲话精神。而且，这种评价基调一直延续至今。20世纪80年代是第三次高潮。从孟加拉原文直接翻译泰戈尔作品成为风气，对泰戈尔的评论以及传记类著作的翻译、撰写，成一时之风。"从1980年到1999年20年间，各学术期刊公开发表的有关文章约有一百四十多篇。"③ 21世纪以来是第四次高潮。共24卷的《泰戈尔全集》于2000年问世，这次高潮与第三次高潮在时间上完全衔接，但是在内涵上自成特色，从一般性的译介逐渐转为学科研究，出版了若干从比较文学、文化交流学、译介学等学科方法出发的研究成果。同时，一部完全译自原文、更加完全的《泰戈尔作品全集》的翻译出版工作，亦在泰戈尔诞辰150周年之际正式启动。这部由东方出版社出版的《泰戈尔作品全集》，是一项重大的文化工程，在中印文化交流史上具有重要意义。

---

　　①　张炜：《精神的魅力》，群众出版社1996年版，第59页。

　　②　刘湛秋：《泰戈尔的文学圣殿——〈泰戈尔文集〉序》，载刘湛秋主编：《泰戈尔随笔》，安徽文艺出版社1997年版，第2页。

　　③　王向远：《东方各国文学在中国》，江西教育出版社2001年版，第68页。

处于商业时代的中国当下出版社，非常扑朔迷离。要完全将泰戈尔作品的出版情况统计清楚，是一项困难的工作。但泰戈尔作品的走俏，常销不衰，是毫无疑问的。除了大量单行本之外，还有大量选集、文集出版。比较重要的选集有：《泰戈尔作品集》（1—10 卷），人民文学出版社，1961 年；《泰戈尔小说全集》（A—C 卷）四川文艺出版社，1995 年；《泰戈尔剧作集》（1—4 集）中国戏剧出版社，1958—1959 年；《泰戈尔文集》（1—4 卷）安徽文艺出版社，1996 年；《泰戈尔小说全译》（1—7 卷）华文出版社，2005 年；《泰戈尔诗歌精选》（1—6 卷），外语教学与研究出版社，2007—2008 年。2000 年，由河北教育出版社出版的《泰戈尔全集》24 卷，虽然不是真正意义上的全集，但是有 1000 万字规模，是中国翻译泰戈尔著作的集大成式的成果，已经成为世界上最著名、最多读者的《泰戈尔全集》之一。在泰戈尔及其作品的研究方面，由于纳入了学科轨道，其规模与水平比以前有了显著提升。如孟昭毅为《中外文学交流史》一书撰写的《泰戈尔与中国》、王向远在《东方各国文学在中国》一书的《泰戈尔的译介》，侯传文《多元文化语境中的东方现代文学》中的《泰戈尔与中国现代诗学》、《我国五四时期对泰戈尔的接受》、《功夫在文学之外——泰戈尔现象》，唐仁虎等的《泰戈尔文学作品研究》一书，显示了当代中国学者泰戈尔研究的最新水平。《泰戈尔文学作品研究》一书有 42 万字，分《泰戈尔简论》、《泰戈尔和中国》、《泰戈尔诗歌的创作历程》、《泰戈尔诗歌中的文化因素》、《短篇小说》、《中长篇小说》、《戏剧》、《文艺思想》，共八章 32 节。此书由唐仁虎等四人花数年时间合作完成，是目前中国研究泰戈尔作品最全面、最深入的一部专著，具有里程碑的意义。但是，此书也有明显不足，一是泰戈尔作品的一些重要方面未能论及，已经论及的亦有待进一步深入；二是四位作者虽然都长期研究泰戈尔，有的还是印度语言专家，但是没有一人懂孟加拉语，而泰戈尔绝大部分创作用的是孟加拉语。这样，不仅为泰戈尔作品翻译，而且为泰戈尔作品研究都留下了直接运用孟加拉语原文的极大空间。这是中国学者今后的重要努力方向。

泰戈尔热在中国经久不衰，堪称奇迹。随着中国学者对泰戈尔译介及研究的继续不断深入，尤其是当泰戈尔的孟加拉语作品全部从原文译成汉语之后，即正在翻译的《泰戈尔作品全集》问世之后，必将在中国出现一个从比较文学、比较翻译学、文化交流学、比较诗人学、阅读学、泰戈尔研究史等等不同学科出发的研究热潮。此时，一门新的学问——
泰戈尔学（简称"泰学"）就有了诞生的条件。"泰学"在印度语言中可
称 Ravindranatha Takura Vidya，英语中则称 Studies for Ravindranatha
Takura. 我们相信，富有中国特色的泰戈尔学的诞生为期不远了。

泰戈尔与浪漫主义

侯传文

泰戈尔的思想和创作可以从不同角度进行定位。但不可否认的是，浪漫主义是其天然本性。他的个性气质、成长环境和时代氛围，都奠定了他浪漫主义诗学的基础，因此他的接受和选择，创作表现和理论表述，都以浪漫主义为主基调。

一

从创作的角度看，泰戈尔基本上是一个浪漫主义作家。他在回忆自己的创作道路时说："在我的诗律、词汇和思想中，我追求天真未凿的想象力的奇思妙想，从而招致有学问的批评家的严厉批评和智者们的哄然大笑。"[①] 在长期的文学生涯中，泰戈尔首先以诗人立身名世。他一生创作了五十多部诗集，两千多首诗作，其中大部分具有浪漫主义风格。他正式发表的第一部诗集《暮歌集》中大部分作品具有感伤情调，其后的《晨歌集》则焕发出青春激情。名篇《清泉从梦中苏醒》（又译《瀑布的觉醒》）写的是在黑暗的岩穴中沉睡多年的泉水，一旦苏醒，"再也无法抑制心头的愿望和激情"，发出吼声，四处蹦跳，翻过群山，不断奔腾，它向往广阔的大海，为此要冲破黑暗的牢笼。那种气势可以和雪莱的《西风颂》媲美，诗人因此有"孟加拉文学的雪莱"之誉。诗集中的《黎明盛会》、《永恒的生命》、《回声》、《创造生存毁灭》等诗篇，或激情澎湃，或想象奇特，都显示出鲜明的浪漫主义风格。后来的《画与歌集》、《刚与柔集》、《心灵集》等重要诗集，以热烈真挚的感情歌颂爱情，歌颂

---

① R. Tagore, *The Religion of an Artist*, Culcutta: Visva-Bharati Bookshop. 1953: 6.

青春的欢乐、生命的力量，表现了印度民族觉醒时期的时代精神，都具有浪漫主义特色。1890 年至 1900 年，由于生活环境的变化和思想的发展，他的诗歌创作题材和风格更加多样化，其《金色船集》、《吉德拉星集》、《收获集》、《幻想集》、《故事诗集》、《叙事诗集》等作品，现实主义因素有所加强，神秘主义倾向有所发展，但其主基调仍然是浪漫主义的。1901 年后，泰戈尔进一步走向社会，对各种社会问题进行深入探索，同时生活中遭到一些不幸，先后失去了父亲、爱妻和爱女，这对他的创作风格产生了一些影响，最明显的是宗教色彩渐浓，但诗人的浪漫主义气质并没有根本的改变。后期泰戈尔诗歌创作的题材更加丰富多彩，除了表现生活感受和个人情趣的诗作之外，政治性、哲理性的诗作，怀念亲友、回忆往昔的诗作逐渐增多。体裁也更加多样化，特别是散文诗和自由体诗增多，风格上更加平易，但仍不失浪漫主义精神。

　　泰戈尔诗歌的浪漫主义风格有多方面的表现。首先是理想性。从本质上看，泰戈尔是一位理想主义诗人，一生不遗余力地鼓吹他的人类之爱的人生和道德理想。在故事诗中，他对传统文化精神的发掘和阐释是理想化的，他试图通过这种理想化的阐释来纠正现实中的民族虚无主义。在《新月集》中，诗人对童心世界的创造是理想化的，那个自然天真、自由自在的童心世界，是泰戈尔心中的一片乐园，是超越现实丑恶的一方净土。他的童心世界的自然、自由、善良、美好是与现实世界的矫饰、拘束、邪恶、丑陋相对照的。像许多伟大的浪漫主义和理想主义的文学家一样，他以对理想的向往表现对现实的厌恶，以理想的美来对照现实的丑。其次是情感性。多情善感是诗人的天性，也是浪漫的表现。泰戈尔主要以自己丰富的情感贴近世界，贴近人生，贴近人类，而不是以理智去认识世界。他爱神、爱自然，爱各种各样的人，特别是妇女和儿童，这深厚博大的爱都是出自那颗多情善感的心灵。他以饱蘸感情的笔，写下了大量表现人类之爱的诗篇。在艺术观上，他反对理智，主张情感，认为文艺是人的剩余感情的发泄，科学和哲学是人的剩余知识的发泄，二者是不能混淆的。第三是想象性。诗人把爱情想象为一泓湖水，把母亲注视孩子的眼睛想象为布满天空的星星，把孩子想象为母亲少女时代青春肢体上开出的花朵，把不断寻求者想象为因自己的香气而发狂的麝鹿，这样的空灵而超越的奇特想象，使他的诗歌表现出更加鲜明的浪漫气质。总之，超越性的人格追求、理想化的处世态度和内倾型的性格气质，奠定了泰戈尔诗歌浪漫主义的主基调。

除了诗歌之外，泰戈尔的小说和戏剧创作也都表现出浪漫主义风格。他一生创作有 12 部中长篇小说，近百篇短篇小说。他的小说有对现实生活的反映，也表现出诗化的个性特色，而所谓诗化也就是浪漫主义化。小说作为叙事文学再现性比较强，作家的社会责任感也促使他再现和干预现实生活，然而这并不妨碍作家浪漫主义的艺术处理。如早期短篇小说《河边的台阶》，主题是批判印度教社会的童婚制度和禁欲主义对人性的摧残，是非常有现实针对性的，但作品以河边的台阶为叙述者，奇特的想象和抒情的笔调显示出诗化的或者说是浪漫主义的风格。《饥饿的石头》的构思本身就是基于奇思妙想，作品充满离奇的场景、神秘的氛围和恐怖的感受。长篇小说《沉船》则以传奇性的故事和跌宕起伏的情节结构表现出浪漫主义的特点。长篇小说《四个人》，主人公内心激烈的思想斗争和外部行为的反复无常，获得悲剧性的表现，具有震撼心灵的效果。即使被认为最具有现实性的长篇小说《戈拉》，其本质更多的是表现作家的政治、宗教理念和社会、人生理想，而不在于多么全面真实地反映了当时的社会生活。

泰戈尔也是著名的戏剧家，一生创作了约 60 部各种形式的戏剧作品。他的戏剧有三大特点，一是抒情，二是想象，三是象征，其中前两者都是浪漫主义的要素。他早期的许多戏剧作品都与诗歌有着亲缘关系，基本上都是诗剧和歌剧，抒情味非常浓。泰戈尔自称："在这里面重要的是歌曲而不是戏剧。它的特点是，它是情感的戏而非动作的戏。事实上我在写这剧本的时候，是洋溢着歌曲的心情的。"[1] 刘安武先生也指出："抒情的成分在泰戈尔的戏剧中占有相当的比重，他作为抒情诗人的特性在戏剧中也有充分的反映。他的重点或注重的焦点不在戏剧冲突，而在于带戏剧性的描写或倾诉。"[2] 泰戈尔戏剧大部分具有浪漫传奇色彩，这得力于他丰富奇特的想象。《齐德拉》（又译《花钏女》）是泰戈尔著名的抒情神话剧。作品写善于骑射但缺乏女性柔美的公主齐德拉在森林中打猎，遇到了她心中的偶像——大英雄阿周那，深深地爱上了他。第二天，她换上了女装去见阿周那，但阿周那拒绝了她的爱情。在她的请求下，

---

[1]　泰戈尔回忆录：《我的童年》，谢冰心、金克木译，人民文学出版社 1988 年版，第 113 页。

[2]　刘安武：《关于泰戈尔的戏剧》，刘安武、倪培耕、白开元译，《泰戈尔全集》第 16 卷。河北教育出版社 2000 年版，第 30 页。

爱神和春神赐予她一年的美丽。齐德拉用神赐的美丽赢得了阿周那的爱，但她心里很痛苦，因为她知道阿周那爱的不是自己，而是那个美丽的外壳。她发觉自己的躯壳变成了自己的情敌。不久阿周那也厌倦了那种游戏娱乐式的爱情。他听到了公主齐德拉的事迹，非常神往。一年过后，齐德拉以自己的本来面目来到阿周那面前，获得了圆满的爱情。这个戏剧的创作契机是作者的一个奇特的想象："倘若一个感情丰富的女人，感到她的情人只是由于她外在的、短暂的肉感魅力而与她结合，而不是她心灵的优美，或终身的友情，与她结合；那么这个妇女将会发现，自身不是一个依存者，而是一个竞争者。这个思想是如此紧紧地缠绕着诗人，致使他渴望以戏剧的形式将它表现出来。那时，《摩诃婆罗多》的一个情节浮现在他脑际。"① 这样的传奇性的戏剧情节和抒情性的艺术表现都体现出浪漫主义风格。

　　文学思想既是创作的指导思想，也是作家创作经验的总结。在丰富的创作经验的基础上，形成了泰戈尔具有浪漫主义特质的主体性诗学。

二

　　从文学思潮的角度看，泰戈尔与西方浪漫主义关系最直接、最密切、最正面。浪漫主义文学思潮于 18 世纪末在德、法、英等西欧国家兴起，经历了一段曲折发展的时期，到 19 世纪 30 年代前后达到高潮。在英、法、德、意、美等西方国家和一些东欧国家，浪漫主义文学思潮大都持续到 19 世纪后期。可以说，浪漫主义是 19 世纪西方文学的主流。泰戈尔出生和接受教育的年代，浪漫主义在西方还在继续发展，并迅速扩散到东欧、美洲和亚洲，成为世界性的文学主潮。许多浪漫主义作家作品已经成为经典，进入了大中学校的课堂。泰戈尔回忆说，当诗人拜伦登上文坛后，由于"他的诗，也就是他那个心灵的自由奔放的感情"的影响，"一股评论英国文学的新思潮出现在我国受过教育的青年中间，这股思潮的浪头，从四面八方冲击着我们的少年时代"。② 在英国留学期间（1878—1880），泰戈尔在伦敦大学旁听英国文学课，更是直接地、广泛

---

① K. 克里巴拉尼：《泰戈尔传》，倪培耕译，漓江出版社 1984 年版，第 163 页。
② 泰戈尔：《生活的回忆》，刘安武、倪培耕、白开元译，《泰戈尔全集》第 19 卷。河北教育出版社 2000 年版，第 208 页。

地接受了当时占主导地位的浪漫主义作家、作品和他们的文学思想。泰戈尔对浪漫主义文学的接受和认同，除了个性气质和个人机缘之外，更重要的是时代潮流的驱动。19 世纪中叶，东方启蒙文学拉开了东方文学现代化的序幕。而由于时代的原因，东方启蒙文学的文学理念和创作方法主要来自西方浪漫主义。随着西学东渐的持续发展，欧美浪漫主义诗人和作家如拜伦、雪莱、雨果、华兹华斯、惠特曼等人的作品，于 19 世纪后期先后介绍到东方各国。近代东方文学起步时期都有一个翻译文学阶段，具有反封建和自由主义精神的浪漫主义文学是翻译的重点之一。在 19 世纪东方两大文学主潮启蒙文学和民族主义文学中，已经孕育了浪漫主义精神，并且出现了浪漫主义文学思潮的萌芽。启蒙文学思想上要求个性解放和个人自由，文学观念上主张以人为中心，艺术上学习西方近代文学，在文学体裁和表述方式上都有所创新。这些都为浪漫主义文学作了准备。许多启蒙文学家的创作中已经具备了浪漫主义的风格。如印度诗人迈克尔·默图苏登·德特的代表作长篇叙事诗《因陀罗耆的伏诛》，以自由诗体和叛逆思想，开印度近代浪漫主义诗歌之先河。孟加拉语小说家班吉姆·查特吉和乌尔都语小说家纳兹尔·爱哈迈德都擅长写历史小说，在创作中都受到英国历史小说家司各特的影响，传奇性的情节和非凡的主人公，使作品表现出浓厚的浪漫主义色彩。他们都是印度近代文学的开创者，也是泰戈尔文学创作和诗学理论的先驱。

　　由于特定的文化渊源和个人机遇，在西方浪漫主义文学中，泰戈尔对英国浪漫主义诗人更为熟悉，在其理论著作中经常征引和评述。由于时代的接近、体验的真切和思想的契合，他对英国浪漫主义诗人的评论非常深刻到位："我们那个时期是现代的一个划时代的时期。'个人感情的奔放'是那个时代诗歌中现代化的标志。华兹华斯是以个人方式表达在寰宇自然中所取得的享受；雪莱有着柏拉图式的多情善感，同时也有对民族的、宗教的等等一切障碍的反叛精神；济慈的诗则注重诗体工整。那时诗歌的转折就是从外部世界转向内心世界的一个转折。"在这里，泰戈尔对每个诗人的个性特点的分析，对浪漫主义时代特点的概括，都是非常深刻独到的。泰戈尔对英国浪漫主义诗人的叛逆精神非常赞赏，对他们不见容于当时的英国社会深表同情和愤慨，而且引为同道。当他被指责作品缺乏印度民族的现实性时，泰戈尔愤懑地写道："华兹华斯诗里的现实性在哪里？……无独有偶，我将如何肯定济慈和雪莱作品的现实性呢？难道他们附和了英国人的民族觉悟而获得了奖赏和喝彩？那些在文学市场里。经营现实性的评论家，是如何对待华兹华斯的诗歌，这在历史上是有明文记载的。整个国家像对待首陀罗一样，不让雪莱进入家门，而用死亡之箭把济慈置于死地。"泰戈尔虽然被称为"孟加拉文学的雪莱"，但他对华兹华斯和济慈更加赞赏。在《诗人叶芝》一文中，他将华兹华斯与斯温伯恩进行比较，认为后者属于"文苑的诗人"，前者属于"世界的诗人"，因为"华兹华斯诗歌的情韵中有心灵与自然的直接碰撞"他在《艺术家的宗教》中对华兹华斯作了高度的评价："在所有伟大的艺术中，文学或其他艺术中，人们用独特但不是反常的形式表达平常的情感。当华兹华斯在他的诗歌中描写一个被爱情遗弃的生命时，他在其艺术表现中运用的是普通的，激发情感的因素，这种因素是所有正常的心灵接触到这类主题时都会产生的。然而，他在作品中将这种情感具体化的画面却是出人意料的，而且每个神智健全的读者都会快乐地认同这种情感，当这一形象呈现在他面前的时候。"对济慈的引述在泰戈尔理论著作中频率更高，他多次引用济慈的名言"真实就是美，美就是真实"来表现自己的美真统一思想，比如他在《诗人的辩白》中指出："在诗人的韵律里这咒语的声音从未中断过：Truth is beauty, Beauty is Truth"。在论文集《文学的道路》的序言中，他又说："这道理早在我心里记住诗人济慈的那些话的日子里就明白了，济慈说："Truth is Beauty, beauty is Truth"。可见泰戈尔对济慈理解之深、赞赏之笃，或者说两位诗人心有灵犀，诗有同感。

　　泰戈尔的许多思想是借助于对浪漫主义诗人的评论来阐述的。"诗人宗教"可以说是泰戈尔诗学的核心命题之一，然而，集中阐述其"诗人宗教"思想的演讲《诗人的宗教信仰》，论述的主要对象恰恰是华兹华斯、济慈和雪莱等浪漫主义诗人。华兹华斯抱怨："物质生活太多了，对我们，或迟或早，或在获得中，或在耗费中，浪费了我们的力量。我们很少见到我们的本性。"泰戈尔据此阐释："我们长大了，和这一伟大的真理失去了联系，我们忘掉接受它的邀请和它的款待。当追求外界的成功时，我们的工作成为非精神的，无表情的。"通过对济慈的《希腊古瓮颂》的分析，泰戈尔得出结论："创造是完美的无穷理想和为它的实现而永远连绵这两者之间的永恒的和谐；只要积极的理想和达到这理想的物质障碍这两者没有完全分开，我们就不必害怕受苦、失败。这便是诗人的宗教。……在诗人们的宗教中，我们看不到教条和训谕，确切地说，看到的是我们的全部生命对在自己无穷无尽的创造中始终被显示的真理的态度。"通过对雪莱的《致理智美的颂歌》的分析，泰戈尔发现："宗教信仰，对雪莱来说，是和他的生命一起生长的，它给他的不是固定的陈腐的教义；他反对这些东西。他有创作的心灵，而它只能通过创作成就的欢乐才能接近真理。因为真正的创作是真理的实现，通过它的转化成为我们自己的信条。"在浪漫主义诗人的思想和作品中，泰戈尔获得了激发自己理论思考的灵感。

泰戈尔一生始终把浪漫主义文学视为正宗，坚守着他从浪漫主义文学那儿接受的文学理念。当保守的印度教徒和印度民族主义者指责英语教育和英国文学的影响使泰戈尔等印度作家的创作脱离印度社会现实时，他回应说：英国人创造的文学，尽管遭到人们的愤怒诅咒，依然前进着，尽管谴责它，人们仍没有找出拒绝承认它的任何办法，这就是现实的正确标志。英国教育像魔棍一样触及我们的生活，唤醒着我们内心的现实感。……遥远国家的南风，吹得另一个国家的文学花圃里的花朵盛开，这个证据存在于历史中。"后来，当青年一代作家追随西方文学新潮，崇尚现代主义，否定近代文学传统时，他指出："在印度，当英语教育事业的宣传刚展开时，我们大家所熟悉的文学是具有空间的广度和时间的深度的文学。那种文学的内容不管有多少异国情调，然而它的理想是属于所有时代的。……就在英国教育开始阶段，我们认识了具有世界文学理想的文学，这是应该承认的事实。但不能说，那个理想在欧洲始终是灿烂的。当那里出现出卖灵魂的要求时，文学的矮人时代就降临人间。"这里泰戈尔没有提浪漫主义，也没有说具体作家，但我们从字里行间可以看出，他所肯定的就是他年轻时代接受最直接、接受最多的英国浪漫主义文学。

三

浪漫主义和现实主义是文学创作和理论中的一组二元对立，如果说现实主义主要是再现现实，那么浪漫主义主要是表现理想；如果说现实主义侧重于客观实际，那么浪漫主义就侧重于主观想象；如果说现实主义崇尚理性，那么浪漫主义更推崇情感。由于禀赋天性和时代造就：泰戈尔选择了浪漫主义，虽然在创作中他也自觉不自觉地有些现实主义的流露，但在文学理念上他对现实主义采取了拒斥的态度。他认为："刻板的写实主义就像蝗虫一样钻入艺术内部，像蟑螂一样汲干艺术的所有情味。"在后期论文《事实和真实》中，他强调了文学艺术中情味的真实与现实的事实之间的矛盾性，指出："那些在艺术创作里小心翼翼地顾及事实的人，岂能成为画家？因此，如果要在形象创作的领域内，谁想揭示真实，那必须从事实的束缚中解脱出来。"在对现代主义进行批判时，他也不忘记稍带上现实主义："人们经常宣传说，如果不偏不倚地承认事实，艺术中所表现的粗野的叫喊和廉价的惊险有其合理性。根据他们的观点，现实主义是不可避免的，即使它已经被责骂并臭名昭著。然而，当我们关注的不是科学而是艺术时，我们必须明白现实主义和现实之间的区别。"从这些对主张写实和再现的现实主义的否定中，可以看出，在浪漫主义和现实主义这组二元对立中，泰戈尔是倾向浪漫主义的。

由于泰戈尔是在西方浪漫主义文学影响下成长起来的文学家，对后者有比较多的接受和认同，因此二者在思想方面也有比较多的共鸣。泰戈尔诗学与西方浪漫主义的一致性主要表现在以下几个方面：

首先是主观表现性，即在文学诸要素中，特别关注作品和创作主体的关系。与现实主义注重真实地再现现实生活不同，浪漫主义更强调创作主体的自我表现。泰戈尔在《世界文学》一文中说："在文学里，自我表现对人来说不存在任何障碍。"他反对"模仿说"，认为"心灵不是自然的镜子，文学也不是自然的镜子，心灵把自然变成人的精神世界，而文学把具有那种精神世界的人变成自己的描写对象。……通常说来，心灵是从自然中聚集起来，而文学是从心灵中聚集起来的。为了把心灵的感受揭示出来，特别需要创造力量。这样，在自然中产生的心灵里和从心灵中产生的文学里所反映的事物离开模仿十万八千里"。在《文学的本质》一文中，泰戈尔集中论述了他的以主观表现为特征的浪漫主义诗学。他首先从人与世界的关系说起："外界世界一旦进入我们的内心，就构成了另一个世界。在这世界里，不仅有外界世界的色彩、形态和声音等，而且还包含着个人的情趣爱好、人们的喜怒哀乐等。"而且只有"当我们用自己的心灵情感去摄取外界世界时，那个世界才成为我们所特有的世界"。这样就产生了一个不同于外部世界的人的心灵世界，而"心灵世界一直为表现自己而做着坚持不懈的努力，为此，人类自古以来就进行着文学的创作"。也就是说，文学的本质就是这个心灵世界的表现。他认为文学不仅要表现人的心灵，还要表现人的性格，"人的性格是十分细腻和丰富多彩的。文学竭力想把它从内心世界里挖掘出来，加以刻画，这是项十分艰难的工作"。最后，他对文学的本质问题作了总结，认为："文学的主要内容是人的心灵描绘和人的性格刻画。……外界自然和人类性格每时每刻都在人的内心里取得形式和发出乐声，然后，作家通过语言的创作，把它们化为形象的画面和动听的歌儿，这就是文学。"这样的诗学思想具有鲜明的浪漫主义特征。

其次是情感性。在情感与理性这对矛盾中，与现实主义注重理性的观察和分析不同，浪漫主义更强调文学的情感性。泰戈尔非常注重情感在文学创作中的作用。他在《文学的材料》一文中指出："文学主要是依赖感情，而不是知识。"知识是客观的，是可以继承和传播的，而感情是主观的，是个性化的，是需要创造的："知识需要加以证实，感情需要注入生活的信息。它为此需要比兴和艺术技巧。对感情仅仅做一番解释是不能解决问题的，需要进行创造。这种富有艺术性的创造犹如感情的躯干：在这躯干里，作家注入感情的方式，决定他个性的显示。"他还注意到了感情的个性化与非个性化的关系问题，他作了一个形象的比喻，感情犹如池塘中的水，它是自然赋予的，不是人创造的，只有池塘这种贮水方式是人创造的。同样，感情本身是自然的，属于所有人的，而"使它通过特殊的形象为所有人制成特殊享受材料的那种风格，是个人独有的，与它联结在一起的是人的个性，或者说是特性。培植自己的感情，然后使之变作大众的感情，这就是文学，这就是艺术"。他进一步解释说："把大众的东西以特殊方式变为自己的，然后又以那种方式把它变为大众的东西，这就是文学事业。"泰戈尔对情感的强调和解释，具有鲜明的主体性诗学特征，这种主体性是个人主体性和人类主体性的统一。在《什么是艺术》中，他认为艺术是人的剩余感情的发泄，指出："人有着情感能量的蕴藏，这种能量并不完全用于他的自我生存。这种过剩的情感在艺术创作中寻找他的出口，因此人类的文明是建立在他的过剩之上的。"又说："一切真正的艺术都起源于情感。"在后期题为《人的宗教》的演讲中，他将自己的主体性浪漫主义诗学思想进行了深刻的总结："人天生就是艺术家；他在自己的心灵中，从不被动而又精确地接受自己周围事物的物质性表现。通过人的感情和想象的作用，一个不断调整并变革各种事实从而使之适应人的意象的过程在持续进行着。"

第三是想象性。与现实主义注重客观描写不同，浪漫主义更注重想象。泰戈尔在《文学思想家》一文中指出了想象在文学创作中的作用："当我们在自然的巨大浪潮里看到了人的感情表现时，我们不由自主地从中分别地掬取一些波浪，用假设把它们联结起来，用想象使它们沟通起来。"他认为，一个人即使对自己最亲近的人，也无法看到他的大部分，从而留下大量的匮乏和空白，"我们的想象就在这匮乏和空白的地方任意驰骋，填补了匮乏和空白之后，我们就在自己的内心镂刻上一个完整的形象"。在《文学创作》一文中，他又进一步强调了想象的作用和在文学创作及文学批评中的意义："事实是，人的心不断丰富着不清晰的感情，那些感情总用短暂的痛苦、短暂的感情、短暂的事，遮盖着世界人类的巨大心灵的天空，然后在天空不断盘旋着。某个诗人依靠富有吸引力的想象，把这些感情中的一束束情感，缚在自己的想象之中，使它们在人心面前清晰起来，由此我们获得了欢悦。"又说："人心的某个特殊面貌，聚集在某个诗人的想象里，通过美显示出自己多彩多姿的惊人光彩，文学评论家应该就这个问题进行思考。"在《诗人叶芝》一文中，他认为充满自信的想象是叶芝成功的重要因素，并进一步指出："想象这两个字是切合诗人叶芝的创作实践的。想象在他不是游戏的材料，他在生活中接受了借想象之光观照的真实。也就是说，想象不单是他诗歌事业的一种工具，也是他生活的要素。他借此从人世汲取精神营养。"在泰戈尔看来，想象不仅是文学之道，也是人生之道，由此可见泰戈尔对想象的重视。在后期发表的题为《艺术家的宗教》的演讲中，他指出："想象帮助我们把一些杂乱无章的事实统一在和谐的视觉中，进而为了完美的欢喜而将这种和谐转化为我们的艺术行为。"在题为《诗人的宗教》的系列演讲中，他又进一步指出："想象是我们心里的观众，他能从协调的演出中发现戏的意义；但推理却引诱我们步入后台。那里只有舞台技术，根本没有戏。……艺术和诗的功能是提醒我们：后台是最灰暗的幻觉，而现实是在我们面前上演的戏。"丰富奇特的想象是浪漫主义文学的重要特征，而对想象的突出强调，则是浪漫主义诗学的重要标志。

泰戈尔毕竟是一位富有个性的东方诗人，秉承了历史悠久而又博大精深的印度民族文学传统，因此其文学创作和诗学思想中的浪漫主义必然有不同于西方浪漫主义的特点，必然表现出个性特征、民族特色和东方精神。首先，人格论的建立和完善，使泰戈尔的浪漫主义诗学具有了鲜明的个性特征。在前期形成的浪漫主义主体性诗学的基础上，到中期，随着哲学思想的发展和诗学思想的成熟，通过东西方文学的对话，泰戈尔建立起自己的以"人格"为核心的文学理论。"人格论"使泰戈尔诗学超越了一般的浪漫主义文学理论，不仅内涵更加丰富，体系更加完整，也更富有理论个性。其次，泰戈尔充分利用了印度民族文化和文学资源进行浪漫主义的文学创作，构建自己的主体性文学理论体系。在创作中，泰戈尔善于从印度古代丰富的神话传说和民间故事中取材，如戏剧《齐德拉》、《昌达尔姑娘》，诗歌《离别时的诅咒》以及大量的故事诗，都是取材于印度古代神话传说或民间故事。另外，作品中某些象征寓言手法的运用以及传奇魔幻色彩，都是传统文学影响的结果。在理论上，泰戈尔是印度情味论诗学的现代传人，他在晚年出版的《文学的道路》的序言中说："多年以来，我执著地谈论着情味文学的奥秘，人们可以从我各个时期的文章里认识它。"在 1939 年为全集写的《自序》中，他回顾了自己六十多年的创作，认为虽然不同时期的作品打上了不同的历史印记，但贯穿着"文学的一条基本原则——印度修辞学称之为情味理论——透过各种变化，给人心以欢娱"作为其浪漫主义主体性诗学的一个核心概念，泰戈尔无论是阐述理论还是评论作品，都言必称"情味"，使其浪漫主义诗学具有鲜明的民族特点。第三是具有民族主义精神。东方浪漫主义产生和发展的时代，正是东方各国民族解放运动蓬勃开展的时代，现实生活中的民族矛盾使东方浪漫主义文学具有强烈的民族意识，许多浪漫主义诗人和作家写出了具有强烈爱国主义和民族主义精神的作品。泰戈尔是一个爱国的政治诗人，他一生创作了大量的爱国诗篇，这些作品在印度人民独立斗争中起了鼓舞斗志的作用。他的诗歌《印度的主宰》号召印度人民不分种姓；不分教派，团结起来为祖国印度服务。该诗在印度独立后被选为国歌。在文学理论的阐述中，他强调民族语言的重要性，积极继承并发扬民族诗学传统，在西方发表的演讲中大力弘扬印度民族文化等，都是民族主义的表现。而且，在西学东渐的大背景下，泰戈尔作为东方文化的代言人，强调东方文化及东方文学艺术的意义和价值，甚至逆时代潮流倡导东方精神文明，使他的浪漫主义诗学具有强烈的东方精神和鲜明的东方特色。

（原刊于姜景奎、郭童编：《多维视野中的印度文学文化——刘安武先生八十华诞纪念文集》，阳光出版社 2010 年版）

追寻泰戈尔的足迹

尹锡南

　　与泰戈尔的初次谋面是在孩提时代。那时，我在故乡重庆酉阳的一所中学读书，订了山西省一份专供中学生阅读的《语文报》。某一天我在报上发现了泰戈尔的诗歌和关于他的介绍文字。这位伟大的诗人幼年时常被一个叫夏玛的仆人严厉管束。夏玛肯定熟悉印度大史诗《罗摩衍那》里具有无边魔力的画地为圈法，他常常画好一个圈，让小泰戈尔如《罗摩衍那》里的悉多和《西游记》里的唐僧一般，老老实实地呆在里边，不许随意走动。泰戈尔在这个圈里不甘寂寞，望着眼前始终陪伴他的一棵大榕树，开始构思人生的第一首诗。成年后，他在诗集《新月集》中还对记忆里的榕树脉脉含情道："多汁的根从你的枝上垂挂下来，啊，古老的榕树/你昼夜凝立着，像一个苦行僧在忏悔/你还记得那个幻想和你的影子游戏的孩子吗？"泰戈尔这段刻骨铭心的幼年往事打动了我的童心。多少年后想起与泰戈尔诗歌的第一次邂逅，仿佛想起自己最初那"在水一方"的所谓"伊人"。此后，我开始贪婪地读起泰戈尔的诗歌来，印象最深的是他的《飞鸟集》，那些精彩绝艳的诗句伴随着我度过了贫穷寂寞而又天真快乐的少年时光："鸟儿愿为一朵云/云儿愿为一只鸟。""我是一个在黑暗中的孩子/我从夜的被单里向您伸出我的双手，母亲。"我与泰戈尔美丽而长久的异国缘分就这样结下了。此后，我在四川大学攻读硕士学位时，选择了泰戈尔作为研究对象，后来，我的处女作《世界文明视野中的泰戈尔》出版。记得我在后记中写下了这样的话："在泰戈尔面前，我就仿佛咿呀学语的儿童面对神秘莫测的大千世界，又仿佛一位朝圣者走在通往心仪已久的圣地途中。每一刻里，我都会静悄悄地对自己说，这边风景独好！……这时才知晓，与一颗伟大而智慧的心灵对话有多么愉快。有道是，情到深处人孤独，爱到至境心憔悴。而这样

313

的孤独与憔悴恰是学者的境界，愿这样的境界永远与我相伴。"我与泰戈尔的灵魂对话越来越频繁，我们跨越中印异质文化的心灵交汇越来越融洽。后来，台湾一家出版社邀请我撰写了《发现泰戈尔》一书。泰戈尔的伟大思想已经化为我的文化血液日夜流淌。这便使我心中埋下了一粒愿望的种子：去印度朝觐泰戈尔！

　　这样的机会终于来临。2004 年 10 月，作为访问学者，我在北京踏上去新德里的航班，开始了为期一年的印度留学生涯。在靠近巴基斯坦的古吉拉特邦安定下来后，我就筹划着去朝觐泰戈尔的国际大学及其故居。从地图上看，古吉拉特在印度的最西边，而泰戈尔的国际大学和他故居所在的西孟加拉邦加尔各答市则在东边，中间的距离几乎和成都到北京相差无几。因为这是我第一次在异国独自远距离朝圣，我尽可能地做好一切准备，包括饮用瓶装水和熟鸡蛋等食物，以备不适应印度火车饭菜的我在旅途中食用。

　　2005 年 2 月 16 日上午 10 点，我在留学所在地附近的阿南德火车站上了火车，床位是空调车厢的 AS1（30）。印度的火车比中国火车开得慢，因此，整整四十多个小时的旅行中，白天我就背着买来的价值五百卢比（约合一百元人民币）的傻瓜照相机，长时间站在打开的车门边，贪婪地欣赏着沿途印度农村的原野风光，不时还按下快门，捕捉车门外一幅幅令人心醉的异国风情：那是与我家乡重庆酉阳县完全相似的山地田野，或黄或白的牛群在原野上吃草；一株株叫不出名字的大树长满红叶，仿佛是在展现印度人不绝如缕的生命活力；一条条通向并横穿铁路的小道，人们骑在摩托车或自行车上等火车通过并向我招手致意，间或有一辆牛车拉着干草等在路边；车站上人群熙熙攘攘，几位印度妇女头扛沉重的行李款款走来，一些人则在标着 "Pine ka pani"（饮用水）的水龙头前捧水而喝……到了夜晚，我仍然守候在车门边，一如既往地饕餮着车门外的印度夜景，直到友善的乘务员前来提醒并关上车门为止。记得第二天接近黄昏时，火车在邻近西孟加拉邦的奥里萨邦境内行驶时，突然，我的视线里出现了漫山遍野的原始森林，仿佛是盛满我童年记忆的酉阳森林扑面而来，刹那间我被一种幸福感震惊了。我想起了家乡，遥远而又真实的中国故乡。

　　次日即 2 月 18 日凌晨 2 点 45 分，火车到达加尔各答市的霍乌拉（howra）车站。我按照此前一位孟加拉朋友的指点，马上去找车站内值勤的警察，请求帮助。他们告诉我，凌晨有车到一百多公里以外的国际大学，于是我改变主意，决定先到那里去。他们叫了一个名为西西里·平托的果阿妇女带我去买好了到国际大学的火车票。天渐渐亮了。开往国际大学所在地桑地尼克坦（Santiniketan）的本地火车出发了。我兴奋不已，因为过几个小时，我就能看到心仪已久的国际大学了！我照例站在门边，欣赏着印度风光。过一会儿，孟加拉乡村田园风情仿佛是宽银幕场景次第展现在眼前。路边是农夫们低矮的茅舍或平房，它们被椰树和芭蕉等植物所包围，四周是水塘和长满绿色庄稼的田地，这番陶渊明似的素朴格调让人顿生怀古之幽。不远处，农民们正在田野里插秧播种，公路上卡车忙碌地跑来跑去，田地里各式庄稼长势良好。这时，我才明白，为什么泰戈尔那么热爱他的故乡孟加拉，并写出散文《孟加拉掠影》里那些绿色的句子："在这样的地方，你唯一想做的事情，就是凝视着再凝视着自然风光，展开想象的翅膀……"他还写道："当我在乡间与大自然密切接触的时候，在我身上的印度人气质顽强地表现出来。"是啊，孟加拉如诗如画的田园风光仿佛一位睿智而温柔的情人，时刻抚慰着诗人永远年轻的心。泰戈尔没有他那个时代里西方人患的忧郁症，他的生命时刻流淌着孟加拉原野自然清新而又生机蓬勃的"韵律"，那是梵语诗学所谓的"艳情味"（Srngara），一种以自然为情人的最美的情味。后来，独立的孟加拉国采纳诗人描写孟加拉田园风光的一首诗为国歌，就是对他一生热爱孟加拉所作的最高奖赏。

　　任凭思绪漫无天际地流淌，时间很快地过去了。车厢里走出一位印度朋友提醒我，我的目的地要到了。我走下车来，来到桑地尼克坦火车站。这是一个不算太大的站。我叫上一个人力车夫，用简单的印地语对他说，我要去国际大学。他拉上我就走。这就是真实的桑地尼克坦。这里没有古吉拉特富裕，看不见机动的三轮摩托载客，只有人力车夫赤着脚满面尘垢地拉着车颠来簸去。街道上尘土飞扬，人们或骑着自行车或步行着来来往往，小贩们推着平板车上的货物穿梭着。当街挺立的榕树展开繁茂的枝叶，为她身旁的各式店铺遮挡阳光。店铺上那些眼花缭乱、龙飞凤舞的孟加拉文招牌看得我心花怒放，遗憾的是，我不太认识泰戈尔生前使用的这种书写漂亮、发音柔美的字母。

　　不一会儿，到了国际大学的行政大楼前。我遇到了一位名叫普拉塔麦西的印度学生，他在这里的"中国学院"（China Bhavana）即中文系学

中文。他叫来了一位比我年轻 5 岁的印度中文老师阿维吉特·巴纳吉
（Avijit Banerjee）先生。我用中文叫他阿维吉特先生。他曾经到过北京语
言文化大学学习中文一年。他是这里中国学院说中文最流利的一位，他
的妻子于 2000 年也在北京学习过一年中文。阿维吉特把我送到离国际大
学非常近的一家尼萨旅馆，每晚一百卢比，算是比较便宜的价格。当天
下午，阿维吉特便来叫我去他岳母家做客。她的妻子因为生产待在岳母
家。老人家对远道而来的客人表示欢迎，还专门为我煎了一种可口的孟
加拉甜饼，让我感到泰戈尔后人们对中国客人的一片深情。

次日，阿维吉特便带我参观坐落在国际大学校园内的著名的中国学
院。泰戈尔于 1921 年 12 月创办国际大学时定下的的宗旨是："Yatra
Visvam Bhavatyekanidam."（世界在此相汇成为一个鸟巢。）因此，它沿
用至今的校名就是"Visva Bharati University"。这是一所没有围墙的大
学，显示了师尊泰戈尔开放式的自然教育理念。它的四周只用一些铁丝
和篱笆简单地装饰一下。这里没有北京大学、四川大学等中国高校那些
富丽堂皇的校门和招牌，但丝毫没有影响它的世界知名度。走进校园，
满目只见遮天蔽日、姿态各异的大树。在食堂和印地语学院旁边，就是
著名的"中国学院"。这是一栋两层楼式的建筑，正面的墙壁上是前国民
政府主席林森刚劲苍健的题字："中国学院"。作为龙的传人，看到异国
他乡的这几个汉字，我的眼前马上浮现出泰戈尔、谭云山、师觉月
（Prabodh Chandra Bagchi）等被称为中国学院"三杰"的先贤们的名字。
在这个素朴典雅而又神圣无比的建筑面前，我朝向"中国学院"几个大
字深情而虔诚地鞠了一躬，并念叨着："泰戈尔先生，您年轻的中国朋友
来看望您了！"我多么希望泰戈尔师尊和中国学院第一任院长谭云山先生
等中国学院开创者能从历史的风云那边走出来，站在中国学院的面前，
好让我年轻的手能握上一把，将他们慈祥的体温带回中国、带给 21 世纪
里的亿万中国人。

阿维吉特先生将我带进他在中国学院的办公室兼教室里。他是一个
典型的孟加拉人，气宇轩昂，仿佛有泰戈尔的遗风。他于 2002 年完成博
士论文，研究方向为汉语语法，题目为《汉语与英语疑问句、否定句语
法比较研究》，导师为中国学院院长那济世先生（Artatrana Nayak）。他
的办公室墙壁上贴着他从北京带来的中国版世界地图和其他一些中国画，
最使人称道的是有幅画居然是他的名字"Avijit"以艺术字体排列成根根

竹子，上下各有一行汉字，可能是他在北京时中国友人为他设计的。他告诉我，中国学院现在有些教师不喜欢教中文，敬业意识不强。他们已经几年没有中文外教了，非常盼望新德里方面派一个来。他自己和学生们想去中国学习的愿望非常强烈。他希望我回国后代为联系。在国际大学的五千学生中，中国学院的学生不到一百人。我们谈话时，他的学生们陆续到来。我就开始与他们进行交谈，但这些学生的中文表达不太理想，我们没有达到彼此理解的目的。以后的几天里，我与阿维吉特用中文交流，与他的学生们便用英语交流。但我总是不失时机地教他们说中文，他们也学得很卖力。结束谈话，我与阿维吉特和他的学生们走到外面合影，拍摄的每张照片上都以"中国学院"的几个大字为背景。现在看着这些照片上一张张年轻活泼的笑容，我仿佛一下子回到了桑地尼克坦。

当天下午即 2 月 19 日，阿维吉特吩咐他的几个学生阿林、普拉塔麦西、桑托西、丽杜等陪伴我去参观国际大学附近的泰戈尔纪念馆。门票为 5 卢比，因为此前纪念馆里泰戈尔获得诺贝尔文学奖的一个奖品被盗，而复制品尚未从瑞典运来，所以保安盘查十分严格。里边不许带照相机拍照。我按照习惯也脱下鞋子，随川流不息的人群走进纪念馆里。这里没有解说员，人们随意观看。纪念馆里摆放着许多玻璃柜，展品就在其中。内中两物引起我的兴趣，一是一匣，上面有汉字："赠太谷儿先生欢迎词之匣。旅缅华侨谨上。1924 年 3 月 26 日。"二是一个煮咖啡的器具，上有英文："Gift from China."（来自中国的礼物。）我还看到日本人送给泰戈尔的一个和尚塑像和一个匣子。泰戈尔生前欲联合中日印几大文明对抗西方强势话语，在此可以发现微妙的痕迹。纪念馆四周墙上是泰戈尔的美术作品和关于泰戈尔的各种生活摄影。我和几个印度学生从泰戈尔幼年时的生活素描开始观看，一直到他逝世前的各种活动身影。让我难忘的是，一幅照片上，临近人生终点的泰戈尔，虽然看上去明显地衰老，但仍然坐着兴致勃勃地观赏一些女青年的翩翩起舞。这才是闻名世界的伟大诗人的真实本性。舞者的活力象征着诗人无穷无尽的艺术创造力。乐观而印度的泰戈尔在此得到最印度化的完美阐释。

接下来的几天里，我又几次去参观中国学院，拍摄了一张张珍贵的照片。我还爬上屋顶平台参观，想象谭云山生前在此操练他独创的太极神功的情景。我在中国学院内壁上发现了一些宗教色彩浓厚的画以及谭云山先生拟定并刻在壁上的一幅"稀世珍品":"本院使命:研究中印学术,沟通中印文化,融洽中印感情,联合中印民族,创造人类和平,促进世界大同。云山敬书。"我将这些一一拍了下来。我与印度学生一起观看了一场晚会,能歌善舞的印度学生给人留下深刻印象。我还参观了国际大学的中央图书馆和日本学院等分支机构。我惊讶地发现,光是语言方面,国际大学就开设了中文、藏文、日语、英语、德语、法语、俄语、意大利语、阿拉伯语、波斯语、乌尔都语、梵语、印地语、孟加拉语、奥里雅语等印度国内外语种,仿佛一个专业性的外国语大学。这从又一个侧面反映了泰戈尔生前包容世界的办学宗旨。那几天里,我不止一次地漫步在国际大学宽阔的校园里,在根深叶茂的榕树下驻足沉思,在中国学院旁边的静修院(Ashram)面前诗意联翩。在我走过的这片神圣的土地上,曾经留下泰戈尔和谭云山等人匆匆的脚步,也留下过徐悲鸿、尼赫鲁和许多著名西方人士的坚实足迹。而今这些脚印已经不在,它们刻在了国际大学的史册上,印在了中印友好交流和东西文化互动的历史版画里。在校园中,我看到姑娘小伙们在苍劲的大树下随处小坐,手捧书本学习或聊天交谈。一个老师在露天的树下给几个学生上课,仿佛是泰戈尔授课遗风的传承。艺术学院旁边是一些造型各异的根雕,有的屋舍正面竟然被别出心裁地绘成一幅色彩各异、巧夺天工的画。一些来自尼泊尔等印度邻国的学生在此学习,我还遇到两个美丽的英国姑娘,其中一个告诉我,她在国际大学学习美术。遗憾的是,这里没有一个中国学生。中国学生在此学习是几年以前的事情了。

离开桑地尼克坦前夕,中国学院院长那济世先生从外地出差回来了。阿维吉特将我带到他家。那济世先生非常热情地用中国筷子和可口的饭菜招待我。他以前在香港学习了两年中文,也曾经到过北京,现在是中国学院的博士生导师。他说,已经看到了我送给中国学院图书馆的两本书。我们就感兴趣的一些话题交换了看法。那济世先生希望我回国后给他寄一点中国最新的时事方面的书籍。他还表达了和阿维吉特一样的急切心理,希望中国的大学能够把他们中国学院的中文教师邀请过去进行学术访问。

2月22日早上5点半,我离开了朝夕相处几天的印度朋友们,往加尔各答方向进发。上午10点半,火车把我送回了加尔各答。加尔各答大学相关机构看了我所在大学开的介绍信后,将我送到大学对面的"大佛教协会"（Mahaboddhi Society）住下。我跟一些佛教徒住在一起。非常难受的是，因为在国际大学不停地辅导印度学生练习中文发音，我的嗓子哑了，并患上了感冒，极不舒服。

24 日上午，我在旁人的指点下，去参观坐落在加尔各答城里的泰戈尔故居约拿桑戈（Jorasanko）。泰戈尔故居的大门气势非凡，主色调是红色，折射出泰戈尔对生命的乐观解读。一块红色的石柱上写着："House of Tagores，Rabindra Bharati University"的字样。走进去便来到正门前。这是一道红色的小门，上面以孟加拉文印着里边设立的一所大学的名称即 Rabindra Bharati University。站在门口望去，全是红色的建筑物，左边和中间是泰戈尔生平展览的博物馆即他的家族生活起居之处，正前方有一尊前苏联政府赠送的泰戈尔塑像。我等到 11 点时，买到了参观券，50 卢比。解说员是一个孟加拉姑娘迪普西卡·巴纳吉小姐。她带着我参观了泰戈尔及其家族生前留下的所有生活痕迹。在她的英语解说中，我知道了哪里是泰戈尔父母住的地方，哪里是他妻子蒙纳丽尼的厨房，哪里是泰戈尔演戏排练的所在，哪里是他出生与仙逝合而为一的所在。让人叹息的是，泰戈尔祖上血脉传到 20 世纪七八十年代，竟然再无后嗣。这个博物馆和桑地尼克坦的纪念馆相比，具有更多的生活气息，令人感到亲切。我在观看泰戈尔与世界各国友人的合影时发现一个遗憾的事实：泰戈尔 1924 年访问中国的那张摄影是泰戈尔与西方朋友从飞机上走下来的情景，而他到日本和西方的访问则配有他与日本和西方朋友的合影。我当即找到副馆长，对她提出建议，希望能把那张照片换下来，换上一张泰戈尔与徐志摩、梁启超等人合影的照片。因为，今后肯定还有中国朋友来朝拜泰戈尔的，他们看到这样的照片一定很高兴，很亲切。副馆长答应了。下得楼来，我还到后面去参观了一番泰戈尔生前进行宗教祭祀活动的地方。我还发现，博物馆里有一幅徐悲鸿先生给泰戈尔的画像，并且，在展出的关于泰戈尔作品的各国语言译本中，冰心先生的中文繁体字译本赫然在列。时间不早了，我回头看看掩映在绿树丛中的红色圣地，心中念叨着泰戈尔神圣的名字，恋恋不舍地往外走去，但还是一步三回头。因为，我不知道，人世沧桑，今后什么时候才能重访约拿桑戈的圣地灵音。但我知道，在中国，我会在自己拍下的照片上不断地饕餮这段珍贵的幸福时光。

次日，我在一位学习汉语的印度学生邵孟达的帮助下，买到了一套孟加拉文版的 12 卷本《泰戈尔全集》和其他几本泰戈尔作品。还买了一些自学孟加拉语课本。我又抱病勉力赶到邮局，将它们寄往中国。虽然花费上千元，但我觉得自己心中很踏实了。很多中国学者研究泰戈尔却不懂孟加拉文，这使其研究隔靴搔痒。我想如有可能，自己应该学一点原文，再来研究泰戈尔，这样才对得起泰戈尔这一伟人。

　　一年后的今天，我站在从印度收集的大量关于泰戈尔的书籍资料前沉思。我的面前放着一封国际大学中国学院院长那济世先生一个月前写来的信。他告诉我，四川大学文学院比较文学系寄给他们的中文报纸《比较文学报》对于增加中印两国学者的互相理解非常有益。他还希望我下次访问印度时，去国际大学与他们进行学术讨论。而阿维吉特一直在我回国后与我保持电子邮件往来。他几个月前告诉我，国际大学终于有了一位来自安徽大学的中文外教马刚。于是，我的思绪老是飞到国际大学，我知道，我的心已经留在了那里。泰戈尔 1924 年离开中国时，友人问他，你落下什么东西没有，诗人深情而幽默地回答说，"没有，只是我的心落下了。"我与泰戈尔师尊的心互相落在了对方的国度里，这难道不是跨文化对话的魅力所在吗？这难道不是中国人追寻泰戈尔足迹的最佳方式吗？

责任编辑:李　惠 pphlh@126.com
装帧设计:雅思雅特
责任校对:史　伟

图书在版编目(CIP)数据

中国人看泰戈尔/佟加蒙 编. -北京:人民出版社,2012.3
ISBN 978－7－01－010588－8

Ⅰ.①中⋯　Ⅱ.①佟⋯　Ⅲ.①泰戈尔,R.(1861~1941)-人物研究-文
集 ②泰戈尔,R.(1861~1941)-文学评论-文集　Ⅳ.①K833.515.6-
53 ②I351.065-53

中国版本图书馆 CIP 数据核字(2012)第 003351 号

中国人看泰戈尔
ZHONGGUOREN KAN TAIGEER

佟加蒙　编

人 民 出 版 社 出版发行
(100706　北京朝阳门内大街166号)

北京新魏印刷厂印刷　新华书店经销

2012 年 3 月第 1 版　2012 年 3 月北京第 1 次印刷
开本:710 毫米×1000 毫米 1/16　印张:21.25
字数:327 千字　印数:0,001-3,000 册

ISBN 978－7－01－010588－8　定价:45.00 元

邮购地址 100706　北京朝阳门内大街 166 号
人民东方图书销售中心　电话 (010)65250042　65289539